合肥学院模块化教学改革系列教材
编 委 会

主　任　蔡敬民
副主任　刘建中　陈　秀
委　员（按姓氏笔画排序）
　　　　　王庆龙　王晓峰　牛　欣
　　　　　刘　力　刘　红　江　芳
　　　　　许泽银　李道芳　余国江
　　　　　陈江华　杨学春　胡晓军
　　　　　侯继红　俞志敏　袁　暋
　　　　　顾　俊　葛春梅　董　强
　　　　　储　忠　谢海涛　谭　敏

合肥学院模块化教学改革系列教材

经管应用数学
微积分

Applied Mathematics for
Economics Management
Calculus

张　霞　刘寿春
程玲华　王贵霞　编

中国科学技术大学出版社

内 容 简 介

本书是安徽省名师工作室和合肥学院模块化教学改革的研究成果,是合肥学院模块化教学改革系列教材之一.

本书主要内容包括函数、极限与连续,一元函数微分学,一元函数积分学,微分方程与差分方程,多元函数微积分学,以及无穷级数六章.每章分为三个部分:"理论·基础""实践·创新"与"自主·探究",在每章中详细介绍了相关知识在经济管理中的应用.书后附有各章习题答案以及 MATLAB 软件的介绍.本书通篇贯穿案例教学思想,注重培养学生运用数学知识和方法解决经济管理类问题的能力.应用模块化教学改革的理念,从体系、内容和方法上作了有益的改革.

本书可以作为应用型本科院校经管类专业的教材,也可以作为微积分课程学习的参考书.

图书在版编目(CIP)数据

经管应用数学. 微积分/张霞,等编. —合肥:中国科学技术大学出版社,2016.9(2020.8 重印)
ISBN 978-7-312-04032-0

Ⅰ.经… Ⅱ.张… Ⅲ.① 经济数学—高等学校—教材 ② 微积分—高等学校—教材 Ⅳ.① F224.0 ② O172

中国版本图书馆 CIP 数据核字(2016)第 217691 号

出版 中国科学技术大学出版社
安徽省合肥市金寨路 96 号,230026
http://press.ustc.edu.cn
https://zgkxjsdxcbs.tmall.com
印刷 安徽省瑞隆印务有限公司
发行 中国科学技术大学出版社
经销 全国新华书店
开本 787 mm×1092 mm 1/16
印张 21
字数 537 千
版次 2016 年 9 月第 1 版
印次 2020 年 8 月第 3 次印刷
定价 36.00 元

总　　序

　　课程是高校应用型人才培养的核心,教材是高校课程教学的主要载体,承载着人才培养的教学内容,而教学内容的选择关乎人才培养的质量.编写优秀的教材是应用型人才培养过程中的重要环节.一直以来,我国普通高校教材所承载的教学内容多以学科知识发展的内在逻辑为标准,与课程相对应的知识在学科范围内不断地生长分化.高校教材的编排是按照学科发展的知识并因循其发展逻辑进行的,再由教师依序系统地教给学生.

　　当我们转变观念——大学的学习应以学生为中心,那我们势必会关注"学生通过大学阶段的学习能够做什么",我们势必会考虑"哪些能力是学生通过学习应该获得的",而不是"哪些内容是教师要讲授的",高校教材承载的教学内容及其构成形式随即发生了变化,突破学科知识体系定势,对原有知识按照学生的需求和应获得的能力进行重构,才能符合应用型人才培养的目标.合肥学院借鉴了德国经验,实施的一系列教育教学改革,特别是课程改革都是以学生的"学"为中心的,围绕课程改革在教材建设方面也做了一些积极的探索.

　　合肥学院与德国应用科学大学有近30年的合作历史.1985年,安徽省人民政府和德国下萨克森州政府签署了"按照德国应用科学大学办学模式,共建一所示范性应用型本科院校"的协议,合肥学院(原合肥联合大学)成为德方在中国最早重点援建的两所示范性应用科学大学之一.目前,我校是中德在应用型高等教育领域里合作交流规模最大、合作程度最深的高校.在长期合作的过程中,我校借鉴了德国应用科学大学的经验,将德国经验本土化,为我国的应用型人才培养模式改革做出了积极的贡献.在前期工作的基础上,我校深入研究欧洲,特别是德国在高等教育领域的改革和发展状况,结合博洛尼亚进程中的课程改革理念,根据我国国情和高等教育的实际,开展模块化课程改革.我们通过校企深度合作,通过大量的行业、企业调研,了解社会、行业、企业对人才的需求以及专业对应的岗位群,岗位所需要的知识、能力、素质,在此基础上制订人才培养方案和选择确定教学内容,并及时实行动态调整,吸收最新的行业前沿知识,解决人才培养和社会需求适应度不高的问题.2014年,合肥学院"突破学科定势,打造模块化课程,重构能力导向的应用型人才培养教学体系"获得了国家教学成果一等奖.

　　为了配合模块化课程改革,合肥学院积极组织模块化系列教材的编写工作.以实施模块化教学改革的专业为单位,教材在内容设计上突出应用型人才能力的培养.即将出版的这套丛书此前作为讲义,已在我校试用多年,并经过多次修改.教材明确定位于应用型人才的培养目标,其内容体现了模块化课程改革的成果,具有以下主要特点:

(1) 适合应用型人才培养.改"知识输入导向"为"知识输出导向",改"哪些内容是教师要讲授的"为"哪些能力是学生通过学习应该获得的",根据应用型人才的培养目标,突破学科知识体系定势,对原有知识、能力、要素进行重构,以期符合应用型人才培养目标.

(2) 强化学生能力培养.模块化系列教材坚持以能力为导向,改"知识逻辑体系"为"技术逻辑体系",优化和整合课程内容,降低教学内容的重复性;专业课注重理论联系实际,重视实践教学和学生能力培养.

(3) 有利于学生个性化学习.模块化系列教材所属的模块具有灵活性和可拆分性的特点,学生可以根据自己的兴趣、爱好以及需要,选择不同模块进行学习.

(4) 有利于资源共享.在模块化教学体系中,要建立"模块池",模块池是所有模块的集合地,可以供应用型本科高校选修学习,模块化教材很好地反映了这一点.模块化系列教材是我校模块化课程改革思想的体现,出版的目的之一是与同行共同探索应用型本科高校课程、教材的改革,努力实现资源共享.

(5) 突出学生的"学".模块化系列教材既有课程体系改革,也有教学方法、考试方法改革,还有学分计算方法改革.其中,学分计算方法采用欧洲的"workload"(即"学习负荷",学生必须投入28小时学习,并通过考核才可获得1学分),这既包括对教师授课量的考核,又包括对学生自主学习量的考核,在关注教师"教"的同时,更加关注学生的"学",促进了"教"和"学"的统一.

围绕着模块化教学改革进行的教材建设,是我校十几年来教育教学改革大胆实践的成果,广大教师为此付出了很多的心血.在模块化系列教材付梓之时,我要感谢参与编写教材以及参与改革的全体老师,感谢他们在教材编写和学校教学改革中的付出与贡献!同时感谢中国科学技术大学出版社为系列教材的出版提供了服务和平台!希望更多的老师能参与到教材编写中,更好地展现我校的教学改革成果.

应用型人才培养的课程改革任重而道远,模块化系列教材的出版,是我们深化课程改革迈出的又一步,由于编者水平有限,书中还存在不足,希望专家、学者和同行们多提意见,提高教材的质量,以飨莘莘学子!

是为序.

合肥学院党委书记　蔡敬民
2016年7月28日于合肥学院

前　言

应用型本科教育的目标是培养具有较强社会适应能力和竞争能力的高素质应用型人才,实行模块化教学改革是实现应用型人才培养目标的有效手段之一.模块化教学改革以专业能力培养为目标,注重教学内容的实践性和应用性,变传统的以知识输入为导向的课程体系为以知识输出为导向(从能力分解出发)的模块体系.微积分作为经济管理类专业的基础课程,编写出符合应用型人才培养的模块化体系教材,是教学改革发展的前提.

我们在多年进行模块化教学改革的教学实践中,努力做到联系实际、服务专业、融入数学建模的思想和方法,注重学生的实践能力和应用能力的培养.在"以实际应用为目的,以专业需求为导向,以案例教学为主线,以数学软件为工具,以自主学习为特色"的思想指导下,编写了这本适合于经管类应用型人才培养需要的模块化教材.本教材具有以下鲜明的特色:

1. 切合应用型本科高校的办学定位.本教材介绍了常见的数学经济函数,增加了数学在经济、管理等专业中的应用案例,以案例为主线,将数学与专业结合,体现数学在专业中的应用,更好地为专业服务.

2. 满足模块化教学改革的需求.本教材打破了传统教材体系的完整性和严密性,以培养学生能力为核心,在"理论·基础"模块之外,设计了"实践·创新"和"自主·探究"两个模块,突出对学生自主学习能力的培养,提高学生解决问题的综合能力.

3. 突出对学生应用数学能力的培养.本教材安排了大量的实际案例与探究性的综合问题,着力培养学生应用数学知识对经济管理中的问题进行合理表述以及设计解决方案的能力.

本书由张霞、刘寿春、程玲华与王贵霞等编写;刘寿春编写第1、第4章;程玲华编写第2、第3章;王贵霞编写第5章;张霞编写第6章;江立辉编写附录1;全书由张霞负责统稿.

本书在编写过程中,参考了大量的相关书籍和资料,选用了其中的有关内容,在此特向相关作者表示深深的谢意!

本书是在合肥学院教务处的大力支持下编写完成的,在此谨向他们致以衷心的感谢,同时还要感谢合肥学院数学与物理系领导与老师的关心和帮助.

本书受到合肥学院模块化教材立项项目和安徽省名师工作室——"应用型本科院校数学教师数学应用能力和教学研究能力的提升"的资助,在此表示感谢.

由于编者水平有限,书中不足与错误在所难免,敬请广大师生和读者批评指正.

编 者

2016 年 3 月

目　录

总序 ……………………………………………………………………………（ i ）

前言 ……………………………………………………………………………（iii）

第1章　函数、极限与连续 ……………………………………………………（ 1 ）
  理论·基础 …………………………………………………………………（ 1 ）
  1.1　预备知识 ………………………………………………………………（ 1 ）
  1.2　函数的极限 ……………………………………………………………（15）
  1.3　无穷小量与无穷大量 …………………………………………………（20）
  1.4　极限的性质与运算法则 ………………………………………………（22）
  1.5　极限存在性准则与两个重要极限 ……………………………………（27）
  1.6　无穷小量的比较与等价代换 …………………………………………（32）
  1.7　函数的连续性 …………………………………………………………（36）
  1.8　简单的经济函数 ………………………………………………………（45）
  总复习题1 …………………………………………………………………（48）
  实践·创新 …………………………………………………………………（50）
  自主·探究 …………………………………………………………………（52）

第2章　一元函数微分学 ………………………………………………………（53）
  理论·基础 …………………………………………………………………（53）
  2.1　一元函数的导数 ………………………………………………………（53）
  2.2　函数的求导法则 ………………………………………………………（59）
  2.3　高阶导数 ………………………………………………………………（65）
  2.4　函数的微分 ……………………………………………………………（68）
  2.5　微分中值定理 …………………………………………………………（72）
  2.6　洛必达（L'Hospital）法则 ……………………………………………（77）
  2.7　函数的极值与最值 ……………………………………………………（81）
  2.8　曲线的凹凸性与函数图形的描绘 ……………………………………（84）
  2.9　导数在经济学中的应用 ………………………………………………（89）
  总复习题2 …………………………………………………………………（94）

实践・创新 ……………………………………………………………………（ 95 ）
　　自主・探究 ……………………………………………………………………（ 97 ）

第 3 章　一元函数积分学 ……………………………………………………（ 98 ）

　　理论・基础 ……………………………………………………………………（ 98 ）
　　3.1　定积分的概念与性质 ……………………………………………………（ 98 ）
　　3.2　微积分基本公式 …………………………………………………………（104）
　　3.3　不定积分的概念与性质 …………………………………………………（108）
　　3.4　换元积分法一 ……………………………………………………………（112）
　　3.5　换元积分法二 ……………………………………………………………（118）
　　3.6　分部积分法 ………………………………………………………………（122）
　　3.7　反常积分 …………………………………………………………………（126）
　　3.8　定积分的几何应用 ………………………………………………………（131）
　　3.9　定积分在经济学中的应用 ………………………………………………（137）
　　总复习题 3 ……………………………………………………………………（142）
　　实践・创新 ……………………………………………………………………（144）
　　自主・探究 ……………………………………………………………………（145）

第 4 章　微分方程与差分方程 ………………………………………………（146）

　　理论・基础 ……………………………………………………………………（146）
　　4.1　微分方程的基本概念 ……………………………………………………（146）
　　4.2　一阶微分方程 ……………………………………………………………（149）
　　4.3　二阶线性微分方程 ………………………………………………………（158）
　　4.4　微分方程在经济学中的应用 ……………………………………………（166）
　　4.5　差分方程的基本概念 ……………………………………………………（169）
　　4.6　一阶常系数线性差分方程 ………………………………………………（174）
　　4.7　二阶常系数线性差分方程 ………………………………………………（177）
　　4.8　差分方程在经济学中的应用 ……………………………………………（180）
　　总复习题 4 ……………………………………………………………………（184）
　　实践・创新 ……………………………………………………………………（186）
　　自主・探究 ……………………………………………………………………（187）

第 5 章　多元函数微积分学 …………………………………………………（188）

　　理论・基础 ……………………………………………………………………（188）
　　5.1　空间解析几何初步 ………………………………………………………（188）
　　5.2　多元函数的概念和极限 …………………………………………………（193）

  5.3 多元函数偏导数及应用 ……………………………………………………… (199)
  5.4 多元复合函数和隐函数的求导法则 …………………………………… (205)
  5.5 全微分 ………………………………………………………………………… (211)
  5.6 多元函数的极值及其应用 ………………………………………………… (216)
  5.7 多元函数微分在经济学中的应用 ………………………………………… (221)
  5.8 二重积分的概念与性质 …………………………………………………… (225)
  5.9 二重积分的计算与应用 …………………………………………………… (231)
  总复习题 5 ……………………………………………………………………… (239)
  实践·创新 ……………………………………………………………………… (241)
  自主·探究 ……………………………………………………………………… (243)

第 6 章 无穷级数 ……………………………………………………………… (244)

  理论·基础 ……………………………………………………………………… (244)
  6.1 常数项级数的概念及性质 ………………………………………………… (244)
  6.2 正项级数的收敛法 ………………………………………………………… (250)
  6.3 一般常数项级数 …………………………………………………………… (256)
  6.4 幂级数 ……………………………………………………………………… (259)
  6.5 函数展开成幂级数 ………………………………………………………… (267)
  6.6 级数在经济学中的应用 …………………………………………………… (271)
  总复习题 6 ……………………………………………………………………… (274)
  实践·创新 ……………………………………………………………………… (275)
  自主·探究 ……………………………………………………………………… (277)

习题部分参考答案 ………………………………………………………………… (278)

附录 ………………………………………………………………………………… (310)

参考文献 …………………………………………………………………………… (321)

第1章 函数、极限与连续

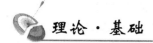

理论·基础

中学数学研究的主要是常量及其运算.客观世界中,常量是相对的、暂时的;变量是绝对的、永恒的,变量之间的依从关系叫作函数关系(简称函数).函数是经管应用数学主要研究的对象,连续函数是经管应用数学主要讨论的函数类型.极限是指变量按一定次序取值时的变化趋势,极限理论是经管应用数学的理论基础.

1.1 预备知识

1.1.1 函数的概念

1. 变量与常量

在观察(或研究)过程中,可以取一系列不同数值的量叫变量,而只取一个固定数值的量叫常量.表面上看变量与常量是对立的,但我们可以把后者看作前者的特例,即将常量理解为一种特殊的变量.

通常用英文字母表中靠后的字母 x,y,z 表示变量,用英文字母表中靠前的字母 a,b,c 表示常量.

变量的取值范围称为变量的变化域.一般地,变化域是一个数集.可以借助数集描述变量.设 x 为一个变量,则 $x \in D$ 表示变量 x 的变化域为数集 D,而 $a < x < b$ 表示变量 x 的变化域为开区间 (a,b).

根据变化域的特性,可将变量分为离散变量和连续变量.如,变化域为区间时,变量为连续变量;而变化域为有限集时,变量为离散变量.但变化域为无限集时,变量也有可能是离散变量(如变化域为整数集 $\mathbf{Z}$).

2. 区间与邻域

区间是用得较多的一类数集.设 $a,b \in \mathbf{R}$,且 $a < b$.数集
$$\{x \mid a < x < b\}$$
称为开区间,记作 (a,b),即
$$(a,b) = \{x \mid a < x < b\}.$$
a 和 b 称为开区间 (a,b) 的端点,这里 $a \notin (a,b), b \notin (a,b)$.数集

$$\{x \mid a \leqslant x \leqslant b\}$$

称为闭区间,记作 $[a,b]$,即

$$[a,b] = \{x \mid a \leqslant x \leqslant b\}.$$

a 和 b 也称为闭区间 $[a,b]$ 的端点,这里 $a \in [a,b]$, $b \in [a,b]$.

类似地可说明

$$[a,b) = \{x \mid a \leqslant x < b\},$$
$$(a,b] = \{x \mid a < x \leqslant b\}.$$

$[a,b)$ 和 $(a,b]$ 都称为半开区间.

以上这些区间都称为有限区间. 正数 $b-a$ 称为这些区间的长度. 从数轴上看,这些有限区间是长度为有限值的线段. 闭区间 $[a,b]$ 与开区间 (a,b) 在数轴上的表示如图 1.1(a)、1.1(b) 所示. 此外还有无限区间. 引进记号 $+\infty$(读作正无穷大)及 $-\infty$(读作负无穷大),则可类似地表示无限区间,例如

$$[a, +\infty) = \{x \mid x \geqslant a\},$$
$$(-\infty, b) = \{x \mid x < b\}.$$

这两个无限区间在数轴上如图 1.1(c)、1.1(d) 所示.

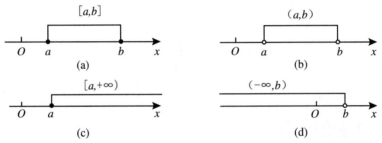

图 1.1

全体实数的集合 **R** 也可记作 $(-\infty, +\infty)$,它是无限区间.

以后在不需要辨明所论区间是否包含端点,以及是有限区间还是无限区间的场合,我们就简单地称它为"区间",且常用 I 表示.

在描述某点 a 的附近时,常用到开区间 $(a-\delta, a+\delta)$,这个区间称为 a 的 δ 邻域($\delta > 0$),记作 $U(a,\delta)$,即

$$U(a,\delta) = \{x \mid a - \delta < x < a + \delta\}.$$

称 a 为邻域的中心,δ 为邻域的半径,如图 1.2(a) 所示.

由于 $\{x \mid a-\delta < x < a+\delta\} = \{x \mid |x-a| < \delta\}$,而 $|x-a|$ 表示点 x 到点 a 的距离,所以 $U(a,\delta)$ 表示:到点 a 的距离小于 δ 的一切点 x 的全体.

以后还会用到几个邻域的派生概念,它们是:点 a 的左半 δ 邻域 $(a-\delta, a)$;点 a 的右半 δ 邻域 $(a, a+\delta)$;点 a 的 δ 去心邻域

$$(a-\delta, a) \cup (a, a+\delta),$$

如图 1.2(b) 所示. 点 a 的 δ 去心邻域记为 $\overset{\circ}{U}(a,\delta)$.

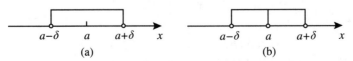

图 1.2

3. 函数的概念

对于现实的问题,在同一过程中往往同时有几个变量在变化着,这几个变量并不是孤立地在变,而是按照一定的规律相互联系着.

实例1 (产品成本)某工厂生产某产品,每日最多生产100单位,日总成本为 C,日产量为 q,q 与 C 之间的依从关系为 $C=130+6q$,那么当日产量 q 在区间 $[0,100]$ 上任取一值时,由上式就可以确定相应的 C 值.

实例2 (个人所得税)根据个人所得税法规定:个人工资、薪金所得应缴纳个人所得税,目前个人应纳税所得额与税率之间的关系如表1.1所示(表中全月个人工资是指减去个人承担的基本养老保险金、医疗保险金、失业保险金、住房公积金后的,假定月收入在38500元以内).

表 1.1

级数	全月个人工资 x(元)	应纳税所得额	税率(%)
1	$x \leqslant 3500$	0	0
2	$3500 < x \leqslant 5000$	$x-3500$	3
3	$5000 < x \leqslant 8000$	$x-5000$	10
4	$8000 < x \leqslant 12500$	$x-8000$	20
5	$12500 < x \leqslant 38500$	$x-12500$	25

试写出个人月工资 x 与应缴纳税款 y 之间的对应关系.

解 当 $x \leqslant 3500$ 时,不必纳税,这时税款额 $y=0$.

当 $3500 < x \leqslant 5000$ 时,超过 3500 的部分 $x-3500$ 应纳税,税率为 3%,税款额 $y=\dfrac{3(x-3500)}{100}$.

当 $5000 < x \leqslant 8000$ 时,前 5000 元的税款额为 $1500 \times \dfrac{3}{100}=45$ 元,超过 5000 的部分 $(x-5000)$ 的税率为 10%,应纳税款额为 $\dfrac{10(x-5000)}{100}=\dfrac{1}{10}(x-5000)$,因此这时税款额为 $y=45+\dfrac{1}{10}(x-5000)$.

类似地,可得 $8000 < x \leqslant 12500$ 时的税款额为 $y=345+\dfrac{1}{5}(x-8000)$,$12500 < x \leqslant 38500$ 时的税款额为 $y=1245+\dfrac{1}{4}(x-12500)$.

最后得到一个 x 与 y 之间的对应关系为

$$y=\begin{cases}0, & x \leqslant 3500, \\ \dfrac{3}{100}(x-3500), & 3500 < x \leqslant 5000, \\ 45+\dfrac{1}{10}(x-5000), & 5000 < x \leqslant 8000, \\ 345+\dfrac{1}{5}(x-8000), & 8000 < x \leqslant 12500, \\ 1245+\dfrac{1}{4}(x-12500), & 12500 < x \leqslant 38500.\end{cases}$$

通过大量的变量间对应关系的实例,可以抽象出函数的定义.

定义 1.1.1 设 D 是一个非空实数集,若存在对应关系 f,对于 D 中任意实数 x,依照对应关系 f,都有唯一的实数 y 与之对应,则称 f 是定义在 D 上的函数,记作 $f:D\rightarrow \mathbf{R}$,与实数 x 对应的实数 y 称为 f 在点 x 处的函数值,记作 $y=f(x)$,x 称作自变量(或主变量、决策变量),y 称作因变量(或从变量、目标函数).数集 D 称为函数 f 的定义域,函数值的集合 $f(D)=\{f(x)|x\in D\}$ 称为函数 f 的值域;函数 f 的定义域常记为 D_f,值域常记为 Z_f.

为简便起见,通常也把 $f:D\rightarrow \mathbf{R}$ 记作 $y=f(x),x\in D$.

综上,容易看出,定义域和对应关系是函数概念的两要素,它们确定了变量间的整体对应关系.一般地,不同定义域或不同对应关系给出的函数应视为不同的函数.

函数的定义域通常按以下两种情形来确定:一种是有实际背景的函数,根据实际背景中变量的实际意义确定.例如实例 1 中函数 $C=130+6q$ 的定义域为 $[0,100]$.另一种是抽象地用算式表达的函数,通常约定这种函数的定义域是使得算式有意义的一切实数组成的集合,这种定义域称为函数的自然定义域.

当函数 $y=f(x)(x\in D)$ 的定义域 D 是自然定义域时,此函数可简单表示为 $y=f(x)$.

4. 函数的表示法

函数的对应关系有多种表述方式,从而形成函数的多种表示法.函数的基本表示法有三种:解析法(公式法)、表格法和图形法.

实例 1、实例 2 的函数关系采用的均是解析法.

实例 3 (国内生产总值(GDP))以 x 为年份,y 为生产总值,则表 1.2 给出了 x 与 y 的函数关系,从而确定了函数 $y=f(x)$,由此可观察 6 年中各年的生产总值,如 $f(2011)=473104$.

表 1.2

年份	2007	2008	2009	2010	2011	2012
GDP 总量(亿元)	249531	300670	335353	397983	473104	519322

实例 4 (气温变化)某地某天气温记录如图 1.3 所示,设 t 为时刻,T 为温度,则图 1.3 给出了 t 与 T 的函数关系,从而确定了函数 $T=f(t)$.由此可观察一天 24 小时内任一时刻的温度,如 $f(10)=7.5\ ℃$.

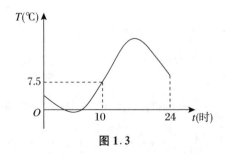

图 1.3

实例 3、实例 4 的函数关系分别采用的是表格法和图形法.

我们主要研究用解析法表示的函数.对实例 2 这种基于解析法的当自变量在不同范围内取值时函数的对应关系也不同的函数,我们称之为分段函数.例如下面三个函数:

例1 函数 $y=\begin{cases}1, & x>0\\ 0, & x=0\\ -1, & x<0\end{cases}$ 称为符号函数,记作 $y=\mathrm{sgn}x$,其定义域为全体实数,值域是一个有限集 $\{-1,0,1\}$,如图1.4所示.

利用符号函数,任意一个实数 x,都可以表示为 $x=|x|\mathrm{sgn}x$.

例2 函数 $D(x)=\begin{cases}1, & x\in\mathbf{Q}\\ 0, & x\in\mathbf{Q}^c\end{cases}$ 称为狄利克雷(Dirichlet)函数.它的图形由分布在 x 轴及直线 $y=1$ 上的"密密麻麻"的点所组成,而不是一条曲线.

例3 设 x 为任一实数,用 $[x]$ 或 $\mathrm{int}(x)$ 表示不超过 x 的最大整数,称 $y=[x]$ 为取整函数,也叫高斯函数,如图1.5所示.

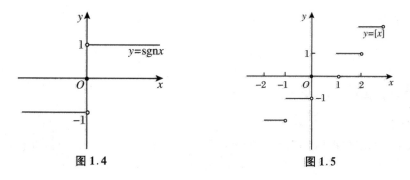

图1.4　　　　　　　　　图1.5

5. 函数图形

函数 $y=f(x)(x\in D)$ 的图形是指点集 $G_f=\{(x,y)\mid y=f(x),x\in D\}$ 在平面直角坐标系中描绘的图形.

通常,当定义域为区间时,函数的图形为曲线形式;当定义域为离散集合时,函数的图形为散点形式.

描绘函数图形最基本的方法是"描点连线法",这种方法往往显得繁琐低效,学习了函数的性质后,我们将能快速准确地描绘一般函数的图形.

1.1.2 函数的基本特性

研究函数,一般要看函数是否具有以下四种特性:

1. 有界性

观察函数值的范围时,需要用到有界性.

定义1.1.2 设函数 $f(x)$ 在集合 D 上有定义.

(1) 如果存在 $M>0$,使得对任意的 $x\in D$,恒有
$$|f(x)|\leqslant M,$$
则称函数 $f(x)$ 在 D 上有界,此时也称 $f(x)$ 为 D 上的有界函数;否则称 $f(x)$ 在 D 上无界,此时也称 $f(x)$ 为 D 上的无界函数.

(2) 如果存在 M,使得对任意的 $x\in D$,恒有
$$f(x)\leqslant M,$$
则称函数 $f(x)$ 在 D 上有上界.

(3) 如果存在 M，使得对任意的 $x \in D$，恒有
$$f(x) \geqslant M,$$
则称函数 $f(x)$ 在 D 上有下界.

显然，函数 $f(x)$ 在 D 上有界的充要条件为函数 $f(x)$ 在 D 上既有上界又有下界.

例 4 (1) $f(x) = \dfrac{1}{x}$ 在区间 $(1, +\infty)$ 内有界，是因为在此区间内有 $\left|\dfrac{1}{x}\right| \leqslant 1$.

(2) $y = \dfrac{2x^2}{x^2+1}$ 在 $\mathbf{R}$ 上有界，是因为在 $\mathbf{R}$ 上有 $\left|\dfrac{2x^2}{x^2+1}\right| \leqslant 2$，$\left|\dfrac{2x^2}{x^2+1}\right| \leqslant 3$ 也是成立的，可见有界函数定义中的 M 不是唯一的.

例 5 证明函数 $f(x) = \dfrac{1}{x}$ 在区间 $(0,1)$ 内无界.

证明 任意取定正的常数 M，取 $x = \dfrac{1}{M+1} \in (0,1)$，则有
$$f\left(\dfrac{1}{M+1}\right) = M + 1 > M.$$
故 $f(x) = \dfrac{1}{x}$ 在区间 $(0,1)$ 内无界.

2. 单调性

设函数 $f(x)$ 在区间 I 上有定义. 如果对区间 I 上的任意两点 $x_1 < x_2$，都有
$$f(x_1) < f(x_2) \quad (\text{或}\ f(x_1) > f(x_2)),$$
则称 $y = f(x)$ 在区间 I 上为单调递增（或单调递减）的函数.

例如，函数 $y = \sin x$ 在区间 $\left[-\dfrac{\pi}{2}, \dfrac{\pi}{2}\right]$ 上是单调递增的，在区间 $\left[\dfrac{\pi}{2}, \dfrac{3\pi}{2}\right]$ 上是单调递减的.

幂函数 $y = x^\mu$，当 $\mu > 0$ 时在区间 $(0, +\infty)$ 上是单调递增的，当 $\mu < 0$ 时在区间 $(0, +\infty)$ 上是单调递减的.

3. 奇偶性

设函数 $f(x)$ 的定义域 D 关于原点对称. 如果对于任一 $x \in D$，
$$f(-x) = f(x)$$
恒成立，则称 $f(x)$ 为偶函数. 如果对于任一 $x \in D$，
$$f(-x) = -f(x)$$
恒成立，则称 $f(x)$ 为奇函数.

例 6 设 $f(x) = \ln \dfrac{1-x}{1+x}$，证明 $f(x)$ 为奇函数.

证明 $f(x)$ 的定义域为 $(-1,1)$，是对称区间，因为
$$f(-x) = \ln \dfrac{1+x}{1-x} = -\ln \dfrac{1-x}{1+x} = -f(x),$$
所以 $f(x)$ 为奇函数.

偶函数的图形是关于 y 轴对称的. 因为若 $f(x)$ 为偶函数，则 $f(-x) = f(x)$，所以对于图形上任一点 $A(x, f(x))$，与它关于 y 轴对称的点 $A'(-x, f(x))$ 也在该图形上.

奇函数的图形是关于原点对称的. 因为若 $f(x)$ 为奇函数，则 $f(-x) = -f(x)$，所以对于图形上任一点 $A(x, f(x))$，与它关于原点对称的点 $A'(-x, -f(x))$ 也在该图形上.

4. 周期性

自然界中许多有周期规律的现象,在数学上反映为函数的周期性,即在自变量增加一个固定的常数时函数值重复出现.

设函数 $f(x)$ 的定义域为 D. 如果存在一个正数 T,使得对于任一 $x\in D$ 有 $(x\pm T)\in D$,且

$$f(x+T)=f(x)$$

恒成立,则称 $f(x)$ 为周期函数,T 称为 $f(x)$ 的周期,通常我们说的周期函数的周期是指最小正周期.

并非每个周期函数都有最小正周期. 如例 2 中的狄利克雷函数就容易验证其是一个周期函数,任何正有理数 r 都是它的周期. 因为不存在最小的正有理数,所以它没有最小正周期.

1.1.3 复合函数

由两个函数"对应关系传递"的方法能生成新的函数.

实例 5 (最大收益)已知某商品的收益 R 为销售量 q 的函数:$R=1000q-\dfrac{1}{4}q^2$,而销售量 q 又是该商品销售价格 p 的函数:$q=4000-4p$,问怎样制定销售价格才能取得最大收益.

该实例中的两个函数能传递生成收益 R 与售价 p 的函数关系

$$R=1000(4000-4p)-\dfrac{1}{4}(4000-4p)^2.$$

这是一元二次函数,利用配方法或公式法即可得到问题的解. 事实上,这个函数即为题设的两个函数的复合函数.

定义 1.1.3 设函数 $y=f(u)$ 的定义域为 D_f,函数 $u=g(x)$ 的定义域为 D_g,值域为 Z_g. 当 $Z_g\cap D_f\neq\varnothing$ 时,记 $D=\{x\mid g(x)\in D_f, x\in D_g\}$,则对 $\forall x\in D$,有 $u=g(x)\in D_f$,进而有 $y=f(u)$ 与其对应. 这样通过 u 的联系,得到一个以 x 为自变量、y 为因变量的函数,这个函数称为先 g 后 f 复合而成的复合函数,记为 $f\circ g$,即

$$y=(f\circ g)(x)=f[g(x)],\quad x\in D.$$

通常称 u 为中间变量,$f(u)$ 为外部函数,$g(x)$ 为内部函数.

不是任意两个函数都可以复合成复合函数的. 例如,函数

$$y=f(u)=\sqrt{u},\quad D_f=[0,+\infty),$$
$$u=g(x)=\sin x-2,\quad Z_g=[-3,-1],$$

由于 $Z_g\cap D_f=\varnothing$,故这两个函数不能复合成复合函数.

例 7 已知 $f(x)=x^2-1$,$\varphi(x)=\sin x$,求 $f[f(x)]$,$f[\varphi(x)]$,$\varphi[f(x)]$.

解 由题设得

$$f[f(x)]=(x^2-1)^2-1=x^4-2x^2,$$
$$f[\varphi(x)]=\sin^2 x-1=-\cos^2 x,$$
$$\varphi[f(x)]=\sin(x^2-1).$$

类似地,可以考虑三个及三个以上函数的复合.

例 8 设 $y=u^2$,$u=\cos v$,$v=\ln x$,试将 y 表示成 x 的函数.

解 将上述各函数按顺序复合,得
$$y = \cos^2(\ln x).$$

利用复合函数的概念,可以将一个较复杂的函数看成由几个简单函数复合而成,这样更便于对函数进行研究.

例 9 函数 $y = e^{\sqrt{x^2+1}}$ 可以看成是由
$$y = e^u, \quad u = \sqrt{v}, \quad v = x^2 + 1$$
三个函数复合而成的.

1.1.4 反函数

1. 反函数的概念

在实例 2 中,如果我们知道某人每月所缴纳的税款 $y(y>0)$,那么根据月工资 x 与应缴纳税款 y 之间的函数关系,可以反推出他的月工资 x,且显然对于每一个 y 值,都有唯一的一个 x 与之对应.像这样,设函数 $y = f(x)$ 的定义域为 D_f,值域为 Z_f,若对于 $\forall y \in Z_f$,由 $y = f(x)$ 能确定唯一的 $x \in D_f$ 与其相对应,则得到一个定义域为 Z_f、自变量为 y 的函数 $x = \varphi(y)$.称函数 $x = \varphi(y)$ 为函数 $y = f(x)$ 的反函数,记为 $x = f^{-1}(y)$.习惯上用 x 做自变量,y 做因变量,因而 $y = f(x)$ 的反函数也记为 $y = f^{-1}(x)$.

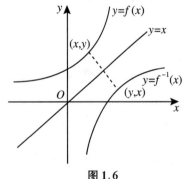

图 1.6

相对于反函数来说,原来的函数 $y = f(x)$ 称为直接函数.$x = f^{-1}(y)(y \in Z_f)$ 和 $y = f^{-1}(x)(x \in Z_f)$ 都是 $y = f(x)(x \in D_f)$ 的反函数,它们有相同的定义域和相同的对应法则,只是表示自变量、因变量所用的字母不同而已.

值得注意的是,在同一坐标系里反函数 $x = f^{-1}(y)(y \in Z_f)$ 与直接函数 $y = f(x)(x \in D_f)$ 的图形相同,而函数 $y = f^{-1}(x)(x \in Z_f)$ 正好是函数 $x = f^{-1}(y)(y \in Z_f)$ 中变量 x 和 y 对调而得,故而曲线 $y = f^{-1}(x)(x \in Z_f)$ 与曲线 $y = f(x)(x \in D_f)$ 关于直线 $y = x$ 对称.如图 1.6 所示.

例 10 求 $y = \begin{cases} x - 1, & x < 0 \\ x^2, & x \geq 0 \end{cases}$ 的反函数.

解 设 $y = f(x) = \begin{cases} x - 1, & x < 0 \\ x^2, & x \geq 0 \end{cases}$.

当 $x < 0$ 时,由 $y = x - 1$ 得,$x = y + 1(y < -1)$,即当 $x < 0$ 时,$f(x)$ 的反函数是 $x = f^{-1}(y) = y + 1(y < -1)$.

当 $x \geq 0$ 时,由 $y = x^2$ 得,$x = \sqrt{y}(y \geq 0)$,即当 $x \geq 0$ 时,$f(x)$ 的反函数是 $x = f^{-1}(y) = \sqrt{y}(y \geq 0)$.

将 x 与 y 对调,即得所求反函数为
$$y = f^{-1}(x) = \begin{cases} x + 1, & x < -1 \\ \sqrt{x}, & x \geq 0 \end{cases}.$$

注 (1) 函数单调是其反函数存在的充分条件,一一对应是函数存在反函数的充要条件.
(2) 反函数与直接函数具有相同的单调性.

2. 反三角函数

由反函数存在条件可知正弦函数 $y=\sin x$ 在其定义域 $(-\infty,+\infty)$ 上不存在反函数. 取其一个单调区间 $\left[-\dfrac{\pi}{2},\dfrac{\pi}{2}\right]$（值域 $[-1,1]$ 不变），则 $y=\sin x$ 在 $\left[-\dfrac{\pi}{2},\dfrac{\pi}{2}\right]$ 上存在反函数，这个反函数称为反正弦函数，记作 $x=\arcsin y(y\in[-1,1])$ 或 $y=\arcsin x(x\in[-1,1])$.

同理，由 $y=\cos x(x\in[0,\pi])$，$y=\tan x\left(x\in\left(-\dfrac{\pi}{2},\dfrac{\pi}{2}\right)\right)$，$y=\cot x(x\in(0,\pi))$ 出发，可得另外几个反三角函数：反余弦函数 $y=\arccos x(x\in[-1,1])$；反正切函数 $y=\arctan x$ $(x\in(-\infty,+\infty))$；反余切函数 $y=\text{arccot}\,x(x\in(-\infty,+\infty))$.

虽说上述四种三角函数在其他的单调区间也都分别存在反函数，但反三角函数 $y=\arcsin x$，$y=\arccos x$，$y=\arctan x$，$y=\text{arccot}\,x$ 的值域是确定的，即 $\arcsin x\in\left[-\dfrac{\pi}{2},\dfrac{\pi}{2}\right]$，$\arccos x\in[0,\pi]$，$\arctan x\in\left(-\dfrac{\pi}{2},\dfrac{\pi}{2}\right)$，$\text{arccot}\,x\in(0,\pi)$.

例 11 求下列各反三角函数的值：

(1) $\arcsin\dfrac{\sqrt{3}}{2}$；(2) $\arccos\left(-\dfrac{1}{2}\right)$；(3) $\arctan\left(-\dfrac{\sqrt{3}}{3}\right)$；(4) $\text{arccot}(-1)$.

解 (1) 因为 $\sin\dfrac{\pi}{3}=\dfrac{\sqrt{3}}{2}$，且 $\dfrac{\pi}{3}\in\left[-\dfrac{\pi}{2},\dfrac{\pi}{2}\right]$，所以 $\arcsin\dfrac{\sqrt{3}}{2}=\dfrac{\pi}{3}$.

(2) 因为 $\cos\dfrac{2\pi}{3}=-\dfrac{1}{2}$，且 $\dfrac{2\pi}{3}\in[0,\pi]$，所以 $\arccos\left(-\dfrac{1}{2}\right)=\dfrac{2\pi}{3}$.

(3) 因为 $\tan\left(-\dfrac{\pi}{6}\right)=-\dfrac{\sqrt{3}}{3}$，且 $-\dfrac{\pi}{6}\in\left(-\dfrac{\pi}{2},\dfrac{\pi}{2}\right)$，所以 $\arctan\left(-\dfrac{\sqrt{3}}{3}\right)=-\dfrac{\pi}{6}$.

(4) 因为 $\cot\dfrac{3\pi}{4}=-1$，且 $\dfrac{3\pi}{4}\in(0,\pi)$，所以 $\text{arccot}(-1)=\dfrac{3\pi}{4}$.

例 12 求函数 $f(x)=2\cos x$，$D_f=[-\pi,0]$ 的反函数.

解法 1 设 $y=2\cos x$，因为 $D_f=[-\pi,0]$，所以 $Z_f=[-2,2]$. 又因为 $x+\pi\in[0,\pi]$，且 $\cos(x+\pi)=-\cos x=-\dfrac{y}{2}$，所以 $x+\pi=\arccos\left(-\dfrac{y}{2}\right)$. 故所求反函数为 $y=-\pi+\arccos\left(-\dfrac{x}{2}\right)$，$x\in[-2,2]$.

解法 2 设 $y=2\cos x$，因为 $D_f=[-\pi,0]$，所以 $Z_f=[-2,2]$. 又因为 $-x\in[0,\pi]$，且 $\cos(-x)=\cos x=\dfrac{y}{2}$，所以 $x=-\arccos\dfrac{y}{2}$. 故所求反函数为 $y=-\arccos\dfrac{x}{2}$，$x\in[-2,2]$.

可以看出 $\arccos\left(-\dfrac{x}{2}\right)=\pi-\arccos\dfrac{x}{2}$.

1.1.5 初等函数

常数函数、幂函数、指数函数、对数函数、三角函数、反三角函数这六类函数叫作基本初等函数. 这些函数在中学大都已经学过，现简单介绍如下：

(1) 常数函数 $y=C$，其中 C 为常数. 如图 1.7 所示.

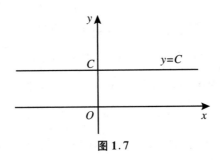

图 1.7

(2) 幂函数 $y = x^a$,其中 a 是常数.如图 1.8 所示.

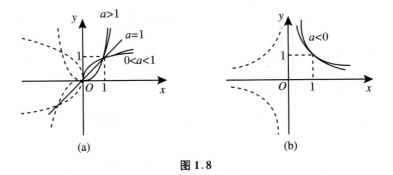

图 1.8

(3) 指数函数 $y = a^x$,其中 a 为常数,$a>0$ 且 $a \neq 1$.如图 1.9 所示.

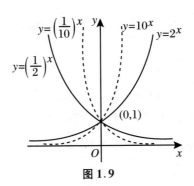

图 1.9

(4) 对数函数 $y = \log_a x$,其中 a 为常数,$a>0$ 且 $a \neq 1$.如图 1.10 所示.

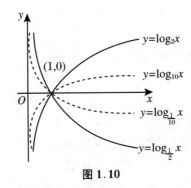

图 1.10

在应用中,常以无理数 e = 2.718281… 作为指数函数和对数函数的底,并且记 $e^x =$ exp$x$,$\log_e x = \ln x$,而后者称为自然对数函数.

(5) 三角函数:$y = \sin x$,$y = \cos x$,$y = \tan x$,$y = \cot x$,$y = \sec x$,$y = \csc x$. 如图 1.11 所示.

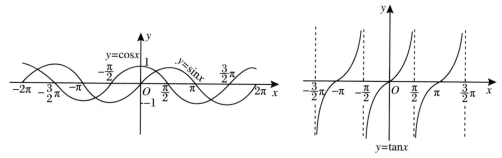

图 1.11

关于三角函数,有以下常用公式:
倒数关系:
$$\sin x \cdot \csc x = 1, \quad \cos x \cdot \sec x = 1, \quad \tan x \cdot \cot x = 1.$$
平方关系:
$$\sin^2 x + \cos^2 x = 1, \quad \tan^2 x + 1 = \sec^2 x, \quad \cot^2 x + 1 = \csc^2 x.$$
积化和差:
$$\sin\alpha\cos\beta = \frac{1}{2}[\sin(\alpha+\beta) + \sin(\alpha-\beta)],$$
$$\cos\alpha\sin\beta = \frac{1}{2}[\sin(\alpha+\beta) - \sin(\alpha-\beta)],$$
$$\cos\alpha\cos\beta = \frac{1}{2}[\cos(\alpha+\beta) + \cos(\alpha-\beta)],$$
$$\sin\alpha\sin\beta = -\frac{1}{2}[\cos(\alpha+\beta) - \cos(\alpha-\beta)].$$
和差化积:
$$\sin x + \sin y = 2\sin\frac{x+y}{2}\cos\frac{x-y}{2},$$
$$\sin x - \sin y = 2\cos\frac{x+y}{2}\sin\frac{x-y}{2},$$
$$\cos x + \cos y = 2\cos\frac{x+y}{2}\cos\frac{x-y}{2},$$
$$\cos x - \cos y = -2\sin\frac{x+y}{2}\sin\frac{x-y}{2}.$$

(6) 反三角函数:$y = \arcsin x$,如图 1.12 所示;$y = \arccos x$,如图 1.13 所示;$y = \arctan x$,如图 1.14 所示;$y = \text{arccot} x$,如图 1.15 所示.

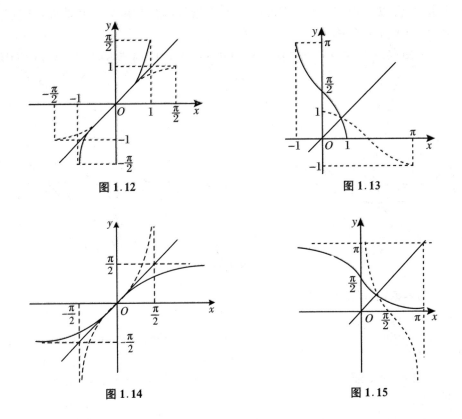

图 1.12　　　　　　　　　图 1.13

图 1.14　　　　　　　　　图 1.15

由基本初等函数经过有限次的四则运算或复合所构成的并可用一个式子表示的函数,称为初等函数. 例如

$$y = x^2 + \sin x, \quad y = \ln[\arctan(1 + e^x)], \quad y = \cos\sqrt{1 + x^2}.$$

注　(1) 分段函数一般不是初等函数,如例1、例2、例3中的符号函数、狄利克雷函数、取整函数等都不是初等函数.

(2) 分段函数也有可能是初等函数. 如 $y = \begin{cases} 3-x, & x<1 \\ x+1, & x \geqslant 1 \end{cases}$ 是初等函数,这是因为

$$y = \begin{cases} 3-x, & x<1 \\ x+1, & x \geqslant 1 \end{cases} = 2 + |x-1| = 2 + \sqrt{(x-1)^2}.$$

1.1.6　极坐标

1. 极坐标系

通过平面直角坐标系可以确定平面上点的位置. 在某些实际问题中,比如雷达跟踪,用直角坐标系描述目标的位置并不方便,操作员感兴趣的往往是跟踪对象的方位和距离.

在平面上任取一点 O,称为极点. 从点 O 引射线 Ox(通常将其画成水平向右),并称之为极轴. 再确定一个长度单位和计算角度的正方向(通常取逆时针方向),这样就建立了一个极坐标系.

对于极坐标平面上任一点 M,用 ρ 表示线段 OM 的长度,用 θ 表示以 Ox 为始边,射线 OM 为终边所成的角,ρ 叫作点 M 的极径,θ 叫作点 M 的极角,有序实数对 (ρ, θ) 叫作点 M

的极坐标. 如图 1.16 所示.

注 （1）规定极点 O 的极坐标为 $(0,\theta)$，极角 θ 可取任意值.

（2）规定极径可以取负值：(ρ,θ) 与 $(-\rho,\theta+\pi)$ 表示同一个点.

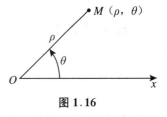

图 1.16

（3）极坐标 (ρ,θ) 在极坐标平面内确定一点. 反之不然，极坐标平面内任一点的极坐标有无数多个. 在一般场合下，限定 $\rho \geq 0, 0 \leq \theta < 2\pi$（或 $-\pi \leq \theta < \pi$），则除极点外，极坐标平面内的点与其极坐标就一一对应了.

2. 极坐标与直角坐标的关系

我们把直角坐标系的原点作为极点，x 轴的正半轴为极轴，并在两种坐标系中取相同的长度单位，则同一个点的极坐标与直角坐标可以互化.

设点 M 的直角坐标是 (x,y)，极坐标是 (ρ,θ)，则这两种坐标间的关系是

$$\begin{cases} x = \rho\cos\theta \\ y = \rho\sin\theta \end{cases}, \quad x^2 + y^2 = \rho^2, \quad \frac{y}{x} = \tan\theta.$$

运用此关系也可将同一条曲线的直角坐标方程与极坐标方程进行互化.

3. 曲线的极坐标方程

在极坐标系中，曲线 l 可以用含有极坐标 ρ 和 θ 这两个变量的方程 $f(\rho,\theta)=0$ 来表示，这种方程叫作曲线 l 的极坐标方程.

求曲线的极坐标方程的方法与步骤，同直角坐标方程类似. 即视曲线为满足某种条件的点的集合，将已知条件用曲线上点的极坐标 ρ 和 θ 的关系式表示出来，就得到曲线的极坐标方程.

显然，从极点出发、倾角为 α 的射线的极坐标方程为 $\theta = \alpha$；圆心在极点、半径为 a 的圆的极坐标方程为 $\rho = a$.

例 13 求经过点 $A\left(a, \dfrac{\pi}{2}\right)(a>0)$ 且与极轴平行的直线的极坐标方程.

解法 1 如图 1.17 所示，设 $M(\rho,\theta)$ 为直线上任一点，则 $\angle OMA = \theta$ 或 $\pi - \theta$，得该直线的极坐标方程为 $\rho = \dfrac{a}{\sin\theta}$.

解法 2 该直线相应的直角坐标方程为 $y = a$，由极坐标与直角坐标的关系得该直线的极坐标方程为 $\rho = \dfrac{a}{\sin\theta}$.

例 14 求圆心在极轴的反向延长线上，半径为 R 且经过极点的圆的极坐标方程.

解法 1 如图 1.18 所示，设 $M(\rho,\theta)$ 为圆上任一点，在 Rt$\triangle OMA$ 中，$OM = OA \cdot \cos\angle MOA$，即

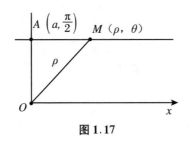

图 1.17

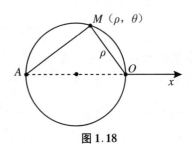

图 1.18

$$\rho = -2R\cos\theta.$$

解法 2 该圆相应直角坐标方程为 $(x+R)^2 + y^2 = R^2$,即

$$x^2 + y^2 = -2Rx.$$

由极坐标与直角坐标的关系得 $\rho^2 = -2R\rho\cos\theta$,化简得该圆的极坐标方程为

$$\rho = -2R\cos\theta.$$

4. 极坐标方程的作图

极坐标方程的作图常用描点法. 若利用曲线在极坐标系中的对称性,就会收到事半功倍的效果.

例 15 画出方程 $\rho = 1 - \cos\theta$ 的图形.

解 因为在方程中以 $-\theta$ 代替 θ,方程不变,所以曲线关于极轴对称.

将 $\theta(0 \leqslant \theta \leqslant \pi)$ 与 ρ 的对应值列表如表 1.3 所示.

表 1.3

θ	0	$\dfrac{\pi}{3}$	$\dfrac{\pi}{2}$	$\dfrac{2\pi}{3}$	π
ρ	0	$\dfrac{1}{2}$	1	$\dfrac{3}{2}$	2

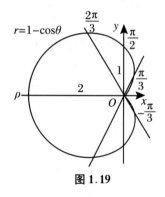

图 1.19

按表中数据描出各个点,用光滑的曲线将这些点顺次连接,再由对称性得出所给方程的图形,如图 1.19 所示.

注 (1) 在所给方程中,若以 $-\rho$ 代 ρ,方程不变,则曲线关于极点对称.

(2) 在所给方程中,若以 $-\theta$ 代 θ,方程不变,则曲线关于极轴对称.

(3) 在所给方程中,若以 $-\rho$ 代 ρ 且以 $-\theta$ 代 θ,方程不变,则曲线关于直线 $\theta = \dfrac{\pi}{2}$ 对称.

习 题 1.1

A 组

1. 求下列函数的定义域:

(1) $y = \dfrac{x}{\sin x}$; (2) $y = \arctan\dfrac{x-1}{x^2-1}$.

2. 如果函数 $f(x)$ 的定义域为 $(-1,0)$,求函数 $f(x^2-1)$ 的定义域.

3. 将函数 $y = 5 - |2x-1|$ 用分段形式表示,并作出函数图形.

4. 判断 $f(x) = \dfrac{1}{x}\sin\dfrac{1}{x}$ 在 $(0,1]$ 上是否有界.

5. 证明函数 $y = \dfrac{x}{1+x^2}$ 是有界函数.

6. 设 $f(x)=\begin{cases} x^2, & x<0 \\ 2-x, & x\geqslant 0 \end{cases}$,求 $f[f(-1)]$.

7. 设 $f\left(x+\dfrac{1}{x}\right)=x^2+\dfrac{1}{x^2}$,求 $f(x)$.

8. 设 $f(\sin x)=3-\cos 2x$,求 $f(\cos x)$.

9. 将下列复合函数分解为基本初等函数的复合运算或四则运算.

(1) $y=\sin^2\dfrac{1}{x}$;

(2) $y=e^{\sin(2x-1)}$;

(3) $y=\arctan(e^x+\sin x^2)$;

(4) $y=2^{\arcsin\frac{1}{1+x^2}}$.

B 组

1. 求下列函数的定义域:

(1) $y=\dfrac{\arcsin x}{\ln\sqrt{x+2}}$;

(2) $y=\dfrac{1}{(x-4)\ln|x-2|}$;

(3) $y=\left(\ln\dfrac{1-x}{1+x}\right)^{\frac{1}{2}}$;

(4) $y=\sqrt{\lg(x^2-3)}+\arcsin\dfrac{3-2x}{11}$.

2. 设 $f(x)$ 为奇函数,且为周期函数,周期为 T,求 $f\left(\dfrac{T}{2}\right)$.

3. 设 $f(x)=\begin{cases} 10, & |x|\leqslant 10 \\ 0, & |x|>10 \end{cases}$,求 $f[f(x)]$.

4. 设 $f(x)=\begin{cases} 1, & \dfrac{1}{e}<x<1 \\ x, & 1\leqslant x<e \end{cases}$,$g(x)=e^x$,求 $f[g(x)]$ 与 $g[f(x)]$.

5. 求函数 $f(x)=\begin{cases} e^x, & x<0 \\ \sqrt{1+x}, & x\geqslant 0 \end{cases}$ 的反函数.

6. 将下列曲线的极坐标方程化为直角坐标方程:

(1) $\rho=\dfrac{3}{2+3\sin\theta}$;

(2) $\rho^2=a\cos 2\theta$.

7. 将下列曲线的直角坐标方程化为极坐标方程.

(1) $(x^2+y^2)^2=2a^2xy$;

(2) $x-3y=0$.

1.2 函数的极限

极限方法是微积分学中重要的研究方法.微积分中许多基本概念,例如:连续、导数、定积分、重积分、无穷级数等都是用极限来定义的.

1.2.1 数列的极限

1. 数列

定义 1.2.1 一个定义在正整数集合上的函数 $y_n=f(n)$(称为整标函数),当自变量 n 按

正整数 $1,2,3,\cdots$ 依次增大的顺序取值时,函数值按相应的顺序排成一列数:
$$f(1),f(2),f(3),\cdots,f(n),\cdots$$
称为一个无穷数列,简称数列,记为 $\{y_n\}$ 或 $\{f(n)\}$.数列中的每一个数称为数列的项,$f(n)$ 称为数列的通项.

数列的例子:

例1 $y_n = \dfrac{1}{2^n} : \dfrac{1}{2}, \dfrac{1}{4}, \dfrac{1}{8}, \dfrac{1}{16}, \cdots$.

例2 $y_n = 1 + \dfrac{1}{n} : 2, \dfrac{3}{2}, \dfrac{4}{3}, \dfrac{5}{4}, \cdots$.

例3 $y_n = 2n : 2, 4, 6, 8, \cdots$.

例4 $y_n = \dfrac{1+(-1)^n}{2} : 0, 1, 0, 1, \cdots$.

2. 数列的极限

实例6 (曲边三角形面积)设曲边三角形由抛物线 $y = x^2$ 与 x 轴及直线 $x = 1$ 围成,求其面积 A.

初等数学没有给我们提供解决这一问题的方法,只能求出 A 的近似值,把区间 $[0,1]$ n 等分,分点依次为
$$\dfrac{1}{n}, \dfrac{2}{n}, \dfrac{3}{n}, \cdots, \dfrac{i}{n}, \cdots, \dfrac{n-1}{n},$$
然后过每个分点作底边的垂线,这样曲边三角形被分成了 n 个细长条.每个细长条都用矩形来代替,每个矩形的底为 $\dfrac{1}{n}$,高为 $\left(\dfrac{i}{n}\right)^2$,$i = 0,1,2,\cdots,n-1$,把所有小矩形面积之和记为 A_n,如图1.20所示,于是

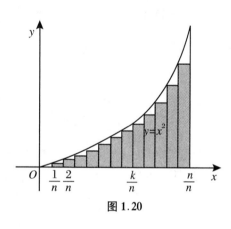

图1.20

$$A_n = \left[\left(\dfrac{1}{n}\right)^2 + \left(\dfrac{2}{n}\right)^2 + \cdots + \left(\dfrac{n-1}{n}\right)^2\right] \cdot \dfrac{1}{n}$$
$$= \dfrac{1}{n^3}[1^2 + 2^2 + \cdots + (n-1)^2]$$
$$= \dfrac{1}{6}\left(1 - \dfrac{1}{n}\right)\left(2 - \dfrac{1}{n}\right)$$

用 A_n 来近似代替曲边三角形的面积 A.

取 $n = 10$,得 $A_{10} = \dfrac{1}{6} \cdot 0.9 \cdot 1.9$;

取 $n = 100$,得 $A_{100} = \dfrac{1}{6} \cdot 0.99 \cdot 1.99$;

取 $n = 10000$,得 $A_{10000} = \dfrac{1}{6} \cdot 0.9999 \cdot 1.9999$.

由此可以看出,A_n 会随着 n 不断增大而接近常数 $\dfrac{1}{3}$,用 A_n 来近似代替 A 所产生的误差会越来越小.但是无论 n 取多大,计算都是有限次的,总不会得到 A 的精确值.只有无限次计算下去才行,而这在实际中是不可能的.因此,求曲边三角形面积的问题是初等数学解决不了的,于是产生了一种新的方法——极限方法.

定义 1.2.2 对于给定的数列 $\{y_n\}$，若当 n 无限增大时，其通项 y_n 无限接近于某个常数 a，则称数列 $\{y_n\}$ 以 a 为极限，或数列 $\{y_n\}$ 收敛于 a. 记为 $\lim\limits_{n\to\infty} y_n = a$ 或 $y_n \to a(n\to\infty)$. 若这样的常数不存在，则称数列 $\{y_n\}$ 没有极限，或数列 $\{y_n\}$ 发散.

例如上述例题：例 1 中，随着 n 的无限增大，y_n 的值无限接近 0，故数列 $\{y_n\}$ 的极限为 0，即 $\lim\limits_{n\to\infty}\dfrac{1}{2^n}=0$；例 2 中，随着 n 的无限增大，y_n 的值无限接近 1，故数列 $\{y_n\}$ 的极限为 1，即 $\lim\limits_{n\to\infty}\left(1+\dfrac{1}{n}\right)=1$；例 3 中，随着 n 的无限增大，y_n 的值也无限增大，故数列 $\{y_n\}$ 发散；例 4 中，随着 n 的无限增大，y_n 交替取 0,1 两个值，而不无限接近于某个常数，故数列 $\{y_n\}$ 发散.

实例 6 中，曲边三角形面积 A 为数列 $\{A_n\}$ 的极限，$A=\lim\limits_{n\to\infty}A_n=\dfrac{1}{3}$.

注 （1）数列极限是考察 n 趋于无穷大（即 n 无限增大）时 y_n 的变化趋势，数列前面的有限项不影响这种变化趋势，因此 $\{y_n\}$ 的极限与其前有限项无关.

（2）$\lim\limits_{n\to\infty}y_n=a$ 的几何含义是当 n 趋于无穷大时，点 (n,y_n) 无限接近直线 $y=a$. 如图 1.21 所示.

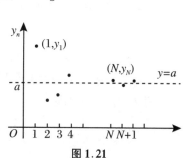

图 1.21

（3）上述极限定义只是数列极限的直观定义，其精确定义本章忽略.

由函数的图形可以直观地得出数列极限.

例 5 由函数 $y=q^n(0<q<1)$ 的图形可知：当 $0<q<1$ 时，$\lim\limits_{n\to\infty}q^n=0$.

例 6 由函数 $y=\arctan n$ 的图形易知：$\lim\limits_{n\to\infty}\arctan n=\dfrac{\pi}{2}$.

1.2.2 函数的极限

在数列极限定义中含有两类变量的变化过程，即自变量 n 的变化过程和相应的因变量 y_n 的变化过程. 根据自变量变化过程的不同，可将函数极限分为 7 类（其中数列极限视为函数极限的一类）. 自变量的 7 类变化过程如下：

$n\to\infty$，读作 n 趋于无穷大，表示自然数 n 按从小到大的次序无限增大；

$x\to\infty$，读作 x 趋于无穷大，表示实数 x 按其绝对值从小到大的次序无限增大，即数轴上的动点 x 无限远离原点；

$x\to+\infty$，读作 x 趋于正无穷大，表示实数 x 按从小到大的次序无限增大，即动点 x 向右无限远离原点，它与 $n\to\infty$ 的不同仅在于 n 取值自然数而 x 取值实数；

$x\to-\infty$，读作 x 趋于负无穷大，表示实数 x 按从大到小的次序无限减小，即动点 x 向左无限远离原点；

$x\to x_0$，读作 x 趋于 x_0，表示动点 x 按从远到近的次序无限接近 x_0（即 $|x-x_0|$ 从大到小趋于零），且 $x\neq x_0$；

$x\to x_0^+$，读作 x 趋于 x_0 正，表示实数 x 按从大到小的次序无限接近 x_0（即点 x 在 x_0 的右边无限接近 x_0），且 $x\neq x_0$；

$x \to x_0^-$,读作 x 趋于 x_0 负,表示实数 x 按从小到大的次序无限接近 x_0(即点 x 在 x_0 的左边无限接近 x_0),且 $x \neq x_0$;

对于函数 $y = f(x)$,在自变量变化过程 $x \to *$(代表前述 7 种极限过程的任意一种,下同)中,引起函数 y 形成一个取值次序,确定这一取值次序的最终趋势就是极限问题,极限的直观定义如下:

定义 1.2.3 若函数 $y = f(x)$ 在自变量变化过程 $x \to *$ 下,y 无限接近于某常数 A,则称 $f(x)$ 在 $x \to *$ 时极限存在,A 是其极限值,记作

$$\lim_{x \to *} f(x) = A \quad \text{或} \quad f(x) \to A \quad (x \to *).$$

在上述对应的 7 种极限中,$\lim\limits_{n \to \infty} f(n)$ 称作数列极限,$\lim\limits_{x \to x_0^-} f(x)$ 与 $\lim\limits_{x \to x_0^+} f(x)$ 分别称为 $f(x)$ 在 x_0 处的左极限与右极限,且分别记为 $f(x_0 - 0)$ 与 $f(x_0 + 0)$,即

$$f(x_0 - 0) = \lim_{x \to x_0^-} f(x), \quad f(x_0 + 0) = \lim_{x \to x_0^+} f(x).$$

左极限与右极限统称单侧极限.

按以上极限定义,我们容易观察得到许多简单函数极限的值.

例 7 求下列极限:

(1) $\lim\limits_{n \to \infty} \dfrac{(-1)^n}{n+2}$; (2) $\lim\limits_{x \to 3} x^2$; (3) $\lim\limits_{x \to +\infty} e^{-x}$; (4) $\lim\limits_{x \to -\infty} e^{-x}$.

解 (1) $\dfrac{(-1)^n}{n+2}$ 尽管时正时负,但随着 n 的无限增大而无限接近 0.所以 $\lim\limits_{n \to \infty} \dfrac{(-1)^n}{n+2} = 0$.

(2) 由 $y = x^2$ 的图形知,x^2 随着 x 无限接近 3 而无限接近 9,所以 $\lim\limits_{x \to 3} x^2 = 9$.

(3) 由 $e^{-x} = \left(\dfrac{1}{e}\right)^x$ 指数函数的图形知,$\lim\limits_{x \to +\infty} e^{-x} = 0$.

(4) 同上,由指数函数的图形知,$\lim\limits_{x \to -\infty} e^{-x}$ 的极限不存在.

从各类极限的定义可以得到以下性质:

$$\lim_{k \to \infty} y_{2k} = \lim_{k \to \infty} y_{2k+1} = a \Leftrightarrow \lim_{n \to \infty} y_n = a,$$

$$f(x_0 - 0) = f(x_0 + 0) = A \Leftrightarrow \lim_{x \to x_0} f(x) = A,$$

$$\lim_{x \to -\infty} f(x) = \lim_{x \to +\infty} f(x) = A \Leftrightarrow \lim_{x \to \infty} f(x) = A.$$

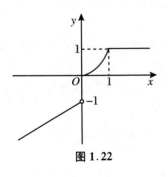

图 1.22

例 8 讨论函数

$$f(x) = \begin{cases} x - 1, & x < 0 \\ x^2, & 0 \leqslant x < 1 \\ 1, & x \geqslant 1 \end{cases}$$

在 $x \to 0$ 及 $x \to 1$ 时的极限是否存在(图 1.22).

解 当 $x \to 0$ 时,有

$$\lim_{x \to 0^-} f(x) = \lim_{x \to 0^-} (x - 1) = -1,$$

$$\lim_{x \to 0^+} f(x) = \lim_{x \to 0^+} x^2 = 0.$$

因左极限和右极限存在但并不相等,所以 $\lim\limits_{x\to 0}f(x)$ 不存在.

当 $x\to 1$ 时,有
$$\lim_{x\to 1^-}f(x) = \lim_{x\to 1^-}x^2 = 1,$$
$$\lim_{x\to 1^+}f(x) = \lim_{x\to 1^+}1 = 1.$$

因左极限和右极限存在且相等,所以 $\lim\limits_{x\to 1}f(x)$ 存在且极限值为 1.

例 9 设 $f(x) = \begin{cases} e^{-\frac{1}{(x-1)^2}}, & x<1 \\ 2-ax, & x\geqslant 1 \end{cases}$,求:

(1) $f(1+0), f(1-0)$;

(2) 当 a 为何值时 $\lim\limits_{x\to 1}f(x)$ 存在.

解 (1) 由题设可知
$$f(1+0) = \lim_{x\to 1^+}f(x) = \lim_{x\to 1^+}(2-ax) = 2-a.$$
$$f(1-0) = \lim_{x\to 1^-}f(x) = \lim_{x\to 1^-}e^{-\frac{1}{(x-1)^2}} = 0.$$

(2) 因为 $\lim\limits_{x\to 1}f(x)$ 存在 $\Leftrightarrow f(1+0)=f(1-0)$,所以 $2-a=0$,即 $a=2$.

故当 $a=2$ 时,$\lim\limits_{x\to 1}f(x)$ 存在且等于 0.

习 题 1.2

A 组

1. 观察下列数列的变化趋势,判断哪些数列有极限,若有极限,给出其极限值.

(1) $y_n = (-1)^n - \dfrac{1}{n}$;　　　　(2) $y_n = \dfrac{1}{n}\sin n$;

(3) $y_n = \sin\dfrac{n\pi}{2}$;　　　　(4) $y_n = 2^{(-1)^n}$.

2. 根据函数极限的直观定义求下列极限:

(1) $\lim\limits_{x\to 3}(3x-3)$;　　　　(2) $\lim\limits_{x\to 1}(2x+8)$;

(3) $\lim\limits_{x\to 2}\dfrac{x^2-4}{x-2}$;　　　　(4) $\lim\limits_{x\to -\frac{1}{2}}\dfrac{1-4x^2}{2x+1}$.

3. 设函数 $f(x) = \begin{cases} 3x-1, & -1<x<1 \\ 1, & x=1 \\ 3-x, & 1<x<2 \end{cases}$,求 $\lim\limits_{x\to \frac{3}{2}}f(x), \lim\limits_{x\to 0}f(x), \lim\limits_{x\to 1}f(x)$.

4. 计算函数 $f(x) = \dfrac{|x|}{x(1+x^2)}$ 在点 $x=0$ 处的左、右极限与极限.

5. 设函数 $f(x)=\begin{cases} x, & |x|\leq 1 \\ x-2, & |x|>1 \end{cases}$,试讨论 $\lim\limits_{x\to 1}f(x)$ 及 $\lim\limits_{x\to -1}f(x)$.

B组

1. 用极限的直观定义考查下列结论是否正确,为什么?

(1) 设数列 $\{y_n\}$,若当 n 越来越大时,$|y_n-a|$ 越来越小,则 $\lim\limits_{n\to\infty}y_n=a$;

(2) 设数列 $\{y_n\}$,若有无穷多个 y_n 满足 y_n 无限接近于 a,则 $\lim\limits_{n\to\infty}y_n=a$.

2. 求函数 $f(x)=\dfrac{1-a^{\frac{1}{x}}}{1+a^{\frac{1}{x}}}(a>1)$,当 $x\to 0$ 时的左、右极限,并说明 $x\to 0$ 时极限是否存在.

1.3 无穷小量与无穷大量

有两种特殊的极限情况比较常用:其一是极限值等于零;其二是极限不存在且为无穷大.

1.3.1 无穷小量与无穷大量的定义

定义 1.3.1 若 $\lim\limits_{x\to *}f(x)=0$,则称 $f(x)$ 是 $x\to *$ 时的无穷小量,简称无穷小. 若 $\lim\limits_{x\to *}f(x)$ 不存在,且当 $x\to *$ 时 $|f(x)|$ (或 $f(x)$、$-f(x)$) 无限增大,则称 $f(x)$ 是 $x\to *$ 时的无穷大量,简称无穷大(或称正无穷大、负无穷大),记为 $\lim\limits_{x\to *}f(x)=\infty$ (或 $\lim\limits_{x\to *}f(x)=+\infty$,$\lim\limits_{x\to *}f(x)=-\infty$).

例1 判断下列变量哪些是无穷小,哪些是无穷大:

(1) $\dfrac{1}{n}$;   (2) $\dfrac{1}{x}(x\to a)$;   (3) $x(x\to 0)$;

(4) $x\sin x(x\to\infty)$;   (5) $\ln x(x\to 0^+)$;   (6) $2^x(x\to\infty)$.

解 (1) 因为没有指明自变量 n 的变化过程,所以不能称 $\dfrac{1}{n}$ 为无穷小或无穷大.

(2) 当 $a=0$ 时,在 $x\to 0$ 时,$\left|\dfrac{1}{x}\right|$ 无限增大,故 $\dfrac{1}{x}$ 为无穷大;

当 $a\neq 0$ 时,因为 $\lim\limits_{x\to a}\dfrac{1}{x}=\dfrac{1}{a}\neq 0$,所以 $\dfrac{1}{x}$ 不是无穷小也不是无穷大.

(3) 因为 $\lim\limits_{x\to 0}x=0$,所以在 $x\to 0$ 时,x 为无穷小.

(4) 当 $x\to\infty$ 时,若取 $x=\dfrac{\pi}{2}+2k\pi(k\in\mathbf{Z})$,$x\sin x=\dfrac{\pi}{2}+2k\pi\to\infty$,所以 $x\sin x$ 不是无穷小;若取 $x=2k\pi(k\in\mathbf{Z})$,$x\sin x=0$,所以 $x\sin x$ 也不是无穷大.

(5) 由对数函数图形可知，$\lim\limits_{x\to 0^+}\ln x = -\infty$，即当 $x\to 0^+$ 时，$\ln x$ 是无穷大.

(6) 由指数函数图形可知，$\lim\limits_{x\to -\infty} 2^x = 0$，$\lim\limits_{x\to +\infty} 2^x = +\infty$，所以当 $x\to\infty$ 时，2^x 不是无穷小也不是无穷大.

注 无穷小量与无穷大量都是变量，这里的"大"和"小"都是指变量的绝对值. 即无穷小量是绝对值任意小的变量；无穷大量是绝对值无限增大的变量. 零是可以作为无穷小的唯一的常数.

1.3.2 无穷小与无穷大的关系及性质

1. 无穷小与无穷大的关系

根据无穷小与无穷大的定义，容易发现以下简单关系：

在自变量的同一变化过程中，若 $f(x)$ 为无穷大，则 $\dfrac{1}{f(x)}$ 为无穷小；若 $g(x)$ 为无穷小，且 $g(x)\neq 0$，则 $\dfrac{1}{g(x)}$ 为无穷大.

例如，由 $\lim\limits_{x\to 0}\sin x = 0$ 与 $\lim\limits_{x\to 0}\tan x = 0$，推得 $\lim\limits_{x\to 0}\csc x = \infty$，$\lim\limits_{x\to 0}\cot x = \infty$.

2. 无穷小与函数极限的关系

定理 1.3.1 $\lim\limits_{x\to *} f(x) = A \Leftrightarrow f(x) = A + \alpha$，其中 α 是 $x\to *$ 时的无穷小.

这个定理说明："$f(x)$ 以 A 为极限"与"$f(x)$ 与 A 之差是无穷小量"是两个等价的说法.

3. 无穷小量的性质

性质 1 有限个无穷小量的代数和仍为无穷小量.

"有限"是不可以去掉的，即无穷多个无穷小量的代数和未必是无穷小量. 例如，n 个 $\dfrac{1}{n}$ 的和在 $n\to\infty$ 时的极限，$\lim\limits_{n\to\infty}\left(\dfrac{1}{n} + \dfrac{1}{n} + \cdots + \dfrac{1}{n}\right) = \lim\limits_{n\to\infty}\left(n\cdot\dfrac{1}{n}\right) = \lim\limits_{n\to\infty} 1 = 1$.

性质 2 有限个无穷小量之积为无穷小量.

性质 3 有界函数与无穷小量之积为无穷小量.

例如 $\lim\limits_{x\to 0} x\sin\dfrac{1}{x}$，因为 $x(x\to 0)$ 是无穷小，$\sin\dfrac{1}{x}$ 是有界函数 $\left(\left|\sin\dfrac{1}{x}\right|\leqslant 1\right)$，故 $x\sin\dfrac{1}{x}$ 在 $x\to 0$ 时是无穷小，即 $\lim\limits_{x\to 0} x\sin\dfrac{1}{x} = 0$.

性质 4 常数与无穷小量之积为无穷小量.

4. 无穷大量的性质

性质 1 无穷大量与有界函数的代数和仍是无穷大量.

例如 $\lim\limits_{x\to\infty}(x^2 - \sin x)$，因为 x^2 是正无穷大，$\sin x$ 是有界函数，故 $(x^2 - \sin x)$ 是正无穷大，即 $\lim\limits_{x\to\infty}(x^2 - \sin x) = +\infty$.

性质 2 两个无穷大量的乘积仍是无穷大量.

习 题 1.3

A 组

1. 求下列极限：

(1) $\lim\limits_{x\to\infty}\dfrac{2x+1}{x}$；　　　　　　(2) $\lim\limits_{x\to 0}\dfrac{1-x^2}{1-x}$.

2. 以下数列在 $n\to\infty$ 时是否为无穷小量？

(1) $y_n=\dfrac{1}{n^2}$；　　　　　　(2) $y_n=(-1)^{n+1}\dfrac{1}{2^n}$；

(3) $y_n=\dfrac{1+(-1)^n}{n}$.

3. 当 $x\to 0$ 时，下列变量中哪些是无穷小量？哪些是无穷大量？哪些既不是无穷小量又不是无穷大量？

$$100x^2,\ \sqrt[3]{x},\ \sqrt{x+1},\ \dfrac{2}{x},\ \dfrac{x^2}{x},\ 0,\ x^2+0.01,\ \dfrac{1}{x-1},\ x^2+\dfrac{1}{2}x,\ \dfrac{x-1}{x+1}.$$

4. 当 $x\to +\infty$ 时，上题中的变量哪些是无穷小量？哪些是无穷大量？哪些既不是无穷小量又不是无穷大量？

5. 函数 $y=\dfrac{1}{(x-1)^2}$ 在自变量怎样的变化过程中是无穷大量？又在自变量怎样的变化过程中是无穷小量？

6. 试在下列各种极限情况下，将函数 $f(x)=\dfrac{3x^2+2x-1}{x^2+1}$ 分解为一个常数与一个无穷小之和：

(1) $x\to 0$；　　　　　(2) $x\to 1$；　　　　　(3) $x\to\infty$.

B 组

1. 函数 $y=x\cos x$ 在 $(-\infty,+\infty)$ 内是否有界？这个函数是否为 $x\to +\infty$ 时的无穷大？为什么？

2. 证明函数 $f(x)=x\sin x$ 在 $(0,+\infty)$ 内是无界函数，但 $x\to\infty$ 时，不是无穷大。

1.4 极限的性质与运算法则

1.4.1 极限的基本性质

性质 1　（唯一性）若极限存在，则极限值唯一。

性质 2　有极限的数列必有界。

性质 3 （局部有界性）若 $\lim\limits_{x \to x_0} f(x)$ 存在，则函数 $f(x)$ 在 x_0 的某去心邻域 $\overset{\circ}{U}(x_0)$ 内有界．

性质 4 （局部保号性）若 $\lim\limits_{x \to x_0} f(x) = A$，且 $A > 0$（或 $A < 0$），则在 x_0 的某去心邻域 $\overset{\circ}{U}(x_0)$ 内恒有 $f(x) > 0$（或 $f(x) < 0$）．

性质 5 若 $\lim\limits_{x \to x_0} f(x) = A$，且在 x_0 的某去心邻域 $\overset{\circ}{U}(x_0)$ 内恒有 $f(x) > 0$（或 $f(x) < 0$），则 $A \geqslant 0$（或 $A \leqslant 0$）．

对于其他几种形式的极限，也有类似的性质．

1.4.2 极限的运算法则

1. 极限的四则运算法则

定理 1.4.1 若极限 $\lim\limits_{x \to *} f(x) = A, \lim\limits_{x \to *} g(x) = B$ 均存在，则

(1) 极限 $\lim\limits_{x \to *} [f(x) \pm g(x)]$ 存在，且
$$\lim\limits_{x \to *} [f(x) \pm g(x)] = A \pm B = \lim\limits_{x \to *} f(x) \pm \lim\limits_{x \to *} g(x).$$

(2) 极限 $\lim\limits_{x \to *} [f(x) \cdot g(x)]$ 存在，且
$$\lim\limits_{x \to *} [f(x) \cdot g(x)] = A \cdot B = \lim\limits_{x \to *} f(x) \cdot \lim\limits_{x \to *} g(x).$$

(3) 若 $B \neq 0$，则 $\lim\limits_{x \to *} \dfrac{f(x)}{g(x)}$ 存在，且
$$\lim\limits_{x \to *} \dfrac{f(x)}{g(x)} = \dfrac{A}{B} = \dfrac{\lim\limits_{x \to *} f(x)}{\lim\limits_{x \to *} g(x)}.$$

证明 这里只给出(2)的证明，其他的证明留给读者．

因为极限 $\lim\limits_{x \to *} f(x) = A, \lim\limits_{x \to *} g(x) = B$，所以当 $x \to *$ 时，有
$$f(x) = A + \alpha, \quad g(x) = B + \beta,$$
其中，α 与 β 在 $x \to *$ 时为无穷小．从而
$$f(x) \cdot g(x) = (A + \alpha)(B + \beta) = AB + \alpha B + A\beta + \alpha\beta,$$
由无穷小运算性质得 $\alpha B + A\beta + \alpha\beta$ 在 $x \to *$ 时为无穷小，故
$$\lim\limits_{x \to *} [f(x) \cdot g(x)] = A \cdot B = \lim\limits_{x \to *} f(x) \cdot \lim\limits_{x \to *} g(x).$$

推论 1 若极限 $\lim\limits_{x \to *} f_i(x) (i = 1, 2, \cdots, n)$ 存在，则 $\lim\limits_{x \to *} [c_1 f_1(x) + c_2 f_2(x) + \cdots + c_n f_n(x)]$ 存在，且
$$\lim\limits_{x \to *} [c_1 f_1(x) + c_2 f_2(x) + \cdots + c_n f_n(x)] = c_1 \lim\limits_{x \to *} f_1(x) + c_2 \lim\limits_{x \to *} f_2(x) + \cdots + c_n \lim\limits_{x \to *} f_n(x).$$

推论 2 若极限 $\lim\limits_{x \to *} f(x)$ 存在，有 $\lim\limits_{x \to *} [f(x)]^n = [\lim\limits_{x \to *} f(x)]^n (n \in \mathbf{N}^+)$．

使用极限四则运算法则及其推论一定要注意使用法则及其推论的条件．当条件不满足时，需要运用一些函数转化变形的技巧．

例 1 求 $\lim\limits_{x \to 2} (4x^3 + 8)$．

解 $\lim\limits_{x \to 2} (4x^3 + 8) = 4 \lim\limits_{x \to 2} x^3 + \lim\limits_{x \to 2} 8 = 4 (\lim\limits_{x \to 2} x)^3 + 8 = 4 \times 2^3 + 8 = 40$．

注 对于一般的多项式：
$$P(x) = a_n x^n + a_{n-1} x^{n-1} + \cdots + a_1 x + a_0.$$
$$\lim_{x \to x_0} P(x) = \lim_{x \to x_0}(a_n x^n + a_{n-1} x^{n-1} + \cdots + a_1 x + a_0)$$
$$= a_n (\lim_{x \to x_0} x)^n + a_{n-1} (\lim_{x \to x_0} x)^{n-1} + \cdots + a_1 \lim_{x \to x_0} x + a_0$$
$$= a_n x_0^n + a_{n-1} x_0^{n-1} + \cdots + a_1 x_0 + a_0 = P(x_0).$$

例 2 求 $\lim\limits_{x \to -1} \dfrac{2x^2 + x - 4}{3x^2 + 2}$.

解 因为 $\lim\limits_{x \to -1}(3x^2 + 2) = 3\lim\limits_{x \to -1} x^2 + 2 = 5 \neq 0$，所以
$$\lim_{x \to -1} \frac{2x^2 + x - 4}{3x^2 + 2} = \frac{\lim\limits_{x \to -1}(2x^2 + x - 4)}{\lim\limits_{x \to -1}(3x^2 + 2)} = -\frac{3}{5}.$$

例 3 求 $\lim\limits_{x \to 3} \dfrac{x+2}{x-3}$.

解 因为 $\lim\limits_{x \to 3}(x-3) = 0, \lim\limits_{x \to 3}(x+2) = 5$，所以 $\lim\limits_{x \to 3} \dfrac{x-3}{x+2} = 0$，根据无穷大与无穷小的关系，有
$$\lim_{x \to 3} \frac{x+2}{x-3} = \infty.$$

例 4 求 $\lim\limits_{x \to 4} \dfrac{x^2 - 7x + 12}{x^2 - 5x + 4}$.

解 因为 $\lim\limits_{x \to 4}(x^2 - 7x + 12) = 0, \lim\limits_{x \to 4}(x^2 - 5x + 4) = 0$，但注意到分子与分母有公因子 $(x-4)$，可约去，则
$$\lim_{x \to 4} \frac{x^2 - 7x + 12}{x^2 - 5x + 4} = \lim_{x \to 4} \frac{(x-4)(x-3)}{(x-4)(x-1)} = \lim_{x \to 4} \frac{x-3}{x-1} = \frac{1}{3}.$$

注 对于有理函数 $f(x) = \dfrac{P(x)}{Q(x)}$ ($P(x), Q(x)$ 为多项式)，$\lim\limits_{x \to x_0} \dfrac{P(x)}{Q(x)}$ 的求法有如下几种情形：

(1) 如果 $Q(x_0) \neq 0$，则 $\lim\limits_{x \to x_0} \dfrac{P(x)}{Q(x)} = \dfrac{\lim\limits_{x \to x_0} P(x)}{\lim\limits_{x \to x_0} Q(x)} = \dfrac{P(x_0)}{Q(x_0)} = f(x_0)$.

(2) 如果 $Q(x_0) = 0$，商的极限运算法则不能直接应用．
若此时 $P(x_0) \neq 0$，因为 $\lim\limits_{x \to x_0} \dfrac{1}{f(x)} = \lim\limits_{x \to x_0} \dfrac{Q(x)}{P(x)} = 0$，故 $\lim\limits_{x \to x_0} f(x) = \lim\limits_{x \to x_0} \dfrac{P(x)}{Q(x)} = \infty$.

若此时 $P(x_0) = 0$，则 $\dfrac{P(x)}{Q(x)}$ 可约去公因子 $(x - x_0)$，再用上述方法求极限．

例 5 求 $\lim\limits_{x \to 1} \dfrac{x^n - 1}{x - 1}$，其中 $n \in \mathbf{N}^+$.

解 $\lim\limits_{x \to 1} \dfrac{x^n - 1}{x - 1} = \lim\limits_{x \to 1} \dfrac{(x-1)(x^{n-1} + x^{n-2} + \cdots + x + 1)}{x - 1} = n$.

例 6 求 $\lim\limits_{x \to \infty} \dfrac{2x^2 + x + 12}{3x^2 - 5x + 4}$.

解 当 $x \to \infty$ 时，分子、分母都趋于无穷大，不能用商的极限运算法则，用其中次数最高的幂去除分子、分母，则极限一目了然．

用 x^2 除分子、分母,再求极限,即

$$\lim_{x \to \infty} \frac{2x^2 + x + 12}{3x^2 - 5x + 4} = \lim_{x \to \infty} \frac{2 + \frac{1}{x} + \frac{12}{x^2}}{3 - \frac{5}{x} + \frac{4}{x^2}} = \frac{2}{3}.$$

例 7 求 $\lim\limits_{x \to \infty} \dfrac{x^2 + 2}{2x^3 + x + 1}$.

解 用 x^3 除分子、分母,再求极限,即

$$\lim_{x \to \infty} \frac{x^2 + 2}{2x^3 + x + 1} = \lim_{x \to \infty} \frac{\frac{1}{x} + \frac{2}{x^3}}{2 + \frac{1}{x^2} + \frac{1}{x^3}} = 0.$$

例 8 求 $\lim\limits_{x \to \infty} \dfrac{2x^3 + x + 1}{x^2 + 2}$.

解 因为 $\lim\limits_{x \to \infty} \dfrac{x^2 + 2}{2x^3 + x + 1} = 0$,所以

$$\lim_{x \to \infty} \frac{2x^3 + x + 1}{x^2 + 2} = \infty.$$

综合以上三例可得公式:

$$\lim_{x \to \infty} \frac{a_n x^n + a_{n-1} x^{n-1} + \cdots + a_1 x + a_0}{b_m x^m + b_{m-1} x^{m-1} + \cdots + b_1 x + b_0} = \begin{cases} \dfrac{a_n}{b_m}, & m = n \\ 0, & m > n \\ \infty, & m < n \end{cases},\text{其中 } a_n \neq 0, b_m \neq 0, m, n \text{ 为}$$

正实数.

例 9 已知 $\lim\limits_{n \to \infty} \dfrac{n^\alpha}{n^\beta - (n-1)^\beta} = \dfrac{1}{2015}$,其中 α, β 均是正整数,求 α, β 的值.

分析 由 $\lim\limits_{n \to \infty} \dfrac{n^\alpha}{n^\beta - (n-1)^\beta} = \dfrac{1}{2015}$,可知 $\dfrac{n^\alpha}{n^\beta - (n-1)^\beta}$ 的上下最高次项次数应当相等,且它们的系数比为 $\dfrac{1}{2015}$.

解 因为 $\lim\limits_{n \to \infty} \dfrac{n^\alpha}{n^\beta - (n-1)^\beta} = \lim\limits_{n \to \infty} \dfrac{n^\alpha}{\beta n^{\beta - 1} + \cdots} = \dfrac{1}{\beta}$,所以

$$\alpha = \beta - 1, \quad \frac{1}{\beta} = \frac{1}{2015}.$$

从而有

$$\alpha = 2014, \quad \beta = 2015.$$

例 10 求极限 $\lim\limits_{n \to \infty} \dfrac{a^{n+1} + b^{n+1}}{a^n + b^n} (0 < a < b)$.

分析 注意分式中 b^{n+1} 次数最高且 $b^{n+1} > a^{n+1}$,用 b^{n+1} 除分子、分母的各项,得

$\dfrac{a^{n+1} + b^{n+1}}{a^n + b^n} = \dfrac{\left(\dfrac{a}{b}\right)^{n+1} + 1}{\left(\dfrac{a}{b}\right)^n \dfrac{1}{b} + \dfrac{1}{b}}$,再利用等比数列的极限 $\lim\limits_{n \to \infty} q^n = 0 (|q| < 1)$ 求极限即可.

解 $\lim\limits_{n \to \infty} \dfrac{a^{n+1} + b^{n+1}}{a^n + b^n} = \lim\limits_{n \to \infty} \dfrac{\left(\dfrac{a}{b}\right)^{n+1} + 1}{\left(\dfrac{a}{b}\right)^n \dfrac{1}{b} + \dfrac{1}{b}} = b.$

2. 极限复合运算法则

复合函数牵涉到自变量、中间变量和因变量，由自变量取值次序对应形成中间变量的取值次序，进而形成因变量的取值次序. 极限过程在复合函数中的传递规律比较直观，利用这种传递性可以得到极限转换的计算方法.

定理 1.4.2 设 $y=f(u), u=g(x)$, 若 $\lim\limits_{x\to *}g(x)=a$, $\lim\limits_{u\to a}f(u)=A$, 且当 $x\to *$ 时，$g(x)\neq a$, 则 $\lim\limits_{x\to *}f[g(x)]=A$. 即

$$\lim_{x\to *}f[g(x)]=A=\lim_{u\to a}f(u).$$

极限复合运算法则可以重新表述为便于使用的"极限换元公式"：

若 $\lim\limits_{x\to *}g(x)=a$, 且 $g(x)\neq a$, 则

$$\lim_{x\to *}f[g(x)]\xrightarrow{\text{令 }g(x)=u}A=\lim_{u\to a}f(u).$$

例 11 求极限 $\lim\limits_{x\to 1}\dfrac{\sqrt[4]{x}-1}{\sqrt[3]{x}-1}$.

解 换元，令 $\sqrt[12]{x}=u$, 则当 $x\to 1$ 时，得 $u\to 1$. 故由极限换元公式，得

$$\text{原式}=\lim_{u\to 1}\frac{u^3-1}{u^4-1}=\lim_{u\to 1}\frac{(u-1)(u^2+u+1)}{(u-1)(u+1)(u^2+1)}$$

$$=\lim_{u\to 1}\frac{u^2+u+1}{(u+1)(u^2+1)}=\frac{1+1+1}{(1+1)\times(1+1)}=\frac{3}{4}.$$

习 题 1.4

A 组

1. 计算下列极限：

(1) $\lim\limits_{x\to\infty}\dfrac{3x^3+x^2+2}{1-x-4x^3}$;

(2) $\lim\limits_{x\to\infty}\dfrac{x^2}{3x^2+1}$;

(3) $\lim\limits_{x\to\infty}\left(4-\dfrac{1}{x}+\dfrac{1}{x^2}\right)$;

(4) $\lim\limits_{x\to\infty}(3x^2-2x+1)$;

(5) $\lim\limits_{n\to\infty}\left(\dfrac{n+1}{n}\right)\left(\dfrac{2n^2-1}{n^2}\right)$;

(6) $\lim\limits_{h\to 0}\dfrac{(x+h)^2-x^2}{h}$;

(7) $\lim\limits_{x\to 4}\dfrac{x^2-6x+8}{x^2-3x+4}$;

(8) $\lim\limits_{x\to\sqrt{3}}\dfrac{x^2-3}{x^2+1}$;

(9) $\lim\limits_{x\to 2}\dfrac{x^3+3x^2}{(x-2)^2}$;

(10) $\lim\limits_{x\to -2}\left(\dfrac{1}{x+2}-\dfrac{1}{x^3+8}\right)$;

(11) $\lim\limits_{x\to 1}\dfrac{\sqrt{5-x}-\sqrt{3+x}}{x^2-1}$;

(12) $\lim\limits_{x\to 1}\dfrac{\sqrt{x}-1}{\sqrt[3]{x}-1}$.

2. 求 a,b, 使 $\lim\limits_{x\to\infty}\left(\dfrac{3x^2+2}{x+1}-ax+b\right)=1$.

B 组

计算下列极限：

(1) $\lim\limits_{x\to\infty}\dfrac{(4x+1)^{30}(9x+2)^{20}}{(6x-1)^{50}}$;

(2) $\lim\limits_{x\to 3^-}\dfrac{\sqrt{3}-\sqrt{x}}{\sqrt{3-x}}$;

(3) $\lim\limits_{x\to -8}\dfrac{\sqrt{1-x}-3}{2+\sqrt[3]{x}}$.

1.5 极限存在性准则与两个重要极限

实例 7 （圆的周长）我国三国时期的数学家刘徽采用"无限逼近"的思想,提出用割圆术来计算圆的周长和面积.割圆术的要旨是:用圆内接正多边形去逼近圆,刘徽从圆内接正六边形出发,将边数逐次加倍,并计算逐次得到的正多边形周长和面积,他指出:"割之弥细,所失弥少,割之又割,以至于不可割,则与圆合体而无所失矣."由于圆内接正 n 边形的边长为 $2R\left(\sin\dfrac{2\pi}{2n}\right) = 2R\sin\dfrac{\pi}{n}$,因此其周长为 $L_n = 2nR\sin\dfrac{\pi}{n}$,所以圆的周长为

$$L = \lim_{n\to\infty} L_n = \lim_{n\to\infty} 2nR\sin\dfrac{\pi}{n},$$

那么这个极限到底是多少呢?

1.5.1 夹逼准则和重要极限 $\lim\limits_{x\to 0}\dfrac{\sin x}{x} = 1$

在研究比较复杂的极限问题时,通常分两步来解决:先判断该函数(或数列)是否有极限(极限的存在性问题);若有极限,再考虑如何计算极限(极限值的计算问题).这是极限理论的两个基本问题.

准则 I （夹逼准则）设在自变量的同一变化过程 $x\to *$ 中,函数 $f(x)$、$g(x)$、$h(x)$ 都有定义,且满足:(1) $g(x)\leqslant f(x)\leqslant h(x)$;(2) $\lim\limits_{x\to *} g(x) = A$,$\lim\limits_{x\to *} h(x) = A$,则必有

$$\lim_{x\to *} f(x) = A.$$

夹逼准则不仅给出了判定函数极限存在的一种方法,而且也提供了一个求函数极限的工具.

例 1 证明 $\lim\limits_{n\to\infty}\dfrac{10^n}{n!} = 0$.

证明 因为当 $n\geqslant 10$ 时,有

$$0 < \dfrac{10^n}{n!} = \dfrac{10^{10}}{1\times 2\times\cdots\times 10}\times\dfrac{10}{11}\times\dfrac{10}{12}\times\cdots\times\dfrac{10}{n} < \dfrac{10^{10}}{10!}\times\left(\dfrac{10}{11}\right)^{n-10}.$$

令 $x_n = 0$,$y_n = \dfrac{10^n}{n!}$,$z_n = \dfrac{10^{10}}{10!}\times\left(\dfrac{10}{11}\right)^{n-10}$,则 $x_n < y_n < z_n$,$\lim\limits_{n\to\infty} x_n = \lim\limits_{n\to\infty} z_n = 0$,由夹逼准则得

$$\lim_{n\to\infty}\dfrac{10^n}{n!} = 0.$$

例 2 用夹逼准则证明下列极限:

(1) $\lim\limits_{x\to 0}\sin x = 0$;

(2) $\lim\limits_{x\to 0}\cos x = 1$;

(3) **重要极限 I** $\lim\limits_{x\to 0}\dfrac{\sin x}{x} = 1$.

证明 (1) 如图 1.23 所示,在单位圆中,设圆心角为 x 弧度,不妨设 $0 < |x| < \dfrac{\pi}{2}$,因为 $S_{\triangle OAB} < S_{\text{扇形}OAB} < S_{\triangle OAC}$,所以

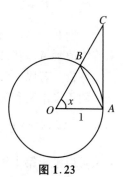

图 1.23

$$\frac{1}{2}\cdot 1\cdot|\sin x|<\frac{1}{2}\cdot 1\cdot|x|<\frac{1}{2}\cdot 1\cdot|\tan x|. \qquad (1.5.1)$$

由式(1.5.1),得 $0<|\sin x|<|x|$,故由 $\lim_{x\to 0}|x|=0$ 及夹逼准则得 $\lim_{x\to 0}|\sin x|=0$,从而得

$$\lim_{x\to 0}\sin x = 0.$$

(2) 因为 $0<1-\cos x = 2\sin^2\frac{x}{2}\leqslant\frac{1}{2}x^2$,故由 $\lim_{x\to 0}\frac{1}{2}x^2=0$ 及夹逼准则得 $\lim_{x\to 0}(1-\cos x)=0$,从而得

$$\lim_{x\to 0}\cos x = 1.$$

(3) 由式(1.5.1),得 $|\sin x|<|x|<|\tan x|$,从而 $\cos x<\frac{\sin x}{x}<1$. 故由 $\lim_{x\to 0}\cos x=1$ 及夹逼准则得

$$\lim_{x\to 0}\frac{\sin x}{x} = 1.$$

对于实例 7,显然就有圆的周长

$$L = \lim_{n\to\infty}L_n = \lim_{n\to\infty}2nR\sin\frac{\pi}{n} = 2R\lim_{n\to\infty}\frac{\sin\frac{\pi}{n}}{\frac{1}{n}} = 2\pi R.$$

例 3 求 $\lim_{x\to 0}\frac{\tan x}{x}$.

解 $\lim_{x\to 0}\frac{\tan x}{x}=\lim_{x\to 0}\left(\frac{\sin x}{x}\cdot\frac{1}{\cos x}\right)=\lim_{x\to 0}\frac{\sin x}{x}\cdot\lim_{x\to 0}\frac{1}{\cos x}=1\cdot 1=1.$

例 4 求 $\lim_{x\to 0}\frac{\arcsin x}{x}$.

解 令 $y=\arcsin x$,则 $x=\sin y$,且 $x\to 0$ 可得 $y\to 0$,故

$$\lim_{x\to 0}\frac{\arcsin x}{x}=\lim_{y\to 0}\frac{y}{\sin y}=1.$$

例 5 求 $\lim_{x\to 0}\frac{1-\cos x}{x^2}$.

解 $\lim_{x\to 0}\frac{1-\cos x}{x^2}=\lim_{x\to 0}\frac{2\sin^2\frac{x}{2}}{x^2}=\frac{1}{2}\lim_{x\to 0}\left(\frac{\sin\frac{x}{2}}{\frac{x}{2}}\right)^2=\frac{1}{2}.$

注 一般地,设 $f(x)\neq 0$,如果 $\lim_{x\to *}f(x)=0$,则 $\lim_{x\to *}\frac{\sin f(x)}{f(x)}=1.$

实例 8 (连续复利)设有一笔本金 A_0 存入银行,年利率为 r,若以复利计算,到第 t 年末将增值到 A_t,求 A_t. 若每时每刻都计算利息,则 A_t 又是多少呢?

分析 若以一年为期计算利息,则一年末本利和为 $A_1=A_0+A_0r=A_0(1+r)$. 两年末本利和为 $A_2=A_0(1+r)+A_0(1+r)r=A_0(1+r)^2$,以此类推,$t$ 年末本利和为 $A_t=A_0(1+r)^t$. 如果把一年均分为 n 期计算利息,这样每期利息可以认为是 $\frac{r}{n}$,用上述方法可以推得第 t 年末本利和为 $A_t=A_0\left(1+\frac{r}{n}\right)^{nt}$,如果计息的"期"无限缩短,从而年计息

次数 $n \to \infty$,则第 t 年末本利和为 $\lim\limits_{n \to \infty} A_t = \lim\limits_{n \to \infty} A_0 \left(1 + \dfrac{r}{n}\right)^{nt}$. 那么这个极限到底是多少呢?

1.5.2 单调有界准则和重要极限 $\lim\limits_{n \to \infty} \left(1 + \dfrac{1}{n}\right)^n = \mathrm{e}$

在现实生活中,经常会遇到单调有界函数,如放射性物质的蜕变、田径运动成绩记录、经济发展的相关指标等. 对于单调有界函数,我们会关心其在单向极限过程(如 $n \to \infty$)下的极限情况. 为简单起见以下准则 Ⅱ 以数列形式表述(函数形式可以类似表述).

准则 Ⅱ 单调有界数列必有极限.

例 6 已知数列 $y_1 = \sqrt{2}, y_2 = \sqrt{2 + \sqrt{2}}, \cdots, y_{n+1} = \sqrt{2 + y_n}$,证明数列 $\{y_n\}$ 的极限存在,并求此极限.

证明 (单调性)因为 $y_1 < y_2$,设 $y_{n-1} < y_n$,则有 $y_{n+1} = \sqrt{2 + y_n} > \sqrt{2 + y_{n-1}} = y_n$,由数学归纳法知,$\{y_n\}$ 单调递增.

(有界性) $y_1 = \sqrt{2} < 2, y_2 = \sqrt{2 + \sqrt{2}} < \sqrt{2 + 2} = 2$. 设 $y_{n-1} < 2$,则 $y_n = \sqrt{2 + y_{n-1}} < \sqrt{2 + 2} = 2$,由数学归纳法知,$\{y_n\}$ 有上界.

综上可知,数列 $\{y_n\}$ 的极限存在.

(求极限)令 $\lim\limits_{n \to \infty} y_n = a$,由 $y_{n+1} = \sqrt{2 + y_n}$ 可得,$\lim\limits_{n \to \infty} y_{n+1} = \lim\limits_{n \to \infty} \sqrt{2 + y_n}$. 根据极限的运算法则有: $\lim\limits_{n \to \infty} y_{n+1} = \sqrt{2 + \lim\limits_{n \to \infty} y_n}$,即 $a = \sqrt{2 + a}$,从而 $a = 2$($a = -1$ 舍去). 所以 $\lim\limits_{n \to \infty} y_n = 2$.

重要极限 Ⅱ $\lim\limits_{n \to \infty} \left(1 + \dfrac{1}{n}\right)^n = \mathrm{e}$.

下面先证明数列 $y_n = \left(1 + \dfrac{1}{n}\right)^n$ 当 $n \to \infty$ 时的极限存在.

(单调性)由二项式定理有

$$y_n = \left(1 + \dfrac{1}{n}\right)^n = 1 + \dfrac{n}{1!} \cdot \dfrac{1}{n} + \dfrac{n(n-1)}{2!} \cdot \dfrac{1}{n^2} + \cdots + \dfrac{n(n-1)\cdots 2 \cdot 1}{n!} \cdot \dfrac{1}{n^n}$$

$$= 1 + 1 + \dfrac{1}{2!}\left(1 - \dfrac{1}{n}\right) + \dfrac{1}{3!}\left(1 - \dfrac{1}{n}\right)\left(1 - \dfrac{2}{n}\right) + \cdots + \dfrac{1}{n!}\left(1 - \dfrac{1}{n}\right)\left(1 - \dfrac{2}{n}\right)\cdots\left(1 - \dfrac{n-1}{n}\right).$$

同理有

$$y_{n+1} = 1 + 1 + \dfrac{1}{2!}\left(1 - \dfrac{1}{n+1}\right) + \dfrac{1}{3!}\left(1 - \dfrac{1}{n+1}\right)\left(1 - \dfrac{2}{n+1}\right) + \cdots$$

$$+ \dfrac{1}{n!}\left(1 - \dfrac{1}{n+1}\right)\left(1 - \dfrac{2}{n+1}\right)\cdots\left(1 - \dfrac{n-1}{n+1}\right)$$

$$+ \dfrac{1}{(n+1)!}\left(1 - \dfrac{1}{n+1}\right)\left(1 - \dfrac{2}{n+1}\right)\cdots\left(1 - \dfrac{n-1}{n+1}\right)\left(1 - \dfrac{n}{n+1}\right).$$

比较 y_n 与 y_{n+1} 的表达式,不难发现,它们的每一项都大于 0,y_{n+1} 比 y_n 多出最后一项,而且从第三项开始,y_{n+1} 的每一项大于 y_n 的对应项,所以 $y_{n+1} > y_n$,即数列 $\{y_n\}$ 是单调递增的.

(有界性)

$$y_n = \left(1 + \dfrac{1}{n}\right)^n < 1 + 1 + \dfrac{1}{2!} + \dfrac{1}{3!} + \cdots + \dfrac{1}{n!}$$

$$< 1 + 1 + \frac{1}{2} + \frac{1}{2^2} + \cdots + \frac{1}{2^{n-1}}$$

$$= 1 + \frac{1 - \frac{1}{2^n}}{1 - \frac{1}{2}} = 1 + \left(2 - \frac{1}{2^{n-1}}\right) < 3.$$

即数列 $\{y_n\}$ 是有界的. 根据单调有界准则知 $\lim\limits_{n \to \infty} \left(1 + \frac{1}{n}\right)^n$ 存在.

我们把极限 $\lim\limits_{n \to \infty} \left(1 + \frac{1}{n}\right)^n$ 的值记为 e, 和 π 一样, e 也是无理数, 是数学中最重要的常数之一. 1727 年, 欧拉(L. Euler, 1707~1783, 瑞士人, 18 世纪最伟大的数学家) 首先用字母 e 表示了这个无理数. 这个无理数精确到 20 位小数的值为 e = 2.71828182845904523536⋯.

进一步, 可以把该极限推广到以下的函数极限:

$$\lim_{x \to +\infty} \left(1 + \frac{1}{x}\right)^x = e, \quad \lim_{x \to -\infty} \left(1 + \frac{1}{x}\right)^x = e, \quad \lim_{x \to \infty} \left(1 + \frac{1}{x}\right)^x = e,$$

如图 1.24 所示.

在极限 $\lim\limits_{x \to \infty} \left(1 + \frac{1}{x}\right)^x = e$ 中, 以 x 取代 $\frac{1}{x}$, 还可以得到另一种极限形式 $\lim\limits_{x \to 0} (1 + x)^{\frac{1}{x}} = e$. 如图 1.25 所示.

因此, 在实例 8 的连续复利问题中, 若每时每刻都计算利息的话, 则第 t 年末本利和为

$$\lim_{n \to \infty} A_t = \lim_{n \to \infty} A_0 \left(1 + \frac{r}{n}\right)^{nt} = A_0 e^{rt}.$$

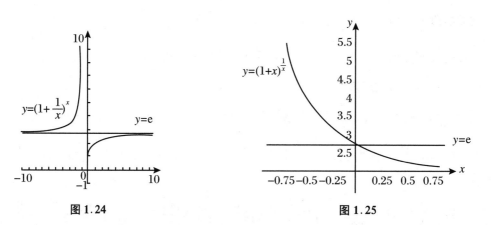

图 1.24   图 1.25

注意到 $(1 + x)^n = 1 + nx + \frac{n(n-1)}{2!} x^2 + \cdots + x^n$, 所以 $\left(1 + \frac{r}{n}\right)^{nt} > (1 + r)^t$, 这说明一年计算 n 次复利的本利和大于一年计算一次复利的本利和. 但这仅仅是一个理论公式, 实际中银行绝不可能按这个公式来计算顾客的本利和, 它仅作为贷款期相对较长的一种近似估计.

例 7 求 $\lim\limits_{x \to \infty} \left(1 - \frac{1}{x}\right)^x$.

解 $\lim\limits_{x \to \infty} \left(1 - \frac{1}{x}\right)^x = \lim\limits_{x \to \infty} \left[\left(1 + \frac{1}{-x}\right)^{-x}\right]^{-1} = e^{-1}.$

例 8 求 $\lim\limits_{x\to 0}(1+5x)^{\frac{1}{x}}$.

解 $\lim\limits_{x\to 0}(1+5x)^{\frac{1}{x}}=\lim\limits_{x\to 0}(1+5x)^{\frac{1}{5x}\times 5}=e^5$.

例 9 求 $\lim\limits_{x\to 0}\dfrac{\ln(1+x)}{x}$.

解 $\lim\limits_{x\to 0}\dfrac{\ln(1+x)}{x}=\lim\limits_{x\to 0}\ln(1+x)^{\frac{1}{x}}=\ln e=1$.

例 10 求 $\lim\limits_{x\to 0}\dfrac{e^x-1}{x}$.

分析 此题不能直接利用重要极限,作变换 $y=e^x-1$,则当 $x\to 0$ 时,$y\to 0$.

解 令 $y=e^x-1$,则 $x=\ln(1+y)$,当 $x\to 0$ 时,$y\to 0$.
$$\lim_{x\to 0}\frac{e^x-1}{x}=\lim_{y\to 0}\frac{y}{\ln(1+y)}=1.$$

注 (1) 一般地,设 $f(x)\neq 0$,如果 $\lim\limits_{x\to *}f(x)=0$,则 $\lim\limits_{x\to *}(1+f(x))^{\frac{1}{f(x)}}=e$.

(2) 对于幂指函数 $[1+f(x)]^{g(x)}$ 求极限,若 $\lim\limits_{x\to *}f(x)=0$,$\lim\limits_{x\to *}g(x)=\infty$ 且 $\lim\limits_{x\to *}f(x)g(x)$ 存在,则可进行如下恒等变换:
$$\lim_{x\to *}[1+f(x)]^{g(x)}=\lim_{x\to *}[1+f(x)]^{\frac{1}{f(x)}\cdot[f(x)g(x)]}=e^{\lim\limits_{x\to *}f(x)g(x)}.$$

例 11 求 $\lim\limits_{x\to\infty}\left(\dfrac{x}{1+x}\right)^x$.

解 $\lim\limits_{x\to\infty}\left(\dfrac{x}{1+x}\right)^x=\lim\limits_{x\to\infty}\left(1+\dfrac{-1}{1+x}\right)^x=e^{\lim\limits_{x\to\infty}\left(\frac{-1}{1+x}\right)\cdot x}=e^{-1}$.

例 12 求 $\lim\limits_{x\to 0}(\cos x)^{\frac{1}{x^2}}$.

解 $\lim\limits_{x\to 0}(\cos x)^{\frac{1}{x^2}}=\lim\limits_{x\to 0}(1+\cos x-1)^{\frac{1}{x^2}}=e^{\lim\limits_{x\to 0}(\cos x-1)\cdot\frac{1}{x^2}}=e^{-\frac{1}{2}}$.

习 题 1.5

A 组

1. 计算下列极限:

(1) $\lim\limits_{x\to\infty}\dfrac{\sin 2x}{x}$;

(2) $\lim\limits_{x\to 0}\dfrac{\sin(\sin x)}{x}$;

(3) $\lim\limits_{x\to\frac{\pi}{4}}\dfrac{\sin 2x}{x}$;

(4) $\lim\limits_{x\to 0}\dfrac{\sqrt{1+\sin x}-\sqrt{1-\sin x}}{x}$;

(5) $\lim\limits_{x\to 0}\dfrac{\sin 5x}{3x}$;

(6) $\lim\limits_{x\to 0}\dfrac{x^2}{\sin^2\dfrac{x}{3}}$;

(7) $\lim\limits_{x\to\pi}\dfrac{\sin x}{\pi-x}$.

2. 计算下列极限:

(1) $\lim\limits_{x\to 0}(1+3x)^{\frac{1}{x}}$;

(2) $\lim\limits_{x\to 0}\sqrt[x]{1-2x}$;

(3) $\lim\limits_{x\to 0}(1+\sin x)^{\frac{2}{\sin x}}$;

(4) $\lim\limits_{x\to\infty}\left(1+\dfrac{2}{x}\right)^{x+3}$;

(5) $\lim\limits_{x\to\infty}\left(\dfrac{2x+3}{2x-1}\right)^x$;

(6) $\lim\limits_{n\to\infty}\left(1+\dfrac{1}{n}+\dfrac{1}{n^2}\right)^{2n}$;

(7) $\lim\limits_{x\to\infty}\left(1-\dfrac{2}{x}+\dfrac{1}{x^2}\right)^x$；　　(8) $\lim\limits_{x\to 2}\left(\dfrac{x}{2}\right)^{\frac{2}{x-2}}$；　　(9) $\lim\limits_{x\to 0}(x+\mathrm{e}^x)^{\frac{1}{x}}$；

(10) $\lim\limits_{n\to\infty}\dfrac{y_{n+1}}{y_n}$，其中 $y_n=\dfrac{n!}{n^n}$．

B 组

1. 利用极限存在准则证明：

(1) $\lim\limits_{n\to\infty}\sqrt{1+\dfrac{1}{n}}=1$；　　(2) $\lim\limits_{n\to\infty}n\left(\dfrac{1}{n^2+\pi}+\dfrac{1}{n^2+2\pi}+\cdots+\dfrac{1}{n^2+n\pi}\right)=1$；

(3) $\lim\limits_{x\to 0}\sqrt[n]{1+x}=1$；　　(4) $\lim\limits_{x\to 0^+}x\left[\dfrac{1}{x}\right]=1$．

2. 计算下列极限：

(1) $\lim\limits_{n\to\infty}\left(\dfrac{1}{\sqrt{n^2+1}}+\dfrac{1}{\sqrt{n^2+2}}+\cdots+\dfrac{1}{\sqrt{n^2+n}}\right)$；　　(2) $\lim\limits_{n\to\infty}(1^n+2^n+3^n)^{\frac{1}{n}}$．

3. 证明 $y_n=\underbrace{\sqrt{a+\sqrt{a+\cdots+\sqrt{a}}}}_{n\text{层根号}}(a>0,n=1,2,\cdots)$ 的极限存在，并求 $\lim\limits_{n\to\infty}y_n$．

4. 设 $x_{n+1}=\dfrac{1}{2}\left(x_n+\dfrac{a}{x_n}\right)$，其中 $a>0,x_0>0$，证明 $\lim\limits_{n\to\infty}x_n$ 存在，并计算此极限．

1.6　无穷小量的比较与等价代换

我们知道，两个无穷小量的和、差及乘积仍然是无穷小．但是，关于两个无穷小量的商，却会出现不同的情况．例如，当 $x\to 0$ 时，$x,2x,x^2$ 都是无穷小量，而

$$\lim_{x\to 0}\dfrac{x^2}{2x}=0,\quad \lim_{x\to 0}\dfrac{2x}{x^2}=\infty,\quad \lim_{x\to 0}\dfrac{x}{2x}=\dfrac{1}{2}.$$

因此，把两个无穷小量的商的极限习惯上叫作"$\dfrac{0}{0}$ 型未定式"，后面会经常见到这种未定式．

实例 9　（无穷小的速度）$\dfrac{0}{0}$ 型未定式反映了不同的无穷小量趋近于零的"快慢"程度不同，列表如表 1.4 所示．

表 1.4

x	1	0.5	0.1	0.01	0.001	$\cdots$	$\to$	0
$2x$	2	1	0.2	0.02	0.002	$\cdots$	$\to$	0
x^2	1	0.25	0.01	0.0001	0.000001	$\cdots$	$\to$	0

显然，x^2 趋于 0 的速度比 x 与 $2x$ 都快得多．快慢是相对的，是相互比较而言的，下面通过比较两个无穷小量趋于 0 的速度引入无穷小量阶的概念．

1.6.1 无穷小比较

定义 1.6.1 设在 $x \to *$ 时,α,β 均为无穷小,且 $\beta \neq 0$,则:

(1) $\lim\limits_{x \to *} \frac{\alpha}{\beta} = 0$,则称 α 是比 β 高阶的无穷小,记作 $\alpha = o(\beta)(x \to *)$,也称 β 是比 α 低阶的无穷小.

(2) $\lim\limits_{x \to *} \frac{\alpha}{\beta} = C \neq 0$,则称 α 与 β 是同阶无穷小,特别地,如果 $\lim\limits_{x \to *} \frac{\alpha}{\beta} = 1$,则称 α 与 β 是等价无穷小,记作 $\alpha \sim \beta (x \to *)$.

(3) $\lim\limits_{x \to *} \frac{\alpha}{\beta^k} = C \neq 0, k > 0$,则称 α 是关于 β 的 k 阶无穷小.

例如,$\lim\limits_{x \to 0} \frac{x^2}{3x} = 0$ 表示 $x \to 0$ 时,x^2 是比 $3x$ 高阶的无穷小,记作 $x^2 = o(3x)(x \to 0)$;$\lim\limits_{x \to 0} \frac{\sin x}{3x} = \frac{1}{3}$ 表示 $x \to 0$ 时,$\sin x$ 与 $3x$ 是同阶无穷小;$\lim\limits_{x \to 0} \frac{\sin x}{x} = 1$ 表示 $x \to 0$ 时,$\sin x$ 与 x 是等价无穷小,记作 $\sin x \sim x (x \to 0)$.

1.6.2 等价无穷小的性质

由无穷小比较的定义容易得到等价无穷小的性质,首先是等价无穷小的等价关系性质.

定理 1.6.1 (等价无穷小的等价关系性质)设 α,β,γ 为同一极限过程下的无穷小,则有

(1) 自反性:$\alpha \sim \alpha$;
(2) 对称性:若 $\alpha \sim \beta$,则 $\beta \sim \alpha$;
(3) 传递性:若 $\alpha \sim \beta, \beta \sim \gamma$,则 $\alpha \sim \gamma$.

此外,在判断等价无穷小时常常用到以下结论,这些结论很容易由等价无穷小的定义证明.

定理 1.6.2 若在某极限过程下 $f(x) \sim g(x)$,且当 $h(x) \neq 0$ 时 $f(x) \cdot h(x)$ 和 $g(x) \cdot h(x)$ 都是无穷小,则
$$f(x) \cdot h(x) \sim g(x) \cdot h(x).$$

推论 1 若在某极限过程下 $f(x) \sim g(x)$,则当 $c \neq 0$ 时,有
$$cf(x) \sim cg(x).$$

推论 2 若在某极限过程下 $f(x) \sim g(x)$,则 $[f(x)]^n \sim [g(x)]^n (n \in \mathbf{N}^+)$.

1.6.3 等价无穷小代换

在计算"$\frac{0}{0}$ 型"未定式时,将极限式中分子或分母的无穷小替换为简单的等价无穷小,会使极限计算问题大大简化.

定理 1.6.3 设 $x \to *$ 时,$f(x) \sim f_1(x)$,$g(x) \sim g_1(x)$,若 $\lim\limits_{x \to *} \dfrac{f_1(x)}{g_1(x)}$ 存在,则

$$\lim_{x \to *} \frac{f(x)}{g(x)} = \lim_{x \to *} \frac{f_1(x)}{g_1(x)}.$$

证明 因为 $\dfrac{f(x)}{g(x)} = \dfrac{f(x)}{f_1(x)} \cdot \dfrac{f_1(x)}{g_1(x)} \cdot \dfrac{g_1(x)}{g(x)}$,所以

$$\lim_{x \to *} \frac{f(x)}{g(x)} = \lim_{x \to *} \frac{f(x)}{f_1(x)} \cdot \lim_{x \to *} \frac{f_1(x)}{g_1(x)} \cdot \lim_{x \to *} \frac{g_1(x)}{g(x)}$$

$$= 1 \cdot \lim_{x \to *} \frac{f_1(x)}{g_1(x)} \cdot 1$$

$$= \lim_{x \to *} \frac{f_1(x)}{g_1(x)}.$$

以上证明过程中"凑因子"的思路也可以直接用于极限计算中。此外,利用无穷小等价关系的自反性可得上述定理的推论。

推论 1 设当 $x \to *$ 时,$f(x) \sim f_1(x)$,若 $\lim\limits_{x \to *} \dfrac{f_1(x)}{g(x)}$ 存在,则

$$\lim_{x \to *} \frac{f(x)}{g(x)} = \lim_{x \to *} \frac{f_1(x)}{g(x)}.$$

推论 2 设当 $x \to *$ 时,$g(x) \sim g_1(x)$,若 $\lim\limits_{x \to *} \dfrac{f(x)}{g_1(x)}$ 存在,则

$$\lim_{x \to *} \frac{f(x)}{g(x)} = \lim_{x \to *} \frac{f(x)}{g_1(x)}.$$

前面的定理与推论表明极限式中分子、分母的无穷小可分别将其用等价无穷小替代而不影响极限值。联系等价无穷小性质,还可将等价无穷小代换细化到极限式中分子、分母的因子。

回顾我们已经研究过的极限,可以得到下列常用的等价无穷小(这里 $x \to 0$,Δ 表示任一非零无穷小):

$\sin x \sim x$; $\sin \Delta \sim \Delta$;

$\tan x \sim x$; $\tan \Delta \sim \Delta$;

$\arcsin x \sim x$; $\arcsin \Delta \sim \Delta$;

$\arctan x \sim x$; $\arctan \Delta \sim \Delta$;

$e^x - 1 \sim x$; $e^\Delta - 1 \sim \Delta$;

$\ln(1+x) \sim x$; $\ln(1+\Delta) \sim \Delta$;

$1 - \cos x \sim \dfrac{x^2}{2}$; $1 - \cos \Delta \sim \dfrac{\Delta^2}{2}$;

$\sqrt[n]{1+x} - 1 \sim \dfrac{x}{n}$; $\sqrt[n]{1+\Delta} - 1 \sim \dfrac{\Delta}{n}$;

$\sqrt{1+x} - 1 \sim \dfrac{x}{2}$; $\sqrt{1+\Delta} - 1 \sim \dfrac{\Delta}{2}$.

准确记忆,灵活应用以上等价无穷小,对于熟练计算极限能取到事半功倍的效果。

例 1 求 $\lim\limits_{x \to 0} \dfrac{\tan(2x^2)}{1 - \cos x}$.

解 当 $x \to 0$ 时,$\tan 2x^2 \sim 2x^2$,$1 - \cos x \sim \dfrac{x^2}{2}$. 由定理 1.6.3,得

$$\lim_{x\to 0}\frac{\tan(2x^2)}{1-\cos x} = \lim_{x\to 0}\frac{2x^2}{\frac{1}{2}x^2} = 4.$$

例 2 求 $\lim\limits_{x\to 0}\dfrac{\tan x - \sin x}{x^3}$.

解 当 $x\to 0$ 时，$\tan x - \sin x = \tan x(1-\cos x)\sim x\cdot\dfrac{1}{2}x^2$，$\sin^3 x\sim x^3$. 于是

$$\lim_{x\to 0}\frac{\tan x - \sin x}{x^3} = \lim_{x\to 0}\frac{x\cdot\dfrac{x^2}{2}}{x^3} = \frac{1}{2}.$$

例 3 求 $\lim\limits_{x\to 0}\left(\dfrac{1+x}{1-x}\right)^{\cot x}$.

解 $\lim\limits_{x\to 0}\left(\dfrac{1+x}{1-x}\right)^{\cot x} = \lim\limits_{x\to 0}\left(1+\dfrac{2x}{1-x}\right)^{\cot x} = \mathrm{e}^{\lim\limits_{x\to 0}\frac{2x}{1-x}\cdot\frac{\cos x}{\sin x}} = \mathrm{e}^{\lim\limits_{x\to 0}\frac{2x}{1-x}\cdot\frac{\cos x}{x}} = \mathrm{e}^2.$

例 4 求 $\lim\limits_{x\to 0}\dfrac{\sqrt{\cos x} - \sqrt[3]{\cos x}}{(\arcsin x)^2}$.

解

$$\lim_{x\to 0}\frac{\sqrt{\cos x} - \sqrt[3]{\cos x}}{(\arcsin x)^2} = \lim_{x\to 0}\frac{(\sqrt{1+\cos x - 1} - 1) - (\sqrt[3]{1+\cos x - 1} - 1)}{x^2}$$

$$= \lim_{x\to 0}\frac{\sqrt{1+\cos x - 1} - 1}{x^2} - \lim_{x\to 0}\frac{\sqrt[3]{1+\cos x - 1} - 1}{x^2}$$

$$= \lim_{x\to 0}\frac{\dfrac{1}{2}(\cos x - 1)}{x^2} - \lim_{x\to 0}\frac{\dfrac{1}{3}(\cos x - 1)}{x^2}$$

$$= \lim_{x\to 0}\frac{\dfrac{1}{2}\left(-\dfrac{x^2}{2}\right)}{x^2} - \lim_{x\to 0}\frac{\dfrac{1}{3}\left(-\dfrac{x^2}{2}\right)}{x^2} = -\frac{1}{4} + \frac{1}{6} = -\frac{1}{12}.$$

习 题 1.6

A 组

1. 当 $x\to 0$ 时，$2x-x^2$ 与 x^2-x^3 相比，哪一个是高阶无穷小？它们分别是 x 的几阶无穷小？

2. 利用等价无穷小的性质，求下列极限：

(1) $\lim\limits_{x\to 0}\dfrac{\tan 3x}{2x}$；

(2) $\lim\limits_{x\to 0}\dfrac{\sin(x^n)}{(\sin x)^m}$；

(3) $\lim\limits_{x\to 0}\dfrac{\tan(2x^2)}{1-\cos^2 x}$；

(4) $\lim\limits_{x\to 0}\dfrac{\ln(1+2x)}{\sin x}$.

3. 求自然数 k，使以下函数当 $x\to 0$ 时与 x^k 为同阶无穷小：

(1) $2x+x^2$；

(2) $\sin x^2$；

(3) $x^2-\sin x$；

(4) $x(1-\cos x)$.

4. 计算下列极限：

(1) $\lim\limits_{x\to\infty} \dfrac{\sin x}{x}$；

(2) $\lim\limits_{x\to\infty} \dfrac{2\arctan\dfrac{1}{x}}{x-\cos x}$；

(3) $\lim\limits_{x\to 0} \dfrac{\tan 2x - \sin^2 x}{x}$；

(4) $\lim\limits_{x\to 0^+} \dfrac{\sin ax + x^2}{\tan bx}\ (b\neq 0)$；

(5) $\lim\limits_{x\to 0} \dfrac{\sqrt{1+x^2}-1}{1-\cos x}$；

(6) $\lim\limits_{x\to 0} \dfrac{x\arcsin x}{1-e^{x^2}}$；

(7) $\lim\limits_{x\to 0} \dfrac{\cos ax - \cos bx}{x^2}$；

(8) $\lim\limits_{x\to 0} \dfrac{\tan x - \sin x}{\sin^3 x}$；

(9) $\lim\limits_{x\to 0} \dfrac{\sin x - \tan x}{(\sqrt[3]{1+x^2}-1)(\sqrt{1+\sin x}-1)}$.

5. 已知当 $x\to 0$ 时，$(1+ax^2)^{\frac{1}{3}}-1 \sim \cos x - 1$，求常数 a.

6. 已知 $\lim\limits_{x\to 0} \dfrac{\sin x}{e^x - a}(\cos x - b) = 5$，求 a 与 b.

B 组

1. 证明 $\lim\limits_{x\to 0}\left[\lim\limits_{n\to\infty}\left(\cos\dfrac{x}{2}\cos\dfrac{x}{4}\cdots\cos\dfrac{x}{2^n}\right)\right] = 1$.

2. 求下列极限：

(1) $\lim\limits_{x\to 1} \dfrac{\arcsin(\sqrt{x}-1)}{\sqrt{3+x}-2}$；

(2) $\lim\limits_{x\to 1} \dfrac{a^x - a}{x-1}\ (a>0, a\neq 1)$；

(3) $\lim\limits_{x\to\infty}\left(\dfrac{\sin x}{x} - x\sin\dfrac{1}{x}\right)$；

(4) $\lim\limits_{x\to 0}\left(\dfrac{a^x + b^x}{2}\right)^{\frac{1}{x}}\ (a>0, b>0)$.

3. 已知极限 $\lim\limits_{x\to+\infty}(\sqrt[3]{1+2x^2+3x^3} - ax - b) = 0$，求常数 a, b.

1.7 函数的连续性

实例 10 （黄山旅游）一个旅游者，某日早上 7 点钟离开安徽黄山脚下的旅馆，沿着一条上山的路，当天下午 19 点钟走到黄山顶上的旅馆. 第二天早上 7 点钟，他从山顶沿原路下山，在当天下午 19 点钟回到黄山脚下的旅馆. 试证明在这条路上存在这样的一个点，旅游者在两天的同一时刻都经过此点.

要解决这一问题，需要掌握函数连续的概念和性质.

1.7.1 函数的连续性

1. 变量的改变量

定义 1.7.1 设变量 u 从它的初值 u_0 改变到终值 u_1，终值与初值之差 $u_1 - u_0$，称为变

量 u 的改变量(或增量),记作 Δu,即 $\Delta u = u_1 - u_0$.其中 Δu 可正可负.

对于函数 $y = f(x)$,设自变量 x 的初值为 x_0,终值为 x_1,则自变量增量为 $\Delta x = x_1 - x_0$,这时,相应因变量的初值为 $f(x_0)$,终值为 $f(x_1)$,则对应的函数增量为 Δy 或 $\Delta f(x)$,

$$\Delta y = f(x_1) - f(x_0) = f(x_0 + \Delta x) - f(x_0),$$

如图 1.26 所示.

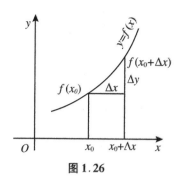

图 1.26

注 自变量的增量 Δx 可正、可负但不可为零,而函数的增量 Δy 可正、可负也可为零.

2. 连续函数的概念

从前面关于函数极限的讨论容易看出,函数在某点处的极限值与在该点的定义无关,即函数在某点附近的函数值与在该点处的函数值可以有显著差异(不连续),也可以相差微小(连续).

定义 1.7.2 设函数 $y = f(x)$ 在点 x_0 的某个邻域内有定义,如果当自变量 x 在点 x_0 处取得的改变量 Δx 趋于 0 时,函数相应的改变量 Δy 也趋于 0,即

$$\lim_{\Delta x \to 0} \Delta y = 0,$$

或写作

$$\lim_{\Delta x \to 0} [f(x_0 + \Delta x) - f(x_0)] = 0,$$

则称函数 $y = f(x)$ 在点 x_0 处连续,点 x_0 称为函数 $y = f(x)$ 的连续点.

因为

$$\lim_{\Delta x \to 0} [f(x_0 + \Delta x) - f(x_0)] = 0 \Leftrightarrow \lim_{x \to x_0} [f(x) - f(x_0)] = 0 \Leftrightarrow \lim_{x \to x_0} f(x) = f(x_0),$$

所以可得上述定义的等价定义.

定义 1.7.3 设函数 $f(x)$ 在点 x_0 的某个邻域内有定义,若 $\lim_{x \to x_0} f(x) = f(x_0)$,则称函数 $y = f(x)$ 在点 x_0 连续.

从上式可知,函数 $y = f(x)$ 在点 x_0 处连续,须满足下列三个条件:

(1) 函数 $y = f(x)$ 在点 x_0 处有定义;

(2) 极限 $\lim_{x \to x_0} f(x)$ 存在;

(3) 极限值 $\lim_{x \to x_0} f(x)$ 与函数值 $f(x_0)$ 相等,即 $\lim_{x \to x_0} f(x) = f(x_0)$.

例 1 试证正弦函数 $y = \sin x$ 在 $(-\infty, +\infty)$ 内任一点处连续.

证明 $\forall x \in (-\infty, +\infty)$,任给 x 一个增量 Δx,对应的有函数 y 的增量

$$\Delta y = \sin(x + \Delta x) - \sin x = 2\sin \frac{\Delta x}{2} \cdot \cos\left(x + \frac{\Delta x}{2}\right).$$

因为 $0 \leqslant |\Delta y| \leqslant 2 \left|\sin \frac{\Delta x}{2}\right| \leqslant 2 \cdot \frac{|\Delta x|}{2} = |\Delta x|$,由夹逼准则知,当 $\Delta x \to 0$ 时,$\Delta y \to 0$. 故正弦函数 $y = \sin x$ 在 $(-\infty, +\infty)$ 内任一点处连续.

例 2 考察函数 $f(x) = |x| = \begin{cases} x, & x \geqslant 0 \\ -x, & x < 0 \end{cases}$ 在点 $x = 0$ 处是否连续?

分析 注意 $f(x)$ 是分段函数,且点 $x = 0$ 两侧 $f(x)$ 表达式不一致.

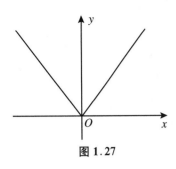

图 1.27

解 因为 $f(0-0) = \lim\limits_{x \to 0^-}(-x) = 0, f(0+0) = \lim\limits_{x \to 0^+} x = 0$, 所以
$$\lim_{x \to 0} f(x) = 0 = f(0).$$
因此,函数 $f(x) = |x|$ 在点 $x=0$ 处连续,如图 1.27 所示.

定义 1.7.4 若函数 $f(x)$ 在区间 $(x_0-\delta, x_0](\delta>0)$ 有定义,且 $\lim\limits_{x \to x_0^-} f(x) = f(x_0)$,则称函数 $y = f(x)$ 在点 x_0 处左连续;若 $f(x)$ 在区间 $[x_0, x_0+\delta)(\delta>0)$ 有定义,且 $\lim\limits_{x \to x_0^+} f(x) = f(x_0)$,则称函数 $y = f(x)$ 在点 x_0 处右连续.左、右连续统称为单侧连续.

因为 $\lim\limits_{x \to x_0} f(x) = f(x_0) \Leftrightarrow f(x_0-0) = f(x_0+0) = f(x_0)$,所以有

函数 $y = f(x)$ 在点 x_0 处连续 $\Leftrightarrow$ 函数 $y = f(x)$ 在点 x_0 处左连续且右连续.

例 3 讨论函数 $f(x) = \begin{cases} x-1, & x<0 \\ -4, & x \geq 0 \end{cases}$ 在点 $x=0$ 处的连续性.

解 当 $x=0$ 时,函数有定义,$f(0) = -4$,而
$$\lim_{x \to 0^-} f(x) = \lim_{x \to 0^-}(x-1) = -1 \neq f(0), \quad \lim_{x \to 0^+} f(x) = \lim_{x \to 0^+}(-4) = -4 = f(0).$$
得到函数 $f(x)$ 在点 $x=0$ 处右连续但不左连续,故函数 $f(x)$ 在点 $x=0$ 处是不连续的.

例 4 函数 $f(x) = \begin{cases} x\sin\dfrac{1}{x}, & x \neq 0 \\ 0, & x=0 \end{cases}$ 是否在点 $x=0$ 处连续?

解 虽然 $f(x)$ 是分段函数,但点 $x=0$ 两侧函数表达式一致.因为
$$\lim_{x \to 0} f(x) = \lim_{x \to 0} x\sin\frac{1}{x} = 0 = f(0),$$
所以 $f(x)$ 在点 $x=0$ 处连续.

例 5 讨论取整函数 $y = [x]$ 在整数点 $x=n$ 处的连续性.

解 因为 $\lim\limits_{x \to n^-} y = \lim\limits_{x \to n^-}(n-1) = n-1, \lim\limits_{x \to n^+} y = \lim\limits_{x \to n^+} n = n$,而 $y|_{x=n} = n$,故函数 $y = [x]$ 在点 $x=n$ 处右连续而不左连续,从而在点 $x=n$ 处不连续.

函数在一点处连续是函数的局部性态,直观地说就是函数在这一点处,两侧的图形能接起来不间断.而对函数图形连绵不断即整体性态的刻画,则是函数在一个区间上连续的概念.

定义 1.7.5 若函数 $f(x)$ 在开区间 (a,b) 内每一点都连续,则称函数 $f(x)$ 在 (a,b) 内连续;若函数 $f(x)$ 在开区间 (a,b) 内连续,并且在左端点 a 处右连续,在右端点 b 处左连续,则称函数 $y = f(x)$ 在闭区间 $[a,b]$ 上连续.

类似地,可给出函数在半开区间上连续的定义.一般地,若函数在其定义区间(定义域的子区间)内(或上)连续,则称它为该区间上的连续函数.

直观地说,区间上连续函数的图形就是一条可一笔画出、连续不间断的曲线.

从例 1 可看出 $y = \sin x$ 是 $(-\infty, +\infty)$ 上的连续函数.

1.7.2 初等函数的连续性

当函数具有连续性时,经过各种运算后是否保持其连续性呢?这一问题可以通过函数

连续性的定义与极限运算法则导出肯定性的结论.

1. 连续函数和、差、积、商的连续性

定理 1.7.1 若函数 $f(x), g(x)$ 都在点 x_0 处连续,则其和、差、积都在点 x_0 处连续,当 $g(x_0) \neq 0$ 时,商 $\dfrac{f(x)}{g(x)}$ 在点 x_0 处也连续.

证明 下面只就商的情况给出证明(其余三种情形的证明较简单).

因为 $g(x)$ 在点 x_0 处连续,即 $\lim\limits_{x \to x_0} g(x) = g(x_0)$,又 $g(x_0) \neq 0$. 由极限的局部保号性得
$$g(x) \neq 0, \quad x \in U(x_0).$$
所以由题设条件及极限的商的运算法则,得
$$\lim_{x \to x_0} \frac{f(x)}{g(x)} = \frac{\lim\limits_{x \to x_0} f(x)}{\lim\limits_{x \to x_0} g(x)} = \frac{f(x_0)}{g(x_0)},$$
得证.

2. 复合函数的连续性和反函数的连续性

定理 1.7.2 若函数 $u = g(x)$ 在点 x_0 处连续,函数 $y = f(u)$ 在点 $u_0 = g(x_0)$ 处连续,则复合函数 $y = f[g(x)]$ 在点 x_0 处连续.

由连续的定义及极限的复合运算法则易证.

定理 1.7.3 若函数 $y = f(x)$ 单调且连续,则其反函数 $y = f^{-1}(x)$ 单调且连续.

3. 基本初等函数的连续性

初等函数可以分解为基本初等函数经过有限次初等运算而成,了解了基本初等函数的连续性后,利用连续函数的运算性质,就可得到初等函数的连续性.

如同前面的例子,运用函数连续性定义容易证明常数函数、正弦函数、余弦函数、对数函数为连续函数. 由于三角函数可由前述这些函数相除而得,反三角函数是三角函数的反函数,指数函数为对数函数的反函数,幂函数可变形为 $x^\alpha = e^{\alpha \ln x}$,故根据连续性的运算性质,一切基本初等函数在其定义域内各点处连续. 进而,一切初等函数在其定义区间内连续.

例 6 证明取整函数 $y = [x]$ 不是初等函数.

证明 $y = [x]$ 的定义域为 $(-\infty, +\infty)$,而此函数在整数点处均不连续,所以取整函数 $y = [x]$ 不是初等函数.

初等函数,是在数学发展的历史过程中,逐步形成的一类在应用上和理论上都很重要的函数. 中学数学里讨论的函数基本上都是初等函数,高等数学的主要研究对象也是初等函数. 即便是研究非初等函数,也要借助于初等函数,我们得到的初等函数连续性的结论显然是十分重要的.

1.7.3 连续性在极限计算中的应用

1. 极限代值计算法

初等函数连续的一个重要应用是可以用来求函数的极限:若 $f(x)$ 是初等函数,x_0 是 $f(x)$ 定义区间内的点,则 $\lim\limits_{x \to x_0} f(x) = f(x_0)$.

例7 计算 $\lim\limits_{x\to 1}\dfrac{x^2+\ln(2-x)}{4\arctan x}$.

解 因为 $x=1$ 是初等函数 $\dfrac{x^2+\ln(2-x)}{4\arctan x}$ 定义区间内的点，因此

$$\lim_{x\to 1}\dfrac{x^2+\ln(2-x)}{4\arctan x}=\dfrac{1^2+\ln(2-1)}{4\arctan 1}=\dfrac{1}{\pi}.$$

2. 极限渗透计算法

对于复合函数 $y=f(u),u=g(x)$，若 $\lim\limits_{x\to *}g(x)=a,f(u)$ 在 $u=a$ 处连续，则 $\lim\limits_{u\to a}f(u)=f(a)$，从而由极限复合运算法则得 $\lim\limits_{x\to *}f[g(x)]=f(a)$，即

$$\lim_{x\to *}f[g(x)]=f[\lim_{x\to *}g(x)].$$

此即极限符号 $\lim\limits_{x\to *}$ 可以透过连续函数 f 的阻拦而渗透到内部.

例8 计算 $\lim\limits_{x\to 0}\sqrt{2-\dfrac{\sin x}{x}}$.

解 $\lim\limits_{x\to 0}\sqrt{2-\dfrac{\sin x}{x}}=\sqrt{\lim\limits_{x\to 0}\left(2-\dfrac{\sin x}{x}\right)}=\sqrt{2-1}=1.$

例9 求 $\lim\limits_{x\to +\infty}(\sqrt{x(x+1)}-x)$.

解

$$\begin{aligned}\lim_{x\to +\infty}(\sqrt{x(x+1)}-x)&=\lim_{x\to +\infty}\dfrac{(\sqrt{x(x+1)}-x)(\sqrt{x(x+1)}+x)}{\sqrt{x(x+1)}+x}\\&=\lim_{x\to +\infty}\dfrac{x}{\sqrt{x(x+1)}+x}\\&=\lim_{x\to +\infty}\dfrac{1}{\sqrt{1+\dfrac{1}{x}}+1}=\dfrac{1}{2}.\end{aligned}$$

1.7.4 函数的间断点

定义1.7.6 若函数 $f(x)$ 在点 x_0 的某去心邻域内有定义，而 x_0 又不是 $f(x)$ 的连续点，则称 x_0 是 $f(x)$ 的间断点.

对于初等函数而言，由于定义区间内的点都是连续点，所以间断点是那些本身无定义而在其某去心邻域内有定义的点.

对于分段函数，分段点有可能是间断点，应重点讨论这些点.

我们将函数的间断点分成两大类：一类是左、右极限都存在的间断点，称为第一类间断点；凡不是第一类的间断点统称为第二类间断点，它的特征是间断点处左、右极限至少有一个不存在. 如图1.28所示.

函数的第一类间断点分为两类：左、右极限存在且相等的间断点（即极限存在的间断点）叫作函数的可去间断点；左、右极限都存在但不相等的间断点叫作函数的跳跃间断点.

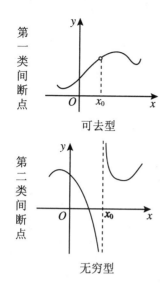
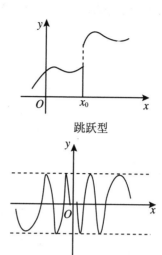

图 1.28

例 10 讨论下列函数的间断点.

(1) $f(x) = \dfrac{x^2-1}{x-1}$;

(2) $f(x) = \begin{cases} \dfrac{\sin x}{x}, & x \neq 0 \\ 0, & x = 0 \end{cases}$;

(3) $f(x) = \operatorname{sgn} x = \begin{cases} 1, & x > 0 \\ 0, & x = 0 \\ -1, & x < 0 \end{cases}$;

(4) $f(x) = \tan x$;

(5) $f(x) = \sin \dfrac{1}{x}$.

解 (1) 显然 $f(x)$ 在点 $x = 1$ 处无定义,所以 $x = 1$ 是 $f(x)$ 的间断点.又

$$\lim_{x \to 1} \frac{x^2-1}{x-1} = \lim_{x \to 1}(x+1) = 2,$$

故点 $x = 1$ 是 $f(x)$ 的唯一的间断点且是第一类间断点之可去间断点.

(2) 因为点 $x = 0$ 是分段函数 $f(x)$ 的分段点,且

$$\lim_{x \to 0} f(x) = \lim_{x \to 0} \frac{\sin x}{x} = 1 \neq 0 = f(0),$$

故点 $x = 0$ 是 $f(x)$ 的唯一的间断点,且是第一类间断点之可去间断点.

(3) 因为点 $x = 0$ 是分段函数 $f(x)$ 的分段点,且 $f(0-0) = -1$, $f(0+0) = 1$,而

$$f(0-0) \neq f(0+0),$$

故点 $x = 0$ 是 $f(x)$ 的唯一的间断点且是第一类间断点之跳跃间断点.

(4) $f(x)$ 在点 $x = k\pi + \dfrac{\pi}{2}(k = 0, \pm 1, \pm 2, \cdots)$ 处无定义,而

$$\lim_{x \to k\pi + \frac{\pi}{2}} \tan x = \infty,$$

故点 $x = k\pi + \dfrac{\pi}{2}(k = 0, \pm 1, \pm 2, \cdots)$ 是 $f(x)$ 的第二类间断点之无穷间断点.

(5) $f(x)$ 在点 $x = 0$ 处无定义,由于当 $x \to 0$ 时,函数值在 -1 与 1 之间无限次的振荡变

化,所以点 $x=0$ 是 $f(x)$ 的第二类间断点之振荡间断点(图 1.29).

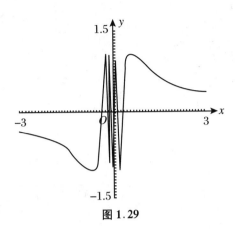

图 1.29

1.7.5 闭区间上连续函数的性质

下面介绍定义在闭区间上的连续函数的三个基本性质.我们只从几何直观上加以说明,严格的证明从略.

设函数 $f(x)$ 在区间 I 上(内)有定义,如果存在 $x_0 \in I$,使得 $\forall x \in I$,恒有 $f(x) \leqslant f(x_0)$(或 $f(x) \geqslant f(x_0)$)成立,就称函数 $f(x)$ 在区间 I 上(内)有最大值 $f(x_0)$(或有最小值 $f(x_0)$),记作 $\max\limits_{x \in I} f(x)$(或 $\min\limits_{x \in I} f(x)$),即 $f(x_0) = \max\limits_{x \in I} f(x)$(或 $f(x_0) = \min\limits_{x \in I} f(x)$).点 x_0 称为函数 $f(x)$ 在区间 I 上(内)的最大值点(或最小值点).函数的最大值与最小值统称为函数的最值.

如果函数 $f(x)$ 在区间 I 上(内)有最大值或最小值,则其最大值或最小值是唯一的.但最大值点与最小值点未必唯一.例如函数 $y = \sin x$ 的最大值为 1,最小值为 -1;最大值点为 $x = \frac{\pi}{2} + 2k\pi$,最小值点为 $x = \frac{\pi}{2} + (2k+1)\pi$,其中 k 为任意整数.

定理 1.7.4 (最值定理)若函数 $f(x)$ 在闭区间 $[a,b]$ 上连续,则函数 $f(x)$ 在 $[a,b]$ 上一定有最大值和最小值(图 1.30).

注 "闭区间上连续"是函数取到最值的充分条件,十分重要.如破坏这两个条件,则结论未必成立.例如,函数 $y = x$ 在开区间 $(1,2)$ 内连续,但它在 $(1,2)$ 内无最值.再如,函数
$$f(x) = \begin{cases} x+1, & -1 \leqslant x < 0 \\ 0, & x = 0 \\ x-1, & 0 < x \leqslant 1 \end{cases}$$
在点 $x = 0$ 处间断,它在闭区间 $[-1,1]$ 上无最值(图 1.31).

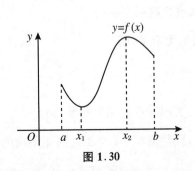

图 1.30

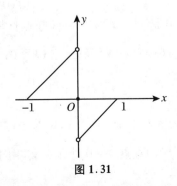

图 1.31

定理 1.7.5 （有界性定理）若函数 $f(x)$ 在闭区间 $[a,b]$ 上连续,则 $f(x)$ 在闭区间 $[a,b]$ 上有界.

定理 1.7.6 （介值定理）若函数 $f(x)$ 在闭区间 $[a,b]$ 上连续,且取得最大值 $f(x_1)=M$ 和最小值 $f(x_2)=m$, $M>m$,则对于介于 M 与 m 之间的任意实数 C,至少存在一个介于 x_1 与 x_2 之间的点 ξ,使得 $f(\xi)=C$.

从几何上看（图 1.32）,连续曲线 $y=f(x)$ 与直线 $y=C$ 至少有一个交点. 从集合上来看,函数 $y=f(x)$ 的值域为 $[m,M]$,即 (m,M) 内任一数值均为函数 $y=f(x)$ 在 (a,b) 内某点处的函数值.

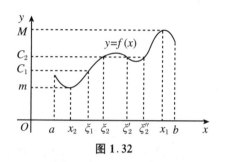

图 1.32

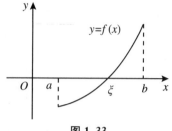

图 1.33

推论 （零点定理）设函数 $y=f(x)$ 在闭区间 $[a,b]$ 连续,并且 $f(a) \cdot f(b)<0$,则在开区间 (a,b) 内至少存在一点 ξ,使得 $f(\xi)=0$.

从几何上看零点定理的成立是十分明显的（图 1.33）:如果在闭区间 $[a,b]$ 的两个端点 $x=a,x=b$ 处, $y=f(x)$ 的函数值异号,曲线 $y=f(x)$ 上对应的两个端点 A 与 B 就应分别位于 x 轴的上、下两侧,由定理 1.7.6 知曲线 $y=f(x)$ 必与 x 轴相交.

注 零点定理中的 ξ 即为方程 $f(x)=0$ 的根,故又称零点定理为"方程根的存在定理". 利用它可以证明一些与方程的根有关的结论.

例 11 证明方程 $3^x-6x-2=0$ 在开区间 $(2,3)$ 内至少有一个实根.

解 令 $f(x)=3^x-6x-2$,显然 $f(x)$ 在 $[2,3]$ 上连续,且 $f(2)=-5<0,f(3)=7>0$,由零点定理知,至少 $\exists \xi \in (2,3)$,使得 $f(\xi)=0$,即 $3^\xi-6\xi-2=0$,所以方程 $3^x-6x-2=0$ 在开区间 $(2,3)$ 内至少有一个实根 ξ.

例 12 设函数 $f(x)$ 在 $[0,1]$ 上连续, $f(0)+f(1)=1$,证明在 $[0,1]$ 上至少存在一点 ξ,使得 $f(\xi)=\xi$.

证明 设 $F(x)=f(x)-x$,则 $F(x)$ 在 $[0,1]$ 上连续,且
$$F(0) \cdot F(1) = [f(0)-0][f(1)-1] = -f^2(0).$$
如果 $f(0)=0$,则取 $\xi=0$ 即可.

如果 $f(0) \neq 0$,则 $F(0)F(1)<0$,由零点定理知,至少存在一点 $\xi \in (0,1)$,使 $F(\xi)=0$,即 $f(\xi)=\xi$.

综上可知,在 $[0,1]$ 上至少存在一点 ξ,使得 $f(\xi)=\xi$.

利用零点定理,我们就可以证明 1.6 节开始提出的问题了.

实例 10 （黄山旅游）问题略.

解 设两个旅馆之间的路程为 L,以 $f(t)$ 表示在时刻 $t(t \in [7,19])$ 该旅游者离开黄山脚下旅馆的路程,则可知 $f(t)$ 是区间 $[7,19]$ 上的连续函数,且有 $f(7)=0,f(19)=L$.

以 $g(t)$ 表示该旅游者在第二天下山时在与前一天相同时刻尚未走完的路程,则可知

$g(t)$ 是区间 $[7,19]$ 上的连续函数,且有 $g(7) = L, g(19) = 0$.

于是原问题转化为:证明存在 $\xi \in [7,19]$,使得 $f(\xi) = g(\xi)$.

作辅助函数 $\varphi(t) = f(t) - g(t)$,则 $\varphi(t)$ 在区间 $[7,19]$ 上连续,且有
$$\varphi(7) \cdot \varphi(19) = [f(7) - f(19)][g(7) - g(19)] = -L^2 < 0.$$

根据闭区间上连续函数的零点定理知,一定存在 $\xi \in (7,19)$,使得 $\varphi(\xi) = 0$,即 $f(\xi) = g(\xi)$,就得到了要证明的结论.

习 题 1.7

A 组

1. 下列说法是否正确,为什么?

(1) 在同一个区间内,一个连续函数与一个不连续函数的和为不连续函数;

(2) 在同一个区间内,两个不连续函数的和、差、积、商都不是连续函数;

(3) 如果函数 $y = f(x)$ 在 $(-\infty, 0)$ 内及 $[0, +\infty)$ 上都分别连续,则函数 $y = f(x)$ 在 $(-\infty, +\infty)$ 内连续.

(4) 分式函数中,分母为 0 的点总是函数的无穷间断点.

2. 研究下列函数的连续性,并画出函数的图形.

(1) $f(x) = \begin{cases} x^2, & 0 \leqslant x \leqslant 1 \\ 4 - 3x, & 1 < x \leqslant 2 \end{cases}$; (2) $f(x) = \begin{cases} x, & |x| \leqslant 1 \\ 1, & |x| > 1 \end{cases}$.

3. 指出下列函数的间断点,并判断其类型. 若为可去间断点,则补充定义或修改定义使之连续.

(1) $y = \begin{cases} x - 1, & x \leqslant 1 \\ 3 - x, & x > 1 \end{cases}$; (2) $f(x) = \dfrac{x^2 - 1}{x^2 - 3x + 2}$;

(3) $f(x) = \cos^2 \dfrac{1}{x}$; (4) $f(x) = \dfrac{x}{\tan x}$.

4. 求下列函数的间断点,并判断间断点的类型:

(1) $y = \dfrac{1}{(x+2)^2}$; (2) $y = \dfrac{\sin x}{x}$; (3) $y = \begin{cases} \dfrac{1-x^2}{1-x}, & x \neq 1 \\ 0, & x = 1 \end{cases}$.

5. 求函数 $f(x) = \dfrac{x^3 + 3x^2 - x - 3}{x^2 + x - 6}$ 的连续区间,并求极限 $\lim\limits_{x \to 0} f(x)$, $\lim\limits_{x \to -3} f(x)$, $\lim\limits_{x \to 2} f(x)$.

6. 设函数 $f(x) = \begin{cases} e^x, & x < 0 \\ x - a, & x \geqslant 0 \end{cases}$,求常数 a,使 $f(x)$ 在 $(-\infty, +\infty)$ 上连续.

7. 利用函数的连续性求下列极限:

(1) $\lim\limits_{x \to 0} \sqrt{x^2 - 2x + 5}$; (2) $\lim\limits_{x \to 0} \dfrac{\ln(1 + x^2)}{\sin(1 + x^2)}$;

(3) $\lim\limits_{x \to 0} \left[\dfrac{\lg(100 + x)}{a^x + \arcsin x} \right]^{\frac{1}{2}}$; (4) $\lim\limits_{x \to \infty} \left(\dfrac{3 + x}{6 + x} \right)^{\frac{x-1}{2}}$.

8. 证明方程 $x = \cos x$ 在 $\left(0, \dfrac{\pi}{2} \right)$ 内至少有一个实根.

9. 证明方程 $x+e^x=0$ 在区间 $(-1,1)$ 内有唯一的实根.

B 组

1. 讨论函数 $f(x)=\lim\limits_{n\to\infty}\dfrac{x-x^{2n+1}}{1+x^{2n}}$ 的连续性,若有间断点,判别其类型.

2. 设 $f(x)=\begin{cases}\dfrac{1}{x}\sin x, & x<0 \\ k, & x=0 \\ x\sin\dfrac{1}{x}, & x>0\end{cases}$,其中 k 为常数.问 k 为何值时,函数在其定义域内连续?

3. 已知 $f(x)=\begin{cases}3x+b, & 0\leqslant x<1 \\ a, & x=1 \\ x-b, & 1<x\leqslant 2\end{cases}$ 在 $x=1$ 处连续,求常数 a,b 之值.

4. 证明任何一个一元三次方程 $x^3+ax^2+bx+c=0$ 至少有一个实根,其中 a,b,c 均为实数.

1.8 简单的经济函数

在社会经济活动中,存在着许多经济变量,如产量、成本、收益、利润、投资、消费等.对经济问题的研究过程中,一个经济变量往往是与多种因素相关的.当我们用数学方法来研究经济变量间的函数关系时,经常是找出其中的主要因素,而将其他的一些次要因素或忽略不计,或假定为常量,这样可以使问题化为只含一个自变量的函数关系.下面我们介绍经济活动中的几个简单的经济函数.

1. 成本函数 $C(Q)$

生产 Q 单位的产品,其成本由固定成本和可变成本两部分构成.固定成本 C_0 与产量 Q 无关,如设备维修费、企业管理费、厂房折旧费等.可变成本 $C_1(Q)$ 是产量 Q 的增函数,如原材料费、工人工资、电费等.故成本 $C(Q)=C_0+C_1(Q)$.而 $\dfrac{C(Q)}{Q}$ 称为平均成本函数,即单位产品的成本,记作 $\bar{C}(Q)$,于是 $\bar{C}(Q)=\dfrac{C(Q)}{Q}$.成本曲线如图 1.34 所示.

2. 收益函数 $R(Q)$

若单位产品的售价为 P,销量为 Q,则收益 $R(Q)=PQ$.这里的 P 可以是常数,也可以是销量 Q 的函数 $P(Q)$,于是 $R(Q)=P(Q)\cdot Q$.当 P 是常数时,收益曲线如图 1.35 所示.

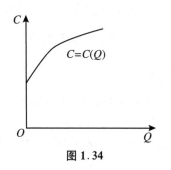

图 1.34

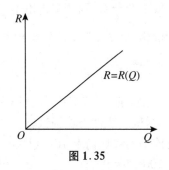

图 1.35

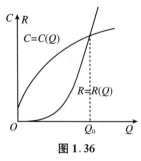

图 1.36

3. 利润函数 $L(Q)$

若产销平衡,即产量与销售量相等,则利润 $L(Q) = R(Q) - C(Q)$.

对生产者来说,若 $L>0$,则盈利;若 $L<0$,则亏损;若 $L = 0$,则保本. 当 $L = 0$ 时的产量 Q_0 称为保本点或盈亏分界点. 如图 1.36 所示.

例 1 某制剂厂的最大日产量为 m 吨,已知固定成本为 a 元,每多生产 1 吨消毒剂,成本增加 k 元. 若每吨消毒剂的售价为 P 元,假设产销平衡,试求成本函数、平均成本函数、收益函数和利润函数.

解 设制剂厂日产量 Q 吨,$Q \in [0, m]$,则

成本函数为
$$C(Q) = a + kQ, \quad Q \in [0, m].$$

平均成本函数为
$$\bar{C}(Q) = \frac{C(Q)}{Q} = \frac{a}{Q} + k, \quad Q \in (0, m].$$

收益函数为
$$R(Q) = PQ, \quad Q \in [0, m].$$

利润函数为
$$L(Q) = R(Q) - C(Q) = (P - k)Q - a, \quad Q \in [0, m].$$

4. 需求函数 $Q = D(P)$

需求律和供给律是经济学研究的基本规律. 需求是指在一定价格条件下,消费者愿意并且有支付能力购买的商品数量. 消费者对某商品的需求量与该商品的价格、消费者的收入及与该商品有关商品的价格等因素有关,其中最主要的因素是该商品的价格,即 $Q = D(P)$. 其中 P 为价格,Q 为需求量(需求函数,demand function,故记作 $Q_d = D(P)$).

一般来说,需求函数是价格的减函数.

常见的需求函数有:

(1) 线性需求(最常见的):$Q_d = a - bP (a>0, b>0)$,a 是价格为 0 时的最大需求量.

(2) 反比需求:$Q_d = \frac{A}{P} (A>0)$,缺点是变化太明显.

(3) 指数需求(最常用的):$Q_d = Ae^{-bP} (A>0)$.

需求函数的反函数称为价格函数 $P(Q)$.

例 2 某商店进一批木耳,若以每千克 30 元的价格向外批发,则最多只能售出 40 千克;当价格每降低 1.2 元时,则可多售出 10 千克. 试求该商品的需求函数.

解 设价格 $0 < P \leq 30$,则多售出的木耳为 $\frac{30-P}{1.2} \times 10$ 千克. 故需求函数为
$$Q_d = 40 + \frac{30 - P}{1.2} \times 10 = 290 - \frac{25}{3}P \quad (0 < P \leq 30).$$

例 3 书店售书,当该书售价为 18 元/本时,每天销量为 100 本,售价每提高 0.1 元,销量则减少 5 本,试求线性需求函数.

解 设该书的线性需求函数 $Q = a - bP$. 由题设知:当 $P = 18$ 时,$Q = 100$;当 $P = 18 + 0.1$ 时,$Q = 100 - 5 = 95$. 代入 $Q = a - bP$,得

$$\begin{cases} a - 18b = 100 \\ a - (18 + 0.1)b = 95 \end{cases}.$$

解方程组,得 $a = 1000, b = 50$.

故该书的线性需求函数为

$$Q = 1000 - 50P \quad (0 \leqslant P \leqslant 20).$$

5. 供给函数 $Q = S(P)$

供给是指在一定条件下,商品生产者愿意并且有可能出售的商品数量. 同样,供给函数最主要的因素是该商品的价格,即 $Q = S(P)$. 其中 P 为价格,Q 为供给量(供给函数,supply function,故记作 $Q_s = S(P)$).

一般来说,供给函数是价格的增函数.

当市场上的需求量和供给量相等时,需求关系与供给关系之间达到某种均衡,这时的价格 P^* 和需求量(或供给量)Q^* 分别称为均衡价格和均衡量,而 (P^*, Q^*) 通常称为均衡点,如图 1.37 所示.

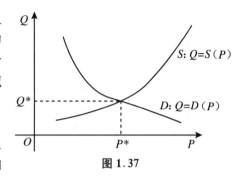

图 1.37

例 4 设某本书的价格为 18 元/本时,书商可每天提供 100 本,价格每增加 0.1 元,书商可多提供 5 本书,试求供给函数.

解 设该书的线性供给函数为 $Q = -c + dP$. 由题设知:当 $P = 18$ 时,$Q = 100$;当 $P = 18 + 0.1$ 时,$Q = 100 + 5 = 105$. 代入 $Q = -c + dP$,得

$$\begin{cases} 100 = -c + d \cdot 18 \\ 105 = -c + d \cdot (18 + 0.1) \end{cases}.$$

解方程组,得 $c = 800, d = 50$.

故该书的线性供给函数为

$$Q = -800 + 50P \quad (P \geqslant 16).$$

例 5 由例 3、例 4 求该书的市场平衡价格 P^*.

解 由 $\begin{cases} Q = 1000 - 50P \\ Q = -800 + 50P \end{cases}$,得 $P^* = 18$.

经济学中常见的还有生产函数(生产中的投入与产出关系)、消费函数(国民消费总额与国民生产总值即国民收入之间的关系)、投资函数(投资与银行利率之间的关系)等.

习 题 1.8

1. 某种电扇的售价为 90 元,成本为 60 元,为了鼓励商家采购,规定凡订购量超过 100 台时,每多一台就能使售价降低 0.01 元,但最低售价不低于 75 元,将厂家利润表示为商家订购量的函数.

2. 某商品的成本函数是线性函数,并已知产量为零时成本为 100 元,产量为 100 时成本为 400 元,试求:

(1) 成本函数和固定成本;
(2) 产量为 200 时的总成本和平均成本.

3. 某厂生产电冰箱,每台售价 1200 元,生产 1000 台以内可全部售出,超过 1000 台时经广告宣传后,又可多售出 520 台.假定支付广告费 2500 元,试将电冰箱的销售收入表示为销售量的函数.

4. 设某商品的需求量 Q 是价格 P 的线性函数 $Q = a + bP$,已知该商品的最大需求量为 40000 件(价格为零时的需求量),最高价格为 40 元/件(需求量为零时的价格).求该商品的需求函数与收益函数.

5. 设生产与销售某产品的总收益 R 是产量 q 的二次函数,经统计得知:当产量 $q = 0, 2, 4$ 时,总收益 $R = 0, 6, 8$,试确定总收益 R 与产量 q 的函数关系.

6. 设某商品的成本函数和收益函数分别为
$$C(q) = 7 + 2q + q^2, \quad R(q) = 10q.$$
(1) 求该商品的利润函数;
(2) 求销量为 4 时的总利润及平均利润;
(3) 销量为 10 时是盈利还是亏损?

本章学习基本要求

(1) 理解函数、复合函数、初等函数、分段函数的概念,掌握基本初等函数的性质和图形,理解函数的四种基本特性.
(2) 掌握极限的直观定义和极限的有关性质,并能熟练运用极限运算法则求数列和函数的极限,会用复合函数的极限运算法则求相关极限.
(3) 理解无穷小与无穷大的定义和性质,掌握无穷小的运算法则,熟练运用等价无穷小代换求极限.
(4) 理解极限存在的夹逼准则和数列收敛的单调有界准则,能熟练运用两个重要极限求极限.
(5) 掌握函数连续与间断点的定义,能熟练地判别函数间断点的类型.
(6) 掌握利用函数的连续性求极限的方法.
(7) 掌握连续函数的运算性质和初等函数的连续性及其应用.
(8) 理解闭区间上连续函数的性质,并能利用这些性质解决相关问题.

总复习题 1

A 组

1. 求 $f(x) = \arcsin \dfrac{3x}{1+x}$ 的定义域.
2. 设函数 $f(x)$ 的定义域为 $[-1, 0]$,求下列函数的定义域:

(1) $f(x^3)$; (2) $f(\sin 2x)$.

3. 设函数 $f(x) = \dfrac{x}{\sqrt{1+x^2}}$, $f_n(x) = (\underbrace{f \circ f \circ \cdots \circ f}_{n \uparrow})(x)$, 求 $f_n(x)$.

4. 设 $f(x) = \begin{cases} x, & x > 0 \\ 1+x, & x \leqslant 0 \end{cases}$, $g(x) = \begin{cases} -x^2, & x > 0 \\ x, & x \leqslant 0 \end{cases}$, 求 $g[f(x)]$.

5. 设 $\lim\limits_{x \to x_0} f(x)$ 及 $\lim\limits_{x \to x_0} f(x)g(x)$ 都存在, 问 $\lim\limits_{x \to x_0} g(x)$ 是否也存在? 为什么?

6. 求下列极限:

(1) $\lim\limits_{x \to 1} \dfrac{x^2 - x + 1}{(x-1)^2}$; (2) $\lim\limits_{x \to +\infty} x(\sqrt{x^2+1} - x)$;

(3) $\lim\limits_{x \to \infty} \left(\dfrac{2x+3}{2x+1}\right)^{x+1}$; (4) $\lim\limits_{x \to 0} \dfrac{\sqrt{1+\tan x} - \sqrt{1-\tan x}}{e^x - 1}$;

(5) $\lim\limits_{x \to 0} \dfrac{\sin(2+x) - \sin(2-x)}{x}$.

7. 讨论函数 $f(x) = \begin{cases} 1, & -\pi < x \leqslant 0 \\ \dfrac{x^2 \sin \dfrac{1}{x}}{\sin x}, & 0 < x < \pi \end{cases}$ 在 $x = 0$ 处的连续性.

8. 设 $\lim\limits_{x \to \infty} \left(\dfrac{x^2+1}{x+1} - ax - b\right) = 0$, 求常数 a, b.

9. 证明方程 $x = a + b\sin x (a > 0, b > 0)$ 至少有一个不超过 $a+b$ 的正根.

10. 证明方程 $\dfrac{5}{x-1} + \dfrac{7}{x-2} + \dfrac{6}{x-3} = 0$ 有一个根介于 1 和 2 之间, 另一个根介于 2 和 3 之间.

11. 证明: 方程 $\sin x + x + 1 = 0$ 存在实根.

B 组

1. 设函数 $f(x) = \sqrt{x} (0 \leqslant x \leqslant 1)$.

(1) 将函数 $f(x)$ 延拓到 $(-1, 1)$, 使其成为偶函数, 即找一个偶函数 $F(x)$, 使得当 $x \in (0, 1)$ 时, $F(x) \equiv f(x)$.

(2) 将函数 $f(x)$ 延拓到 $(-\infty, +\infty)$, 使其成为周期为 1 的周期函数.

2. 求下列函数的极限:

(1) $\lim\limits_{x \to 0} \left(\dfrac{a^x + b^x + c^x}{3}\right)^{\frac{1}{x}}$; (2) $\lim\limits_{x \to \infty} \left[\tan\left(\dfrac{\pi}{4} + \dfrac{2}{n}\right)\right]^n$;

(3) $\lim\limits_{x \to +\infty} (2^x + 3^x + 5^x)^{\frac{3}{x}}$; (4) $\lim\limits_{x \to \frac{\pi}{4}} (\tan x)^{\tan 2x}$;

(5) $\lim\limits_{n \to \infty} n \sin(2\pi \sqrt{n^2+1})$.

3. 求极限 $\lim\limits_{x \to \infty} \left(\dfrac{1}{n^2+n+1} + \dfrac{2}{n^2+n+2} + \cdots + \dfrac{n}{n^2+n+n}\right)$.

4. 设 $x_1 = 1$, $x_{n+1} = 1 + \dfrac{1}{x_n}$, $n = 1, 2, \cdots$, 证明 $\lim\limits_{n \to \infty} x_n$ 存在, 并求 $\lim\limits_{n \to \infty} x_n$.

5. 已知 $\lim\limits_{x \to 0} \dfrac{\sqrt{1+f(x)\sin x} - 1}{e^x - 1} = A$ (A 为常数) 且 $\lim\limits_{x \to 0} f(x)$ 存在, 求 $\lim\limits_{x \to 0} f(x)$.

6. 设函数 $f(x) = \lim\limits_{x \to \infty} \dfrac{x^{2n-1} + ax^2 + bx}{x^{2n} + 1}$ 是连续函数,求常数 a,b.

7. 设 $f(x) = \sin(\sin^2 x)\cos x$,$g(x) = 3x^2 + 4x^3$,讨论 $x \to 0$ 时,$f(x)$ 与 $g(x)$ 无穷小阶的关系.

8. 设圆心角 $\angle AOB = \alpha$,它所对应的圆弧为 $\overset{\frown}{AB}$,弦为 AB,半径 $OD \perp AB$,并交 AB 于 C,证明:

(1) 当 $\alpha \to 0$ 时,AB 与 $\overset{\frown}{AB}$ 是等价无穷小;

(2) 当 $\alpha \to 0$ 时,CD 是比 $\overset{\frown}{AB}$ 高阶的无穷小.

实践·创新

目的要求 掌握利用 MATLAB 绘制函数图像及求函数极限的方法.

1. 绘制函数图像

例 1 画出函数 $y = x\cos x$ 在区间 $[-2\pi, 2\pi]$ 的图像.

解 输入:

```
x = -2 * pi : pi/1000 : 2 * pi;
y = x. * cos(x);
plot(x,y)
```

得到输出如图 1.38 所示.

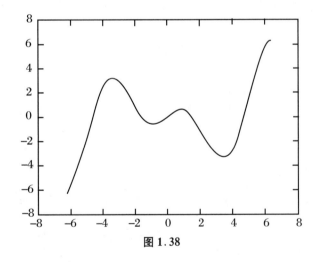

图 1.38

2. 求数列的极限

例 2 设 $a_n = \dfrac{10^n}{n!}$,求 $\lim\limits_{n \to \infty} a_n$.

解 输入:

```
for n = 1 : 25
a = 1;
for m = 1 : n
```

```
        a = a * 10/m;
    end
    plot(n,a,'*')
    hold on
end
```

得到输出如图 1.39 所示.

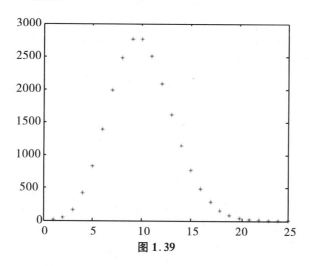

图 1.39

从散点图可见 a_n 的变化趋势,即 $\lim\limits_{n\to\infty} a_n = 0$.

输入:

```
syms n;
limt(10^n/gamma(n+1),n,inf)
```

输出:

```
ans =
0.
```

3. 求函数的极限

例 3 计算 $\lim\limits_{x\to 0^+}(x)^x$.

解 输入:

```
clear;
syms x;
limt((x)^x,x,0,'right')
```

输出为:

```
ans =
    1.
```

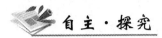

自主·探究

目的要求 在理论学习和实践创新的基础上,进一步掌握函数的应用.

(1) 研究三叶玫瑰线的画法,尝试绘制多叶玫瑰线.

(2) 国家向某企业投资 50 万元,这家企业将投资作为抵押品向银行贷款,得到相当于抵押品价值 75% 的贷款,该企业将此贷款再次进行投资,并将投资作为抵押品又向银行贷款,仍得到相当于抵押品价值 75% 的贷款,企业又将此贷款再进行投资,这种贷款——投资——再贷款——再投资……如此反复进行扩大再生产,问该企业共投资多少万元?

(3) 研究怎样把一个十进制的真分数化成 P 进制的小数(取 $P=2,3,7,8$)? 给出设计方案,并实现算法.

第 2 章　一元函数微分学

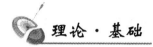

理论·基础

17世纪由牛顿和莱布尼茨集大成而创立的微积分,是继欧几里得几何之后,数学领域的一个最伟大的创造.导数与微分是微积分学中最基本的概念,它们在各个领域有着广泛的应用.导数反映了函数相对于自变量的变化速度,即函数的瞬时变化率,它使人们能够用数学工具描述事物变化的快慢,从而解决一系列与之相关的问题;微分反映了当自变量有微小改变时,相应函数变化量的线性近似.本章研究一元函数导数与微分的概念、性质、运算及相关应用.

2.1　一元函数的导数

2.1.1　导数的概念

实例 1　(边际成本)在生产过程中,产品的总成本 C 与产量 x 的函数是 $C = C(x)$. 产量为 $x = x_0$ 时的总成本为 $C(x_0)$,产量为 $x = x_0 + \Delta x$ 时的总成本为 $C(x_0 + \Delta x)$. 于是,产量从 x_0 变到 $x_0 + \Delta x$ 时,总成本的改变量为
$$\Delta C = C(x_0 + \Delta x) - C(x_0),$$
总成本对产量的平均变化率为
$$\bar{U} = \frac{\Delta C}{\Delta x} = \frac{C(x_0 + \Delta x) - C(x_0)}{\Delta x}.$$

当 $|\Delta x|$ 很小时,可以近似地用 $\bar{U}$ 表示总成本在 $x = x_0$ 时相对于产量的变化率. $|\Delta x|$ 越小,近似程度越精确.当 $\Delta x \to 0$ 时,若极限 $\lim\limits_{\Delta x \to 0} \frac{\Delta C}{\Delta x}$ 存在,则称此极限值为总成本 C 在 x_0 处的变化率,经济学上也称其为边际成本,记为 $C'(x_0)$,也即
$$C'(x_0) = \lim_{\Delta x \to 0} \frac{\Delta C}{\Delta x} = \lim_{\Delta x \to 0} \frac{C(x_0 + \Delta x) - C(x_0)}{\Delta x}.$$

实例 2　(变速直线运动的瞬时速度)设质点做变速直线运动,S 表示一物体从某个时刻开始到时刻 t 做变速直线运动所经过的路程,则路程 S 是时刻 t 的函数 $S = f(t)$,现在我们

研究一下质点在时刻 t_0 的瞬时速度.

当时刻由 t_0 改变到 $t_0 + \Delta t$ 时,质点在 Δt 这一段时间内所经过的路程为
$$\Delta S = f(t_0 + \Delta t) - f(t_0),$$
那么
$$\bar{v} = \frac{\Delta S}{\Delta t} = \frac{f(t_0 + \Delta t) - f(t_0)}{\Delta t}.$$
为质点在 t_0 到 $t_0 + \Delta t$ 这一段时间内的平均速度.

当 Δt 很小时,可以用 $\bar{v}$ 近似地表示质点在时刻 t_0 的瞬时速度,Δt 越小,表示近似的程度就越好. 当 $\Delta t \to 0$ 时,如果极限 $\lim\limits_{\Delta t \to 0} \frac{\Delta S}{\Delta t}$ 存在,就称此极限为质点在时刻 t_0 的瞬时速度,也即
$$v(t_0) = \lim_{\Delta t \to 0} \frac{\Delta S}{\Delta t} = \lim_{\Delta t \to 0} \frac{f(t_0 + \Delta t) - f(t_0)}{\Delta t}.$$

上面两个实例的实际背景是不同的,但从抽象的数量关系来看,它们的数学含义是相同的,都反映了这样一类极限问题:函数的增量与自变量增量的比当自变量增量趋于零时的极限情况,这类极限称为函数的导数.

定义 2.1.1 设函数 $y = f(x)$ 在点 x_0 的某个邻域内有定义,当自变量 x 在 x_0 处取得增量 Δx(点 $x_0 + \Delta x$ 仍在该邻域内)时,相应地函数 y 取得增量 $\Delta y = f(x_0 + \Delta x) - f(x_0)$,如果当 $\Delta x \to 0$ 时,极限 $\lim\limits_{\Delta x \to 0} \frac{\Delta y}{\Delta x}$ 存在,则称函数 $y = f(x)$ 在点 x_0 处可导,并称这个极限值为函数 $y = f(x)$ 在点 x_0 处的导数(或在点 x_0 处的变化率),记为 $f'(x_0)$,即
$$f'(x_0) = \lim_{\Delta x \to 0} \frac{\Delta y}{\Delta x} = \lim_{\Delta x \to 0} \frac{f(x_0 + \Delta x) - f(x_0)}{\Delta x},$$
也可记为 $y'|_{x=x_0}, \frac{dy}{dx}\Big|_{x=x_0}$ 或 $\frac{df(x)}{dx}\Big|_{x=x_0}$.

比值 $\frac{\Delta y}{\Delta x} = \frac{f(x_0 + \Delta x) - f(x_0)}{\Delta x}$ 是一个平均值,称为函数 $f(x)$ 在以 x_0 和 $x_0 + \Delta x$ 为端点的闭区间上的平均变化率,反映的是在该区间上,当自变量每增加一个单位时,相应函数值的平均改变量.

极限值 $\lim\limits_{\Delta x \to 0} \frac{\Delta y}{\Delta x} = \lim\limits_{\Delta x \to 0} \frac{f(x_0 + \Delta x) - f(x_0)}{\Delta x}$ 称为函数 $f(x)$ 在点 x_0 处的瞬时变化率,反映的是在点 x_0 处,当自变量产生微小改变量 Δx 时,函数 $y = f(x)$ 随 $\Delta x \to 0$ 而变化的快慢程度. 又增量 $\Delta y = f(x_0 + \Delta x) - f(x_0)$ 可记为 $\Delta y = f(x) - f(x_0)$,因此导数 $f'(x_0)$ 也可以用
$$f'(x_0) = \lim_{x \to x_0} \frac{f(x) - f(x_0)}{x - x_0}$$
来表达.

定义 2.1.2 如果函数 $y = f(x)$ 在开区间 I 内的每点处都可导,就称函数 $f(x)$ 在开区间 I 内可导,此时,对于任一 $x \in I$ 都对应着 $f(x)$ 的一个确定的导数值. 这样就构成了一个新的函数,这个函数叫作原函数 $y = f(x)$ 的导函数,简称导数,记作 y'、$f'(x)$、$\frac{dy}{dx}$ 或 $\frac{df(x)}{dx}$.

导函数的定义式为

$$f'(x) = \lim_{\Delta x \to 0} \frac{\Delta y}{\Delta x} = \lim_{\Delta x \to 0} \frac{f(x + \Delta x) - f(x)}{\Delta x} \quad 或 \quad f'(x) = \lim_{h \to 0} \frac{f(x + h) - f(x)}{h}.$$

函数 $f(x)$ 在点 x_0 处的导数 $f'(x_0)$ 就是导函数 $f'(x)$ 在点 x_0 处的函数值, 即

$$f'(x_0) = f'(x)|_{x = x_0}.$$

一般地, 用定义求函数的导数有三步骤:

① 算增量 $\Delta y = f(x_0 + \Delta x) - f(x_0)$; ② 求比值 $\frac{\Delta y}{\Delta x}$; ③ 取极限 $\lim\limits_{\Delta x \to 0} \frac{\Delta y}{\Delta x}$.

例 1 求函数 $f(x) = C$ (C 为常数)的导数.

解 $f'(x) = \lim\limits_{h \to 0} \dfrac{f(x+h) - f(x)}{h} = \lim\limits_{h \to 0} \dfrac{C - C}{h} = 0$, 即 $(C)' = 0$.

例 2 求函数 $f(x) = \sqrt{x}$ 的导数.

解

$$\begin{aligned} f'(x) &= \lim_{h \to 0} \frac{f(x+h) - f(x)}{h} = \lim_{h \to 0} \frac{\sqrt{x+h} - \sqrt{x}}{h} \\ &= \lim_{h \to 0} \frac{h}{h(\sqrt{x+h} + \sqrt{x})} \\ &= \lim_{h \to 0} \frac{1}{\sqrt{x+h} + \sqrt{x}} \\ &= \frac{1}{2\sqrt{x}}, \end{aligned}$$

即 $\left(\sqrt{x}\right)' = \dfrac{1}{2\sqrt{x}}$.

例 3 求函数 $f(x) = \dfrac{1}{x}$ 的导数.

解

$$\begin{aligned} f'(x) &= \lim_{h \to 0} \frac{f(x+h) - f(x)}{h} = \lim_{h \to 0} \frac{\dfrac{1}{x+h} - \dfrac{1}{x}}{h} \\ &= \lim_{h \to 0} \frac{-h}{h(x+h)x} = -\lim_{h \to 0} \frac{1}{(x+h)x} = -\frac{1}{x^2}, \end{aligned}$$

即 $\left(\dfrac{1}{x}\right)' = -\dfrac{1}{x^2}$.

例 4 求函数 $f(x) = \sin x$ 的导数.

解

$$\begin{aligned} f'(x) &= \lim_{h \to 0} \frac{f(x+h) - f(x)}{h} = \lim_{h \to 0} \frac{\sin(x+h) - \sin x}{h} \\ &= \lim_{h \to 0} \frac{1}{h} \cdot 2\cos\left(x + \frac{h}{2}\right)\sin\frac{h}{2} \\ &= \lim_{h \to 0} \cos\left(x + \frac{h}{2}\right) \cdot \frac{\sin\dfrac{h}{2}}{\dfrac{h}{2}} = \cos x, \end{aligned}$$

即 $(\sin x)' = \cos x$.

用类似的方法,可求得 $(\cos x)' = -\sin x$.

例 5 求函数 $f(x) = x^n$ (n 为正整数)在 $x = a$ 处的导数.

解

$$\begin{aligned} f'(a) &= \lim_{x \to a} \frac{f(x) - f(a)}{x - a} = \lim_{x \to a} \frac{x^n - a^n}{x - a} \\ &= \lim_{x \to a} \frac{(x - a)(x^{n-1} + ax^{n-2} + \cdots + a^{n-1})}{x - a} \\ &= \lim_{x \to a} (x^{n-1} + ax^{n-2} + \cdots + a^{n-1}) \\ &= na^{n-1}. \end{aligned}$$

若将以上结果中的 a 换成任意的 x,即得 $f'(x) = nx^{n-1}$,即 $(x^n)' = nx^{n-1}$.

2.1.2 单侧导数

如果极限 $\lim\limits_{\Delta x \to 0^-} \dfrac{f(x_0 + \Delta x) - f(x_0)}{\Delta x}$ 存在,则称此极限值为函数 $f(x)$ 在 x_0 的左导数,记为 $f'_-(x_0)$,即 $f'_-(x_0) = \lim\limits_{\Delta x \to 0^-} \dfrac{f(x_0 + \Delta x) - f(x_0)}{\Delta x}$;

如果极限 $\lim\limits_{\Delta x \to 0^+} \dfrac{f(x_0 + \Delta x) - f(x_0)}{\Delta x}$ 存在,则称此极限值为函数 $f(x)$ 在 x_0 的右导数,记为 $f'_+(x_0)$,即 $f'_+(x_0) = \lim\limits_{\Delta x \to 0^+} \dfrac{f(x_0 + \Delta x) - f(x_0)}{\Delta x}$.

其他形式记法为

$$f'_-(x_0) = \lim_{h \to 0^-} \frac{f(x_0 + h) - f(x_0)}{h} = \lim_{x \to x_0^-} \frac{f(x) - f(x_0)}{x - x_0},$$

$$f'_+(x_0) = \lim_{h \to 0^+} \frac{f(x_0 + h) - f(x_0)}{h} = \lim_{x \to x_0^+} \frac{f(x) - f(x_0)}{x - x_0}.$$

左导数、右导数统称为单侧导数.

定理 2.1.1 函数 $f(x)$ 在 $x = x_0$ 点可导的充要条件是 $f(x)$ 在 $x = x_0$ 点的左导数和右导数均存在且相等,即

$$f'(x_0) = A \iff f'_-(x_0) = f'_+(x_0) = A$$

例 6 求函数 $f(x) = |x|$ 在 $x = 0$ 处的导数.

解

$$f'_-(0) = \lim_{h \to 0^-} \frac{f(0 + h) - f(0)}{h} = \lim_{h \to 0^-} \frac{|h|}{h} = -1,$$

$$f'_+(0) = \lim_{h \to 0^+} \frac{f(0 + h) - f(0)}{h} = \lim_{h \to 0^+} \frac{|h|}{h} = 1.$$

因为 $f'_-(0) \neq f'_+(0)$,所以函数 $f(x) = |x|$ 在 $x = 0$ 处不可导.

例 7 讨论函数 $f(x) = \begin{cases} 2x, & x \leq 1 \\ x^2 + 1, & x > 1 \end{cases}$ 在点 $x = 1$ 处的可导性.

解
$$f'_-(1) = \lim_{h \to 0^-} \frac{f(1+h) - f(1)}{h} = \lim_{h \to 0^-} \frac{2(1+h) - 2}{h} = 2,$$
$$f'_+(1) = \lim_{h \to 0^+} \frac{f(1+h) - f(1)}{h} = \lim_{h \to 0^+} \frac{(1+h)^2 + 1 - 2}{h} = 2.$$

因此 $f'_-(1) = f'_+(1)$，所以 $f(x) = \begin{cases} 2x, & x \leqslant 1 \\ x^2 + 1, & x > 1 \end{cases}$ 在点 $x = 1$ 处可导，且 $f'(1) = 2$.

若 $f(x)$ 在 (a,b) 内任意一点处的导数均存在，那么 $f(x)$ 在 (a,b) 内可导，若 $f(x)$ 同时也满足在 $x = a$ 的右导数 $f'_+(a)$ 存在，在 $x = b$ 的左导数 $f'_-(b)$ 存在，则称 $f(x)$ 在 $[a,b]$ 上可导.

2.1.3 导数的几何意义

设曲线 C 的方程为 $y = f(x)$，曲线 C 上一定点为 $P(x_0, y_0)$，在 C 上另取一动点 $Q(x,y)$，作割线 PQ，则 PQ 的斜率为 $\bar{k} = \frac{\Delta y}{\Delta x} = \frac{f(x) - f(x_0)}{x - x_0}$，当 $x \to x_0$ 时，动点 Q 沿曲线 C 无限趋于定点 P，割线 PQ 也随之变动而趋向于极限位置——直线 PT（假如存在），我们称直线 PT 为曲线 C 在点 P 处的切线，该切线的斜率为

$$k_{PT} = \lim_{x \to x_0} k_{PQ} = \lim_{x \to x_0} \frac{\Delta y}{\Delta x} = \lim_{x \to x_0} \frac{f(x) - f(x_0)}{x - x_0} = f'(x_0),$$

因此，函数 $y = f(x)$ 在点 x_0 处的导数 $f'(x_0)$ 在几何上表示曲线 $y = f(x)$ 在点 $P(x_0, y_0)$ 处的切线的斜率，即 $k_{PT} = f'(x_0) = \tan \alpha$，其中 α 是切线的倾角（图 2.1）.

由直线的点斜式方程可知，曲线 $y = f(x)$ 在点 $P(x_0, y_0)$ 处的切线方程为

$$y - y_0 = f'(x_0)(x - x_0),$$

过切点 $P(x_0, y_0)$ 且与切线垂直的直线叫作曲线 $y = f(x)$ 在点 P 处的法线，若 $f'(x_0) \neq 0$，则法线的斜率为 $-\frac{1}{f'(x_0)}$，从而法线方程为

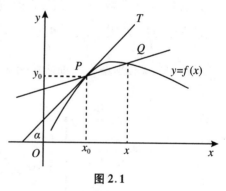

图 2.1

$$y - y_0 = -\frac{1}{f'(x_0)}(x - x_0).$$

当 $f'(x_0) = 0$ 时，曲线 $y = f(x)$ 在点 (x_0, y_0) 处的切线为 $y = y_0$，平行于 x 轴.

如果 $y = f(x)$ 在点 x_0 处的导数为无穷大，这时割线 PQ 以垂直于 x 轴的直线 $x = x_0$ 为极限位置，即曲线 $y = f(x)$ 在点 $P(x_0, y_0)$ 处具有垂直于 x 轴的切线 $x = x_0$.

例 8 求双曲线 $y = \frac{1}{x}$ 在点 $\left(3, \frac{1}{3}\right)$ 处的切线方程和法线方程.

解 因为 $y' = -\frac{1}{x^2}$，所求切线及法线的斜率分别为

$$k_1 = \left(-\frac{1}{x^2}\right)\bigg|_{x=3} = -\frac{1}{9}; \quad k_2 = -\frac{1}{k_1} = 9.$$

所求切线方程为

$$y - \frac{1}{3} = -\frac{1}{9}(x-3), \quad 即 \quad y = -\frac{1}{9}x + \frac{2}{3},$$

所求法线方程为

$$y - \frac{1}{3} = 9(x-3), \quad 即 \quad y = 9x - \frac{80}{3}.$$

2.1.4 函数的可导性与连续性之间的关系

定理 2.1.2 如果函数 $y = f(x)$ 在 $x = x_0$ 点可导,那么在该点必连续.

证明 设函数 $y = f(x)$ 在 $x = x_0$ 处可导,即 $\lim\limits_{\Delta x \to 0} \frac{\Delta y}{\Delta x} = f'(x_0)$,则

$$\lim_{\Delta x \to 0} \Delta y = \lim_{\Delta x \to 0} \frac{\Delta y}{\Delta x} \cdot \Delta x = \lim_{\Delta x \to 0} \frac{\Delta y}{\Delta x} \cdot \lim_{\Delta x \to 0} \Delta x = f'(x_0) \cdot 0 = 0.$$

这就是说,函数 $y = f(x)$ 在 $x = x_0$ 处是连续的. 所以,如果函数 $y = f(x)$ 在一点处可导,则函数在该点处必连续.

该定理的逆命题不成立,即连续未必可导.

例 9 讨论函数 $f(x) = |x|$ 在 $x = 0$ 处的连续性、可导性.

解 $\lim\limits_{x \to 0^-} f(x) = \lim\limits_{x \to 0^-}(-x) = 0$, $\lim\limits_{x \to 0^+} f(x) = \lim\limits_{x \to 0^+} x = 0$, 又 $f(0) = 0$,所以 $f(x)$ 在 $x = 0$ 处连续;但由例 6 可知函数 $f(x) = |x|$ 在 $x = 0$ 处不可导(图 2.2).

又如,对于函数 $f(x) = \sqrt[3]{x}$ 来说,在区间 $(-\infty, +\infty)$ 内连续,显然在 $x = 0$ 处连续;但是 $\lim\limits_{h \to 0} \frac{f(0+h) - f(0)}{h} = \lim\limits_{h \to 0} \frac{\sqrt[3]{h} - 0}{h} = +\infty$,所以该函数在点 $x = 0$ 处不可导. 事实上,此时曲线 $f(x) = \sqrt[3]{x}$ 有垂直于 x 轴的切线 $x = 0$. 即函数的不可导点处也可能存在切线(图 2.3).

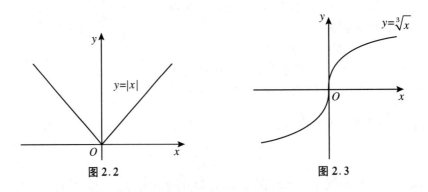

图 2.2 图 2.3

习 题 2.1

A 组

1. 利用导数的定义求下列函数的导数或者导函数:
(1) $f(x) = x^3$ 在 $x = 3$ 处的导数 $f'(3)$;

(2) $y = 2 - x^7$ 在 $x = -1$ 处的导数 $y'|_{x=-1}$;

(3) $y = \cos x$ 的导函数 y';

(4) $f(x) = 5x + 1$ 的导函数 $f'(x)$.

2. 讨论函数 $f(x) = \begin{cases} \sqrt{x} + \dfrac{1}{2}, & x \geq 1 \\ \dfrac{1}{2}x + 1, & x \leq 1 \end{cases}$ 在点 $x = 1$ 处的可导性.

3. 求曲线 $y = x^2$ 在点 $(-3, 9)$ 处的切线方程和法线方程.

4. 求曲线 $y = \sin x$ 在点 $\left(\dfrac{\pi}{6}, \dfrac{1}{2}\right)$ 处的切线方程和法线方程.

5. 讨论函数 $f(x) = \begin{cases} x^2 + 1, & x \geq 2 \\ 2x + 1, & x \leq 2 \end{cases}$ 在点 $x = 2$ 处的可导性与连续性.

B 组

利用导数的定义求 $y = \log_3 x$ 的导函数.

2.2 函数的求导法则

2.2.1 函数的和、差、积、商的求导法则

定理 2.2.1 如果函数 $u = u(x)$ 及 $v = v(x)$ 在点 x 处具有导数,那么它们的和、差、积、商(分母为零的点除外)都在点 x 处具有导数,并且

(1) $[u(x) \pm v(x)]' = u'(x) \pm v'(x)$;

(2) $[u(x)v(x)]' = u'(x)v(x) + u(x)v'(x)$;

(3) $\left[\dfrac{u(x)}{v(x)}\right]' = \dfrac{u'(x)v(x) - u(x)v'(x)}{v^2(x)}$ $(v(x) \neq 0)$.

该定理可以用导数的定义和极限的运算法则来证明,证明略.

定理 2.2.1 中的法则(1)、(2)可推广到任意有限个可导函数的情形.例如,若 $u = u(x), v = v(x), w = w(x)$ 均可导,则有
$$(u + v - w)' = u' + v' - w';$$
$$(uvw)' = [(uv)w]' = (uv)w' + (uv)'w$$
$$= uvw' + (u'v + uv')w$$
$$= uvw' + u'vw + uv'w,$$

即
$$(uvw)' = uvw' + u'vw + uv'w.$$

在法则(2)中,如果 $v(x) = C$ (C 为常数),则有 $(Cu)' = Cu'$.

在法则(3)中,特殊地,当 $u = 1$ 时,$\left(\dfrac{1}{v}\right)' = -\dfrac{v'}{v^2}$.

例1 设 $f(x) = x^6 + 5\sin x - \dfrac{1}{\sqrt{x}}$,求 $f'(x)$.

解 $f'(x) = \left(x^6 + 5\sin x - \dfrac{1}{\sqrt{x}}\right)' = (x^6)' + (5\sin x)' - \left(\dfrac{1}{\sqrt{x}}\right)' = 6x^5 + 5\cos x + \dfrac{1}{2x\sqrt{x}}$.

例2 $y = e^x(\sin x - \cos x)$,求 y'.

解
$$y' = (e^x)'(\sin x - \cos x) + e^x(\sin x - \cos x)'$$
$$= e^x(\sin x - \cos x) + e^x(\cos x + \sin x) = 2e^x\sin x.$$

例3 $y = \tan x$,求 y'.

解
$$y' = (\tan x)' = \left(\dfrac{\sin x}{\cos x}\right)' = \dfrac{(\sin x)'\cos x - \sin x(\cos x)'}{\cos^2 x}$$
$$= \dfrac{\cos^2 x + \sin^2 x}{\cos^2 x} = \dfrac{1}{\cos^2 x} = \sec^2 x.$$

即 $(\tan x)' = \sec^2 x$.

例4 $y = \sec x$,求 y'.

解 $y' = (\sec x)' = \left(\dfrac{1}{\cos x}\right)' = \dfrac{(1)'\cos x - 1\cdot(\cos x)'}{\cos^2 x} = \dfrac{\sin x}{\cos^2 x} = \sec x\tan x$,

即 $(\sec x)' = \sec x\tan x$.

注 同理可得 $(\cot x)' = -\csc^2 x$;$(\csc x)' = -\csc x\cot x$.

例5 求 $y = x^3\ln x + 6\tan x + \dfrac{1}{\sin x}$ 的导数.

解 $y' = 3x^2\ln x + \dfrac{x^3}{x} + 6\sec^2 x + (\csc x)' = 3x^2\ln x + x^2 + 6\sec^2 x - \csc x\cot x$.

2.2.2 反函数求导法则

定理2.2.2 如果直接函数 $x = f(y)$ 在某区间 I_y 内单调、可导且 $f'(y) \neq 0$,那么它的反函数 $y = f^{-1}(x)$ 在对应区间 $I_x = \{x \mid x = f(y), y \in I_y\}$ 内也可导,并且

$$\left[f^{-1}(x)\right]' = \dfrac{1}{f'(y)} \quad \text{或} \quad \dfrac{\mathrm{d}y}{\mathrm{d}x} = \dfrac{1}{\dfrac{\mathrm{d}x}{\mathrm{d}y}}.$$

即反函数的导数等于直接函数导数的倒数.

例6 求证:$(\arcsin x)' = \dfrac{1}{\sqrt{1-x^2}}$.

证明 设 $x = \sin y$,$y \in \left(-\dfrac{\pi}{2}, \dfrac{\pi}{2}\right)$ 为直接函数,则 $y = \arcsin x$ 是它的反函数,$x = \sin y$ 在开区间 $\left(-\dfrac{\pi}{2}, \dfrac{\pi}{2}\right)$ 内单调、可导,且 $(\sin y)' = \cos y > 0$.

故由反函数的求导法则,在对应区间 $I_x = (-1, 1)$ 内,有

$$(\arcsin x)' = \dfrac{1}{(\sin y)'} = \dfrac{1}{\cos y},$$

而 $\cos y = \sqrt{1-\sin^2 y} = \sqrt{1-x^2}$,故

$$(\arcsin x)' = \frac{1}{\sqrt{1-x^2}}.$$

用类似的方法可证得:$(\arccos x)' = -\dfrac{1}{\sqrt{1-x^2}}$.

例 7 求证:$(\arctan x)' = \dfrac{1}{1+x^2}$.

证明 设 $x = \tan y$,$y \in \left(-\dfrac{\pi}{2}, \dfrac{\pi}{2}\right)$ 为直接函数,则 $y = \arctan x$ 是它的反函数,$x = \tan y$ 在区间 $\left(-\dfrac{\pi}{2}, \dfrac{\pi}{2}\right)$ 内单调、可导,且 $(\tan y)' = \sec^2 y \neq 0$.

故由反函数的求导法则,在对应区间 $I_x = (-\infty, +\infty)$ 内,有

$$(\arctan x)' = \frac{1}{(\tan y)'} = \frac{1}{\sec^2 y},$$

而 $\sec^2 y = 1 + \tan^2 y = 1 + x^2$,故

$$(\arctan x)' = \frac{1}{1+x^2}.$$

用类似的方法可证得:$(\text{arccot}\, x)' = -\dfrac{1}{1+x^2}$.

由导数的定义、导数四则运算法则及反函数求导法则,我们可以得到 16 个基本初等函数的求导公式如下:

(1) $(C)' = 0$(C 为常数);　　(2) $(x^\alpha)' = \alpha x^{\alpha-1}$($\alpha \in \mathbf{R}$);

(3) $(\sin x)' = \cos x$;　　(4) $(\cos x)' = -\sin x$;

(5) $(\tan x)' = \sec^2 x$;　　(6) $(\cot x)' = -\csc^2 x$;

(7) $(a^x)' = a^x \ln a$($a>0, a\neq 1$);　　(8) $(e^x)' = e^x$;

(9) $(\log_a x)' = \dfrac{1}{x \ln a}$($a>0, a\neq 1$);　　(10) $(\ln x)' = \dfrac{1}{x}$;

(11) $(\sec x)' = \tan x \sec x$;　　(12) $(\csc x)' = -\cot x \csc x$;

(13) $(\arcsin x)' = \dfrac{1}{\sqrt{1-x^2}}$($-1<x<1$);　　(14) $(\arccos x)' = -\dfrac{1}{\sqrt{1-x^2}}$($-1<x<1$);

(15) $(\arctan x)' = \dfrac{1}{1+x^2}$;　　(16) $(\text{arccot}\, x)' = -\dfrac{1}{1+x^2}$.

2.2.3　复合函数的求导法则(链导法则)

定理 2.2.3 如果函数 $u = g(x)$ 在点 x 处可导,$y = f(u)$ 在相应点 $u = g(x)$ 处可导,则复合函数 $y = f(g(x))$ 在点 x 处可导,且其导数为 $\dfrac{dy}{dx} = f'(u) \cdot g'(x)$ 或 $\dfrac{dy}{dx} = \dfrac{dy}{du} \cdot \dfrac{du}{dx}$.

此法则又称为链式求导法则(简称链导法则).

例 8 求下列函数的导数:

(1) $y = \sin^7 x$;　　(2) $y = \sin(x^7)$;　　(3) $y = e^{2x}$;　　(4) $y = \text{arccot}(\ln x)$.

解　(1) $y = \sin^7 x$ 可分解为 $y = u^7, u = \sin x$,所以

$$\frac{\mathrm{d}y}{\mathrm{d}x} = \frac{\mathrm{d}y}{\mathrm{d}u} \cdot \frac{\mathrm{d}u}{\mathrm{d}x} = 7u^6 \cdot \cos x = 7\sin^6 x \cos x.$$

(2) $y = \sin(x^7)$ 可分解为 $y = \sin u, u = x^7$,所以

$$\frac{\mathrm{d}y}{\mathrm{d}x} = \frac{\mathrm{d}y}{\mathrm{d}u} \cdot \frac{\mathrm{d}u}{\mathrm{d}x} = \cos u \cdot 7x^6 = 7x^6 \cos(x^7).$$

(3) $y = \mathrm{e}^{2x}$ 可分解为 $y = \mathrm{e}^u, u = 2x$,所以

$$\frac{\mathrm{d}y}{\mathrm{d}x} = \frac{\mathrm{d}y}{\mathrm{d}u} \cdot \frac{\mathrm{d}u}{\mathrm{d}x} = \mathrm{e}^u \cdot 2 = 2\mathrm{e}^{2x}.$$

(4) $y = \mathrm{arccot}(\ln x)$ 可以分解为 $y = \mathrm{arccot}\, u, u = \ln x$,所以

$$\frac{\mathrm{d}y}{\mathrm{d}x} = \frac{\mathrm{d}y}{\mathrm{d}u} \cdot \frac{\mathrm{d}u}{\mathrm{d}x} = (\mathrm{arccot}\, u)' \cdot (\ln x)' = -\frac{1}{1+u^2} \cdot \frac{1}{x} = -\frac{1}{x[1+(\ln x)^2]}.$$

注 复合函数的求导法则可以推广到多个中间变量的情形.例如,设 $y = f(u), u = \varphi(v), v = \psi(x)$,则 $\dfrac{\mathrm{d}y}{\mathrm{d}x} = \dfrac{\mathrm{d}y}{\mathrm{d}u} \cdot \dfrac{\mathrm{d}u}{\mathrm{d}x} = \dfrac{\mathrm{d}y}{\mathrm{d}u} \cdot \dfrac{\mathrm{d}u}{\mathrm{d}v} \cdot \dfrac{\mathrm{d}v}{\mathrm{d}x}.$

应用复合函数的求导法则,最关键的是怎样将一个复杂的函数分解为几个简单函数的复合.在熟练掌握复合函数的分解之后,中间变量可不必写出,而是按复合的步骤,"由外向内,逐层求导",依次求出其导数再相乘即可.

例 9 求下列函数的导数:

(1) $y = \mathrm{e}^{\cos\frac{1}{x}}$;   (2) $y = (f(2x+6))^{10}$;   (3) $y = \ln|x|$.

解 (1)

$$y' = (\mathrm{e}^{\cos\frac{1}{x}})' = \mathrm{e}^{\cos\frac{1}{x}}\left(\cos\frac{1}{x}\right)' = \mathrm{e}^{\cos\frac{1}{x}}\left(-\sin\frac{1}{x}\right)\left(\frac{1}{x}\right)'$$

$$= \mathrm{e}^{\cos\frac{1}{x}}\left(-\sin\frac{1}{x}\right)\left(-\frac{1}{x^2}\right) = \frac{1}{x^2}\mathrm{e}^{\cos\frac{1}{x}}\sin\frac{1}{x}.$$

(2) $y' = 10(f(2x+6))^9 f'(2x+6) \cdot 2 = 20(f(2x+6))^9 f'(2x+6).$

(3) $\ln|x| = \ln\sqrt{x^2}$,因此

$$y' = \left(\ln\sqrt{x^2}\right)' = \frac{1}{\sqrt{x^2}}\left(\sqrt{x^2}\right)' = \frac{1}{\sqrt{x^2}}\frac{1}{2\sqrt{x^2}}(x^2)' = \frac{1}{2x^2} \cdot 2x = \frac{1}{x}.$$

在求函数导数时,常常会将函数的和、差、积、商的求导法则和复合函数的求导法则结合使用.

例 10 求下列函数的导数:

(1) $f(x) = a\arcsin\dfrac{a}{x} + \tan\sqrt{x}$;   (2) $f(x) = \ln(x - \sqrt{x^2 + a^2}).$

解 (1)

$$f'(x) = \left(a\arcsin\frac{a}{x} + \tan\sqrt{x}\right)'$$

$$= a\frac{1}{\sqrt{1-\left(\frac{a}{x}\right)^2}}\left(-\frac{a}{x^2}\right) + \frac{1}{2\sqrt{x}}\sec^2(\sqrt{x})$$

$$= -\frac{a^2 x}{x^2\sqrt{x^2-a^2}} + \frac{1}{2\sqrt{x}}\sec^2(\sqrt{x}).$$

(2)
$$f'(x) = \frac{(x - \sqrt{x^2 + a^2})'}{x - \sqrt{x^2 + a^2}} = \frac{x' - (\sqrt{x^2 + a^2})'}{x - \sqrt{x^2 + a^2}}$$
$$= \frac{1 - \dfrac{1}{2\sqrt{x^2 + a^2}}(x^2 + a^2)'}{x - \sqrt{x^2 + a^2}}$$
$$= \frac{1 - \dfrac{1}{2\sqrt{x^2 + a^2}} 2x}{x - \sqrt{x^2 + a^2}} = -\frac{1}{\sqrt{x^2 + a^2}}.$$

2.2.4 隐函数求导

函数的表达方式除了显式表示为 $y = f(x)$ 的形式外,还有隐式表示形式 $F(x,y) = 0$ 以及参数方程表示形式 $\begin{cases} x = \varphi(t) \\ y = \psi(t) \end{cases}$ (t 为参数).

把 $F(x,y) = 0$ 化成显函数形式,称为隐函数的显化.隐函数的显化有时比较困难,甚至是不可能的.例如 $y^2 = xy + \sin y$,是无法得到 $y = f(x)$ 的显式形式的.

假设方程 $F(x,y) = 0$ 唯一确定了一个隐函数,记为 $y = f(x)$,且可导(关于隐函数的存在性及可导性将在多元函数微分学中讨论),于是 $F[x, f(x)] \equiv 0$ 是恒等式,故可对恒等式的两边同时关于 x 求导,根据复合函数的求导法则,从等式中解出 y' 即可.隐函数的求导方法如下:

(1) 对方程 $F(x,y) = 0$ 的两边同时关于 x 求导,将 y 看成 x 的函数;

(2) 从求导后的等式中解出 y'.

例 11 求由方程 $xy + 3x^2 - 5y - 7 = 0$ 所确定的隐函数 $y = f(x)$ 在 $x = 1$ 处的导数 $y'|_{x=1}$.

解 对方程的两边关于 x 求导,将 y 看成 x 的函数,得
$$(xy)' + (3x^2)' - (5y)' - (7)' = 0, \quad \text{即} \quad y + xy' + 6x - 5y' = 0,$$
解得 $y' = \dfrac{6x + y}{5 - x}$.又 $x = 1$ 时 $y = -1$,因此 $y'|_{x=1} = \dfrac{5}{4}$.

例 12 求椭圆 $\dfrac{x^2}{16} + \dfrac{y^2}{9} = 1$ 在点 $\left(2, \dfrac{3}{2}\sqrt{3}\right)$ 处的切线方程.

解 将椭圆方程的两边分别对 x 求导,得
$$\frac{x}{8} + \frac{2}{9} y \cdot y' = 0,$$
将 $x = 2, y = \dfrac{3}{2}\sqrt{3}$ 代入上式,得 $\dfrac{1}{4} + \dfrac{1}{\sqrt{3}} \cdot y' = 0$,于是
$$k = y'|_{x=2} = -\frac{\sqrt{3}}{4}.$$

因此所求的切线方程为
$$y - \frac{3}{2}\sqrt{3} = -\frac{\sqrt{3}}{4}(x - 2), \quad \text{即} \quad \sqrt{3}x + 4y - 8\sqrt{3} = 0.$$

例 13 求 $y = x^{\tan x}$ ($x>0$) 的导数.

解 对等式两边取对数,得 $\ln y = \tan x \ln x$,上式两边对 x 求导,得
$$\frac{1}{y}y' = \sec^2 x \ln x + \frac{1}{x}\tan x,$$
于是
$$y' = y(\sec^2 x \ln x + \frac{1}{x}\tan x) = x^{\tan x}(\sec^2 x \ln x + \frac{1}{x}\tan x).$$

另解 这类幂指函数的导数也可按下面的方法求:
$$y = x^{\tan x} = e^{\ln x^{\tan x}} = e^{\tan x \ln x},$$
$$y = (e^{\tan x \ln x})' = e^{\tan x \ln x}(\tan x \ln x)' = x^{\tan x}(\sec^2 x \ln x + \frac{1}{x}\tan x).$$

例 14 已知函数 $y = (3+x)(1-x)\sqrt[3]{\dfrac{(x+1)^2}{x-2}}$,求 y'.

解 等式两边取绝对值后再取对数,有
$$\ln|y| = \ln|3+x| + \ln|1-x| + \frac{2}{3}|x+1| - \frac{1}{3}\ln|x-2|.$$

两边对 x 求导,由 $\left(\ln|f(x)|\right)' = \dfrac{f'(x)}{f(x)}$,有
$$\frac{y'}{y} = \frac{1}{3+x} - \frac{1}{1-x} + \frac{2}{3}\cdot\frac{1}{x+1} - \frac{1}{3}\cdot\frac{1}{x-2},$$
$$y' = (3+x)(1-x)\sqrt[3]{\frac{(x+1)^2}{x-2}}\left(\frac{1}{3+x} - \frac{1}{1-x} + \frac{2}{3}\cdot\frac{1}{x+1} - \frac{1}{3}\cdot\frac{1}{x-2}\right).$$

对于幂指函数 $y = u(x)^{v(x)}$ ($u(x)>0$) 或者由多个函数的乘积、乘方、开方所构成的函数,直接求它的导数比较繁琐,而对其两边取对数,将它化为隐函数,应用隐函数求导法则对其求导会比较简便,这种方法称为对数求导法.

2.2.5 由参数方程所确定的函数的导数

设由参数方程 $\begin{cases} x = \varphi(t) \\ y = \psi(t) \end{cases}$ (t 为参数) 所确定的函数为 $y = f(x)$,假设 $x = \varphi(t)$ 单调、可导且 $\varphi'(t) \neq 0$,那么其反函数存在为 $t = \varphi^{-1}(x)$,而 $y = \psi(t)$,y 通过 t 成为 x 的函数,即构成复合函数 $y = \psi(\varphi^{-1}(x))$,若 $y = \psi(t)$ 可导,则

$$\frac{dy}{dx} = \frac{dy}{dt}\cdot\frac{dt}{dx} = \frac{dy}{dt}\cdot\frac{1}{\frac{dx}{dt}} = \frac{\frac{dy}{dt}}{\frac{dx}{dt}} = \frac{\psi'(t)}{\varphi'(t)}.$$

例 15 计算由摆线的参数方程 $\begin{cases} x = a(t - \sin t) \\ y = a(1 - \cos t) \end{cases}$ 所确定的函数 $y = f(x)$ 的导数.

解 $\dfrac{dy}{dx} = \dfrac{y'(t)}{x'(t)} = \dfrac{[a(1-\cos t)]'}{[a(t-\sin t)]'} = \dfrac{a\sin t}{a(1-\cos t)} = \dfrac{\sin t}{1-\cos t} = \cot\dfrac{t}{2}$ ($t \neq 2n\pi, n \in \mathbf{Z}$).

习题 2.2

A 组

1. 求下列函数的导数：

(1) $y = e^x - 6\tan x$；

(2) $y = \sin x + x^2 - 7x^3$；

(3) $y = (1 + 9x^2)\operatorname{arccot}(3x)$；

(4) $y = \dfrac{\lg x}{10x}$；

(5) $y = \sqrt{x} + \ln(\cos x)$；

(6) $y = \sin(x^2 + 1) - x^2\cos(x^2 + 1)$；

(7) $y = \cos^2 x \sin x + \sin(\ln x)$；

(8) $y = 3^x \cot(5x) + \dfrac{1}{x}\arctan x$；

(9) $y = \arcsin\dfrac{x}{3} - e^{\cos x}$；

(10) $y = \ln\sqrt{a + x^2} + \tan(2x)$.

2. 已知方程 $\ln y = 2y\sin x + x^2$，求 $\dfrac{dy}{dx}$.

3. 求由方程 $y^3 + x^3 = e^{xy}$ 所确定的隐函数 $y = f(x)$ 在 $x = 0$ 处的导数 $y'|_{x=0}$.

4. 求曲线 $y^2 = 3y - 2\ln x$ 在点 $(e, 1)$ 处的切线方程和法线方程.

5. 求 $y = x^{\sin x}(x > 0)$ 的导数.

6. 已知函数 $y = \sqrt{\dfrac{(x+1)(x-3)}{(9+x)(6+x)}}$，求 y'.

7. 计算由参数方程所确定的函数 $y = f(x)$ 的导数 $\dfrac{dy}{dx}$.

(1) $\begin{cases} x = a\sin t \\ y = b(1 - \cos t) \end{cases}$；

(2) $\begin{cases} x = \ln(t^2 + 1) \\ y = \arctan t \end{cases}$.

B 组

1. 求函数 $y = |1 - x^2|$ 的导数.

2. 设 $x = \psi(y)$ 是单调连续函数 $y = \varphi(x)$ 的反函数，且 $\varphi(1) = 2, \varphi'(1) = -\dfrac{\sqrt{3}}{3}$，求 $\psi'(2)$.

3. 已知 $y = f\left(\dfrac{3x-2}{3x+2}\right), f'(x) = \arctan(x^2)$，求 $\dfrac{dy}{dx}\bigg|_{x=0}$.

2.3 高阶导数

实例 3（通货膨胀）在经济研究中，设函数 $p(t)$ 表示在时刻 t 某种产品的价格，则在通货膨胀期间，$p(t)$ 将增加，我们可以用 $p(t)$ 的导数解释以下三种情形：

(1) $p'(t) > 0$ 表示产品的价格在上升，即通货膨胀存在；

(2) $p'(t) > 0, (p'(t))' > 0$ 表示通货膨胀存在，且通货膨胀率正在上升，也即价格上涨幅度增大；

(3) $p'(t)>0,(p'(t))'<0$ 表示通货膨胀存在,但通货膨胀率正在下降,也即价格上涨幅度减小.

若将价格函数 $p(t)$ 抽象成函数 $f(x)$,一般地,有以下定义：

定义 2.3.1 若函数 $y=f(x)$ 的导函数 $y'=f'(x)$ 在点 x_0 处可导,则称 $y'=f'(x)$ 在点 x_0 处的导数为函数 $y=f(x)$ 点 x_0 处的二阶导数,记作 $y''|_{x=x_0}$、$f''(x_0)$ 或 $\dfrac{d^2 y}{dx^2}\Big|_{x=x_0}$,即

$$\lim_{\Delta x \to 0} \frac{f'(x_0+\Delta x)-f'(x_0)}{\Delta x}=f''(x_0),$$

同时称 $f(x)$ 在点 x_0 处二阶可导.

若 $f(x)$ 在区间 I 上每一点都二阶可导,则得到定义在区间 I 上的二阶导函数,即

$$y''=(y')',\quad f''(x)=(f'(x))',\quad \frac{d^2 y}{dx^2}=\frac{d}{dx}\left(\frac{dy}{dx}\right).$$

类似地,若二阶导数 $f''(x)$ 在区间 I 上每一点都可导,则称 $f''(x)$ 的导数为函数 $y=f(x)$ 的三阶导数,一般地,$y=f(x)$ 的 $n-1$ 阶导函数的导数叫作 $y=f(x)$ 的 n 阶导数,分别记作

$$y''',y^{(4)},\cdots,y^{(n)} \quad \text{或} \quad \frac{d^3 y}{dx^3},\frac{d^4 y}{dx^4},\cdots,\frac{d^n y}{dx^n}.$$

二阶及二阶以上的导数统称为高阶导数. y' 称为一阶导数,y'',y''',$y^{(4)}$,$\cdots$,$y^{(n)}$ 都称为高阶导数.

注 (1) 函数 $f(x)$ 具有 n 阶导数,也常说成函数 $f(x)$ 为 n 阶可导.如果函数 $f(x)$ 在点 x 处具有 n 阶导数,那么函数 $f(x)$ 在点 x 的某一邻域内必定具有一切低于 n 阶的导数.

(2) 高阶导数求法就是"逐次求导",故只需用前面的求导方法求高阶导数即可.

例 1 设 $y=ax+b$,求 y''.

解 由 $y'=a$,得 $y''=0$.

例 2 设 $y=\arctan x$,求 $y'''(0)$.

解 由题设知

$$y'=\frac{1}{1+x^2},\quad y''=\left(\frac{1}{1+x^2}\right)'=-\frac{2x}{(1+x^2)^2},\quad y'''=\left(-\frac{2x}{(1+x^2)^2}\right)'=\frac{2(3x^2-1)}{(1+x^2)^3}.$$

所以

$$y'''(0)=\frac{2(3x^2-1)}{(1+x^2)^3}\Big|_{x=0}=-2.$$

例 3 求由方程 $x^2-y-\dfrac{1}{2}e^{2y}=0$ 所确定的函数 $y=y(x)$ 的二阶导数 $\dfrac{d^2 y}{dx^2}$.

解 方程 $x^2-y-\dfrac{1}{2}e^{2y}=0$ 两边对 x 求导,得

$$2x-y'-e^{2y}\cdot y'=0,$$

所以

$$y'=\frac{2x}{1+e^{2y}}.$$

在此,对 $y'=\dfrac{2x}{1+e^{2y}}$ 再次应用隐函数求导方法,可得

$$y''=\frac{2(1+e^{2y})-2x(0+2y'e^{2y})}{(1+e^{2y})^2}=\frac{2(1+e^{2y})-4xy'e^{2y}}{(1+e^{2y})^2}.$$

将 $y' = \dfrac{2x}{1+e^{2y}}$ 代入上式,得

$$y'' = \frac{2(1+e^{2y})^2 - 8x^2 e^{2y}}{(1+e^{2y})^3}.$$

例 4 $y = e^x$,求 $y^{(n)}$.

解 由题设知

$$y = e^x, \quad y' = e^x, \quad y'' = e^x, \quad y''' = e^x, \quad y^{(4)} = e^x,$$
$$\cdots\cdots$$

可得 $y^{(n)} = e^x$.

例 5 $y = \sin x$,求 $y^{(n)}$.

解 由题设知

$$y = \sin x,$$
$$y' = \cos x = \sin\left(x + \frac{\pi}{2}\right),$$
$$y'' = \cos\left(x + \frac{\pi}{2}\right) = \sin\left(x + \frac{\pi}{2} + \frac{\pi}{2}\right) = \sin\left(x + 2 \cdot \frac{\pi}{2}\right),$$
$$y''' = \cos\left(x + 2 \cdot \frac{\pi}{2}\right) = \sin\left(x + 2 \cdot \frac{\pi}{2} + \frac{\pi}{2}\right) = \sin\left(x + 3 \cdot \frac{\pi}{2}\right),$$
$$y^{(4)} = \cos\left(x + 3 \cdot \frac{\pi}{2}\right) = \sin\left(x + 4 \cdot \frac{\pi}{2}\right),$$
$$\cdots\cdots$$

一般地,可得 $y^{(n)} = \sin\left(x + n \cdot \dfrac{\pi}{2}\right)$,即

$$(\sin x)^{(n)} = \sin\left(x + n \cdot \frac{\pi}{2}\right).$$

同理可得

$$(\cos x)^{(n)} = \cos\left(x + n \cdot \frac{\pi}{2}\right).$$

习 题 2.3

A 组

1. 求下列函数的高阶导数:
(1) $y = x^2 \cos x + \sin(7x)$,求 y''; (2) $y = (1 + x^2)\arctan x$,求 y'';
(3) $y = \cos(e^x)$,求 y'''; (4) $y = x\ln x$,求 $y^{(4)}$.

2. 设函数 $f(x)$ 二阶可导,试证明 $f''(x) = \lim\limits_{h \to 0} \dfrac{f(x+h) + f(x-h) - 2f(x)}{h^2}$.

3. 求由下列方程所确定的隐函数 $y = y(x)$ 的二阶导数 $\dfrac{d^2 y}{dx^2}$:

(1) $x - y + \dfrac{1}{2}\sin y = 0$; (2) $x + y = e^x - e^y$.

4. 求下列函数的 n 阶导数 $f^{(n)}(x)$：
(1) $f(x) = e^{3x}$；
(2) $f(x) = \ln(1+x)$.

5. (水量的增加)如果一个容器中的水量 W 随着时间的增加而增加,但增加量越来越小,请判断 $\dfrac{dW}{dt}, \dfrac{d^2 W}{dt^2}$ 的正、负.

B 组

求下列函数的 n 阶导数 $f^{(n)}(x)$：
(1) $f(x) = \cos(ax)$；
(2) $f(x) = \sin(ax+b)$；
(3) $f(x) = \dfrac{\ln x}{x}$；
(4) $f(x) = \dfrac{1}{(x+1)(x+2)}$.

2.4 函数的微分

前面我们讨论了导数的概念,现在讨论当函数的自变量取得微小改变时,相应的函数值的改变量的情况,即探讨微分学的重要概念——微分.

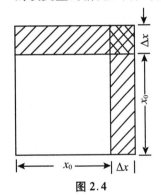

图 2.4

实例 4 (金属片热胀冷缩)如图 2.4 所示,一块正方形金属薄片受温度变化的影响,其边长由 x_0 变到 $x_0 + \Delta x$,那么此薄片的面积改变了多少？

设此正方形的边长为 x,面积为 A,则 A 是 x 的函数: $A = x^2$.

金属薄片的面积改变量为
$$\Delta A = (x_0 + \Delta x)^2 - x_0^2 = 2x_0 \Delta x + (\Delta x)^2.$$

ΔA 由两部分组成：第一部分 $2x_0 \Delta x$ 表示两个长为 x_0、宽为 Δx 的长方形面积;第二部分 $(\Delta x)^2$ 表示边长为 Δx 的正方形的面积.

当 $\Delta x \to 0$ 时,$(\Delta x)^2$ 是比 Δx 高阶的无穷小,即 $(\Delta x)^2 = o(\Delta x)$,$2x_0 \Delta x$ 是 Δx 的线性函数,它是 ΔA 的主要部分,由此可见:如果边长改变很微小,则面积的改变量 ΔA 可以近似地用第一部分来代替. 我们称具有这种性质的函数为可微函数.

2.4.1 微分的定义

定义 2.4.1 设函数 $y = f(x)$ 在某区间内有定义,x_0 及 $x_0 + \Delta x$ 在这区间内,如果函数的增量 $\Delta y = f(x_0 + \Delta x) - f(x_0)$ 可表示为 $\Delta y = A \Delta x + o(\Delta x)$,其中 A 是不依赖于 Δx 的常量,那么称函数 $y = f(x)$ 在点 x_0 是可微的,而 $A \Delta x$ 叫作函数 $y = f(x)$ 在点 x_0 相应于自变量增量 Δx 的微分,记作 dy,即 $dy = A \Delta x$.

函数可微与可导是否有联系呢？

若函数 $f(x)$ 在点 x_0 可微,则按定义有 $\Delta y = A \Delta x + o(\Delta x)$,将该式两边除以 Δx,得
$$\dfrac{\Delta y}{\Delta x} = A + \dfrac{o(\Delta x)}{\Delta x},$$

于是,当 $\Delta x \to 0$ 时,由上式就得到 $A = \lim\limits_{\Delta x \to 0} \dfrac{\Delta y}{\Delta x} = f'(x_0)$. 因此,如果函数 $f(x)$ 在点 x_0 可微,则 $f(x)$ 在点 x_0 也一定可导,且 $A = f'(x_0)$.

反之,如果 $f(x)$ 在点 x_0 可导,即 $\lim\limits_{\Delta x \to 0} \dfrac{\Delta y}{\Delta x} = f'(x_0)$ 存在,那么根据极限与无穷小的关系,上式可写成

$$\dfrac{\Delta y}{\Delta x} = f'(x_0) + \alpha,$$

其中 $\alpha \to 0$(当 $\Delta x \to 0$ 时),因此 $\alpha \Delta x = o(\Delta x)$,且 $f'(x_0) = A$ 是常数,又有

$$\Delta y = f'(x_0)\Delta x + \alpha(\Delta x).$$

且因 $f'(x_0)$ 不依赖于 Δx,故上式相当于 $\Delta y = A\Delta x + o(\Delta x)$,所以 $f(x)$ 在 x_0 处可微,且 $A = f'(x_0)$. 因此有

定理 2.4.1 函数 $f(x)$ 在点 x_0 可微的充要条件是函数 $f(x)$ 在点 x_0 可导,且当函数 $f(x)$ 在点 x_0 处可微时,其微分一定是

$$\mathrm{d}y = f'(x_0)\Delta x.$$

定义 2.4.2 若函数 $f(x)$ 在区间 I 上每一点都可微,则称 $f(x)$ 为区间 I 上的可微函数,可记为微分 $\mathrm{d}y = f'(x)\Delta x$.

注 特别地,对于函数 $y = x$ 来说,由于 $(x)' = 1$,则 $\mathrm{d}x = (x)'\Delta x = \Delta x$. 因此我们规定自变量的微分等于自变量的增量. 这样,$y = f(x)$ 的微分可以写成 $\mathrm{d}y = f'(x)\mathrm{d}x$. 即有 $f'(x) = \dfrac{\mathrm{d}y}{\mathrm{d}x}$. 即函数的导数等于函数微分与自变量微分的商,因此导数也称为微分的商,简称微商.

例 1 求函数 $y = x^2$ 的微分 $\mathrm{d}y$.

解 由于 $y' = 2x$,则 $\mathrm{d}y = 2x\mathrm{d}x$.

例 2 设 $y = \arctan(\mathrm{e}^x)$,求该函数在 $x = 0$ 处,当 $\Delta x = 0.01$ 时的微分 $\mathrm{d}y|_{x=0, \Delta x=0.01}$.

解 因为 $y' = \dfrac{\mathrm{e}^x}{1+(\mathrm{e}^x)^2}$,所以

$$\mathrm{d}y|_{x=0, \Delta x=0.01} = y'|_{x=0}\Delta x = \dfrac{\mathrm{e}^x}{1+(\mathrm{e}^x)^2}\bigg|_{x=0} \times 0.01 = \dfrac{1}{2} \times 0.01 = 0.005.$$

2.4.2 微分的几何意义

如图 2.5 所示,当自变量由 x_0 增加到 $x_0 + \Delta x$ 时,函数 $y = f(x)$ 相应的增量为

$$\Delta y = f(x_0 + \Delta x) - f(x_0) = QN,$$

又在 $M(x_0, y_0)$ 点,函数的切线的斜率为 $f'(x_0) = \tan \alpha$,则

$$\mathrm{d}y = f'(x_0)\Delta x = \tan\alpha \Delta x = \dfrac{QP}{MQ}MQ = QP,$$

所以在几何上,微分 $\mathrm{d}y$ 表示曲线在 M 点的切线上相应点的纵坐标增量.

当 $|\Delta x|$ 很微小时,$|\Delta y - \mathrm{d}y|$ 比 $|\Delta y|$ 要小得多,因此有时我们可以用切线段近似代替曲线段,也就是

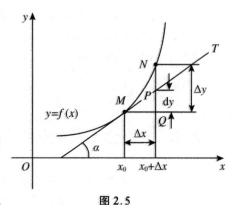

图 2.5

"以直代曲"思想的具体体现.

2.4.3 基本初等函数的微分公式

对于函数 $y=f(x)$ 来说,微分 $\mathrm{d}y=f'(x)\mathrm{d}x$,因此,我们要计算函数的微分,只要计算函数的导数,再乘以自变量的微分即可.

由 $\mathrm{d}y=f'(x)\mathrm{d}x$ 可得基本初等函数的微分公式如下:

(1) $\mathrm{d}(x^\alpha)=\alpha x^{\alpha-1}\mathrm{d}x$;

(2) $\mathrm{d}(\sin x)=\cos x\mathrm{d}x$;

(3) $\mathrm{d}(\cos x)=-\sin x\mathrm{d}x$;

(4) $\mathrm{d}(\tan x)=\sec^2 x\mathrm{d}x$;

(5) $\mathrm{d}(\cot x)=-\csc^2 x\mathrm{d}x$;

(6) $\mathrm{d}(\sec x)=\sec x\tan x\mathrm{d}x$;

(7) $\mathrm{d}(\csc x)=-\csc x\cot x\mathrm{d}x$;

(8) $\mathrm{d}(a^x)=a^x\ln a\mathrm{d}x(a>0,a\neq 1)$;

(9) $\mathrm{d}(\mathrm{e}^x)=\mathrm{e}^x\mathrm{d}x$;

(10) $\mathrm{d}(\log_a x)=\dfrac{1}{x\ln a}\mathrm{d}x(a>0,a\neq 1)$;

(11) $\mathrm{d}(\ln x)=\dfrac{1}{x}\mathrm{d}x$;

(12) $\mathrm{d}(\arcsin x)=\dfrac{1}{\sqrt{1-x^2}}\mathrm{d}x(-1<x<1)$;

(13) $\mathrm{d}(\arccos x)=-\dfrac{1}{\sqrt{1-x^2}}\mathrm{d}x(-1<x<1)$;

(14) $\mathrm{d}(\arctan x)=\dfrac{1}{1+x^2}\mathrm{d}x$;

(15) $\mathrm{d}(\mathrm{arccot}\, x)=-\dfrac{1}{1+x^2}\mathrm{d}x$.

2.4.4 函数微分的四则运算法则

由 $\mathrm{d}y=f'(x)\mathrm{d}x$ 以及函数求导的四则运算法则,可得函数微分的四则运算法则如下:

(1) $\mathrm{d}(u\pm v)=\mathrm{d}u\pm\mathrm{d}v$;

(2) $\mathrm{d}(uv)=v\mathrm{d}u+u\mathrm{d}v$;

(3) $\mathrm{d}\left(\dfrac{u}{v}\right)=\dfrac{v\mathrm{d}u-u\mathrm{d}v}{v^2}(v\neq 0)$.

2.4.5 复合函数的微分法则

设 $y=f(u)$ 及 $u=\varphi(x)$ 都可导,则复合函数 $y=f[\varphi(x)]$ 的微分为
$$\mathrm{d}y=f'(x)\mathrm{d}x=f'(u)\varphi'(x)\mathrm{d}x.$$

由 $\varphi'(x)dx = du$,则复合函数 $y = f[\varphi(x)]$ 的微分公式也可以写成 $dy = f'(u)du$.

由此可见,无论 u 是自变量还是另一个变量的可微函数,对于函数 $y = f(u)$,微分形式 $dy = f'(u)du$ 保持不变.这一性质称为函数的一阶微分形式不变性.

例 3 求 $y = \ln(\cos(a - bx))$ 的微分.

解 由一阶微分形式的不变性,可得

$$dy = \frac{1}{\cos(a - bx)}d(\cos(a - bx))$$

$$= \frac{-\sin(a - bx)}{\cos(a - bx)}d(a - bx)$$

$$= \frac{-\sin(a - bx)}{\cos(a - bx)}(-b)dx$$

$$= b\tan(a - bx)dx.$$

例 4 设 $y = x^{\ln x}$,求 dy 及 $\dfrac{dy}{dx}$.

解 类似于 2.1 节的对数求导法,在这里采用对数求微分法,$\ln y = \ln(x^{\ln x}) = (\ln x)^2$,类似于隐函数的求导方法,对等式两边微分,注意其中 y 是 x 的函数,利用一阶微分形式的不变性,得到

$$\frac{1}{y}dy = 2\ln x \cdot \frac{1}{x}dx.$$

所以 $dy = \dfrac{2\ln x}{x}x^{\ln x}dx$,$\dfrac{dy}{dx} = \dfrac{2\ln x}{x}x^{\ln x}$.

2.4.6 微分在近似计算中的应用

在实际问题中,我们经常会遇到一些复杂的计算公式,如果直接用这些公式进行计算是很繁琐的,利用微分往往可以把一些复杂的计算公式改为简单的近似公式来代替.

当 $f'(x_0) \neq 0$,$|\Delta x| = |x - x_0|$ 很小时,$\Delta y \approx dy = f'(x_0)\Delta x$,也可以写成

$$f(x_0 + \Delta x) \approx f(x_0) + f'(x_0)\Delta x.$$

若令 $x = x_0 + \Delta x$,即 $\Delta x = x - x_0$,又有

$$f(x) \approx f(x_0) + f'(x_0)(x - x_0).$$

特别地,如果取 $x_0 = 0$,则 $f(x) \approx f(0) + f'(0)x$.

由此有以下几个常用的近似公式($|x| \ll 1$):

(1) $\sqrt[n]{1 + x} \approx 1 + \dfrac{1}{n}x$;

(2) $\sin x \approx x$,$\tan x \approx x$(x 为弧度表示);

(3) $e^x \approx 1 + x$,$\ln(1 + x) \approx x$.

实例 5 (公司收入增加量)某公司生产一种新型游戏程序,假设能全部出售,收益函数为 $R = 36x - \dfrac{x^2}{20}$,其中 x 为公司一天的产量,如果公司每天的产量从 250 增加到 260,请估计公司每天收益的增加量.

解 公司每天产量的增加量为 $\Delta x = 10$,用 dR 估计每天的收益增加量 ΔR,

$$\Delta R\bigg|_{\substack{\Delta x = 10 \\ x = 250}} \approx dR\bigg|_{\substack{\Delta x = 10 \\ x = 250}} = \left(36x - \frac{x^2}{20}\right)'\Delta x\bigg|_{\substack{\Delta x = 10 \\ x = 250}} = \left(36 - \frac{x}{10}\right)\Delta x\bigg|_{\substack{\Delta x = 10 \\ x = 250}} = (360 - x)\bigg|_{x = 250} = 110.$$

例 5 求 $\cos 29°$ 的近似值.

解 $\cos 29° = \cos\left(\dfrac{\pi}{6} - \dfrac{\pi}{180}\right)$,可取 $x_0 = \dfrac{\pi}{6}$,$\Delta x = -\dfrac{\pi}{180}$.

设 $f(x) = \cos x$,则 $f'(x) = -\sin x$,那么
$$\cos 29° \approx f(x_0) + f'(x_0) \cdot \Delta x$$
$$= \cos\dfrac{\pi}{6} - \sin\dfrac{\pi}{6} \cdot \left(-\dfrac{\pi}{180}\right)$$
$$= \dfrac{\sqrt{3}}{2} - \dfrac{1}{2}\left(-\dfrac{\pi}{180}\right)$$
$$\approx 0.866 + 0.009 = 0.875.$$

习 题 2.4

A 组

1. 求下列函数的微分 $\mathrm{d}y$:
(1) $y = x^3$;
(2) $y = \ln(2x + 6)$;
(3) $y = x\tan(5x)$;
(4) $y = 3^x + \arctan x$;
(5) $y = \dfrac{\mathrm{e}^{2x}}{\sin x}$;
(6) $y = \sin(\ln(x^2 + 1))$.

2. 已知函数 $y = x^2 - \operatorname{arccot} x$,求:
(1) 该函数的微分 $\mathrm{d}y$;
(2) 该函数在点 $x = 1$ 处的微分 $\mathrm{d}y|_{x=1}$;
(3) 该函数在点 $x = 1$ 处,当 $\Delta x = 0.02$ 的微分 $\mathrm{d}y|_{x=1, \Delta x = 0.02}$.

3. 设 $y = x^x$,求 $\mathrm{d}y$ 及 $\dfrac{\mathrm{d}y}{\mathrm{d}x}$.

4. 求 $\sin 61°$ 的近似值.

5. 求 $\sqrt{99}$ 的近似值.

6. 有一个内径为 $2\,\mathrm{cm}$ 的空心球,球壳厚度为 $0.02\,\mathrm{cm}$,试求球壳体积的近似值.

B 组

1. 求下列函数的微分 $\mathrm{d}y$:
(1) $\mathrm{e}^{x+y} = \sin(xy)$;
(2) $y^3 = x^2 - \ln y$.

2. 当 $|x|$ 很微小时,证明 $\dfrac{1}{1+x} \approx 1 - x$.

2.5 微分中值定理

在前面我们讨论了导数、微分的概念以及它们的运算,知道导数反映了函数在一点处的

局部变化性态.在理论和实际应用中,我们还常常需要把握函数在某区间的整体性质与函数在该区间内部某点处导数之间的关系.本节我们将介绍导数的一些更深刻的性质——函数在某区间的整体性质与该区间内部某点处导数之间的关系,由于这些性质都与自变量在区间内部的某个值有关,因此被统称为微分中值定理.

函数在某区间的整体性质与该区间内部某点处导数之间的这种关系不仅是用微分学解决实际问题的数学模型,而且还完善了微分学自身发展的理论基础,因此微分中值定理又称为微分基本定理.

2.5.1 罗尔(Rolle)中值定理

定理 2.5.1 (罗尔中值定理)设函数 $f(x)$ 满足以下条件:
(1) $f(x)$ 在闭区间 $[a,b]$ 上连续;
(2) $f(x)$ 在开区间 (a,b) 内可导;
(3) $f(a)=f(b)$,

则至少存在一点 $\xi\in(a,b)$,使得 $f'(\xi)=0$(图 2.6).

证明 因 $f(x)$ 在 $[a,b]$ 上连续,故在 $[a,b]$ 上必取得最大值 M 与最小值 m.

若 $m=M$,则 $f(x)$ 在 $[a,b]$ 上恒为常数,从而 $f'(x)=0$.这时在 (a,b) 内任取一点作为 ξ,都有 $f'(\xi)=0$.

若 $m\neq M$,则由 $f(a)=f(b)$ 可知,m 和 M 两者之中至少有一个不等于 $f(a)$,不妨设 $M\neq f(a)=f(b)$,则 M 在 (a,b) 内部一点 ξ 取得.无论 $\Delta x>0$ 还是 $\Delta x<0$,都有

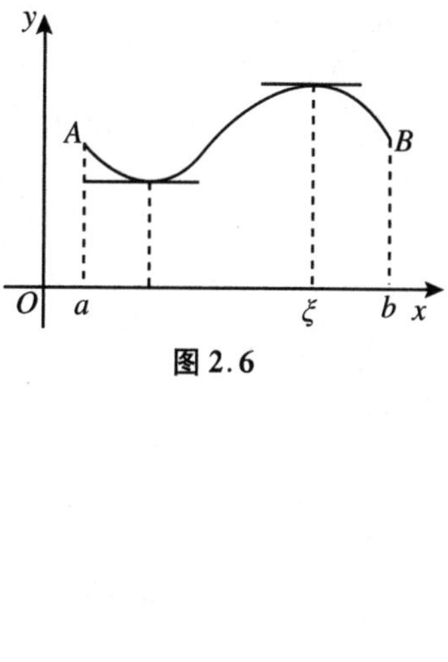

$$f(\xi+\Delta x)-f(\xi)\leqslant 0 \quad (a<\xi+\Delta x<b),$$

故 $\Delta x>0$ 时,有

$$\frac{f(\xi+\Delta x)-f(\xi)}{\Delta x}\leqslant 0;$$

$\Delta x<0$ 时,有

$$\frac{f(\xi+\Delta x)-f(\xi)}{\Delta x}\geqslant 0.$$

由于 $f(x)$ 在点 $\xi\in(a,b)$ 可导,故

$$f'(\xi)=f'_+(\xi)=\lim_{\Delta x\to 0^+}\frac{f(\xi+\Delta x)-f(\xi)}{\Delta x}\leqslant 0,$$

$$f'(\xi)=f'_-(\xi)=\lim_{\Delta x\to 0^-}\frac{f(\xi+\Delta x)-f(\xi)}{\Delta x}\geqslant 0.$$

从而 $f'(\xi)=0$.

图 2.6

一阶导数等于零的点称为函数的稳定点或者驻点.

例1 设函数 $f(x)=x^3-3x$,验证 $f(x)$ 在 $[0,3]$ 上罗尔中值定理的正确性,并求出驻点.

解 由于 $f(x)$ 是多项式函数,故 $f(x)$ 在 $[0,3]$ 上连续,在 $(0,3)$ 内可导,且 $f(0)=f(3)$,即 $f(x)$ 满足罗尔中值定理的条件,又 $f'(x)=3x^2-3$,由 $f'(x)=0$,解得 $x=\pm 1$,因此可取 $\xi=1\in(0,3)$,此时 $f'(\xi)=0$.

2.5.2 拉格朗日(Lagrange)中值定理

定理 2.5.2 （拉格朗日中值定理）若 $f(x)$ 满足：
(1) 在闭区间 $[a,b]$ 上连续；
(2) 在开区间 (a,b) 内可导，
则在 (a,b) 内至少存在一点 ξ，使得
$$f'(\xi) = \frac{f(b)-f(a)}{b-a}.$$
上式也称为拉格朗日中值公式.

证明 作辅助函数 $F(x) = f(x) - \frac{f(b)-f(a)}{b-a}x$，容易验证 $F(x)$ 在 $[a,b]$ 上满足罗尔中值定理的条件，从而在 (a,b) 内至少存在一点 ξ，使得 $F'(\xi) = 0$，进而可得 $f'(\xi) = \frac{f(b)-f(a)}{b-a}$.

这里辅助函数 $F(x)$ 表示在相同的横坐标 x 处，曲线 $y=f(x)$ 的纵坐标与直线 $y = \frac{f(b)-f(a)}{b-a}x$ 的纵坐标之差，直线 $y = \frac{f(b)-f(a)}{b-a}x$ 通过原点且与过曲线两端点 A,B 的弦平行，因此易证 $F(x)$ 满足罗尔中值定理的条件.

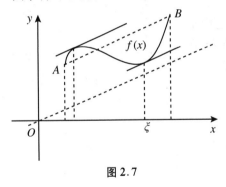

图 2.7

几何意义如图 2.7 所示：若曲线 $y=f(x)$ 在 (a,b) 内每一点都有不垂直于 x 轴的切线，则在曲线上至少存在一点 $C(\xi,f(\xi))$，使得曲线在点 C 的切线平行于过曲线两端点 A,B 的弦.

拉格朗日中值公式精确地表达了函数在一区间上的增量与函数在该区间内某点处的导数之间的关系.

拉格朗日中值公式的其他形式有：
(1) $f(b) - f(a) = f'(\xi)(b-a)$，其中 ξ 介于 a 与 b 之间（$b<a$ 或者 $a<b$ 均可）；
(2) $f(x_2) - f(x_1) = f'(\xi)(x_2 - x_1)$，其中 ξ 介于 x_1 与 x_2 之间；
(3) $f(x+\Delta x) - f(x) = f'(\xi)\Delta x$，其中 ξ 介于 x 与 $x+\Delta x$ 之间；
(4) $f(x+\Delta x) - f(x) = f'(x+\theta\Delta x)\Delta x (0<\theta<1)$，它表示当自变量增量 Δx 为有限时，$f'(x+\theta\Delta x)\Delta x$ 就是函数增量 Δy 的准确表达式. 因此拉格朗日中值公式也称为有限增量公式. 拉格朗日中值定理也称为微分基本定理.

推论 1 若 $f(x)$ 在区间 I 内可导，且 $f'(x) = 0$，则 $f(x)$ 在 I 内恒为常数.

证明 在区间 I 内任取一点 x_0，对任意 $x \in I, x \neq x_0$，在以 x_0 与 x 为端点的区间上应用拉格朗日中值定理，得到 $f(x) - f(x_0) = f'(\xi)(x - x_0)$. 其中 ξ 介于 x_0 与 x 之间. 由假设可知 $f'(\xi) = 0$，故得 $f(x) - f(x_0) = 0$，即 $f(x) = f(x_0)$，也即 $f(x)$ 在区间 I 内恒为常数 $f(x_0)$.

推论 2 设函数 $F(x), G(x)$ 在区间 (a,b) 内可导，且 $F'(x) = G'(x)$，则在 (a,b) 内 $F(x) = G(x) + C$（C 为常数）.

例 2 证明:$\arcsin x + \arccos x = \dfrac{\pi}{2}, x \in [-1,1]$.

证明 令 $f(x) = \arcsin x + \arccos x$,则当 $x \in (-1,1)$ 时,有
$$f'(x) = \dfrac{1}{\sqrt{1-x^2}} - \dfrac{1}{\sqrt{1-x^2}} = 0.$$
则由推论 1 可知 $f(x)$ 在 $x \in (-1,1)$ 时恒为常数.

记 $f(x) = C$,即 $\arcsin x + \arccos x = C$.

下面确定常数 C,令 $x = 0$,则 $C = \arcsin 0 + \arccos 0 = \dfrac{\pi}{2}$.

又因为 $x = \pm 1$ 时,$\arcsin x + \arccos x = \dfrac{\pi}{2}$,那么,当 $x \in [-1,1]$ 时,$\arcsin x + \arccos x = \dfrac{\pi}{2}$ 恒成立.

例 3 证明:当 $x > 0$ 时,不等式 $\dfrac{1}{x+1} < \ln\left(1 + \dfrac{1}{x}\right) < \dfrac{1}{x}$ 成立.

证明 令 $f(t) = \ln t$,则 $f(t)$ 在 $[x, 1+x] \ (x>0)$ 上满足拉格朗日中值定理条件,从而有
$$f(1+x) - f(x) = f'(\xi)(1+x-x) \quad (0 < x < \xi < 1+x),$$
即
$$\ln(1+x) - \ln x = \dfrac{1}{\xi}.$$

因为 $0 < x < \xi < 1+x$,所以 $\dfrac{1}{1+x} < \dfrac{1}{\xi} < \dfrac{1}{x}$,代入上式得
$$\dfrac{1}{1+x} < \ln(1+x) - \ln x < \dfrac{1}{x}, \quad 又 \quad \ln(1+x) - \ln x = \ln\dfrac{1+x}{x} = \ln\left(1 + \dfrac{1}{x}\right),$$
因此
$$\dfrac{1}{x+1} < \ln\left(1 + \dfrac{1}{x}\right) < \dfrac{1}{x} \quad (x > 0).$$

注 利用拉格朗日中值定理证明不等式的一般步骤为:
(1) 选取恰当的函数 $f(x)$ 及相应的区间 $[a,b]$;
(2) 验证函数 $f(x)$ 在区间 $[a,b]$ 上满足拉格朗日定理的条件,应用定理结论得等式
$$f(b) - f(a) = f'(\xi)(b-a) \quad (\xi 介于 a 与 b 之间);$$
(3) 利用 ξ 的范围对 $f'(\xi)$ 进行相应的放大或缩小,得欲证不等式.

2.5.3 柯西(Cauchy)中值定理

定理 2.5.3 (柯西中值定理)若函数 $F(x)$ 与 $f(x)$ 在 $[a,b]$ 上连续,在 (a,b) 内可导且 $f'(x) \neq 0$,则在 (a,b) 内至少存在一点 ξ,使得 $\dfrac{F(b) - F(a)}{f(b) - f(a)} = \dfrac{F'(\xi)}{f'(\xi)}$.

几何解释:将 $X = F(x), Y = f(x), x \in [a,b]$ 视为曲线的参数形式,则以 X 为横坐标,Y 为纵坐标,可得曲线上有一点,该点处切线与曲线端点连线平行,如图 2.8 所示.

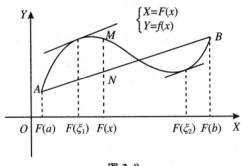

图 2.8

易知拉格朗日中值定理是柯西中值定理的特殊情形.

例 4 设函数 $f(x)$ 在 $[a,b]$ 上连续,在 (a,b) 内可导,证明在 (a,b) 内至少存在一点 ξ,使得 $f(b)-f(a)=\xi f'(\xi)\ln\dfrac{b}{a}$.

证明 令 $g(x)=\ln x$,则 $f(x)$ 与 $g(x)$ 在 $[a,b]$ $(0<a<b)$ 上满足柯西中值定理的条件,因此至少存在一点 $\xi\in(a,b)$,使得 $\dfrac{f(b)-f(a)}{g(b)-g(a)}=\dfrac{f'(\xi)}{g'(\xi)}$ 成立,故有

$$\frac{f(b)-f(a)}{\ln b-\ln a}=\frac{f(b)-f(a)}{\ln\dfrac{b}{a}}=\frac{f'(\xi)}{\dfrac{1}{\xi}},$$

即 $f(b)-f(a)=\xi f'(\xi)\ln\dfrac{b}{a}$ 成立.

习 题 2.5

A 组

1. 验证下列函数在相应区间上是否满足罗尔中值定理? 若满足,求 ξ 值.

   (1) $y=2\sin x+\cos 2x,\left[0,\dfrac{\pi}{2}\right]$; (2) $y=x^2-x-6,[-2,3]$.

2. 罗尔中值定理中的三个条件只要有一个不满足,结论就不一定成立,试举例说明.

3. 拉格朗日中值定理的两个条件是结论的充分非必要条件,试举例说明.

4. 验证下列函数在相应的区间上是否满足拉格朗日中值定理的条件? 若满足,求 ξ 值.

   (1) $f(x)=x^2+2x-1,[1,3]$; (2) $f(x)=e^{2x}+9,\left[0,\dfrac{1}{2}\right]$;

   (3) $y=\dfrac{1}{x-1},[-1,2]$.

5. 验证函数 $f(x)=x^3,g(x)=x^5$ 在区间 $[-1,1]$ 上是否满足柯西中值定理? 若满足,求 ξ 值.

6. 证明:$\arctan x+\operatorname{arccot} x=\dfrac{\pi}{2}$.

7. 证明：当 $x>0$ 时，不等式 $\dfrac{x}{1+x}<\ln(1+x)<x$ 成立．

8. 若 $0<a<b$，证明不等式：

(1) $\dfrac{b-a}{b}<\ln\dfrac{b}{a}<\dfrac{b-a}{a}$； (2) $\dfrac{b-a}{1+b^2}<\arctan b-\arctan a<\dfrac{b-a}{1+a^2}$．

9. 已知函数 $f(x)=(x-1)(x-2)(x-3)$，不求导数，判断方程 $f'(x)=0$ 有几个实根，并确定其所在范围．

B 组

证明：$\arcsin\dfrac{2x}{1+x^2}+2\arctan x=\pi\cdot\operatorname{sgn}x,|x|\geqslant 1$．

2.6 洛必达(L'Hospital)法则

在第 1 章介绍的极限运算中，我们发现，某些函数的极限运算不能够直接使用极限四则运算法则来求解，例如对于极限 $\lim\limits_{x\to 1}\dfrac{x^3-1}{x-1},\lim\limits_{x\to 0}\dfrac{\sin x}{x},\lim\limits_{x\to\infty}\left(1+\dfrac{1}{x}\right)^x$ 的运算，我们分别利用了去零因子、迫敛准则、单调有界等方法．现在对于这类极限，我们讨论一种常用的简便方法——洛必达(L'Hospital)法则．

2.6.1 各种类型的未定式

对于极限 $\lim\limits_{x\to x_0}\dfrac{f(x)}{g(x)}$，若 $\lim\limits_{x\to x_0}f(x)=0,\lim\limits_{x\to x_0}g(x)=0$，那么极限 $\lim\limits_{x\to x_0}\dfrac{f(x)}{g(x)}$ 可能存在，也可能不存在，通常把这种极限称为 $\dfrac{0}{0}$ 型未定式（不定式）；若 $\lim\limits_{x\to x_0}f(x)=\infty,\lim\limits_{x\to x_0}g(x)=\infty$，那么称极限 $\lim\limits_{x\to x_0}\dfrac{f(x)}{g(x)}$ 为 $\dfrac{\infty}{\infty}$ 型未定式；类似地，有 $0\cdot\infty$、$\infty-\infty$、∞^0、0^0、1^∞ 等类型的未定式．

2.6.2 洛必达法则

定理 2.6.1　法则 I $\left(\dfrac{0}{0}\text{型未定式}\right)$　若

(1) $\lim\limits_{x\to x_0}f(x)=0,\lim\limits_{x\to x_0}g(x)=0$；

(2) $f(x)$ 与 $g(x)$ 在 x_0 的某去心邻域内可导，且 $g'(x)\neq 0$；

(3) $\lim\limits_{x\to x_0}\dfrac{f'(x)}{g'(x)}$ 存在（或为 ∞），

则 $\lim\limits_{x\to x_0}\dfrac{f(x)}{g(x)}=\lim\limits_{x\to x_0}\dfrac{f'(x)}{g'(x)}$．

证明　令 $F(x)=\begin{cases}f(x),&x\neq x_0\\0,&x=x_0\end{cases},G(x)=\begin{cases}g(x),&x\neq x_0\\0,&x=x_0\end{cases}$．由假设(1),(2)可知 $F(x)$

与 $G(x)$ 在 x_0 的某邻域 $U(x_0)$ 内连续，在 $\overset{\circ}{U}(x_0)$ 内可导，且 $G'(x) = g'(x) \neq 0$. 任取 $x \in \overset{\circ}{U}(x_0)$，则 $F(x)$ 与 $G(x)$ 在以 x_0 与 x 为端点的区间上满足柯西中值定理的条件，从而有

$$\frac{F(x) - F(x_0)}{G(x) - G(x_0)} = \frac{F'(\xi)}{G'(\xi)} = \frac{f'(\xi)}{g'(\xi)}.$$

其中 ξ 在 x_0 与 x 之间. 由于 $F(x_0) = G(x_0) = 0$，且当 $x \neq x_0$ 时 $F(x) = f(x)$，$G(x) = g(x)$，可得 $\dfrac{f(x)}{g(x)} = \dfrac{f'(\xi)}{g'(\xi)}$. 上式中令 $x \to x_0$，则 $\xi \to x_0$，根据假设(3)，就有

$$\lim_{x \to x_0} \frac{f(x)}{g(x)} = \lim_{\xi \to x_0} \frac{f'(\xi)}{g'(\xi)} = \lim_{x \to x_0} \frac{f'(x)}{g'(x)}.$$

推论 1 设函数 $f(x)$ 与 $g(x)$ 满足

(1) 当 $|x|$ 足够大时，$f'(x)$ 与 $g'(x)$ 存在，且 $g'(x) \neq 0$；

(2) $\lim\limits_{x \to \infty} f(x) = \lim\limits_{x \to \infty} g(x) = 0$；

(3) $\lim\limits_{x \to \infty} \dfrac{f'(x)}{g'(x)}$ 存在(或为 ∞)，

则有 $\lim\limits_{x \to \infty} \dfrac{f(x)}{g(x)} = \lim\limits_{x \to \infty} \dfrac{f'(x)}{g'(x)}$.

在定理 2.6.1 和推论 1 中，若把极限过程换成 $x \to x_0^+$，$x \to x_0^-$，$x \to +\infty$ 或 $x \to -\infty$ 等极限变化过程时，只需对其中的假设(2)作相应的修改，结论仍然成立.

例 1 求极限 $\lim\limits_{x \to 1} \dfrac{x^3 - 1}{x - 1}$.

解 当 $x \to 1$ 时，这是 $\dfrac{0}{0}$ 型未定式，由洛必达法则，有

$$\lim_{x \to 1} \frac{x^3 - 1}{x - 1} = \lim_{x \to 1} \frac{3x^2}{1} = 3.$$

例 2 求极限 $\lim\limits_{x \to 0} \dfrac{\sin x}{x}$.

解 当 $x \to 0$ 时，这是 $\dfrac{0}{0}$ 型未定式，由洛必达法则，有

$$\lim_{x \to 0} \frac{\sin x}{x} = \lim_{x \to 0} \frac{\cos x}{1} = 1.$$

例 3 求极限 $\lim\limits_{x \to 0} \dfrac{x - \sin x}{x^2(e^x - 1)}$.

解 当 $x \to 0$ 时，$e^x - 1 \sim x$，所以

$$\lim_{x \to 0} \frac{x - \sin x}{x^2(e^x - 1)} = \lim_{x \to 0} \frac{x - \sin x}{x^3} = \lim_{x \to 0} \frac{1 - \cos x}{3x^2} = \lim_{x \to 0} \frac{\sin x}{6x} = \frac{1}{6}.$$

使用洛必达法则应注意结合运用其他求极限的方法，如作恒等变形、适当的变量代换或者等价无穷小替换等，以简化运算过程. 只要满足法则的条件，洛必达法则可以多次使用，注意每次使用洛必达法则时都要检验定理中的条件；若不满足法则条件就不能使用，如 $\lim\limits_{x \to 0} \dfrac{x^2 + 1}{x - 1} = \lim\limits_{x \to 0} \dfrac{2x}{1} = 0$ 就是错误的.

此外，还应注意到洛必达法则的条件是充分非必要的. 如果所求极限不满足洛必达法则条件，我们并不能判断 $\lim\limits_{x \to x_0} \dfrac{f(x)}{g(x)}$ 不存在，而应考虑改用其他方法求极限.

例如对于 $\lim\limits_{x\to\infty}\dfrac{x+\cos x}{x}$ 来说,由于 $\lim\limits_{x\to\infty}\dfrac{(x+\cos x)'}{(x)'}=\lim\limits_{x\to\infty}\dfrac{1-\sin x}{1}$,该极限不存在,也不为 ∞,也即不满足洛必达法则的第三个条件,但是事实上,原极限 $\lim\limits_{x\to\infty}\dfrac{x+\cos x}{x}=\lim\limits_{x\to\infty}\left(1+\dfrac{\cos x}{x}\right)=1+0=1$ 是存在的,因而在这里不能使用洛必达法则.

定理 2.6.2 **法则 Ⅱ** $\left(\dfrac{\infty}{\infty}\text{型未定式}\right)$ 设函数 $f(x)$ 与 $g(x)$ 满足

(1) $\lim\limits_{x\to x_0}f(x)=\infty$,$\lim\limits_{x\to x_0}g(x)=\infty$;

(2) $f(x)$ 与 $g(x)$ 在 x_0 的某去心邻域内可导,且 $g'(x)\neq 0$;

(3) $\lim\limits_{x\to x_0}\dfrac{f'(x)}{g'(x)}$ 存在(或为 ∞),

则 $\lim\limits_{x\to x_0}\dfrac{f(x)}{g(x)}=\lim\limits_{x\to x_0}\dfrac{f'(x)}{g'(x)}$.

例 4 求极限 $\lim\limits_{x\to\infty}\dfrac{x^2}{\ln(x^2)}$.

解 这是 $\dfrac{\infty}{\infty}$ 型不定式,使用洛必达法则,有

$$\lim_{x\to\infty}\dfrac{x^2}{\ln(x^2)}=\lim_{x\to\infty}\dfrac{(x^2)'}{(\ln(x^2))'}=\lim_{x\to\infty}\dfrac{2x}{\dfrac{1}{x^2}2x}=\lim_{x\to\infty}x^2=\infty.$$

例 5 求极限 $\lim\limits_{x\to+\infty}\dfrac{x^n}{e^{\lambda x}}$ 其中 n 为正整数,λ 为正实数.

解 这是 $\dfrac{\infty}{\infty}$ 型不定式,连续使用洛必达法则 n 次,有

$$\lim_{x\to+\infty}\dfrac{x^n}{e^{\lambda x}}=\lim_{x\to+\infty}\dfrac{nx^{n-1}}{\lambda e^{\lambda x}}=\cdots=\lim_{x\to+\infty}\dfrac{n!}{\lambda^n e^{\lambda x}}=0.$$

对于 $0\cdot\infty$,$\infty-\infty$,∞^0,0^0,1^∞ 等类型未定式,我们可通过恒等变形或简单变换将它们转化为 $\dfrac{0}{0}$ 或 $\dfrac{\infty}{\infty}$ 型未定式,再用洛必达法则.

例 6 求极限 $\lim\limits_{x\to 0^+}x\ln x$.

解 这是 $0\cdot\infty$ 型未定式,$x\ln x=\dfrac{\ln x}{\dfrac{1}{x}}$,$x\to 0^+$ 时,$\lim\limits_{x\to 0^+}\dfrac{\ln x}{\dfrac{1}{x}}$ 是 $\dfrac{\infty}{\infty}$ 型未定式,使用洛必达法则,得

$$\lim_{x\to 0^+}x\ln x=\lim_{x\to 0^+}\dfrac{\ln x}{\dfrac{1}{x}}=\lim_{x\to 0^+}\dfrac{\dfrac{1}{x}}{-\dfrac{1}{x^2}}=\lim_{x\to 0^+}(-x)=0.$$

例 7 求极限 $\lim\limits_{x\to\frac{\pi}{2}}(\sec x-\tan x)$.

解 这是 $\infty-\infty$ 型未定式,有

$$\lim_{x\to\frac{\pi}{2}}(\sec x-\tan x)=\lim_{x\to\frac{\pi}{2}}\dfrac{1-\sin x}{\cos x}=\lim_{x\to\frac{\pi}{2}}\dfrac{-\cos x}{-\sin x}=0.$$

例8 求极限 $\lim\limits_{x\to+\infty} x^{\frac{1}{x}}$.

解 这是 ∞^0 型未定式，$x^{\frac{1}{x}} = e^{\ln x^{\frac{1}{x}}} = e^{\frac{\ln x}{x}}$，则
$$\lim_{x\to+\infty} x^{\frac{1}{x}} = e^{\lim\limits_{x\to+\infty} \frac{\ln x}{x}}.$$

当 $x\to+\infty$ 时，$\lim\limits_{x\to+\infty}\dfrac{\ln x}{x}$ 是 $\dfrac{\infty}{\infty}$ 型不定式，使用洛必达法则，得
$$\lim_{x\to+\infty} \frac{\ln x}{x} = \lim_{x\to+\infty} \frac{\frac{1}{x}}{1} = 0.$$

故 $\lim\limits_{x\to+\infty} x^{\frac{1}{x}} = 1$.

特别地，$\lim\limits_{n\to+\infty} \sqrt[n]{n} = 1$.

例9 求极限 $\lim\limits_{x\to 1} x^{\frac{1}{x-1}}$.

解 这是 1^∞ 型未定式，则
$$\lim_{x\to 1} x^{\frac{1}{x-1}} = \lim_{x\to 1} e^{\ln x^{\frac{1}{x-1}}} = \lim_{x\to 1} e^{\frac{1}{x-1}\ln x} = e^{\lim\limits_{x\to 1}\frac{\ln x}{x-1}} = e^{\lim\limits_{x\to 1}\frac{(\ln x)'}{(x-1)'}} = e^{\lim\limits_{x\to 1}\frac{1}{x}} = e.$$

习 题 2.6

A 组

1. 求极限.

(1) $\lim\limits_{x\to 1} \dfrac{x^3-x^2+x-1}{x-1}$;

(2) $\lim\limits_{x\to 2} \dfrac{x^2+x-6}{\sqrt{x}-\sqrt{2}}$;

(3) $\lim\limits_{x\to 0} \dfrac{e^{-x}-e^x}{x}$;

(4) $\lim\limits_{x\to 0} \dfrac{x-x\cos x}{x-\sin x}$;

(5) $\lim\limits_{x\to+\infty} \dfrac{x^2}{e^{6x}}$;

(6) $\lim\limits_{x\to+\infty} \dfrac{3x}{\ln x}$;

(7) $\lim\limits_{x\to+\infty} \dfrac{\ln x}{x^2}$;

(8) $\lim\limits_{x\to 0} \dfrac{\arcsin x - x}{\sin^2 x}$.

2. 求极限.

(1) $\lim\limits_{x\to 0^+} x^2 \ln x$;

(2) $\lim\limits_{x\to 0^+} x^x$;

(3) $\lim\limits_{x\to+\infty} (1+x)^{\frac{1}{x}}$;

(4) $\lim\limits_{x\to 0} \left(\dfrac{1}{\sin x} - \dfrac{1}{x}\right)$;

(5) $\lim\limits_{x\to 1} \left(\dfrac{1}{x-1} - \dfrac{1}{\ln x}\right)$;

(6) $\lim\limits_{x\to 0} (1+7\sin x)^{\frac{1}{\tan x}}$;

(7) $\lim\limits_{x\to 0} (1-2x)^{\frac{3}{x}}$;

(8) $\lim\limits_{x\to 0^+} \left(\dfrac{\sin x}{x}\right)^{\frac{1}{1-\cos x}}$.

3. 下列极限能否用洛必达法则计算？若不能用洛必达法则，应该如何计算其极限？

(1) $\lim\limits_{x\to+\infty} \dfrac{2x-\sin x}{x+\sin x}$;

(2) $\lim\limits_{x\to 0} \dfrac{x^2 \sin\dfrac{1}{x}}{\sin x}$.

B 组

求极限.

(1) $\lim\limits_{x\to\infty} \left[x^2(e^{\frac{1}{x}}-1)-x\right]$;

(2) $\lim\limits_{x\to 0} \dfrac{e^{\tan x}-e^x}{x-\tan x}$;

(3) $\lim\limits_{x\to 0}\dfrac{\sin^2 x - x^2\cos^2 x}{x^2\sin^2 x}$;   (4) $\lim\limits_{x\to 0}\left[\dfrac{1}{\ln(x+\sqrt{x^2+1})} - \dfrac{1}{\ln(x+1)}\right]$.

2.7 函数的极值与最值

2.7.1 函数的极值

定义 2.7.1 设函数 $f(x)$ 在点 x_0 的某邻域内有定义,若对于该邻域内异于点 x_0 的任一点 x,恒有 $f(x) > f(x_0)$($f(x) < f(x_0)$),则称 $f(x)$ 在点 x_0 处取得极小(大)值,称点 x_0 是 $f(x)$ 的极小(大)值点. 极小值和极大值统称为极值,极小值点和极大值点统称为极值点.

极值反映的是函数的局部特征,且函数的极值未必唯一,极大值未必比极小值大,如图 2.9 所示.

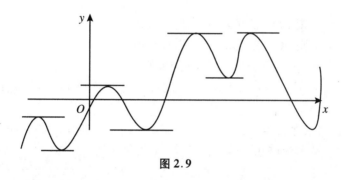

图 2.9

定理 2.7.1 (费马引理)若 $f(x)$ 在点 x_0 处可导且在点 x_0 处取得极值,则 $f'(x_0)=0$.

通常我们称一阶导数为零的点为稳定点或驻点. 可导函数的极值点一定是它的驻点,但是反过来却不一定. 如 $x=0$ 是函数 $y=2x^3$ 的驻点,但 $x=0$ 不是该函数的极值点.

在导数不存在的点,函数也有可能取得极值. 例如函数 $y=|x|$,它在 $x=0$ 处导数不存在,但在该点却取得极小值 0.

定理 2.7.2 (极值的第一充分条件)设 $f(x)$ 在 x_0 处连续,且在 x_0 的去心 δ 邻域 $\overset{\circ}{U}(x_0,\delta)$ 内可导.

(1) 若当 $x\in(x_0-\delta,x_0)$ 时 $f'(x)>0$,当 $x\in(x_0,x_0+\delta)$ 时 $f'(x)<0$,则 $f(x)$ 在点 x_0 处取得极大值;

(2) 若当 $x\in(x_0-\delta,x_0)$ 时 $f'(x)<0$,当 $x\in(x_0,x_0+\delta)$ 时 $f'(x)>0$,则 $f(x)$ 在点 x_0 处取得极小值;

(3) 若对一切 $x\in\overset{\circ}{U}(x_0,\delta)$ 都有 $f'(x)>0$(或 $f'(x)<0$),则 $f(x)$ 在点 x_0 处无极值.

例 1 求函数 $y=(5-x)\sqrt[3]{x^2}$ 的极值点与极值.

解 $y=(5-x)\sqrt[3]{x^2}$ 在 $(-\infty,+\infty)$ 内连续,则

$$y' = -x^{\frac{2}{3}} + \dfrac{2}{3}(5-x)x^{-\frac{1}{3}} = \dfrac{5(2-x)}{3\sqrt[3]{x}},$$

令 $y'=0$ 得驻点 $x=2$；当 $x=0$ 时，函数的一阶导数不存在，但原函数在 $x=0$ 处连续．列表讨论如表 2.1 所示．

表 2.1

x	$(-\infty,0)$	0	$(0,2)$	2	$(2,+\infty)$
$f'(x)$	$-$	不存在	$+$	0	$-$
$f(x)$	↘	极小值	↗	极大值	↘

因此，$x=0$ 为函数 $f(x)$ 的极小值点，极小值 $f(0)=0$；$x=2$ 为函数 $f(x)$ 的极大值点，极大值 $f(2)=3\sqrt[3]{4}$．

极值的第一充分条件是利用函数的一阶导数讨论函数在驻点或者一阶不可导点处是否取得极值；而当函数二阶可导且二阶导数不为零时，我们也可以利用二阶导数的符号来判断函数在驻点处是否取得极值．

定理 2.7.3 （极值的第二充分条件）设 $f(x)$ 在点 x_0 处二阶可导，且 $f'(x_0)=0$，$f''(x_0)\neq 0$．

(1) 若 $f''(x_0)<0$，则 $f(x)$ 在点 x_0 处取得极大值；

(2) 若 $f''(x_0)>0$，则 $f(x)$ 在点 x_0 处取得极小值．

例 2 求函数 $f(x)=x^3-6x^2+9x-10$ 的极值．

解 因为 $f'(x)=3x^2-12x+9=3(x-1)(x-3)$，令 $f'(x)=0$ 得驻点 $x_1=1$，$x_2=3$，无一阶不可导点．

又 $f''(x)=6x-12$，在 $x_1=1$ 处，$f''(1)=-6<0$；在 $x_2=3$ 处，$f''(3)=6>0$．

由极值的第二充分条件可知，$f(x)$ 在 $x_1=1$ 取得极大值为 $f(1)=-6$；$f(x)$ 在 $x_2=3$ 取得极小值为 $f(3)=-10$．

注 求函数极值的一般步骤如下：

(1) 求出函数的定义域；

(2) 求出使得 $f'(x)=0$ 的点以及 $f'(x)$ 不存在的点，即若干个驻点和不可导点 $\{x_i\}$；

(3) 利用点 $\{x_i\}$ 将定义域分成若干个子区间，在各子区间上考察 $f'(x)$ 的正负号，由极值的第一充分条件判定极值；或者对于驻点来说，还可以求出该点处 $f''(x)$ 的符号，利用极值的第二充分条件判定极值．

2.7.2 函数的最值及其应用

根据闭区间上连续函数的性质，若函数 $f(x)$ 在 $[a,b]$ 上连续，则 $f(x)$ 在 $[a,b]$ 上必取得最大值和最小值（简称最值）．

函数的极值与最值是两个不同的概念，函数的极值仅仅是与极值点附近的函数值进行比较而言，是局部性的概念；而最值是针对整个区间的函数值而言的，是整体性的概念．最值可能在驻点处、一阶不可导点处或者在区间的端点处取得．因此，求解函数 $f(x)$ 在 $[a,b]$ 上最值的一般步骤为：

(1) 找出 $f(x)$ 的驻点、一阶不可导点和区间端点；

(2) 计算这些点处的函数值,其中最大者就是最大值,最小者就是最小值.

例 3 求函数 $f(x) = x(1-x)^3$ 在 $[-1,2]$ 上的最大值与最小值.

解 $f(x)$ 在 $[-1,2]$ 上连续,故必存在最大值与最小值.由题设知
$$f'(x) = (1-x)^3 - 3x(1-x)^2 = (1-x)^2(1-4x).$$
令 $f'(x) = 0$,得驻点 $x_1 = 1, x_2 = \frac{1}{4}$,无一阶不可导点.
$$f(-1) = -8, \quad f(1) = 0, \quad f\left(\frac{1}{4}\right) = \frac{27}{256}, \quad f(2) = -2,$$
将以上函数值进行比较,可知 $f(x)$ 在 $x = -1$ 取得最小值 -8,在 $x = \frac{1}{4}$ 取得最大值 $\frac{27}{256}$.

在最值问题中,值得指出的是下述特殊情形:设 $f(x)$ 在某区间 I 上连续,在 I 内可导,且有唯一的驻点 x_0.如果 x_0 同时也是 $f(x)$ 的极值点,则由函数单调性判别法推知,当 $f(x_0)$ 是极大值时,$f(x_0)$ 就是 $f(x)$ 在 I 上的最大值;当 $f(x_0)$ 是极小值时,$f(x_0)$ 就是 $f(x)$ 在 I 上的最小值.

对于实际生活中的最值问题,首先应该针对实际问题建立起目标函数,并确定其定义区间,将它转化为函数的最值问题.特别地,如果所考虑的实际问题存在最大值(或最小值),并且所建立的目标函数 $f(x)$ 有唯一的驻点 x_0,则 $f(x_0)$ 必为所求的最大值(或最小值).

实例 6 (平均成本最小)一家具厂某款家具的日生产能力为 100 套,每日该产品的总成本 C(单位:千元)是日产量 Q(单位:套)的函数 $C(Q) = \frac{1}{25}Q^2 + 3Q + 100, Q \in [0,100]$,问:日产量 Q 为多少时平均成本为最小?

解 平均成本函数为 $\overline{C}(Q) = \frac{C(Q)}{Q} = \frac{1}{25}Q + 3 + \frac{100}{Q}$,令
$$\overline{C}'(Q) = \frac{1}{25} - \frac{100}{Q^2} = 0,$$
解得 $Q = 50$.

因为驻点唯一,且平均成本存在最小值,所以当日产量为 50 套时,可使平均成本达到最小,且最小平均成本为 $\overline{C}(50) = \frac{1}{25} \times 50 + 3 + \frac{100}{50} = 7$(千元/套).

习 题 2.7

A 组

1. 求下列函数的极值.

(1) $y = x^3 - 3x^2 - 9x + 6$;

(2) $y = \sqrt[3]{(2x - x^2)^2}$;

(3) $y = x^2 - 2\ln x$;

(4) $y = \frac{2x}{(x-1)^2}$.

2. 求下列函数的最值.

(1) $y = x^3 - 3x + 3, x \in [-3, 2]$; (2) $y = x + \dfrac{1}{x}, x \in [-2, -\dfrac{1}{2}]$;

(3) $y = e^x + \dfrac{1}{4}e^{-x}, x \in [-1, 1]$; (4) $y = xe^{-x^2}, x \in [-1, 1]$.

3. (利润最大) 某工厂生产某种产品,已知固定成本为 2000 元,每生产一单位产品,成本增加 100 元. 已知总收益 R 为年产量 Q 的函数,且

$$R = R(Q) = \begin{cases} 400Q - \dfrac{1}{2}Q^2, & 0 \leqslant Q \leqslant 400 \\ 80000, & Q > 400 \end{cases}.$$

问每年生产多少产品时,总利润最大? 此时总利润是多少?

4. (最优订货批量) 某商店每年销售某种商品 10000 kg,每次订货的手续费为 40 元,商品的进价为 2 元/kg,存储费是平均库存商品价格的 10%,平均库存量是批量的一半,求最优订货批量.

5. (材料最省) 欲用围墙围成面积为 216 m² 的一块矩形土地,并在正中用一堵墙将其隔成两块,问这块土地的长和宽选取多大的尺寸,才能使所用建筑材料最省?

B 组

1. 求函数 $y = |x^2 - 5x + 4| + x$ 在区间 $[-5, 6]$ 上的单调区间、极值、最值.

2. 求函数 $y = (x-1)e^{\frac{\pi}{2} + \arctan x}$ 的极值.

2.8 曲线的凹凸性与函数图形的描绘

2.8.1 曲线的凹凸性

前面我们已经讨论了函数的单调性和极值,这对函数图形形态的了解有很大的帮助. 函数的单调性反映了函数图形在某区间内呈上升或者下降的趋势,但这并不能反映图形在上升或者下降过程中的弯曲方向,因此为了更精确地掌握函数图形的形态,下面我们要研究确定函数图形弯曲取向的凹凸性.

定义 2.8.1 设函数 $f(x)$ 在区间 I 上连续,如果对于区间 I 上任意两个不同的点 x_1, x_2,恒有

$$f\left(\dfrac{x_1 + x_2}{2}\right) < \dfrac{f(x_1) + f(x_2)}{2},$$

就称 $f(x)$ 在区间 I 上的图形是凹的(或是凹弧);

如果恒有

$$f\left(\dfrac{x_1 + x_2}{2}\right) > \dfrac{f(x_1) + f(x_2)}{2},$$

就称 $f(x)$ 在区间 I 上的图形是凸的(或是凸弧);相应的区间 I 分别称为函数 $f(x)$ 的凹区间、凸区间. 如图 2.10 所示.

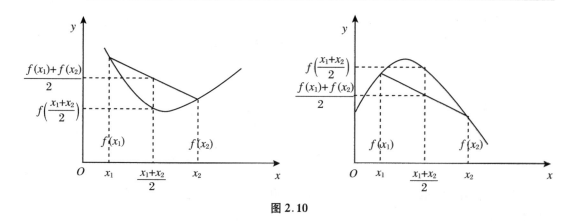

图 2.10

从几何上看,若 $y=f(x)$ 的图形在区间 I 上是凹的,那么连接曲线上任意两点所得的弦在曲线的上方;若 $y=f(x)$ 的图形在区间 I 上是凸的,那么连接曲线上任意两点所得的弦在曲线的下方.

定理 2.8.1 设函数 $f(x)$ 在 $[a,b]$ 上连续,在 (a,b) 内可导,

(1) 如果在 (a,b) 内 $f'(x)$ 单调递增,则曲线 $y=f(x)$ 在 $[a,b]$ 上为凹的;

(2) 如果在 (a,b) 内 $f'(x)$ 单调递减,则曲线 $y=f(x)$ 在 $[a,b]$ 上为凸的.

定理 2.8.2 设函数 $f(x)$ 在 $[a,b]$ 上连续,(a,b) 内二阶可导,

(1) 如果 $f''(x)>0, x\in(a,b)$,则曲线 $y=f(x)$ 在 $[a,b]$ 上为凹的;

(2) 如果 $f''(x)<0, x\in(a,b)$,则曲线 $y=f(x)$ 在 $[a,b]$ 上为凸的.

例 1 判断曲线 $y=x^3+1$ 的凹凸性.

解 有题设知,$y'=3x^2, y''=6x$,当 $x<0$ 时,$y''<0$,所以在 $(-\infty,0]$ 内曲线是凸的;当 $x>0$ 时,$y''>0$,所以在 $(0,+\infty]$ 内曲线是凹的.

例 2 证明不等式:$\left(\dfrac{x+y}{2}\right)^n < \dfrac{1}{2}(x^n+y^n)$ $(x>0, y>0, x\neq y, n>1)$.

证明 令 $f(t)=t^n, t\in[0,+\infty), n>1$. 由于 $f(t)$ 在 $[0,+\infty)$ 内连续,且
$$f'(t)=nt^{n-1}, \quad f''(t)=n(n-1)t^{n-2}>0 \quad (t>0, n>1).$$
故 $f(t)$ 在 $[0,+\infty)$ 内是凹的,从而由凹弧的定义知,$\forall x, y\in(0,+\infty)$ 有
$$f\left(\dfrac{x+y}{2}\right) < \dfrac{f(x)+f(y)}{2},$$
即
$$\left(\dfrac{x+y}{2}\right)^n < \dfrac{1}{2}(x^n+y^n) \quad (x>0, y>0, x\neq y, n>1).$$

2.8.2 曲线的拐点

连续曲线弧上凸弧与凹弧的分界点称为曲线的拐点.

定理 2.8.3 如果 $f(x)$ 在 $(x_0-\delta, x_0+\delta)$ 内存在二阶导数,点 $(x_0, f(x_0))$ 是拐点,则
$$f''(x_0)=0.$$

因为 $f(x)$ 在 $(x_0-\delta, x_0+\delta)$ 内存在二阶导数,故 $f'(x)$ 存在且连续;又 $(x_0, f(x_0))$ 是拐点,则 $f''(x)=[f'(x)]'$ 在点 x_0 两边异号,故 $f'(x)$ 在点 x_0 处取得极值,由可导函数取得极

值的必要条件,有 $f''(x_0)=0$.

须注意,曲线的拐点 $(x_0,f(x_0))$ 处 $f''(x_0)$ 也有可能不存在.

因此,对于曲线 $y=f(x)$ 的拐点 $(x_0,f(x_0))$,其横坐标 x_0 满足以下情形之一:

(1) $f''(x_0)=0$;

(2) 函数 $f(x)$ 在点 x_0 处连续,但 $f''(x_0)$ 不存在.

在这样的点 x_0 处,须分别考虑 x_0 的左右两侧邻域内 $f''(x)$ 的符号,若符号发生了改变,那么 $(x_0,f(x_0))$ 就是曲线的拐点,否则就不是拐点.

例如 $f(x)=x^4$,有 $f''(x)=12x^2$,当 $x=0$ 时,$f''(x)=0$ 成立,但在 $x=0$ 的左右两侧邻域内 $f''(x)>0$,因此曲线 $y=x^4$ 在 $(-\infty,0)\cup(0,+\infty)$ 内均是凹的.也就是说,虽然 $f''(x)=0$,但 $(0,0)$ 点不是该曲线的拐点.

例 3 求曲线 $y=\sqrt[3]{x}$ 的拐点.

解 当 $x\neq 0$ 时,$y'=\frac{1}{3}x^{-\frac{2}{3}}$,$y''=-\frac{2}{9}x^{-\frac{5}{3}}$,$x=0$ 是不可导点,y',y'' 均不存在,但在 $(-\infty,0)$ 内,$y''>0$,曲线在 $(-\infty,0]$ 上是凹的;在 $(0,+\infty)$ 内,$y''<0$,曲线在 $[0,+\infty)$ 上是凸的;故点 $(0,0)$ 是曲线 $y=\sqrt[3]{x}$ 的拐点.

例 4 求曲线 $y=3x^4-4x^3+1$ 的凹凸区间及拐点.

解 由题设知
$$y'=12x^3-12x^2,\quad y''=36x^2-24x=12x(3x-2),$$

令 $y''=0$,得 $x_1=0$,$x_2=\frac{2}{3}$,无二阶不可导点.

列表讨论如表 2.2 所示.

表 2.2

x	$(-\infty,0)$	0	$\left(0,\frac{2}{3}\right)$	$\frac{2}{3}$	$\left(\frac{2}{3},+\infty\right)$
y''	+	0	−	0	+
y 曲线	凹	拐点$(0,1)$	凸	拐点$\left(\frac{2}{3},\frac{11}{27}\right)$	凹

因此,$(-\infty,0)$、$\left(\frac{2}{3},+\infty\right)$ 为凹区间;$\left(0,\frac{2}{3}\right)$ 为凸区间;点 $(0,1)$、$\left(\frac{2}{3},\frac{11}{27}\right)$ 为曲线的拐点.

2.8.3 曲线的渐近线

关于渐近线,有以下几类:

(1) 水平渐近线:如果 $\lim\limits_{x\to\infty}f(x)=A$($\lim\limits_{x\to-\infty}f(x)=A$ 或 $\lim\limits_{x\to+\infty}f(x)=A$),就称直线 $y=A$ 为曲线 $y=f(x)$ 的水平渐近线;

(2) 垂直渐近线:若 $\lim\limits_{x\to x_0}f(x)=\infty$($\lim\limits_{x\to x_0^+}f(x)=\infty$ 或 $\lim\limits_{x\to x_0^-}f(x)=\infty$),则称直线 $x=x_0$ 为曲线 $y=f(x)$ 的垂直渐近线;

(3) 斜渐近线:若 $\lim\limits_{x\to\infty}[f(x)-kx-b]=0$($\lim\limits_{x\to+\infty}[f(x)-kx-b]=0$ 或 $\lim\limits_{x\to-\infty}[f(x)-kx-b]=0$),则称直线 $y=kx+b$ 是曲线 $y=f(x)$ 的斜渐近线.

显然,$\lim\limits_{x\to\infty}[f(x)-kx-b]=0$ 等价于 $f(x)-kx=b+\alpha(x)$,其中 $\lim\limits_{x\to\infty}\alpha(x)=0$.由此推出 $\dfrac{f(x)}{x}=k+\dfrac{b+\alpha(x)}{x}$,该式中令 $x\to\infty$,取极限便得 $\lim\limits_{x\to\infty}\dfrac{f(x)}{x}=k$,因此,求曲线斜渐近线的斜率 k 和截距 b 的步骤为:

(1) $\lim\limits_{x\to\infty}\dfrac{f(x)}{x}=k\,(k\neq 0)$;

(2) $\lim\limits_{x\to\infty}[f(x)-kx]=b$.

例 5 求下列曲线的渐近线:

(1) $y=\dfrac{\ln(1+x)}{x}$; (2) $y=x+\dfrac{1}{x}$.

解 (1) $y=\dfrac{\ln(1+x)}{x}$ 的定义域是 $(-1,0)\cup(0,+\infty)$.由

$$\lim_{x\to+\infty}\dfrac{\ln(1+x)}{x}=0,\quad \lim_{x\to-1^+}\dfrac{\ln(1+x)}{x}=+\infty,$$

故有水平渐近线 $y=0$ 和垂直渐近线 $x=-1$.

(2) 因 $\lim\limits_{x\to\infty}f(x)=\infty$,则 $x=0$ 为曲线的垂直渐近线.又因为

$$\lim_{x\to\infty}\dfrac{f(x)}{x}=\lim_{x\to\infty}\left(1+\dfrac{1}{x^2}\right)=1,$$

即得 $k=1$,而

$$\lim_{x\to\infty}[f(x)-x]=\lim_{x\to\infty}\left(x+\dfrac{1}{x}-x\right)=0,$$

可知 $b=0$,故 $y=x$ 是曲线的斜渐近线.

2.8.4 函数图形的描绘

函数作图的一般步骤如下:

第一步,确定函数 $f(x)$ 的定义域,研究函数特性.如:奇偶性、周期性、有界性等,求出函数的一阶导数 $f'(x)$ 和二阶导数 $f''(x)$;

第二步,求出一阶导数 $f'(x)$ 和二阶导数 $f''(x)$ 在函数定义域内的全部零点,并找出函数 $f(x)$ 的间断点和导数 $f'(x)$ 和 $f''(x)$ 不存在的点,用这些点把函数的定义域划分成若干个子区间;

第三步,确定在这些部分区间内 $f'(x)$ 和 $f''(x)$ 的符号,并由此确定函数的单调性、凹凸性、极值点和拐点;

第四步,考察函数图形的渐近线;

第五步,算出 $f'(x)$ 和 $f''(x)$ 的零点以及不存在的点所对应的函数值,并在坐标平面上定出图形上相应的点;有时还需适当补充一些辅助作图点(如与坐标轴的交点和曲线的端点等);然后根据第三、四步中得到的结果,画出函数的图像.

例 6 描绘函数 $y=\dfrac{(x-3)^2}{4(x-1)}$ 的图像.

解 函数定义域为 $(-\infty,1)\cup(1,+\infty)$,则

$$y'=\dfrac{(x-3)(x+1)}{4(x-1)^2},$$

令 $y'=0$ 得驻点 $x_2=-1, x_3=3$.
$$y''=\frac{2}{(x-1)^3},$$
在定义域内, $y''\neq 0$, 且无二阶不可导点, 因此曲线没有拐点. 由 $x=1, x_2=-1, x_3=3$ 将函数的定义域分成四个区间, 如表 2.3 所示.

表 2.3

x	$(-\infty,-1)$	-1	$(-1,1)$	$(1,3)$	3	$(3,+\infty)$
y'	$+$	0	$-$	$-$	0	$+$
y''	$-$	$-$	$-$	$+$	$+$	$+$
y	单增、凸	极大值 -2	单减、凸	单减、凹	极小值 0	单增、凹

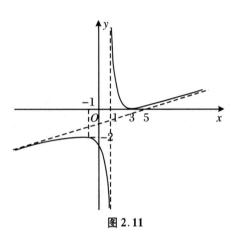

图 2.11

由于函数在 $x_1=1$ 处无定义, 且有
$$\lim_{x\to 1}\frac{(x-3)^2}{4(x-1)}=\infty,$$
因此函数曲线有垂直渐近线 $x=1$, 又
$$\lim_{x\to\infty}\frac{(x-3)^2}{4x(x-1)}=\frac{1}{4},$$
$$\lim_{x\to\infty}\left[\frac{(x-3)^2}{4(x-1)}-\frac{1}{4}x\right]=-\frac{5}{4},$$
故 $y=\frac{1}{4}x-\frac{5}{4}$ 为函数图像的斜渐近线.

再取点 $\left(-3,-\frac{9}{4}\right),\left(-2,-\frac{25}{12}\right),\left(2,\frac{1}{4}\right),\left(5,\frac{1}{4}\right),\left(6,\frac{9}{20}\right)$, 结合以上的讨论, 作出函数图像, 如图 2.11 所示.

例 7 作出函数 $y=x^3-3x^2+1$ 的图像.

解 (1) 函数的定义域为 $(-\infty,+\infty)$, 该函数为非奇非偶函数;
(2) $y'=3x^2-6x=3x(x-2)$; $y''=6x-6=6(x-1)$.
令 $y'=0$, 得 $x_1=0, x_2=2$; 令 $y''=0$, 得 $x_3=1$;
(3) 列表讨论如表 2.4 所示.

表 2.4

x	$(-\infty,0)$	0	$(0,1)$	1	$(1,2)$	2	$(2,+\infty)$
y'	$+$	0	$-$	$-$	$-$	0	$+$
y''	$-$	$-$	$-$	0	$+$	$+$	$+$
曲线 y	单增、凸	极大值 1	单减、凸	拐点 $(1,-1)$	单减、凹	极小值 -3	单增、凹

(4) 该曲线无渐近线;
(5) 再取两个点 $(-1,-3),(3,1)$.

综合以上讨论,作出函数的图像如图 2.12 所示.

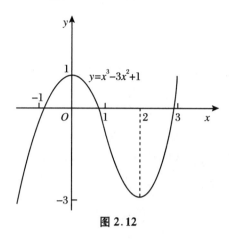

图 2.12

习 题 2.8

A 组

1. 讨论下列曲线的凹凸区间及拐点：

(1) $y = 5x^2 - x^3$； (2) $y = 3x - 7x^2$； (3) $y = x^2 + 2\ln x$；

(4) $y = \sqrt{x} + \dfrac{1}{\sqrt{x}} + 1$； (5) $y = xe^{-x}$； (6) $y = \dfrac{x}{1+x^2}$.

2. 设 $x > 0, y > 0, x \neq y$，证明不等式 $x\ln x + y\ln y > (x+y)\ln\dfrac{x+y}{2}$.

3. 求下列曲线的渐近线：

(1) $y = \dfrac{x^2}{x+1}$； (2) $y = xe^{\frac{1}{x^2}}$；

(3) $y = \sqrt{x^2 - 2x}$； (4) $y = \arctan x + \dfrac{x}{3}$.

4. 描绘函数 $y = x^3 + 5x + 6$ 的图形.

5. 描绘函数 $y = e^{-x^2}$ 的图形.

B 组

1. 求曲线 $y = (x-1)^2(x-3)^2$ 的凹凸区间及拐点.

2. 求曲线 $y = (x-1)e^{\frac{\pi}{2}+\arctan x}$ 的渐近线.

2.9 导数在经济学中的应用

数学与经济密切相关,随着科学技术的发展和管理水平的提高,微积分在经济领域中的作用越来越重要.本节主要介绍边际分析和弹性分析,利用函数的导数解决经济领域中的相关问题.

2.9.1 边际与边际分析

定义 2.9.1 设经济函数 $f(x)$ 可导,则称其导数 $f'(x)$ 为经济函数 $f(x)$ 的边际函数;$f'(x_0)$ 为经济函数 $f(x)$ 在 $x=x_0$ 处的边际函数值.

下面我们主要以边际成本为例来说明边际概念的经济意义.

定义 2.9.2 设成本函数 $C(Q)$ 可导,则称其导函数 $C'(x)$ 为边际成本函数,记作 $MC(Q)$;称导数 $C'(Q_0)$ 是产量为 Q_0 时该产品的边际成本,记作 $MC(Q_0)$. 即

$$MC(Q_0) = C'(Q_0) = \lim_{\Delta Q \to 0} \frac{\Delta C}{\Delta Q} = \lim_{\Delta Q \to 0} \frac{C(Q_0 + \Delta Q) - C(Q_0)}{\Delta Q}.$$

类似地,我们可以由收益函数 $R(Q)$、利润函数 $L(Q)$ 分别得到相应的边际收益函数 $MR(Q)$、边际利润函数 $ML(Q)$.

由于当 $|\Delta Q|$ 较小时,

$$\lim_{\Delta Q \to 0} \frac{C(Q_0 + \Delta Q) - C(Q_0)}{\Delta Q} \approx \frac{C(Q_0 + \Delta Q) - C(Q_0)}{\Delta Q} = \frac{\Delta C}{\Delta Q},$$

即

$$MC(Q_0) = C'(Q_0) \approx \frac{\Delta C}{\Delta Q}.$$

考虑到在大多数情况下,经济物品的最小改变量为 1 个单位,即当 $\Delta Q = 1$ 时,有

$$MC(Q_0) = C'(Q_0) \approx \Delta C = C(Q_0 + 1) - C(Q_0).$$

在经济学中,解释边际函数值的具体意义时通常略去"近似"两字,因而边际成本的经济含义是:当产量为 Q_0 时,再多生产一个单位($\Delta Q = 1$)产品所增加的成本.同理,边际收益表示当产量为 Q_0 时,再多生产一个单位产品所增加的收益;边际利润是指当产量为 Q_0 时,再多生产一个单位($\Delta Q = 1$)产品所增加的利润.

若边际成本 $C'(Q_0)$ 较大,则在 Q_0 水平上增产所需要增加的成本也较大,表明增产潜力较小;若边际成本 $C'(Q_0)$ 较小,则在 Q_0 水平上增产所需要增加的成本也较小,表明增产潜力较大.

例 1 一家具厂某款家具的日生产能力为 100 套,每日该产品的总成本 C(单位:千元) 是日产量 Q(单位:套)的函数 $C(Q) = \frac{1}{25}Q^2 + 3Q + 100, Q \in [0, 100]$.试求:

(1) 生产 20 套、50 套、80 套家具时的平均成本;

(2) 生产 20 套、50 套、80 套家具时的边际成本并解释其经济意义.

解 (1) 由题意知,平均成本函数 $\overline{C}(Q) = \frac{C(Q)}{Q} = \frac{1}{25}Q + 3 + \frac{100}{Q}$,于是生产 20 套家具的平均成本为

$$\overline{C}(20) = \frac{20}{25} + 3 + \frac{100}{20} = 8.8(千元/套).$$

生产 50 套家具的平均成本为

$$\overline{C}(50) = \frac{50}{25} + 3 + \frac{100}{50} = 7(千元/套);$$

生产 80 套家具的平均成本为

$$\overline{C}(80) = \frac{80}{25} + 3 + \frac{100}{80} = 7.45(千元/套).$$

(2) 边际成本函数为 $C'(Q) = \frac{2}{25}Q + 3$,于是生产 20 套家具的边际成本为

$$C'(20) = \frac{2}{25} \times 20 + 3 = 4.6(千元/套).$$

生产 50 套家具的边际成本为

$$C'(50) = \frac{2}{25} \times 50 + 3 = 7(千元/套);$$

生产 80 套家具的边际成本为

$$C'(80) = \frac{2}{25} \times 80 + 3 = 9.4(千元/套).$$

这说明,生产前 20 套家具时,平均每套家具的成本为 8800 元,在此基础上生产第 21 套家具时,所需增加的成本为 4600 元,这意味着,此时适当提高产量能够降低单位成本.生产前 50 套家具时,平均每套家具的成本为 7000 元,在此基础上生产第 51 套家具时,所需增加的成本也为 7000 元,这意味着,此时适当提高产量对单位成本基本没有影响.生产前 80 套家具时,平均每套家具的成本为 7450 元,在此基础上生产第 81 套家具时,所需增加的成本为 9400 元,这意味着,此时扩大生产会导致单位成本提高.

由本章 2.7 节实例 6 可知,对于该款家具,当日产量为 50 套时,平均成本达到最小,为每套家具 7000 元,恰好等于生产 50 套家具时的边际成本.一般地,当产品的平均成本达到最小时,产品的平均成本等于其相应的边际成本,即:当 $\overline{C}(Q)$ 在 Q_0 处取得极小值时,有 $\overline{C}(Q_0) = \frac{C(Q_0)}{Q_0} = C'(Q_0)$.

在经济学中,类似于边际成本,比较常用的还有边际利润、边际需求等.

例 2 某企业每月生产 Q(吨)产品的总成本 C(千元)是产量 Q 的函数 $C(Q) = 20 - 10Q + Q^2$,如果每吨产品销售价格是 20 千元,求每月生产 10 吨、15 吨及 20 吨时的边际利润并解释其经济含义.

解 由题意知,收益函数为 $R(Q) = 20Q$,因此利润函数为

$$L(Q) = R(Q) - C(Q) = 20Q - (20 - 10Q + Q^2) = -20 + 30Q - Q^2.$$

于是边际利润函数为 $L'(Q) = 30 - 2Q$,则每月生产 10 吨、15 吨及 20 吨时的边际利润分别是

$$L'(10) = 30 - 2 \times 10 = 10(千元/吨),$$
$$L'(15) = 30 - 2 \times 15 = 0(千元/吨),$$
$$L'(20) = 30 - 2 \times 20 = -10(千元/吨).$$

这说明当月产量为 10 吨时,再多生产 1 吨,利润将增加 1 万元;当月产量为 15 吨时,再多生产 1 吨,利润将不会增加;当月产量为 20 吨时,再多生产 1 吨,利润反而减少 1 万元.这意味着,如果盲目扩大生产规模,企业的经济效益有可能不增反减.

注 边际函数值的正(或负)号仅仅在解释时用来表明自变量的变化方向与因变量的变化方向相同(或相反).如上例中,$L'(10) = 10$ 也可解释为:当月产量为 10 吨时,再减产 1 吨,利润将减少 1 万元;$L'(20) = -10$ 可解释为:当月产量为 20 吨时,再减产 1 吨,利润反而增加 1 万元.

2.9.2 弹性与弹性分析

定义 2.9.3 设函数 $y=f(x)$ 可导,函数的相对改变量与自变量的相对改变量之比 $\dfrac{\Delta y}{y} \Big/ \dfrac{\Delta x}{x}$ 称为函数 $y=f(x)$ 从 x 到 $x+\Delta x$ 两点间的弹性. 令 $\Delta x \to 0$, $\lim\limits_{\Delta x \to 0} \dfrac{\Delta y}{y} \Big/ \dfrac{\Delta x}{x} = \dfrac{x}{y} y'$ 称为函数 $y=f(x)$ 在点 x 处的弹性(或弹性函数),记作 $\dfrac{Ey}{Ex}$ 或 $\dfrac{Ef(x)}{Ex}$,即 $\dfrac{Ey}{Ex} = \lim\limits_{\Delta x \to 0} \dfrac{\Delta y}{y} \Big/ \dfrac{\Delta x}{x} = \dfrac{x}{y} y'$.

$\dfrac{Ey}{Ex}\Big|_{x=x_0}$ 称为函数 $y=f(x)$ 在 $x=x_0$ 处的弹性值.

弹性 $\dfrac{Ey}{Ex}$ 表示函数 $y=f(x)$ 在点 x 处的相对变化率,它反映了随 x 变化 $f(x)$ 变化幅度的大小,也就是 $f(x)$ 对 x 变化反映的强烈程度或灵敏度,与度量单位无关.

当 $|\Delta x|$ 比较小时,按弹性定义,$\dfrac{Ey}{Ex} = \lim\limits_{\Delta x \to 0} \dfrac{\Delta y}{y} \Big/ \dfrac{\Delta x}{x}$,从而 $\dfrac{Ey}{Ex} \approx \dfrac{\Delta y}{y} \Big/ \dfrac{\Delta x}{x}$,即 $\dfrac{\Delta y}{y} \approx \dfrac{Ey}{Ex} \cdot \dfrac{\Delta x}{x}$.

由于 $\dfrac{\Delta x}{x}$ 表示当自变量从 x 变化到 $x+\Delta x$ 时,x 变化的百分数;$\dfrac{\Delta y}{y}$ 表示因变量 y 相应变化的百分数. 所以,函数 $f(x)$ 弹性的实际意义就是:当自变量在 x 处产生 1% 的变化时,函数 $f(x)$ 近似地改变 $\dfrac{Ey}{Ex}$%. 在解释弹性的经济意义时也常常略去"近似"两字.

弹性在经济分析中有重要的实际意义,经济领域中的任何函数都可以定义弹性,并作出经济分析.

下面我们主要以需求弹性为例来说明弹性分析在经济中的应用.

定义 2.9.4 设某商品的需求函数为 $Q=Q(P)$,则该函数的弹性称为该商品的需求量 Q 对价格 P 的弹性,简称需求弹性,常记作 $\eta(P)$. 即

$$\eta(P) = \dfrac{EQ}{EP} = \dfrac{P}{Q} \cdot Q'(P).$$

值得注意的是,与边际概念类似,弹性值符号的正(或负)仅仅表明自变量的变化方向与因变量的变化方向相同(或相反). 因为 $P>0, Q>0$,在一般情况下,需求函数是价格的减函数,即 $Q'(P)<0$,因此需求弹性 $\eta(P)$ 往往为负. 方便起见,当我们比较商品需求弹性的大小时,通常比较其弹性的绝对值 $|\eta(P)|$ 的大小;当我们说某种商品的需求弹性大时,通常指其绝对值大.

需求弹性的经济含义为:当某种商品的价格为 P 时,若价格下降(或上升)1% 时,其需求量将增加(或减少) $|\eta(P)|$%.

一般地,按照 $|\eta(P)|$ 的大小,可以将商品分为三类:当 $|\eta(P)|>1$ 时,商品的需求量对价格变化比较敏感,我们可以称其为弹性商品;当 $|\eta(P)|=1$ 时,商品需求量的变化与价格变化等幅,我们可以称其为单位弹性商品;当 $|\eta(P)|<1$ 时,商品的需求量对价格变化不太敏感,我们可以称其为刚性商品.

例3 已知某商品的需求函数为 $Q = e^{-\frac{P}{10}}$，求 $P = 5, P = 10, P = 15$ 时的需求弹性，并说明其意义.

解 由于 $Q' = -\frac{1}{10}e^{-\frac{P}{10}}$，那么需求弹性函数为

$$\eta(P) = \frac{EQ}{EP} = \frac{P}{Q} \cdot Q'(P) = -\frac{1}{10}e^{-\frac{P}{10}} \frac{P}{e^{-\frac{P}{10}}} = -\frac{P}{10},$$

弹性绝对值为

$$|\eta(P)| = \left|-\frac{P}{10}\right| = \frac{P}{10}.$$

因此当 $P = 5$ 时，$|\eta(5)| = 0.5$，说明当价格上涨 1% 时，需求只减少 0.5%；

当 $P = 10$ 时，$|\eta(10)| = 1$，说明价格与需求的变化幅度相同；

当 $P = 15$ 时，$|\eta(15)| = 1.5$，说明价格上涨 1% 时，需求减少 1.5%.

类似于上述的需求对价格的弹性，在经济学中，比较常用的还有需求对收益的弹性、供给对价格的弹性、产出对劳动的弹性、产出对资本的弹性等.

习 题 2.9

1. 已知某产品的成本函数为：$C(Q) = 100 + \frac{1}{4}Q^2$（$Q$ 表示产量），求：

(1) 当 $Q = 10$ 时的平均成本及 Q 为多少时平均成本最小？

(2) 当 $Q = 10$ 时的边际成本并解释其经济意义.

2. 某产品的需求函数为 $Q = 100 - 5P$，其中 P 为价格，Q 为需求量，求边际收入函数以及 $Q = 20, 50$ 和 70 时的边际收入，并解释所得结果的经济意义.

3. 已知一工厂生产某款产品的总成本 C（元）是日产量 Q（件）的函数 $C(Q) = 0.1Q^2 + 100Q + 1000$.

(1) 分别求出生产 50 件、100 件、200 件产品时的平均成本和边际成本；

(2) 求出平均成本最小时的日产量及此时的边际成本.

4. 设某产品的需求函数为 $Q = 400 - 100P$，分别求价格 $P = 0.8, P = 2, P = 3$ 时的需求弹性，并说明其经济意义.

本章学习基本要求

(1) 掌握一元函数导数与微分的概念，理解导数的几何意义，掌握一元函数的连续、可导、可微之间的关系.

(2) 熟记基本初等函数的导数公式，熟练掌握导数与微分的计算法则.

(3) 了解高阶导数的定义和运算法则.

(4) 理解罗尔、拉格朗日、柯西中值定理，会应用中值定理解决相关问题.

(5) 熟练掌握洛必达法则及其应用.

(6) 理解一元函数极值和最值的概念,掌握一元函数极值存在的必要条件、充分条件,会求一元函数的极值,会解决简单的实际应用问题.

(7) 了解导数在经济中的应用,会解决相关的经济应用问题.

总复习题 2

A 组

1. 求极限:

(1) $\lim\limits_{x \to 0} \dfrac{e^x - e^{-x}}{\sin x}$

(2) $\lim\limits_{x \to a} \dfrac{\sin x - \sin a}{x - a}$

(3) $\lim\limits_{x \to 0} x \cot 3x$

(4) $\lim\limits_{x \to 1} \left(\dfrac{1}{x-1} - \dfrac{2}{x^2 - 1} \right)$

(5) $\lim\limits_{x \to +\infty} \dfrac{e^x + e^{-x}}{e^x - e^{-x}}$

(6) $\lim\limits_{x \to +\infty} \dfrac{(\ln x)^2}{x}$

(7) $\lim\limits_{x \to \pi} \dfrac{\tan 3x}{\sin 5x}$

(8) $\lim\limits_{x \to 0} \dfrac{2^{\sin x} - 2x}{x^3}$

(9) $\lim\limits_{x \to 0^+} \dfrac{\ln(\tan 6x)}{\ln(\tan x)}$

(10) $\lim\limits_{x \to +\infty} \dfrac{\dfrac{\pi}{2} - \arctan x}{\dfrac{1}{x}}$

(11) $\lim\limits_{x \to 0^+} x^{\sin x}$

(12) $\lim\limits_{x \to 0} \left(\dfrac{2^x + 3^x}{2} \right)^{\frac{1}{x}}$

2. 设方程 $\ln(\sqrt{1+x^2} - x) + y + e^y = 0$ 确定了隐函数 $y = y(x)$,求 dy.

3. 求下列函数的二阶导数:

(1) $y = 2x + \ln x$;

(2) $y = (1 + x^2) \tan x$;

(3) $y = f(x^3)$ ($f''(x)$ 存在);

(4) $y = x \sin(x^2)$;

(5) $xy = \cos y$;

(6) $x^2 + y^2 + 3xy = 9$.

4. 作出下列函数的图形:

(1) $y = \dfrac{x^3}{3} - x^2 + 2$;

(2) $y = x - \ln x$;

(3) $y = x + e^{-x}$.

5. 已知在某个生产周期内,总成本 C 是产量 x 的函数 $C(x) = \alpha e^{\beta x}$ ($\alpha, \beta > 0$),求单位成本 $\dfrac{C(x)}{x}$ 最小时的产量以及最小单位成本.

6. 一企业生产某种产品的日生产能力为 500 台,每日耗费的总成本 C(千元)是日产量 Q(台)的函数: $C(Q) = 400 + 2Q + 5\sqrt{Q}$, $Q \in [0, 500]$. 求:

(1) 当日产量为 400 台时的总成本;

(2) 当日产量为 400 台时的平均成本;

(3) 当日产量由 400 台增加到 484 台时总成本的平均变化率;

(4) 当日产量为 400 台时的边际成本.

7. 设某产品的需求函数为 $Q = 20 e^{-\frac{P}{3}}$, $P \in [0, 10]$, 求当价格 P 为 6 千元时的需求弹性,并说明其经济意义. (其中需求量 Q 的单位:百件,价格 P 的单位:千元)

B 组

1. 已知 $f(0) = 1, f'(0) = -1$, 求 $\lim\limits_{x \to 1} \dfrac{f(\ln x) - 1}{1 - x}$.

2. 已知 $f(x) = \dfrac{(x-1)(x-2)(x-3)\cdots(x-n)}{(x+1)(x+2)(x+3)\cdots(x+n)}$，求 $f'(1)$．

3. 设函数 $y = \dfrac{1}{2x+3}$，求 $y^{(n)}(0)$．

4. 求极限 $\lim\limits_{x \to 0} \dfrac{1}{x^2} \ln \dfrac{\sin x}{x}$．

5. 讨论曲线 $y = 4\ln x + k$ 与 $y = 4x + \ln^4 x$ 的交点个数．

6. 已知函数 $f(x) = \dfrac{x^3}{(2+x)^2} + 4$，求函数的极值，讨论曲线 $y = f(x)$ 的凹凸区间、拐点及渐近线，并作图．

实践·创新

目的要求　掌握利用 MATLAB 求函数导数以及高阶导数的方法．

1. 求函数的导数

例1　用定义求 $g(x) = x^3 - 3x^2 + x + 1$ 的导数．

解　输入：

```
syms x
diff('x^3-3*x^2+x+1')
```

执行以后得到导函数：

```
ans = 3*x^2-6*x+1
```

再输入：

```
x=-1:0.1:3;
y1=x.^3-3*x.^2+x+1;
y2=3*x.^2-6*x+1;
plot(x,y1,'b',x,y2,'r:')
```

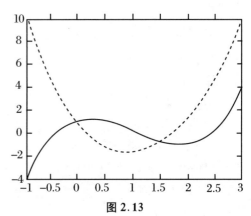

图 2.13

执行后便得到函数 $y1 = g(x) = x^3 - 3x^2 + x + 1$
和它的导数 $y2 = g'(x) = 3x^2 - 6x + 1$ 的图形[图 2.13，图中虚线是曲线 $g'(x)$]．

例2　作函数 $f(x) = 2x^3 + 3x^2 - 12x + 7$ 的图形和在 $x = -1$ 处的切线．

解　输入：

```
syms x
hanshu=2*x^3+3*x^2-12*x+7;
daoshu=diff('2*x^3+3*x^2-12*x+7');
x=-1;
hanshuzhi=eval(hanshu)
daoshuzhi=eval(daoshu)
```

执行以后得到函数 $f(x)$ 在 $x = -1$ 处的函数值和导数值：

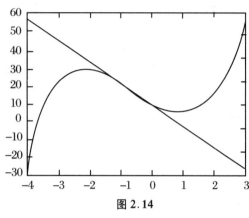

图 2.14

```
hanshuzhi = 20
daoshuzhi = -12
```

再执行：

```
x = -4 : 0.1 : 3;
y = 2*x.^3 + 3*x.^2 - 12x. + 7;
y1 = 20 - 12*(x+1);
plot(x,y,'b',x,y1,'r')
```

便在同一个坐标系内作出了函数 $f(x)$ 的图形和它在 $x = -1$ 处的切线的图形[图 2.14,其中直线为切线].

2. 求隐函数的导数,由参数方程确定的函数的导数

例 3 求由方程 $2x^2 - 2xy + y^2 + x + 2y + 1 = 0$ 确定的隐函数的导数.

解 输入：

```
syms x y
z = 2*x^2 - 2*x*y + y^2 + x + 2*y + 1;
daoshu = -diff(z,x)/diff(z,y)
```

执行后得到：

```
daoshuzhi = (-4*x + 2*y - 1)/(-2*x + 2*y + 2)
```

例 4 求由参数方程 $x = e^t \cos t, y = e^t \sin t$ 确定的函数的导数.

解 输入：

```
syms t
x = exp(t)*cos(t);
y = exp(t)*sin(t);
daoshu = diff(y,t)/diff(x,t)
simple(daoshu)
```

则得到 1 阶导数：

```
daoshu =
(exp(t)*sin(t) + exp(t)*cos(t))/(exp(t)*cos(t) - exp(t)*sin(t))
……
ans =
(cos(t) + sin(t))/(cos(t) - sin(t))
```

再输入：

```
erjiedaoshu = diff('(cos(t) + sin(t))/(cos(t) - sin(t))')/diff(x,t)
simple(erjiedaoshu)
```

则得到二阶导数：

```
……
2*(cos(t)^2 + sin(t)^2)/(cos(t) - sin(t))^3/exp(t)
```

即
$$\frac{2\mathrm{e}^{-t}}{(\cos t - \sin t)^3}.$$

3. 拉格朗日中值定理

例5 函数 $f(x) = 1/x^4$ 在区间 $[1,2]$ 上满足拉格朗日中值定理的条件，因此存在 $\xi \in (1,2)$，使 $f'(\xi) = \big(f(2) - f(1)\big)/(2-1)$，可以验证这个结论的正确性．

解 输入：

```
syms x
diff('1/x^4')
```

得到一阶导数：

```
ans = -4/x^5
```

再输入：

```
f = inline('-4/x^5 - (1/16 - 1)');
c = fzero(f,[1,2])
```

则得

```
c = 1.3367
```

此即 ξ 在 $(1,2)$ 的实数解．

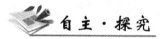
自主·探究

目的要求 在理论学习和实践创新的基础上，进一步掌握导数的应用．

(1) 探讨一元函数导数在经济分析中的应用．

(2) 查阅相关资料，简述微积分的发展史．

(3) 某酒厂有一批新酿的好酒，如果现在 ($t=0$) 就售出，总收入为 R_0 元，如果窖藏 t 年后，按陈酒价格出售，则总收入为 $R = R_0 \cdot \mathrm{e}^{\frac{2}{5}\sqrt{t}}$ 元，假定银行的年利率为 r，并以连续复利计算，那么，这批酒窖藏多少年出售，才能使总收入的现值最大呢？

第 3 章 一元函数积分学

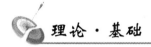

早在 2000 多年前,数学家们就已经开始注意到累积计算的重要性.在科学技术和生产实践中,这类问题也不断地被人们提出,例如求平面不规则图形的面积、变力所做的功、收益问题等.17 世纪,牛顿和莱布尼茨各自独立地提出这类累积问题是微分问题的逆问题,并且他们从微分逆运算的角度提出了简洁的具有一般性的解决方法.

本章我们将结合实际介绍不定积分和定积分的概念、微积分基本定理,讨论几种主要的积分方法以及定积分的一些简单应用.

3.1 定积分的概念与性质

3.1.1 相关实例

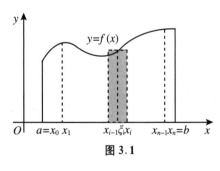

图 3.1

实例 1 (曲边梯形的面积)设 $f(x)$ 在 $[a,b]$ 上连续且 $f(x) \geqslant 0$,求由 x 轴、直线 $x=a$、$x=b(a<b)$ 及 $y=f(x)$ 所围成的曲边梯形(图 3.1)的面积 A.

我们知道平面上规则几何图形的面积由公式直接计算,但是曲边梯形是不规则的几何图形,很难直接用规则几何图形的面积公式计算.为了解决这个困难,我们用平行于 y 轴的直线将曲边梯形细分成一系列小曲边梯形,在每个小曲边梯形中,由于 $f(x)$ 在 $[a,b]$ 上连续,因而曲线上点的纵坐标 $f(x)$ 变化较小,所以我们用以 $f(x)$ 的某一个值为高的小矩形的面积作为这一个小曲边梯形面积的近似值,对各个小曲边梯形都做同样的处理,然后将各小矩形的面积加起来即可得原曲边梯形面积的近似值.显然,把曲边梯形分得越细,所得近似值的精度就越高,因此我们运用极限的思想就可以计算曲边梯形的面积.下面分四个步骤来讨论:

(1) 分割:将曲边梯形细分成 n 个小曲边梯形.

在区间 (a,b) 内任意插入 $n-1$ 个分点

$$a = x_0 < x_1 < x_2 < \cdots < x_{i-1} < x_i < \cdots < x_{n-1} < x_n = b,$$
把 $[a,b]$ 任意分为 n 个子区间
$$[x_{i-1}, x_i] \quad (i = 1, 2, \cdots, n),$$
它们的长度依次为
$$\Delta x_1 = x_1 - x_0, \quad \Delta x_2 = x_2 - x_1, \quad \cdots, \quad \Delta x_n = x_n - x_{n-1}.$$
过每一个分点作平行于 y 轴的直线段,把曲边梯形分成 n 个小曲边梯形.

(2) 近似代替:在第 i 个小区间 $[x_{i-1}, x_i]$ 上任取一点 ξ_i,以 $[x_{i-1}, x_i]$ 为底、$f(\xi_i)$ 为高的窄矩形近似代替第 i 个小曲边梯形,得第 i 个小曲边梯形的面积近似值为
$$\Delta A_i \approx f(\xi_i) \Delta x_i \quad (i = 1, 2, \cdots, n).$$

(3) 求和:把这样得到的 n 个窄矩形面积之和作为所求曲边梯形面积 A 的近似值,即
$$A = \sum_{i=1}^{n} \Delta A_i \approx \sum_{i=1}^{n} f(\xi_i) \Delta x_i.$$

(4) 取极限:显然,每个小曲边梯形越窄,所求得的曲边梯形面积的近似值就越接近曲边梯形面积的精确值,因此,要求曲边梯形面积的精确值,只需对区间 $[a,b]$ 无限细分,使每个小区间的长度都趋于零. 若记 $\lambda = \max\{\Delta x_1, \Delta x_2, \cdots, \Delta x_n\}$,使每个小区间的长度趋于零的过程相当于 $\lambda \to 0$,所以曲边梯形的面积为
$$A = \lim_{\lambda \to 0} \sum_{i=1}^{n} f(\xi_i) \Delta x_i.$$

实例 2 (变速直线运动的路程)设某物体做变速直线运动,已知速度 $v = v(t)$ 是时间间隔 $[T_1, T_2]$ 上 t 的连续函数,且 $v(t) \geqslant 0$,计算在这段时间内物体所经过的路程 S.

与上例相仿,分成四个步骤来求变速直线运动的路程:

(1) 分割:我们把时间间隔 $[T_1, T_2]$ 分成 n 个小的时间间隔 Δt_i. 在时间间隔 $[T_1, T_2]$ 中任意插入 $n-1$ 个分点
$$T_1 = t_0 < t_1 < t_2 < \cdots < t_{i-1} < t_i < \cdots < t_{n-1} < t_n < T_2,$$
把 $[T_1, T_2]$ 分成 n 个小段
$$[t_{i-1}, t_i] \quad (i = 1, 2, \cdots, n),$$
各小段时间的长依次为
$$\Delta t_1 = t_1 - t_0, \quad \Delta t_2 = t_2 - t_1, \quad \cdots, \quad \Delta t_n = t_n - t_{n-1}.$$

(2) 近似代替:在时间间隔 $[t_{i-1}, t_i]$ 上任取一个时刻 $\tau_i (t_{i-1} \leqslant \tau_i \leqslant t_i)$,以 τ_i 时刻的速度 $v(\tau_i)$ 来近似代替 $[t_{i-1}, t_i]$ 上各个时刻的速度,得到部分路程 ΔS_i 的近似值,即
$$\Delta S_i \approx v(\tau_i) \Delta t_i \quad (i = 1, 2, \cdots, n).$$

(3) 求和:于是这 n 段部分路程的近似值之和就是所求变速直线运动路程 S 的近似值,即
$$S \approx \sum_{i=1}^{n} v(\tau_i) \Delta t_i.$$

(4) 取极限:记 $\lambda = \max\{\Delta t_1, \Delta t_2, \cdots, \Delta t_n\}$,当 $\lambda \to 0$ 时,取上述和式的极限,即得变速直线运动的路程
$$S = \lim_{\lambda \to 0} \sum_{i=1}^{n} v(\tau_i) \Delta t_i.$$

上面两个问题的实际意义虽然不同,但它们的解决方法却是一样的,都应用了无限逼近

的思想,采用分割、近似代替、求和、取极限四个步骤来解决. 从抽象的数量关系来看,它们的实质是一样的,都反映了函数值与自变量增量之乘积的累加所得到和式的极限情况,由此可以抽象地得到定积分的概念.

3.1.2 定积分的概念

定义 3.1.1 设 $f(x)$ 在 $[a,b]$ 上有界,用分点
$$a = x_0 < x_1 < x_2 < \cdots < x_{i-1} < x_i < \cdots < x_{n-1} < x_n = b.$$
将区间 $[a,b]$ 任意分为 n 个子区间 $[x_{i-1},x_i]$ ($i=1,2,\cdots,n$),在每个小区间 $[x_{i-1},x_i]$ 上任取一点 ξ_i,记 $\Delta x_i = x_i - x_{i-1}$ ($i=1,2,\cdots,n$),作和式 $\sum_{i=1}^{n} f(\xi_i)\Delta x_i$,该和式称为 $f(x)$ 在 $[a,b]$ 上的积分和式. 记 $\lambda = \max\{\Delta x_1, \Delta x_2, \cdots, \Delta x_n\}$,如果当 $\lambda \to 0$ 时,不论对区间 $[a,b]$ 的分法如何,也不论 ξ_i 在 $[x_{i-1},x_i]$ 上的取法如何,积分和式总有确定的极限值 I,则称 $f(x)$ 在 $[a,b]$ 上可积,极限值 I 为 $f(x)$ 在 $[a,b]$ 上的定积分,记作 $\int_a^b f(x)dx$,即
$$\int_a^b f(x)dx = \lim_{\lambda \to 0} \sum_{i=1}^{n} f(\xi_i)\Delta x_i,$$
其中,$\int$ 是积分号,a、b 分别称为积分下限、积分上限,称 $[a,b]$ 为积分区间,$f(x)$ 为被积函数,x 为积分变量,$f(x)dx$ 为被积表达式.

根据定积分的定义,上述实例中曲边梯形的面积为 $A = \int_a^b f(x)dx$;变速直线运动的路程为 $S = \int_{T_1}^{T_2} v(t)dt$.

关于定积分的定义,我们有以下几点说明:

(1) 定义中的极限与区间 $[a,b]$ 的划分方式无关,也与每个小区间上 ξ_i 的取值无关.

(2) 定积分是一个数,它的值仅与被积函数和积分区间有关,而与积分变量用哪个字母表示无关,即 $\int_a^b f(x)dx = \int_a^b f(t)dt = \int_a^b f(u)du$.

(3) 在上述定义中,我们实际上限定了上限大于下限,即 $b > a$,但在实际应用及理论分析中,会遇到上限小于下限的情形. 因此我们把定积分的定义扩充如下:

当 $b < a$ 时规定 $\int_a^b f(x)dx = -\int_b^a f(x)dx$;当 $b = a$ 时规定 $\int_a^b f(x)dx = 0$.

如果定积分 $\int_a^b f(x)dx$ 存在,我们就称 $f(x)$ 在 $[a,b]$ 上可积. 那么,函数在什么条件下是可积的呢?

定理 3.1.1 若 $f(x)$ 在 $[a,b]$ 上连续或只有有限个第一类间断点,则 $f(x)$ 在 $[a,b]$ 上可积.

3.1.3 定积分的几何意义

由实例 1 的曲边梯形面积问题可知,在区间 $[a,b]$ 上,当 $f(x) \geq 0$ 时,积分 $\int_a^b f(x)dx$ 在

几何上表示由曲线 $y=f(x)$，两条直线 $x=a$、$x=b$ 与 x 轴所围成的曲边梯形的面积；当 $f(x) \leqslant 0$ 时，由曲线 $y=f(x)$，两条直线 $x=a$、$x=b$ 与 x 轴所围成的曲边梯形位于 x 轴的下方，定积分在几何上表示上述曲边梯形面积的相反数；当 $f(x)$ 既取得正值又取得负值时，函数 $f(x)$ 的图形（图 3.2）的某些部分在 x 轴的上方，某些部分在 x 轴的下方，如果我们对面积赋予正负号，在 x 轴上方的图形面积赋予正号，在 x 轴下方的图形面积赋予负号，则在一般情形下，定积分 $\int_a^b f(x) \mathrm{d}x$ 的几何意义为：它是由函数 $f(x)$ 的图形、x 轴及两条直线 $x=a$、$x=b$ 所围图形的各部分面积的代数和.

如图 3.2 所示，$\int_a^b f(x) \mathrm{d}x = A_1 - A_2 + A_3$.

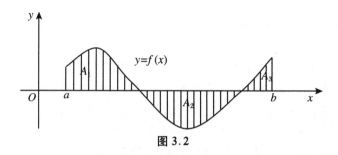

图 3.2

例 1 计算定积分 $\int_0^1 2x \mathrm{d}x$.

解 函数 $y = 2x$ 在 $[0,1]$ 上连续，由定理 3.1.1 可知，$2x$ 在 $[0,1]$ 上可积，所以积分 $\int_0^1 2x \mathrm{d}x$ 存在. 把区间 $[0,1]$ 分成 n 等份，则小区间长度为 $\Delta x_i = \dfrac{1}{n}(i=1,2,\cdots,n)$.

取 $\xi_i = \dfrac{i}{n}(i=1,2,\cdots,n)$，作积分和

$$\sum_{i=1}^n f(\xi_i) \Delta x_i = \sum_{i=1}^n 2\xi_i \Delta x_i = \sum_{i=1}^n 2 \dfrac{i}{n} \cdot \dfrac{1}{n} = \dfrac{2}{n^2} \sum_{i=1}^n i = \dfrac{2}{n^2} \cdot \dfrac{n(n+1)}{2} = \dfrac{n(n+1)}{n^2}.$$

因为 $\lambda = \dfrac{1}{n}$，当 $\lambda \to 0$ 时，$n \to \infty$，所以

$$\int_0^1 2x \mathrm{d}x = \lim_{\lambda \to 0} \sum_{i=1}^n f(\xi_i) \Delta x_i = \lim_{n \to \infty} \dfrac{n(n+1)}{n^2} = 1.$$

另解 由定积分的几何意义可知，这里 $\int_0^1 2x \mathrm{d}x$ 表示由直线 $y=2x$、$x=1$ 与 x 轴所围三角形的面积值，因此 $\int_0^1 2x \mathrm{d}x = 1$.

例 2 利用定积分求极限 $I = \lim\limits_{n \to \infty} \dfrac{1}{n} \sum\limits_{i=1}^n \sqrt{1 - \left(\dfrac{i}{n}\right)^2}$.

解 取 $f(x) = \sqrt{1-x^2}$，$x \in [0,1]$，因为 $f(x)$ 在 $[0,1]$ 上连续，因此 $f(x)$ 在 $[0,1]$ 上可积，即 $\int_0^1 \sqrt{1-x^2} \mathrm{d}x$ 存在.

不妨将 $[0,1]$ n 等分，于是 $\Delta x_i = \dfrac{1}{n}$，取 $\xi_i = \dfrac{i}{n}$，则根据定积分的定义可得

$$\int_0^1 \sqrt{1-x^2}\,dx = \lim_{\lambda \to 0} \sum_{i=1}^n f(\xi_i)\Delta x_i = \lim_{n \to \infty} \sum_{i=1}^n \sqrt{1-\left(\frac{i}{n}\right)^2} \cdot \frac{1}{n}.$$

所以极限

$$I = \lim_{n \to \infty} \frac{1}{n}\sum_{i=1}^n \sqrt{1-\left(\frac{i}{n}\right)^2} = \lim_{n \to \infty} \sum_{i=1}^n \sqrt{1-\left(\frac{i}{n}\right)^2} \cdot \frac{1}{n} = \int_0^1 \sqrt{1-x^2}\,dx.$$

根据定积分的几何意义可知,这里 $\int_0^1 \sqrt{1-x^2}\,dx$ 表示半圆周 $y=\sqrt{1-x^2}$ 与 x 轴、y 轴在平面直角坐标系第一象限所围图形的面积,因此

$$\lim_{n \to \infty} \frac{1}{n}\sum_{i=1}^n \sqrt{1-\left(\frac{i}{n}\right)^2} = \frac{\pi}{4}.$$

3.1.4 定积分的性质

假设函数 $f(x)$、$g(x)$ 在所讨论的区间上都是可积的,根据定积分的定义以及极限的相关性质,我们可以得到定积分的一些主要性质.

性质 3.1.1 (1) $\int_a^b [f(x)\pm g(x)]\,dx = \int_a^b f(x)\,dx \pm \int_a^b g(x)\,dx$;

(2) $\int_a^b kf(x)\,dx = k\int_a^b f(x)\,dx$($k$ 为常数).

性质 3.1.2 $\int_a^b f(x)\,dx = \int_a^c f(x)\,dx + \int_c^b f(x)\,dx.$

注 不论 a、b、c 的相对位置如何,性质 3.1.2 都成立.这个性质表明定积分对于积分区间具有可加性.

性质 3.1.3 如果在区间 $[a,b]$ 上 $f(x)=1$,则 $\int_a^b 1\,dx = \int_a^b dx = b-a.$

性质 3.1.4 如果在区间 $[a,b]$ 上 $f(x) \geqslant 0$,则 $\int_a^b f(x)\,dx \geqslant 0\,(a<b).$

推论 1 如果在区间 $[a,b]$ 上 $f(x) \leqslant g(x)$,则

$$\int_a^b f(x)\,dx \leqslant \int_a^b g(x)\,dx\,(a<b).$$

证明 因为 $g(x)-f(x) \geqslant 0$,从而

$$\int_a^b g(x)\,dx - \int_a^b f(x)\,dx = \int_a^b [g(x)-f(x)]\,dx \geqslant 0,$$

所以

$$\int_a^b f(x)\,dx \leqslant \int_a^b g(x)\,dx.$$

推论 2 $\left|\int_a^b f(x)\,dx\right| \leqslant \int_a^b |f(x)|\,dx\,(a<b).$

证明 因为 $-|f(x)| \leqslant f(x) \leqslant |f(x)|$,所以

$$-\int_a^b |f(x)|\,dx \leqslant \int_a^b f(x)\,dx \leqslant \int_a^b |f(x)|\,dx, \quad 即 \quad \left|\int_a^b f(x)\,dx\right| \leqslant \int_a^b |f(x)|\,dx.$$

性质 3.1.5 设 m 和 M 分别是函数 $f(x)$ 在区间 $[a,b]$ 上的最小值和最大值,则

$$m(b-a) \leqslant \int_a^b f(x)\,dx \leqslant M(b-a).$$

证明 因为在区间$[a,b]$上,$m \leqslant f(x) \leqslant M$,从而由性质3.1.4的推论1可知
$$\int_a^b m\mathrm{d}x \leqslant \int_a^b f(x)\mathrm{d}x \leqslant \int_a^b M\mathrm{d}x,$$
所以
$$m(b-a) \leqslant \int_a^b f(x)\mathrm{d}x \leqslant M(b-a).$$

性质 3.1.6 （积分中值定理）如果函数$f(x)$在闭区间$[a,b]$上连续,则在$[a,b]$上至少存在一点ξ,使下式成立:
$$\int_a^b f(x)\mathrm{d}x = f(\xi)(b-a).$$

证明 由性质3.1.5得
$$m(b-a) \leqslant \int_a^b f(x)\mathrm{d}x \leqslant M(b-a).$$
各项除以$(b-a)$,得
$$m \leqslant \frac{1}{b-a}\int_a^b f(x)\mathrm{d}x \leqslant M,$$
再由连续函数的介值定理可知在$[a,b]$上至少存在一点ξ,使
$$f(\xi) = \frac{1}{b-a}\int_a^b f(x)\mathrm{d}x,$$
即得
$$\int_a^b f(x)\mathrm{d}x = f(\xi)(b-a).$$

这个公式也叫作积分中值公式.积分中值公式的几何解释如图3.3所示.从几何的角度来看,当$f(x)(x\geqslant 0)$在闭区间$[a,b]$上连续时,则在$[a,b]$上至少存在一个点ξ,使得以曲线$y=f(x)$为曲边、以区间$[a,b]$为底边的曲边梯形的面积恰好等于高为$f(\xi)$且与曲边梯形同底的矩形面积.$f(\xi) = \frac{1}{b-a}\int_a^b f(x)\mathrm{d}x$为该曲边梯形的平均高度,我们称其为函数$f(x)$在$[a,b]$上的平均值.

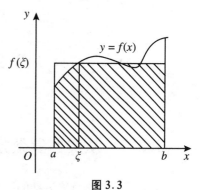

图 3.3

注 不论$a<b$还是$a>b$,积分中值公式都成立.

例3 比较定积分$\int_1^{\mathrm{e}} \ln x\mathrm{d}x$和$\int_1^{\mathrm{e}} x\mathrm{d}x$的大小.

解 当$x \in [1,\mathrm{e}]$时,$\ln x < x$,由性质3.1.4的推论1可知
$$\int_1^{\mathrm{e}} \ln x\mathrm{d}x < \int_1^{\mathrm{e}} x\mathrm{d}x.$$

例4 估计积分值$\int_{\frac{1}{4}\pi}^{\frac{5}{4}\pi}(1+\sin^2 x)\mathrm{d}x$.

解 因为$1+\sin^2 x$在$\left[\frac{1}{4}\pi, \frac{5}{4}\pi\right]$上连续,因此必有最值,且$1 \leqslant 1+\sin^2 x \leqslant 2$,于是
$$\pi = \left(\frac{5}{4}\pi - \frac{\pi}{4}\right) \cdot 1 \leqslant \int_{\frac{1}{4}\pi}^{\frac{5}{4}\pi}(1+\sin^2 x)\mathrm{d}x \leqslant \left(\frac{5}{4}\pi - \frac{\pi}{4}\right) \cdot 2 = 2\pi,$$
因此我们可知
$$\pi \leqslant \int_{\frac{1}{4}\pi}^{\frac{5}{4}\pi}(1+\sin^2 x)\mathrm{d}x \leqslant 2\pi.$$

习题 3.1

A 组

1. 利用定积分的定义计算定积分 $\int_0^1 x^2 dx$.

2. 利用定积分的几何意义,求下列定积分的值:

(1) $\int_{-1}^2 (1-x)dx$;　　　(2) $\int_{-3}^3 -\sqrt{9-x^2}dx$;　　　(3) $\int_0^\pi \cos x dx$.

3. 比较下列定积分的大小:

(1) $\int_1^2 x^2 dx$ 和 $\int_1^2 x^3 dx$; (2) $\int_0^1 x dx$ 和 $\int_0^1 \ln(1+x)dx$; (3) $\int_0^{\frac{\pi}{2}} \sin x dx$ 和 $\int_0^{\frac{\pi}{2}} x dx$.

4. 估计下列积分的值:

(1) $\int_0^2 \frac{1}{2+3x} dx$;　　　(2) $\int_{\frac{\pi}{4}}^{\frac{\pi}{2}} (1+\sin^2 x)dx$;　　　(3) $\int_0^1 e^{x^2} dx$.

B 组

用定积分表示下列极限:

(1) $\lim_{n\to\infty} \frac{1}{n} \sum_{i=1}^n \sqrt{1+\frac{i}{n}}$;　　　(2) $\lim_{n\to\infty} \sum_{k=1}^n \sin\frac{k\pi}{n} \cdot \frac{1}{n}$.

3.2　微积分基本公式

3.2.1　从实例看微分与积分的联系

从上一节变速直线运动的路程问题我们已经知道,若速度为 $v(t)(v(t)\geqslant 0)$,那么在时间段 $[T_1,T_2]$ 上,变速直线运动的物体走过的路程 S 可以表示为定积分

$$S = \lim_{\lambda\to 0} \sum_{i=1}^n v(\tau_i)\Delta t_i = \int_{T_1}^{T_2} v(t)dt.$$

在这里,如果 $v(t)$ 的表达式稍微复杂一些,这个和式的极限有可能是很难求的.但如果我们从另一个角度出发考虑这个问题就会简便很多,由于物体在 $[0,t]$ 所走过的路程为 $S(t)$,那么它在 $[0,T_1]$ 上所走过的路程为 $S(T_1)$,它在 $[0,T_2]$ 上所走过的路程为 $S(T_2)$,那么物体在时间段 $[T_1,T_2]$ 上所走过的路程 S 可表示为

$$S = S(T_2) - S(T_1),$$

因此,我们得到

$$S = \int_{T_1}^{T_2} v(t)dt = S(T_2) - S(T_1), \qquad (3.2.1)$$

注意,其中 $S'(t) = v(t)$,由此我们引入原函数的概念.

定义 3.2.1 设 $f(x)$ 在区间 I 上有定义,如果存在可导函数 $F(x)$,使得对于 $\forall x \in I$, $F'(x) = f(x)$ 或 $\mathrm{d}(F(x)) = f(x)\mathrm{d}x$ 恒成立,则称 $F(x)$ 为 $f(x)$ 在区间 I 上的一个原函数.

如果 $f(x)$ 存在原函数,则它的原函数有无穷多个.事实上,如果 $F(x)$ 是 $f(x)$ 的一个原函数,那么显然 $F(x) + C$(C 为任意一个常数)也是 $f(x)$ 的原函数.或者假设 $F(x)$、$G(x)$ 均为 $f(x)$ 的原函数,那么由原函数的定义知,$F'(x) = f(x)$,$G'(x) = f(x)$,故 $F'(x) = G'(x)$,得 $F(x) = G(x) + C$.也就是说,同一函数的任意两个原函数之间相差一个常数.

有了原函数的概念,则式 $S = \int_{T_1}^{T_2} v(t)\mathrm{d}t = S(T_2) - S(T_1)$ 说明了这样一个事实:函数 $v(t)$ 在 $[T_1, T_2]$ 上的定积分可以用它的一个原函数在积分区间的两个端点处的函数值之差来表示.这是不是一个普遍规律呢? 也就是,对于定积分 $\int_a^b f(x)\mathrm{d}x$ 来说,如果 $F'(x) = f(x)$,那么计算公式 $\int_a^b f(x)\mathrm{d}x = F(b) - F(a)$ 是否普遍成立呢?

3.2.2 变上限函数

设 $f(x)$ 在 $[a, b]$ 上连续,则 $f(x)$ 在 $[a, b]$ 在可积,对任意的 $x \in [a, b]$,则 $\int_a^x f(x)\mathrm{d}x$ 存在,这个积分是上限 x 的函数,称为变上限函数.由于积分与积分变量采用的记号无关,因此这个积分也常记作 $\int_a^x f(t)\mathrm{d}t$,记为

$$\Phi(x) = \int_a^x f(t)\mathrm{d}t. \tag{3.2.2}$$

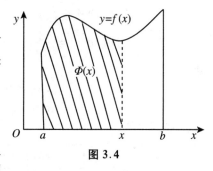

图 3.4

从几何上看,如图 3.4 所示,$\Phi(x)$ 表示在 $[a, x]$ 上的曲边梯形(即图中的阴影部分)的面积,显然这个面积值随 x 的改变而改变.

定理 3.2.1 设 $f(x)$ 在 $[a, b]$ 上连续,则由式(3.2.2)定义的 $\Phi(x)$ 在 $[a, b]$ 上可导,且有

$$\Phi'(x) = \frac{\mathrm{d}}{\mathrm{d}x}\left[\int_a^x f(t)\mathrm{d}t\right] = f(x). \tag{3.2.3}$$

证明 由导数的定义可知

$$\Phi'(x) = \lim_{\Delta x \to 0} \frac{\Delta \Phi}{\Delta x}.$$

因为

$$\Delta \Phi = \Phi(x + \Delta x) - \Phi(x) = \int_a^{x+\Delta x} f(t)\mathrm{d}t - \int_a^x f(t)\mathrm{d}t,$$

由积分中值定理又有

$$\Delta \Phi = \int_x^{x+\Delta x} f(t)\mathrm{d}t = f(\xi)\Delta x \quad (\xi \text{ 介于 } x \text{ 与 } x + \Delta x \text{ 之间}),$$

因此

$$\Phi'(x) = \lim_{\Delta x \to 0} \frac{\Delta \Phi}{\Delta x} = \lim_{\Delta x \to 0} \frac{f(\xi)\Delta x}{\Delta x} = \lim_{\xi \to x} f(\xi),$$

又 $f(x)$ 在 $[a,b]$ 上连续,所以 $\lim\limits_{\xi \to x} f(\xi) = f(x)$,故

$$\Phi'(x) = \frac{\mathrm{d}}{\mathrm{d}x}\left[\int_a^x f(t)\mathrm{d}t\right] = f(x).$$

由原函数的概念可知,如果 $f(x)$ 在 $[a,b]$ 上连续,那么 $\Phi(x) = \int_a^x f(t)\mathrm{d}t$ 就是 $f(x)$ 在 $[a,b]$ 上的一个原函数.

例 1 求 $\dfrac{\mathrm{d}}{\mathrm{d}x}\left[\int_0^x \mathrm{e}^{-t}\mathrm{d}t\right]$.

解 由定理 3.2.1 可得 $\dfrac{\mathrm{d}}{\mathrm{d}x}\left[\int_0^x \mathrm{e}^{-t}\mathrm{d}t\right] = \mathrm{e}^{-x}$.

例 2 求 $\Phi(x) = \int_0^{x^2} \sin t \, \mathrm{d}t$ 的导数.

解 记 $u = x^2$,则 $\Phi(x)$ 是由 $F(u) = \int_0^u \sin t \, \mathrm{d}t, u = x^2$ 的复合而成的. 故由复合函数求导法则得

$$\Phi'(x) = \frac{\mathrm{d}F(u)}{\mathrm{d}u} \cdot \frac{\mathrm{d}u}{\mathrm{d}x} = \frac{\mathrm{d}}{\mathrm{d}u}\left(\int_0^u \sin t \, \mathrm{d}t\right) \cdot \frac{\mathrm{d}u}{\mathrm{d}x} = \sin u \cdot 2x = 2x\sin(x^2).$$

一般地,设 $f(x)$ 连续,$g(x), h(x)$ 可导,由复合函数求导公式得

$$\frac{\mathrm{d}}{\mathrm{d}x}\left[\int_a^{h(x)} f(t)\mathrm{d}t\right] = \frac{\mathrm{d}}{\mathrm{d}u}\left[\int_a^u f(t)\mathrm{d}t\right] \cdot \frac{\mathrm{d}u}{\mathrm{d}x} = f(u) \cdot h'(x) = f[h(x)]h'(x).$$

即

$$\frac{\mathrm{d}}{\mathrm{d}x}\left[\int_a^{h(x)} f(t)\mathrm{d}t\right] = f[h(x)]h'(x). \tag{3.2.4}$$

由此容易得到

$$\frac{\mathrm{d}}{\mathrm{d}x}\left[\int_{g(x)}^b f(t)\mathrm{d}t\right] = -f[g(x)]g'(x). \tag{3.2.5}$$

$$\frac{\mathrm{d}}{\mathrm{d}x}\left[\int_{g(x)}^{h(x)} f(t)\mathrm{d}t\right] = f[h(x)]h'(x) - f[g(x)]g'(x). \tag{3.2.6}$$

例 3 求 $\dfrac{\mathrm{d}}{\mathrm{d}x}\left[\int_{-x}^{x^2} \cos(\mathrm{e}^t)\mathrm{d}t\right]$.

解 由式(3.2.6)知

$$\frac{\mathrm{d}}{\mathrm{d}x}\left[\int_{-x}^{x^2} \cos(\mathrm{e}^t)\mathrm{d}t\right] = (x^2)'\cos(\mathrm{e}^{x^2}) - (-x)'\cos(\mathrm{e}^{-x})$$

$$= 2x\cos(\mathrm{e}^{x^2}) + \cos(\mathrm{e}^{-x}).$$

例 4 求 $\lim\limits_{x \to 0^+} \dfrac{\int_0^{x^2} \ln(1+\sqrt{t})\mathrm{d}t}{x^3}$.

解 该极限为"$\dfrac{0}{0}$"型未定式,由洛必达法则,有

$$\lim_{x \to 0^+} \frac{\int_0^{x^2} \ln(1+\sqrt{t})\mathrm{d}t}{x^3} = \lim_{x \to 0^+} \frac{\left[\int_0^{x^2} \ln(1+\sqrt{t})\right]'}{(x^3)'}$$

$$= \lim_{x \to 0^+} \frac{2x\ln(1+x)}{3x^2}$$

$$= \lim_{x \to 0^+} \frac{2x^2}{3x^2} = \frac{2}{3}.$$

3.2.3 牛顿-莱布尼茨公式

定理 3.2.2 设 $f(x)$ 在 $[a,b]$ 连续,$F(x)$ 是 $f(x)$ 在 $[a,b]$ 上的一个原函数,则

$$\int_a^b f(x)\mathrm{d}x = F(b) - F(a). \tag{3.2.7}$$

证明 因为 $F(x)$ 是 $f(x)$ 在 $[a,b]$ 上的一个原函数,而 $\int_a^x f(t)\mathrm{d}t$ 也是 $f(x)$ 在 $[a,b]$ 上的一个原函数,因而两者相差一个常数,即

$$\int_a^x f(t)\mathrm{d}t = F(x) + C.$$

令 $x = a$,即得到 $C = -F(a)$,所以

$$\int_a^b f(x)\mathrm{d}x = F(b) - F(a).$$

定理的结论称为微积分基本公式,也称为牛顿-莱布尼茨(Newton-Leibniz)公式,公式中的 $F(b) - F(a)$ 常记为 $F(x)\Big|_a^b$,也就是

$$\int_a^b f(x)\mathrm{d}x = F(x)\Big|_a^b = F(b) - F(a).$$

它的形式非常简单,将求函数 $f(x)$ 在 $[a,b]$ 上的定积分转化成计算其原函数在 $[a,b]$ 上的增量,从而给定积分的计算提供了一种全新的计算方法. 例如,对于定积分 $\int_0^1 x^2 \mathrm{d}x$,由于 $\left(\frac{1}{3}x^3\right)' = x^2$,因此 $\int_0^1 x^2 \mathrm{d}x = \frac{1}{3}x^3\Big|_0^1 = \frac{1}{3} - 0 = \frac{1}{3}$.

例 5 计算 $\int_1^2 \mathrm{e}^x \mathrm{d}x$.

解 $\int_1^2 \mathrm{e}^x \mathrm{d}x = \mathrm{e}^x\Big|_1^2 = \mathrm{e}^2 - \mathrm{e}$.

例 6 计算 $\int_0^{\frac{\pi}{2}} \sin x \mathrm{d}x$.

解 $\int_0^{\frac{\pi}{2}} \sin x \mathrm{d}x = -\cos x\Big|_0^{\frac{\pi}{2}} = -\cos\frac{\pi}{2} + \cos 0 = 1$.

例 7 计算 $I = \int_0^1 \frac{1}{1+x^2}\mathrm{d}x$ 并求极限 $\lim_{n \to \infty} \sum_{i=1}^n \frac{n}{n^2 + i^2}$.

解 由于 $(\arctan x)' = \frac{1}{1+x^2}$,所以 $\arctan x$ 是 $\frac{1}{1+x^2}$ 的一个原函数,故得

$$I = \int_0^1 \frac{1}{1+x^2}\mathrm{d}x = \arctan x\Big|_0^1 = \arctan 1 - \arctan 0 = \frac{\pi}{4}.$$

因为 $f(x) = \frac{1}{1+x^2}$ 在 $[0,1]$ 上连续,由定积分的定义,对 $[0,1]$ 进行 n 等分,并对每一小区间取左端点函数值,于是有

$$\lim_{n \to \infty} \sum_{i=1}^n \frac{n}{n^2 + i^2} = \lim_{n \to \infty} \sum_{i=1}^n \frac{1}{1 + \left(\frac{i}{n}\right)^2} \cdot \frac{1}{n} = \int_0^1 \frac{1}{1+x^2}\mathrm{d}x = \frac{\pi}{4}.$$

习 题 3.2

A 组

1. 填空题.

(1) $\dfrac{d}{dx}\left[\int_{\frac{\pi}{2}}^{x} \cos t\, dt\right] = $ _____ ;   (2) $\dfrac{d}{dx}\left[\int_{a}^{b^2} f(x)\, dx\right] = $ _____ ;

(3) $\dfrac{d}{dx}\left[\int_{a}^{x} \sin(t^2)\, dt\right] = $ _____ ;   (4) $\dfrac{d}{dx}\left[\int_{2x}^{1} e^{-t}\, dt\right] = $ _____ ;

(5) $\dfrac{d}{dx}\left[\int_{\sin x}^{\cos x} 3^t\, dt\right] = $ _____ ;   (6) $\dfrac{d}{dx}\left[\int_{x^2}^{x^3} e^{t^2}\, dt\right] = $ _____ .

2. 求由方程 $\int_{0}^{y} e^t\, dt + \int_{1}^{x^2} t\ln(t^2)\, dt = 0$ 所确定的隐函数 y 对 x 的导数.

3. 求下列极限:

(1) $\lim\limits_{x\to 0} \dfrac{\int_{0}^{x} \sin(t^2)\, dt}{x}$;   (2) $\lim\limits_{x\to \sqrt{3}} \dfrac{\int_{x^2}^{3} \ln t\, dt}{x^2-3}$;   (3) $\lim\limits_{x\to 0} \dfrac{\int_{0}^{x} (\arctan t)^2\, dx}{x^3}$.

4. 计算下列定积分:

(1) $\int_{0}^{2} \sqrt{x}\, dx$;   (2) $\int_{\frac{1}{\sqrt{3}}}^{\sqrt{3}} \left(-\dfrac{1}{1+x^2}\right) dx$;

(3) $\int_{-2}^{-1} \dfrac{1}{x}\, dx$;   (4) $\int_{1}^{6} \dfrac{1}{x^2}\, dx$;

(5) $\int_{0}^{\pi} \sin x\, dx$;   (6) $\int_{0}^{2} f(x)\, dx$, 其中 $f(x) = \begin{cases} x, & x \leqslant 1 \\ x^2, & x > 1 \end{cases}$.

B 组

1. 求下列极限:

(1) $\lim\limits_{x\to 0} \dfrac{\left(\int_{0}^{x} e^{u^2}\, du\right)^2}{\int_{0}^{x} e^{2u^2}\, du}$;   (2) $\lim\limits_{n\to\infty} \dfrac{1^p + 2^p + 3^p + \cdots + n^p}{n^{p+1}}$.

2. 计算下列定积分:

(1) $\int_{1}^{3} |2-x|\, dx$;   (2) $\int_{0}^{2\pi} |\cos x|\, dx$.

3.3 不定积分的概念与性质

由微积分基本公式可以知道,计算定积分的关键在于求出被积函数的一个原函数.本节我们将介绍不定积分,研究如何求函数的原函数.

3.3.1 不定积分的概念

由上一节内容我们知道,如果一个函数 $f(x)$ 有原函数,则 $f(x)$ 有无穷多个原函数,任意两个原函数之间相差一个常数.因此只要求得 $f(x)$ 的一个原函数 $F(x)$,则 $F(x) + C$ 就是 $f(x)$ 的全部原函数(其中 C 为任意常数).

定义 3.3.1 $f(x)$ 在区间 I 上有定义,$f(x)$ 的所有原函数 $F(x) + C$ 称为 $f(x)$ 在 I 上的不定积分,记为 $\int f(x)\mathrm{d}x$,即 $\int f(x)\mathrm{d}x = F(x) + C$,其中 $\int$ 为积分符号,$f(x)$ 为被积函数,$f(x)\mathrm{d}x$ 为被积表达式,x 为积分变量.

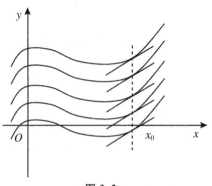

图 3.5

从几何上看,如图 3.5 所示,设 $F(x)$ 是 $f(x)$ 的一个原函数,那么 $y = F(x)$ 的图形称为 $f(x)$ 的一条积分曲线,不定积分 $\int f(x)\mathrm{d}x$ 的图形就是一族积分曲线 $y = F(x) + C$,这族积分曲线可以看成是由 $y = F(x)$ 的图形沿着 y 轴方向向上下平移任意单位得到的,称其为积分曲线族.

由于 $x_0 \in I$,$(F(x) + C)'|_{x = x_0} = F'(x_0) = f(x_0)$,因此对于一个积分曲线族来说,它们的显著特征是:在横坐标相同的点处切线互相平行.

由定义知,求不定积分 $\int f(x)\mathrm{d}x$ 就是由一个函数 $F(x)$ 的微分 $f(x)\mathrm{d}x$ 或者导数 $f(x)$ 去求这个函数 $F(x)$ 本身,因此微分运算"d"与不定积分运算"$\int$"构成了一对广义的逆运算:

$$\int f(x)\mathrm{d}x = \int \mathrm{d}F(x) = F(x) + C \quad (\text{即} \int f(x)\mathrm{d}x = \int F'(x)\mathrm{d}x = F(x) + C),$$

或

$$\mathrm{d}\left[\int f(x)\mathrm{d}x\right] = \mathrm{d}(F(x) + C) = f(x)\mathrm{d}x \quad (\text{即} \left[\int f(x)\mathrm{d}x\right]' = f(x)).$$

例 1 求 $\int x^7 \mathrm{d}x$.

解 因为 $\left(\dfrac{1}{8}x^8\right)' = x^7$,所以 $\dfrac{1}{8}x^8$ 是 x^7 的一个原函数,因此

$$\int x^7 \mathrm{d}x = \frac{1}{8}x^8 + C.$$

例 2 求 $\int \dfrac{1}{x}\mathrm{d}x$.

解 因为 $(\ln|x|)' = \dfrac{1}{x}$,所以 $\int \dfrac{1}{x}\mathrm{d}x = \ln|x| + C$.

例 3 求 $\int \cos x \mathrm{d}x$.

解 因为 $(\sin x)' = \cos x$,所以 $\int \cos x \mathrm{d}x = \sin x + C$.

同理,因为 $(-\cos x)' = \sin x$,所以 $\int \sin x \mathrm{d}x = -\cos x + C$.

3.3.2 基本积分公式

由导数的基本公式和不定积分的定义,我们可以得到下面的基本积分公式:

(1) $\int 0 \mathrm{d}x = C$;

(2) $\int k \mathrm{d}x = kx + C$($k$ 为常数);

(3) $\int x^\mu \mathrm{d}x = \dfrac{x^{\mu+1}}{\mu+1} + C$($\mu \neq -1$);

(4) $\int \dfrac{\mathrm{d}x}{x} = \ln|x| + C$;

(5) $\int \dfrac{1}{1+x^2} \mathrm{d}x = \arctan x + C = -\operatorname{arccot} x + C$;

(6) $\int \dfrac{1}{\sqrt{1-x^2}} \mathrm{d}x = \arcsin x + C = -\arccos x + C$;

(7) $\int \cos x \mathrm{d}x = \sin x + C$;

(8) $\int \sin x \mathrm{d}x = -\cos x + C$;

(9) $\int \dfrac{\mathrm{d}x}{\cos^2 x} = \int \sec^2 x \mathrm{d}x = \tan x + C$;

(10) $\int \dfrac{\mathrm{d}x}{\sin^2 x} = \int \csc^2 x \mathrm{d}x = -\cot x + C$;

(11) $\int \sec x \tan x \mathrm{d}x = \sec x + C$;

(12) $\int \csc x \cot x \mathrm{d}x = -\csc x + C$;

(13) $\int e^x \mathrm{d}x = e^x + C$;

(14) $\int a^x \mathrm{d}x = \dfrac{a^x}{\ln a} + C$($a > 0, a \neq 1$).

以上公式是求不定积分的基础,必须熟练掌握以灵活运用.

3.3.3 不定积分的基本性质

设 $f(x)$、$g(x)$ 的原函数都是存在的,关于不定积分,我们可以得到以下基本性质:

性质 3.3.1 $\int [f(x) \pm g(x)] \mathrm{d}x = \int f(x) \mathrm{d}x \pm \int g(x) \mathrm{d}x$.

该性质可以推广到有限个函数的代数和的情况:

$$\int [f_1(x) \pm f_2(x) \pm \cdots \pm f_n(x)] \mathrm{d}x = \int f_1(x) \mathrm{d}x \pm \int f_2(x) \mathrm{d}x \pm \cdots \pm \int f_n(x) \mathrm{d}x.$$

性质 3.3.2 $\int k f(x) \mathrm{d}x = k \int f(x) \mathrm{d}x$($k$ 为常数,$k \neq 0$).

该性质可以推广到有限个函数的线性表达式的情况:

$$\int [k_1 f_1(x) \pm k_2 f_2(x) \pm \cdots \pm k_n f_n(x)] dx$$
$$= k_1 \int f_1(x) dx \pm k_2 \int f_2(x) dx \pm \cdots \pm k_n \int f_n(x) dx.$$

通过对函数进行简单的恒等变形,利用基本积分公式和不定积分的性质可以求出一些简单函数的不定积分,我们称这种方法为直接积分法.

例 4 求 $\int (x^5 - 6x + 2e^x) dx$.

解 $\int (x^5 - 6x + 2e^x) dx = \int x^5 dx - 6 \int x dx + 2 \int e^x dx = \dfrac{1}{6} x^6 - 3x^2 + 2e^x + C.$

例 5 求 $\int (7\sqrt{x} - 1) x^2 dx$.

解 $\int (7\sqrt{x} - 1) x^2 dx = \int 7 x^{\frac{5}{2}} dx - \int x^2 dx = 2 x^{\frac{7}{2}} - \dfrac{1}{3} x^3 + C.$

例 6 求 $\int \dfrac{(1+x)(1-x)}{\sqrt{x}} dx$.

解 $\int \dfrac{(1+x)(1-x)}{\sqrt{x}} dx = \int \dfrac{1-x^2}{\sqrt{x}} dx = \int \dfrac{1}{\sqrt{x}} dx - \int x^{\frac{3}{2}} dx = 2\sqrt{x} - \dfrac{2}{5} x^{\frac{5}{2}} + C.$

例 7 求 $\int \dfrac{x^2}{x^2+1} dx$.

解 $\int \dfrac{x^2}{x^2+1} dx = \int \dfrac{x^2+1-1}{x^2+1} dx = \int \left(1 - \dfrac{1}{x^2+1}\right) dx$
$= \int dx - \int \dfrac{1}{x^2+1} dx = x - \arctan x + C.$

例 8 求 $\int \dfrac{1+x+x^2}{x+x^3} dx$.

解 $\int \dfrac{1+x+x^2}{x+x^3} dx = \int \dfrac{1+x+x^2}{x(1+x^2)} dx = \int \dfrac{x+(1+x^2)}{x(1+x^2)} dx$
$= \int \dfrac{1}{1+x^2} dx + \int \dfrac{1}{x} dx = \arctan x + \ln|x| + C.$

例 9 求 $\int \left(2^x e^x + \dfrac{6}{\sqrt{1-x^2}}\right) dx$.

解 $\int \left(2^x e^x + \dfrac{6}{\sqrt{1-x^2}}\right) dx = \int (2e)^x dx + 6 \int \dfrac{1}{\sqrt{1-x^2}} dx = \dfrac{(2e)^x}{\ln(2e)} + 6\arcsin x + C.$

例 10 求 $\int \sin^2 \dfrac{x}{2} dx$.

解 $\int \sin^2 \dfrac{x}{2} dx = \int \dfrac{1-\cos x}{2} dx = \int \dfrac{1}{2} dx - \int \dfrac{\cos x}{2} dx = \dfrac{x}{2} - \dfrac{\sin x}{2} + C.$

例 11 求 $\int \dfrac{1}{\sin^2 x \cos^2 x} dx$.

解 $\int \dfrac{1}{\sin^2 x \cos^2 x} dx = \int \dfrac{\sin^2 x + \cos^2 x}{\sin^2 x \cos^2 x} dx = \int \dfrac{1}{\cos^2 x} dx + \int \dfrac{1}{\sin^2 x} dx$
$= \int \sec^2 x dx + \int \csc^2 x dx = \tan x - \cot x + C.$

注意,并非所有初等函数的原函数都是初等函数,也就是说并非所有初等函数的不定积

分都是可以"积出来"的,例如

$$\int \frac{\sin x}{x}dx, \int \frac{\cos x}{x}dx, \int \frac{e^x}{x}dx, \int \frac{dx}{\sqrt{1+x^4}}, \int \frac{1}{\ln x}dx, \int e^{-x^2}dx, \int \sin(x^2)dx, \int \sqrt{1+x^3}dx$$

等积分是"积不出来"的.

习 题 3.3

A 组

1. 填空题.

(1) 若 $\int f(x)dx = e^x + \cos x + C$,则 $f(x) = $ _____;

(2) 若 $f(x)$ 的一个原函数为 $\tan x$,则 $f(x) = $ _____;

(3) 若 $f(x)$ 的一个原函数为 x^2,则 $\int f'(x)dx = $ _____.

2. 计算下列不定积分:

(1) $\int 3x^6 dx$; (2) $\int \sqrt{x\sqrt{x}}dx$; (3) $\int 2^x dx$;

(4) $\int e^{x+2}dx$; (5) $\int \frac{5}{\sqrt{1-x^2}}dx$; (6) $\int \frac{-1}{3(1+x^2)}dx$;

(7) $\int e^t\left(1 - \frac{1}{\sqrt{t}}e^{-t}\right)dt$; (8) $\int 2^t 5^t dt$; (9) $\int \frac{1+x^3}{1+x}dx$;

(10) $\int \frac{4+x^2}{1+x^2}dx$; (11) $\int (\sin x - 3\cos x)dx$; (12) $\int \frac{\sin 2x}{\sin^3 x \cos^3 x}dx$.

3. 已知曲线 $y = f(x)$ 过点 $(0,1)$ 且在点 (x,y) 处的切线斜率为 $k = 2x + 1$,求该曲线方程.

B 组

计算下列不定积分:

(1) $\int 2\cos^2 \frac{x}{2}dx$; (2) $\int \frac{1}{(1+x^2)x^2}dx$;

(3) $\int \frac{x^3+x+1}{1+x^2}dx$; (4) $\int (3\tan x + \cot x)^2 dx$.

3.4 换元积分法一

在上一节中,利用直接积分法,我们可以求一些简单函数的积分,但是对于一些含复合关系的较为复杂的函数积分,例如 $\int 10\sin 2x dx$、$\int \sqrt{1-x^2}dx$ 等,直接积分方法是不够用的. 接下来的两节中,我们将利用复合函数的微分法则,讨论求解积分的一种常用方法——换元积分法.换元积分法分为第一类换元法和第二类换元法.

3.4.1 第一类换元法

设 $G'(u) = g(u), u = \varphi(x)$,由复合函数的微分法知
$$dG(u) = G'(u)du = g(u)du = g[\varphi(x)]\varphi'(x)dx.$$
记 $f(x) = g[\varphi(x)]\varphi'(x)$,则
$$\int f(x)dx = \int g[\varphi(x)]\varphi'(x)dx = \int g(u)du$$
$$= \int G'(u)du = \int dG(u) = G(u) + C = G[\varphi(x)] + C.$$

显然,以上计算 $dG(u)$ 和 $\int f(x)dx$ 的过程恰好是互逆的,例如:函数 $\sin 3x$ 可以看成由 $\sin u$ 与 $u = 3x$ 复合而成,因为
$$d(\sin u) = \cos u du = \cos 3x d(3x) = 3\cos 3x dx,$$
因此该过程的逆运算就为
$$\int 3\cos 3x dx = \int \cos 3x d(3x)$$
$$= \int \cos u du = \sin u + C = \sin 3x + C.$$

由此我们有下列结论:

定理 3.4.1 (第一类换元法(凑微分法)) 设 $g(u)$ 在区间 D 上有原函数 $G(u), u = \varphi(x)$ 在区间 I 可导,且 $\varphi(I) \subset D$,其中 $\varphi(I) = \{\varphi(x) \mid \forall x \in I\}$,则 $f(x) = g[\varphi(x)]\varphi'(x)$ 在区间 I 上有原函数 $F(x) = G[\varphi(x)]$,即
$$\int f(x)dx = \int g[\varphi(x)]\varphi'(x)dx \xrightarrow{u = \varphi(x)} \int g(u)du$$
$$= G(u) + C = G[\varphi(x)] + C. \tag{3.4.1}$$

这里求积分的过程完全是复合函数求微分的逆过程.在复合函数求微分时,中间变量很明确,而在其逆运算求积分时,相应的中间变量就不太明显,需要通过"凑"的过程来得到,因此以上方法称为凑微分法.又由于我们在积分过程中作了变量代换 $u = \varphi(x)$,将积分 $\int f(x)dx$ 化为 $\int g(u)du$ 的形式,所以该方法又称为第一类换元法.

例 1 求 $\int \dfrac{dx}{1+5x}$.

解 令 $u = 1 + 5x$,则 $du = 5dx$,由原式得
$$\int \frac{dx}{1+5x} = \int \frac{5dx}{5(1+5x)} = \int \frac{du}{5u} = \frac{1}{5}\ln|u| + C = \frac{1}{5}\ln|1+5x| + C.$$

例 2 求 $\int \dfrac{e^{\sqrt{x}}}{\sqrt{x}}dx$.

解 令 $u = \sqrt{x}$,则 $du = \dfrac{dx}{2\sqrt{x}}$,由原式得
$$\int \frac{e^{\sqrt{x}}}{\sqrt{x}}dx = \int \frac{2e^{\sqrt{x}}dx}{2\sqrt{x}} = \int 2e^u du = 2e^u + C = 2e^{\sqrt{x}} + C.$$

例3 求 $\int \tan x \, dx$.

解
$$\int \tan x \, dx = \int \frac{\sin x}{\cos x} dx = -\int \frac{d(\cos x)}{\cos x} \xrightarrow{\diamondsuit u = \cos x} -\int \frac{du}{u}$$
$$= -\ln|u| + C = -\ln|\cos x| + C.$$

由以上例题可以看出，凑微分法即第一类换元法主要解决被积函数为复合函数的积分. 求不定积分 $\int f(x) dx$，关键是将被积表达式 $f(x) dx$ 凑成复合函数的微分 $g[\varphi(x)]\varphi'(x) dx$ 的形式，再由 $\varphi'(x) dx = d(\varphi(x))$ 以及 $u = \varphi(x)$，得

$$\int f(x) dx = \int g(\varphi(x)) \varphi'(x) dx = \int g(u) du,$$

由此将积分 $\int f(x) dx$ 转化为 $\int g(u) du$，若能求得 $g(u)$ 的原函数，就得到了 $f(x)$ 的不定积分，因此熟悉常见的凑微分形式非常重要. 以下是一些常用的凑微分形式：

(1) $\int f(ax^n + b) x^{n-1} dx = \frac{1}{na} \int f(ax^n + b) d(ax^n + b)$ （n 为整数，$n \neq 0$）；

(2) $\int f(e^x) e^x dx = \int f(e^x) d(e^x)$；

(3) $\int f(\ln x) \frac{1}{x} dx = \int f(\ln x) d(\ln x)$；

(4) $\int f(\sin x) \cos x \, dx = \int f(\sin x) d(\sin x)$；

(5) $\int f(\cos x)(-\sin x) dx = \int f(\cos x) d(\cos x)$；

(6) $\int f(\tan x) \sec^2 x \, dx = \int f(\tan x) d(\tan x)$；

(7) $\int f(\sec x) \sec x \tan x \, dx = \int f(\sec x) d(\sec x)$；

(8) $\int f(\arcsin x) \frac{1}{\sqrt{1-x^2}} dx = \int f(\arcsin x) d(\arcsin x)$；

(9) $\int f(\arctan x) \frac{1}{1+x^2} dx = \int f(\arctan x) d(\arctan x)$；

(10) $\int f(\sqrt{1+x^2}) \frac{x}{\sqrt{1+x^2}} dx = \int f(\sqrt{1+x^2}) d(\sqrt{1+x^2})$；

(11) $\int f(\sqrt{x}) \frac{1}{2\sqrt{x}} dx = \int f(\sqrt{x}) d(\sqrt{x})$；

(12) $\int f\left(\frac{1}{x}\right) \frac{1}{-x^2} dx = \int f\left(\frac{1}{x}\right) d\left(\frac{1}{x}\right)$.

注意，利用第一类换元法求不定积分时，关键并不在换元，而在于凑出恰当的微分 $d(\varphi(x))$. 运算熟练后，在计算过程中，有时不必写出具体的换元过程，而是将 $\varphi(x)$ 看成一个整体变量直接计算.

例4 求 $\int \frac{\ln x}{x} dx$.

解 $\int \frac{\ln x}{x} dx = \int \ln x \left(\frac{1}{x} dx\right) = \int \ln x \, d(\ln x) = \frac{\ln^2 x}{2} + C$.

例 5 求 $\int x^2 e^{x^3} dx$.

解 $\int x^2 e^{x^3} dx = \int e^{x^3} x^2 dx = \frac{1}{3} \int e^{x^3} d(x^3) = \frac{1}{3} e^{x^3} + C.$

例 6 求 $\int \frac{1}{x^2-a^2} dx (a \neq 0)$.

解 由于 $\frac{1}{x^2-a^2} = \frac{1}{2a}\left(\frac{1}{x-a} - \frac{1}{x+a}\right)$，所以

$$\int \frac{1}{x^2-a^2} dx = \frac{1}{2a} \int \left(\frac{1}{x-a} - \frac{1}{x+a}\right) dx = \frac{1}{2a}\left(\int \frac{1}{x-a} dx - \int \frac{1}{x+a} dx\right)$$

$$= \frac{1}{2a}\left[\int \frac{1}{x-a} d(x-a) - \int \frac{1}{x+a} d(x+a)\right]$$

$$= \frac{1}{2a}(\ln|x-a| - \ln|x+a|) + C = \frac{1}{2a} \ln\left|\frac{x-a}{x+a}\right| + C.$$

例 7 求 $\int \frac{1}{a^2+x^2} dx (a \neq 0)$.

解 $\int \frac{1}{a^2+x^2} dx = \int \frac{1}{a^2} \frac{1}{1+\left(\frac{x}{a}\right)^2} dx = \frac{1}{a} \int \frac{1}{1+\left(\frac{x}{a}\right)^2} d\left(\frac{x}{a}\right) = \frac{1}{a} \arctan\left(\frac{x}{a}\right) + C.$

例 8 求 $\int \frac{dx}{\sqrt{a^2-x^2}} (a > 0)$.

解 $\int \frac{dx}{\sqrt{a^2-x^2}} = \int \frac{d\left(\frac{x}{a}\right)}{\sqrt{1-\left(\frac{x}{a}\right)^2}} = \arcsin \frac{x}{a} + C.$

例 9 求 $\int \tan x \sec^3 x \, dx$.

解 $\int \tan x \sec^3 x \, dx = \int \sec^2 x \sec x \tan x \, dx = \int \sec^2 d(\sec x) = \frac{1}{3} \sec^3 x + C.$

例 10 求 $\int \sec x \, dx$.

解 $\int \sec x \, dx = \int \frac{\sec x(\sec x + \tan x)}{\sec x + \tan x} dx = \int \frac{\sec^2 x + \sec x \tan x}{\sec x + \tan x} dx$

$$= \int \frac{d(\sec x + \tan x)}{\sec x + \tan x} = \ln|\sec x + \tan x| + C.$$

例 11 求 $\int \sin 2x \cos 6x \, dx$.

解 $\int \sin 2x \cos 6x \, dx = \frac{1}{2} \int (\sin 8x - \sin 4x) dx.$

$$= \frac{1}{2} \int \sin 8x \cdot \frac{1}{8} d(8x) - \frac{1}{2} \int \sin 4x \cdot \frac{1}{4} d(4x)$$

$$= -\frac{1}{16} \cos 8x + \frac{1}{8} \cos 4x + C.$$

对于定积分的计算，第一类换元法（凑微分法）也同样适用.

例 12 计算 $\int_0^1 (e^x+1)^2 e^x dx$.

解 $\int_0^1 (e^x+1)^2 d(e^x+1) = \frac{1}{3}(e^x+1)^3 \Big|_0^1 = \frac{1}{3}(e+1)^3 - \frac{8}{3}$.

例 13 求 $\int_0^{\frac{\pi}{2}} \frac{\cos x}{1+\sin^2 x} dx$.

解 原式 $= \int_0^{\frac{\pi}{2}} \frac{1}{1+\sin^2 x} d(\sin x) = \arctan(\sin x) \Big|_0^{\frac{\pi}{2}} = \arctan 1 - \arctan 0 = \frac{\pi}{4} - 0 = \frac{\pi}{4}$.

例 14 求 $\int_0^\pi \cos^6 x \sin x dx$.

解 原式 $= -\int_0^\pi \cos^6 x d(\cos x) = -\frac{1}{7} \cos^7 x \Big|_0^\pi = -\frac{1}{7}(-1-1) = \frac{2}{7}$.

例 15 求 $\int_0^\pi \sqrt{\sin^3 x - \sin^5 x} dx$.

解 原式 $= \int_0^\pi \sin^{\frac{3}{2}} x |\cos x| dx$

$= \int_0^{\frac{\pi}{2}} \sin^{\frac{3}{2}} x \cos x dx - \int_{\frac{\pi}{2}}^\pi \sin^{\frac{3}{2}} x \cos x dx = \int_0^{\frac{\pi}{2}} \sin^{\frac{3}{2}} x d(\sin x) - \int_{\frac{\pi}{2}}^\pi \sin^{\frac{3}{2}} x d(\sin x)$

$= \frac{2}{5} \sin^{\frac{5}{2}} x \Big|_0^{\frac{\pi}{2}} - \frac{2}{5} \sin^{\frac{5}{2}} x \Big|_{\frac{\pi}{2}}^\pi = \frac{2}{5}(1-0) - \frac{2}{5}(0-1) = \frac{4}{5}$.

注 在本例中被积函数化简后要加绝对值.

例 16 计算 $\int \frac{dx}{1+x^2}$, $\int_1^{\sqrt{3}} \frac{dx}{1+x^2}$, $\int_{-1}^1 \frac{dx}{1+x^2}$.

解 由基本积分公式可知

$$\int \frac{dx}{1+x^2} = \arctan x + C;$$

或者利用凑微分法, 得

$$\int \frac{dx}{1+x^2} = -\int \frac{d\left(\frac{1}{x}\right)}{1+\left(\frac{1}{x}\right)^2} = -\arctan \frac{1}{x} + C.$$

因此

$$\int_1^{\sqrt{3}} \frac{dx}{1+x^2} = \arctan x \Big|_1^{\sqrt{3}} = \frac{\pi}{3} - \frac{\pi}{4} = \frac{\pi}{12};$$

或

$$\int_1^{\sqrt{3}} \frac{dx}{1+x^2} = -\arctan \frac{1}{x} \Big|_1^{\sqrt{3}} = -\frac{\pi}{6} + \frac{\pi}{4} = \frac{\pi}{12}.$$

$$\int_{-1}^1 \frac{dx}{1+x^2} = \arctan x \Big|_{-1}^1 = \frac{\pi}{4} + \frac{\pi}{4} = \frac{\pi}{2}.$$

注 这里 $\int_{-1}^1 \frac{dx}{1+x^2}$ 不能用 $-\arctan \frac{1}{x}$ 这个原函数来计算, 即

$$\int_{-1}^1 \frac{dx}{1+x^2} = -\arctan \frac{1}{x} \Big|_{-1}^1 = -\frac{\pi}{4} - \frac{\pi}{4} = -\frac{\pi}{2}$$

是不正确的, 这是因为 $-\arctan \frac{1}{x}$ 在 $x=0$ 时没有意义. 也就是说, 在 $[-1,1]$ 上, $-\arctan \frac{1}{x}$

不是 $\dfrac{1}{1+x^2}$ 的原函数,不满足牛顿－莱布尼茨公式的条件,因此,我们不能用 $-\arctan\dfrac{1}{x}$ 来计算定积分 $\int_{-1}^{1}\dfrac{\mathrm{d}x}{1+x^2}$,这一点在计算定积分时应特别注意.

而在本例中,对于 $\int_{1}^{\sqrt{3}}\dfrac{\mathrm{d}x}{1+x^2}$ 来说,在积分区间 $[1,\sqrt{3}]$ 上,$\arctan x$ 与 $-\arctan\dfrac{1}{x}$ 都是 $\dfrac{1}{1+x^2}$ 的原函数,因此都可以作为原函数,利用牛顿－莱布尼茨公式计算定积分,结果是相同的.

由以上解题过程可见,不定积分结果的表达形式未必是唯一的,这正与不定积分的概念相吻合;而值得注意的是,定积分的结果一定是唯一的.

在前面的例题中,有些积分结果在以后会经常遇到,所以它们通常也被当作公式使用,因此除了本章 3.3 节介绍的基本积分表以外,我们再增加以下几个积分公式(其中 $a>0$):

(1) $\int \tan x \mathrm{d}x = -\ln|\cos x| + C$;

(2) $\int \cot x \mathrm{d}x = \ln|\sin x| + C$;

(3) $\int \sec x \mathrm{d}x = \ln|\sec x + \tan x| + C$;

(4) $\int \csc x \mathrm{d}x = \ln|\csc x - \cot x| + C$;

(5) $\int \dfrac{1}{a^2+x^2}\mathrm{d}x = \dfrac{1}{a}\arctan\dfrac{x}{a} + C$;

(6) $\int \dfrac{1}{x^2-a^2}\mathrm{d}x = \dfrac{1}{2a}\ln\left|\dfrac{x-a}{x+a}\right| + C$;

(7) $\int \dfrac{1}{\sqrt{a^2-x^2}}\mathrm{d}x = \arcsin\dfrac{x}{a} + C$.

习 题 3.4

A 组

1. 计算下列不定积分:

(1) $\int \mathrm{e}^{-\frac{x}{3}}\mathrm{d}x$; (2) $\int x\mathrm{e}^{x^2}\mathrm{d}x$; (3) $\int \dfrac{1}{5x+6}\mathrm{d}x$;

(4) $\int \dfrac{2x}{\sqrt{1-x^2}}\mathrm{d}x$; (5) $\int \mathrm{e}^x(\mathrm{e}^x+1)^6\mathrm{d}x$; (6) $\int \dfrac{1}{3x^2+1}\mathrm{d}x$;

(7) $\int \dfrac{x}{2+x^2}\mathrm{d}x$; (8) $\int \dfrac{\arcsin x}{\sqrt{1-x^2}}\mathrm{d}x$; (9) $\int \dfrac{\cos x-\sin x}{\cos x+\sin x}\mathrm{d}x$;

(10) $\int \dfrac{\sec^2 x}{1+\tan x}\mathrm{d}x$; (11) $\int \dfrac{1+\ln x}{x\ln x}\mathrm{d}x$; (12) $\int \dfrac{\cos 2x}{\sin x\cos x}\mathrm{d}x$.

2. 计算下列定积分：

(1) $\int_{\frac{\pi}{6}}^{\frac{\pi}{3}} \sin\left(x+\frac{\pi}{3}\right)dx$；

(2) $\int_{0}^{\frac{\pi}{2}} \cos x \sin^2 x \, dx$；

(3) $\int_{e}^{e^3} \frac{1}{x\sqrt{1+\ln x}} dx$；

(4) $\int_{\frac{1}{\pi}}^{\frac{2}{\pi}} \left(-\frac{1}{x^2}\right)\sin\frac{1}{x} dx$；

(5) $\int_{1}^{e} \frac{\ln x}{x} dx$；

(6) $\int_{0}^{a} \sqrt{a-x}\, dx$；

(7) $\int_{\frac{\pi}{4}}^{\frac{\pi}{2}} \frac{x\cos x + \sin x}{(x\sin x)^2} dx$；

(8) $\int_{-\frac{\pi}{2}}^{\frac{\pi}{2}} \frac{1}{1+\cos x} dx$.

B 组

计算下列积分：

(1) $\int \cos^5 x \, dx$；

(2) $\int \frac{\sin x \cos x}{1+\sin^4 x} dx$；

(3) $\int \frac{x+1}{x^2+x+1} dx$；

(4) $\int \sqrt{\frac{x}{1-x\sqrt{x}}}\, dx$；

(5) $\int_{1}^{e^2} \frac{1}{x\sqrt{1+\ln x}} dx$；

(6) $\int_{0}^{\frac{\pi}{4}} \tan x \ln \cos x \, dx$.

3.5 换元积分法二

3.5.1 第二类换元法(代入法)

定理 3.5.1 （第二类换元法(代入法)）设 $x = \varphi(t)$ 是单调、可导的函数，并且 $\varphi'(t) \neq 0$，又设 $f[\varphi(t)]\varphi'(t)$ 具有原函数 $F(t)$，则有换元公式

$$\int f(x)dx = \int f[\varphi(t)]\varphi'(t)dt = [F(t)+C]_{t=\varphi^{-1}(x)}$$
$$= F(\varphi^{-1}(x)) + C. \qquad (3.5.1)$$

其中，$\varphi^{-1}(x)$ 是 $x = \varphi(t)$ 的反函数.

第二类换元法考虑的是将积分变量 x 作为中间变量，适当选取变量代换 $x = \varphi(t)$，代入被积表达式 $f(x)dx$，把积分 $\int f(x)dx$ 化为积分 $\int f[\varphi(t)]\varphi'(t)dt$，因此第二类换元法也称为代入法。在这里我们要重点考虑的是，经过这样的变换后，被积函数的 $f[\varphi(t)]\varphi'(t)$ 的原函数是已知的或是比原积分易求的.

要注意的是，变量替换函数 $x = \varphi(t)$ 一定要有反函数. 利用第二类换元法时，最后我们要用变量代换 $x = \varphi(t)$ 的反函数形式 $t = \varphi^{-1}(x)$ 回代入原函数.

例 1 求 $\int \frac{x dx}{\sqrt{x+1}}$.

解 被积函数中有 $\sqrt{x+1}$，令 $t = \sqrt{x+1}$，则 $x = t^2 - 1(t>0)$，此时 $dx = 2t dt$，于是

$$\int \frac{x dx}{\sqrt{x+1}} = \int \frac{t^2-1}{t} 2t dt = 2\int (t^2-1) dt = 2\left(\frac{t^3}{3} - t\right) + C.$$

再将 $t = \sqrt{x+1}$ 回代后整理，得

$$\int \frac{x dx}{\sqrt{x+1}} = 2\left(\frac{\sqrt[3]{x+1}}{3} - \sqrt{x+1}\right) + C.$$

例 2 求 $\int \sqrt{a^2 - x^2}\,\mathrm{d}x\,(a>0)$.

解 这个积分的困难在于被积函数为根式 $\sqrt{a^2 - x^2}$，我们可以利用三角恒等式 $\sin^2 t + \cos^2 t = 1$，将被积函数中的根号去掉. 为此，令 $x = a\sin t$，为了保证该变量代换满足换元法公式的前提条件，可取 $t \in \left(-\dfrac{\pi}{2}, \dfrac{\pi}{2}\right)$，故

$$\int \sqrt{a^2 - x^2}\,\mathrm{d}x = \int \sqrt{a^2 - (a\sin t)^2}\, a\cos t\,\mathrm{d}t = \int a^2 \cos^2 t\,\mathrm{d}t$$

$$= a^2 \int \frac{1+\cos 2t}{2}\,\mathrm{d}t = \frac{a^2}{2}\left(\int \mathrm{d}t + \int \cos 2t\,\mathrm{d}t\right)$$

$$= \frac{a^2}{2}\left[\int \mathrm{d}t + \frac{1}{2}\int \cos 2t\,\mathrm{d}(2t)\right] = \frac{a^2}{2} t + \frac{a^2}{4}\sin 2t + C.$$

由于 $x = a\sin t,\, t \in \left(-\dfrac{\pi}{2}, \dfrac{\pi}{2}\right)$，故 $t = \arcsin\dfrac{x}{a}$，则

$$\sin 2t = 2\sin t \cos t = 2\frac{x}{a}\sqrt{1-\left(\frac{x}{a}\right)^2} = \frac{2x\sqrt{a^2-x^2}}{a^2},$$

于是

$$\int \sqrt{a^2-x^2}\,\mathrm{d}x = \frac{a^2}{2}\arcsin\frac{x}{a} + \frac{1}{2}x\sqrt{a^2-x^2} + C.$$

这里为计算方便，也可以根据 $\sin t = \dfrac{x}{a}$ 作辅助直角三角形（图 3.6）来确定 $\cos t = \dfrac{\sqrt{a^2-x^2}}{a}$.

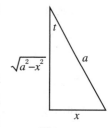

图 3.6

一般地，第二类换元积分常用于处理带根式的积分问题，关键是选取一个适当的变量代换 $x = \varphi(t)$，使被积函数化为 $f[\varphi(t)]\varphi'(t)$，整理化简成 $g(t)$，而函数 $g(t)$ 的原函数容易求出，求出原函数后则应注意回代积分变量，特别是作三角代换计算不定积分后，可以借助辅助直角三角形进行变量还原.

当被积函数含有 $\dfrac{1}{x^n}$ 时，常用一种很有效的代换——倒代换: $x = \dfrac{1}{t}$，利用它常可消去被积函数分母中的变量因子 x，化简被积表达式. 特别地，当分母的次数高于分子的次数时，可首先考虑用倒代换.

例 3 $\int \dfrac{\mathrm{d}x}{x(1+x^2)}$.

解 令 $\dfrac{1}{x} = t$，则

$$\int \frac{\mathrm{d}x}{x(1+x^2)} = \int \frac{\mathrm{d}\dfrac{1}{t}}{\dfrac{1}{t}\left(1+\dfrac{1}{t^2}\right)} = \int \frac{-\dfrac{1}{t^2}\mathrm{d}t}{\dfrac{1}{t}\left(1+\dfrac{1}{t^2}\right)} = -\int \frac{t}{1+t^2}\mathrm{d}t$$

$$= -\frac{1}{2}\int \frac{\mathrm{d}(1+t^2)}{1+t^2} = -\frac{1}{2}\ln|1+t^2| + C$$

$$= -\frac{1}{2}\ln(1+x^2) + \ln|x| + C.$$

例 4 求 $\int \dfrac{\mathrm{d}x}{x^2\sqrt{x^2-1}}$.

解 作倒代换 $x=\dfrac{1}{t}$，则

$$\int \dfrac{\mathrm{d}x}{x^2\sqrt{x^2-1}} = \int \dfrac{t^2}{\sqrt{\dfrac{1}{t^2}-1}}\left(-\dfrac{1}{t^2}\right)\mathrm{d}t = -\int \dfrac{|t|}{\sqrt{1-t^2}}\mathrm{d}t,$$

当 $t>0$ 时，有

$$-\int \dfrac{|t|}{\sqrt{1-t^2}}\mathrm{d}t = -\int \dfrac{t}{\sqrt{1-t^2}}\mathrm{d}t = \int \dfrac{1}{2}\dfrac{\mathrm{d}(1-t^2)}{\sqrt{1-t^2}} = \sqrt{1-t^2}+C$$

$$= \sqrt{1-\left(\dfrac{1}{x}\right)^2}+C = \dfrac{\sqrt{x^2-1}}{x}+C;$$

当 $t<0$ 时，同上，可得

$$-\int \dfrac{|t|}{\sqrt{1-t^2}}\mathrm{d}t = \dfrac{\sqrt{x^2-1}}{x}+C.$$

因此，原式 $=\dfrac{\sqrt{x^2-1}}{x}+C$.

利用第二类换元法，可以直接计算定积分.

定理 3.5.2 设 $f(x)$ 在 $[a,b]$ 上连续，令 $x=\varphi(t)$，如果
(1) $x=\varphi(t)$ 在区间 $[\alpha,\beta]$ 上有连续导数 $\varphi'(t)$；
(2) 当 t 从 α 变到 β 时，$\varphi(t)$ 从 $\varphi(\alpha)=a$ 单调地变到 $\varphi(\beta)=b$，则有

$$\int_a^b f(x)\mathrm{d}x = \int_\alpha^\beta f[\varphi(t)]\varphi'(t)\mathrm{d}t. \tag{3.5.2}$$

利用式(3.5.2)计算定积分时要注意，积分限应随积分变量的改变而改变，并且下限 a 对应的参数值 α 应仍然写在下限，上限 b 对应的参数值 β 应仍然写在上限，上下限与 α、β 的大小无关. 直接利用定积分的换元积分法计算定积分，要比不定积分的换元法简便，因为定积分换元的同时积分限也发生了改变，从而省略了变量回代的过程.

例 5 求 $\int_1^{64}\dfrac{1}{\sqrt{x}+\sqrt[3]{x}}\mathrm{d}x$.

解 令 $x=t^6$，那么 $\mathrm{d}x=6t^5\mathrm{d}t$，当 $x=1$ 时，$t=1$；当 $x=64$ 时，$t=2$. $x=\varphi(t)=t^6$ 在 $[1,2]$ 上单调且具有连续导数，于是

$$\int_1^{64}\dfrac{1}{\sqrt{x}+\sqrt[3]{x}}\mathrm{d}x = \int_1^2 \dfrac{6t^5}{t^3+t^2}\mathrm{d}t = 6\int_1^2 \dfrac{t^3}{t+1}\mathrm{d}t = 6\int_1^2 \dfrac{t^3+1-1}{t+1}\mathrm{d}t$$

$$= 6\int_1^2 \dfrac{(t+1)(t^2-t+1)-1}{1+t}\mathrm{d}t = 6\int_1^2\left[(t^2-t+1)-\dfrac{1}{1+t}\right]\mathrm{d}t$$

$$= 6\left(\dfrac{t^3}{3}-\dfrac{t^2}{2}+t-\ln|1+t|\right)\Big|_1^2 = 11-6\ln\dfrac{3}{2}.$$

例 6 $\int_1^{\sqrt{3}}\dfrac{1}{\sqrt{1+x^2}}\mathrm{d}x$.

解 令 $x=\tan t$，那么 $\mathrm{d}x=\sec^2 t\,\mathrm{d}t$，当 $x=1$ 时，$t=\dfrac{\pi}{4}$；当 $x=\sqrt{3}$ 时，$t=\dfrac{\pi}{3}$. 则

$$\int_1^{\sqrt{3}} \frac{1}{\sqrt{1+x^2}} dx = \int_{\frac{\pi}{4}}^{\frac{\pi}{3}} \frac{\sec^2 t}{\sec t} dt = \int_{\frac{\pi}{4}}^{\frac{\pi}{3}} \sec t \, dt = \ln|\sec t + \tan t| \Big|_{\frac{\pi}{4}}^{\frac{\pi}{3}} = \ln \frac{2+\sqrt{3}}{1+\sqrt{2}}.$$

利用定积分与积分变量所采用的记号无关这个性质，通过换元积分法，我们可得到奇函数和偶函数定积分的一些重要性质．

例7 证明：(1) 若 $f(x)$ 在 $[-a, a]$ 上连续且为偶函数，则

$$\int_{-a}^{a} f(x) dx = 2 \int_0^a f(x) dx;$$

(2) 若 $f(x)$ 在 $[-a, a]$ 上连续且为奇函数，则

$$\int_{-a}^{a} f(x) dx = 0.$$

证明 因为

$$\int_{-a}^{a} f(x) dx = \int_{-a}^{0} f(x) dx + \int_0^a f(x) dx,$$

对于积分 $\int_{-a}^{0} f(x) dx$，作变换 $x = -t$，那么 $dx = -dt$，当 $x=0$ 时，$t=0$；当 $x=-a$ 时，$t=a$．定积分与积分变量所采用的记号无关，则

$$\int_{-a}^{0} f(x) dx = -\int_a^0 f(-t) dt = \int_0^a f(-x) dx,$$

所以

$$\int_{-a}^{a} f(x) dx = \int_0^a [f(x) + f(-x)] dx.$$

(1) 若 $f(x)$ 为偶函数，有 $f(-x) = f(x)$，则

$$\int_{-a}^{a} f(x) dx = 2 \int_0^a f(x) dx;$$

(2) 若 $f(x)$ 为奇函数，有 $f(-x) = -f(x)$，则

$$\int_{-a}^{a} f(x) dx = 0.$$

利用例7的结论，可以简化奇函数和偶函数在关于原点对称的区间上的积分．例如，由于 $\sin x^3$ 在 $[-2, 2]$ 上连续且为奇函数，那么 $\int_{-2}^{2} \sin x^3 dx = 0$．

例8 $\int_{-2}^{2} \frac{x + |x|}{x^2 + 2} dx$．

解

$$\int_{-2}^{2} \frac{x+|x|}{x^2+2} dx = \int_{-2}^{2} \frac{x}{x^2+2} dx + \int_{-2}^{2} \frac{|x|}{x^2+2} dx$$

$$= 0 + 2\int_0^2 \frac{|x|}{x^2+2} dx = 2\int_0^2 \frac{x}{x^2+2} dx$$

$$= \int_0^2 \frac{1}{x^2+2} d(x^2+2) = \ln|x^2+2| \Big|_0^2 = \ln 3.$$

习 题 3.5

A 组

1. 计算下列不定积分：

(1) $\int \dfrac{x\,dx}{\sqrt{x-2}}$；

(2) $\int \dfrac{1}{\sqrt{x}\sqrt{1+\sqrt{x}}}dx$；

(3) $\int \dfrac{1}{1+\sqrt{2x}}dx$；

(4) $\int \sqrt{36-x^2}\,dx$；

(5) $\int \dfrac{1}{\sqrt{(x^2+1)^3}}dx$；

(6) $\int \dfrac{dx}{\sqrt{9+x^2}}$；

(7) $\int \dfrac{dx}{(1+x)x^3}$；

(8) $\int \dfrac{dx}{x^6(x^2-1)}$.

2. 计算下列定积分：

(1) $\int_1^{27} \dfrac{1}{1+\sqrt[3]{x}}dx$；

(2) $\int_1^4 \dfrac{1}{1+\sqrt{x}}dx$；

(3) $\int_{-2}^{-\sqrt{2}} \dfrac{dx}{\sqrt{x^2-1}}$；

(4) $\int_{\frac{1}{2}}^{\frac{3}{5}} \dfrac{1}{x\sqrt{1-x^2}}dx$.

3. 利用函数的奇偶性计算定积分：

(1) $\int_{-\pi}^{\pi} x^{10}\sin^3 x\,dx$；

(2) $\int_{-1}^{1} (\sqrt{x^4+3}+x)^2\,dx$.

B 组

1. 计算下列积分：

(1) $\int \dfrac{1-\ln x}{(x-\ln x)^2}dx$；

(2) $\int \dfrac{1}{x\sqrt{x^2+4x-4}}dx$.

2. 证明 $\int_{-\pi}^{\pi} \sin mx \cos nx\,dx = 0\,(m,n=1,2,\cdots)$.

3. 若 $f(x)$ 是以 T 为周期的连续函数，证明 $\int_a^{a+T} f(x)dx = \int_0^T f(x)dx$，其中 a 为任意常数.

3.6 分部积分法

前面我们介绍了直接积分法、换元积分法，解决了很多函数的积分问题，但是我们发现对于有些情形，例如当被积函数为两类函数乘积形式的时候，之前的方法往往不能奏效，在此我们讨论解决这类积分的一种行之有效的方法——分部积分法，它的主要思想是利用两个函数乘积的导数公式，将所求的积分转化为另一个积分来求解.

3.6.1 不定积分的分部积分法

设函数 $u = u(x)$ 与 $v = v(x)$ 都具有连续导数,则
$$[u(x)v(x)]' = u'(x)v(x) + u(x)v'(x),$$
移项,得
$$u(x)v'(x) = [u(x)v(x)]' - u'(x)v(x),$$
两边同时积分,得
$$\int u(x)v'(x)\mathrm{d}x = u(x)v(x) - \int u'(x)v(x)\mathrm{d}x, \tag{3.6.1}$$
或
$$\int u(x)\mathrm{d}v(x) = u(x)v(x) - \int v(x)\mathrm{d}u(x). \tag{3.6.2}$$
式(3.6.1)或式(3.6.2)统称为分部积分公式.

例 1 求积分 $\int x\cos x\mathrm{d}x$.

解 $\int x\cos x\mathrm{d}x = \int x\mathrm{d}(\sin x) = x\sin x - \int \sin x\mathrm{d}x = x\sin x + \cos x + C.$

在本题中,如果令 $u(x) = \cos x$, $\mathrm{d}v(x) = x\mathrm{d}x$,则由分部积分公式(3.6.2)得
$$\int x\cos x\mathrm{d}x = \int \cos x\mathrm{d}\left(\frac{x^2}{2}\right) = \frac{x^2}{2}\cos x - \int \frac{x^2}{2}\mathrm{d}(\cos x) = \frac{x^2}{2}\cos x + \int \frac{x^2}{2}\sin x\mathrm{d}x.$$

这样就将积分 $\int x\cos x\mathrm{d}x$ 转化为求 $\int \frac{x^2}{2}\sin x\mathrm{d}x$,但是 $\int \frac{x^2}{2}\sin x\mathrm{d}x$ 显然比 $\int x\cos x\mathrm{d}x$ 更复杂、更难求,因此,在分部积分时,将哪个函数看成 $u(x)$,哪个函数看成 $v'(x)$ 是很重要的,如果选择不当的话,分部积分法起不到应有的效果,反而会适得其反.

例 2 求积分 $\int x^2\ln x\mathrm{d}x$.

解
$$\int x^2\ln x\mathrm{d}x = \int \ln x\mathrm{d}\left(\frac{1}{3}x^3\right) = \frac{1}{3}x^3\ln x - \int \frac{1}{3}x^3\mathrm{d}(\ln x)$$
$$= \frac{1}{3}x^3\ln x - \int \frac{1}{3}x^2\mathrm{d}x = \frac{1}{3}x^3\ln x - \frac{1}{9}x^3 + C.$$

例 3 求积分 $\int x\arctan x\mathrm{d}x$.

解
$$\int x\arctan x\mathrm{d}x = \int \arctan x\mathrm{d}\left(\frac{1}{2}x^2\right) = \frac{1}{2}x^2\arctan x - \int \frac{1}{2}x^2\mathrm{d}(\arctan x)$$
$$= \frac{1}{2}x^2\arctan x - \int \frac{1}{2}\cdot\frac{x^2}{1+x^2}\mathrm{d}x$$
$$= \frac{1}{2}x^2\arctan x - \int \frac{1}{2}\left(1 - \frac{1}{1+x^2}\right)\mathrm{d}x$$
$$= \frac{1}{2}x^2\arctan x - \frac{1}{2}x + \frac{1}{2}\arctan x + C.$$

例 4 求积分 $\int \mathrm{e}^x x^2\mathrm{d}x$.

解 $\int \mathrm{e}^x x^2\mathrm{d}x = \int x^2\mathrm{d}(\mathrm{e}^x) = x^2\mathrm{e}^x - \int \mathrm{e}^x\mathrm{d}(x^2)$

$$= x^2 e^x - \int 2x e^x dx = x^2 e^x - \int 2x d(e^x)$$
$$= x^2 e^x - 2x e^x + \int e^x d(2x) = x^2 e^x - 2x e^x + 2\int e^x dx$$
$$= x^2 e^x - 2x e^x + 2e^x + C.$$

例 5 求积分 $\int \ln x dx$.

解 $\int \ln x dx = x\ln x - \int x d(\ln x) = x\ln x - \int x \cdot \frac{1}{x} dx = x\ln x - x + C.$

例 6 求积分 $\int e^x \sin x dx$.

解法 1
$$\int e^x \sin x dx = \int \sin x d(e^x) = e^x \sin x - \int e^x d(\sin x)$$
$$= e^x \sin x - \int e^x \cos x dx$$
$$= e^x \sin x - \int \cos x d(e^x) = e^x \sin x - e^x \cos x + \int e^x d(\cos x)$$
$$= e^x \sin x - e^x \cos x - \int e^x \sin x dx,$$

因此
$$2\int e^x \sin x dx = e^x \sin x - e^x \cos x + C_1,$$

也即
$$\int e^x \sin x dx = \frac{1}{2} e^x (\sin x - \cos x) + C.$$

解法 2
$$\int e^x \sin x dx = \int e^x d(-\cos x) = -e^x \cos x - \int (-\cos x) d(e^x)$$
$$= -e^x \cos x + \int e^x \cos x dx$$
$$= -e^x \cos x + \int e^x d(\sin x) = -e^x \cos x + e^x \sin x - \int \sin x d(e^x)$$
$$= -e^x \cos x + e^x \sin x - \int e^x \sin x dx,$$

因此
$$\int e^x \sin x dx = \frac{1}{2} e^x (\sin x - \cos x) + C.$$

该例题的被积函数是指数函数与三角函数之乘积,以上两种解法均使用了两次分部积分,注意每种解法中第一次分部积分时 $u(x)$ 的选取是随意的,而第二次分部积分时 $u(x)$ 的类型要与第一次 $u(x)$ 的类型相同.

例 7 求积分 $\int e^{\sqrt{x}} dx$.

解 令 $\sqrt{x} = t$,则
$$\int e^{\sqrt{x}} dx = \int 2t e^t dt = \int 2t d(e^t) = 2t e^t - 2\int e^t dt = 2t e^t - 2e^t + C$$
$$= 2\sqrt{x} e^{\sqrt{x}} - 2e^{\sqrt{x}} + C.$$

注 使用分部积分法需注意以下几点:

(1) 分部积分法关键在于选择恰当的 u 和 $\mathrm{d}v$,选择 u 和 $\mathrm{d}v$ 一般要考虑下面两点:

(i) v 要容易求得;

(ii) $\int v\mathrm{d}u$ 要比 $\int u\mathrm{d}v$ 容易积分.

(2) 优先选 u 的一般顺序为:反三角函数→对数函数→幂函数→指数函数→三角函数,通俗地说就是"有反选反,有对选对,幂为居中,指弦任选,选法统一". 当然,在具体运用时还要根据问题具体分析.

(3) 有时用一次分部积分难以求出积分,而需要重复使用若干次分部积分法才可以算出结果.

(4) 分部积分法经常和其他积分方法结合使用.

3.6.2 定积分的分部积分法

设函数 $u=u(x),v=v(x)$ 在 $[a,b]$ 上有连续的导数,则定积分的分部积分公式为

$$\int_a^b u(x)v'(x)\mathrm{d}x = u(x)v(x)\Big|_a^b - \int_a^b v(x)u'(x)\mathrm{d}x. \tag{3.6.3}$$

或写成

$$\int_a^b u(x)\mathrm{d}v(x) = u(x)v(x)\Big|_a^b - \int_a^b v(x)\mathrm{d}u(x). \tag{3.6.4}$$

定积分的分部积分公式中 $u(x),v(x)$ 的选择与不定积分分部积分公式中 $u(x),v(x)$ 的选择思路及注意事项完全相同.

例8 计算 $\int_1^2 x\cdot\mathrm{e}^x\mathrm{d}x$.

解 $\int_1^2 x\cdot\mathrm{e}^x\mathrm{d}x = \int_1^2 x\mathrm{d}(\mathrm{e}^x) = x\mathrm{e}^x\Big|_1^2 - \int_1^2 \mathrm{e}^x\mathrm{d}x = 2\mathrm{e}^2 - \mathrm{e} - \mathrm{e}^x\Big|_1^2 = \mathrm{e}^2.$

例9 计算 $\int_0^{27} \dfrac{\mathrm{e}^{\sqrt[3]{x}}}{\sqrt[3]{x}}\mathrm{d}x$.

解 令 $\sqrt[3]{x}=t$,则

$$x=t^3, \quad \mathrm{d}x=3t^2\mathrm{d}t,$$

当 $x=0$ 时,$t=0$;当 $x=27$ 时,$t=3$. 于是

$$\int_0^{27}\dfrac{\mathrm{e}^{\sqrt[3]{x}}}{\sqrt[3]{x}}\mathrm{d}x = 3\int_0^3 t\mathrm{e}^t\mathrm{d}t = 3\int_0^3 t\mathrm{d}\mathrm{e}^t = 3(t\mathrm{e}^t)\Big|_0^3 - 3\int_0^3 \mathrm{e}^t\mathrm{d}t = 9\mathrm{e}^3 - 3\mathrm{e}^t\Big|_0^3 = 6\mathrm{e}^3 + 3.$$

例10 求积分 $\int_{\frac{1}{\mathrm{e}}}^{\mathrm{e}}|\ln x|\mathrm{d}x$.

解 $\int_{\frac{1}{\mathrm{e}}}^{\mathrm{e}}|\ln x|\mathrm{d}x = \int_{\frac{1}{\mathrm{e}}}^{1}(-\ln x)\mathrm{d}x + \int_1^{\mathrm{e}}\ln x\mathrm{d}x$

$$= -\left[x\ln x\Big|_{\frac{1}{\mathrm{e}}}^{1} - \int_{\frac{1}{\mathrm{e}}}^{1} x\cdot\dfrac{1}{x}\mathrm{d}x\right] + x\ln x\Big|_1^{\mathrm{e}} - \int_1^{\mathrm{e}} x\cdot\dfrac{1}{x}\mathrm{d}x$$

$$= -\dfrac{1}{\mathrm{e}} + \int_{\frac{1}{\mathrm{e}}}^{1}\mathrm{d}x + \mathrm{e} - \int_1^{\mathrm{e}}\mathrm{d}x$$

$$= -\dfrac{1}{\mathrm{e}} + 1 - \dfrac{1}{\mathrm{e}} + \mathrm{e} - \mathrm{e} + 1 = 2 - \dfrac{2}{\mathrm{e}}.$$

习 题 3.6

A 组

1. 求下列不定积分：

(1) $\int \ln x \, dx$；
(2) $\int x \sin x \, dx$；
(3) $\int \arccos x \, dx$；
(4) $\int x 3^x \, dx$；
(5) $\int x^5 \ln x \, dx$；
(6) $\int x \sin 2x \, dx$；
(7) $\int \ln \sqrt[3]{x} \, dx$；
(8) $\int \arcsin \sqrt{x} \, dx$；
(9) $\int x^2 \cos x \, dx$；
(10) $\int e^x \cos x \, dx$.

2. 求下列定积分：

(1) $\int_0^{\frac{\pi}{4}} x \sec^2 x \, dx$；
(2) $\int_0^{e-1} \ln(1+x) \, dx$；
(3) $\int_0^{\frac{1}{2}} \arcsin x \, dx$；
(4) $\int_1^9 \frac{\ln x}{\sqrt{x}} \, dx$；
(5) $\int_0^1 e^{\sqrt{x}} \, dx$；
(6) $\int_0^{\frac{1}{2}} \arctan 2x \, dx$；
(7) $\int_0^{\pi} |x \cos x| \, dx$；
(8) $\int_1^e \sin(\ln x) \, dx$.

B 组

求下列积分：

(1) $\int \frac{\ln(\cos x)}{\cos^2 x} \, dx$；
(2) $I_n = \int \frac{dx}{(x^2 + a^2)^n} \, (a > 0)$；
(3) $\int_1^6 e^{3x}(3x+1) \, dx$；
(4) $\int_{\frac{\pi}{2}}^{\pi} x \sin^2 x \, dx$.

3.7 反常积分

当函数 $f(x)$ 在有限闭区间 $[a,b]$ 上连续或者只有有限个第一类间断点的时候，$f(x)$ 在 $[a,b]$ 上一定可积，$\int_a^b f(x) \, dx$ 一定是存在的，我们称其为定积分或者常义积分. 但在一些实际问题及理论研究中，我们常常会遇到积分区间为无穷区间，或者被积函数为无界函数的情况，因此，我们对定积分的概念进行推广，引入反常积分的概念.

3.7.1 无穷限的反常积分

定义 3.7.1 设函数 $f(x)$ 在区间 $[a, +\infty]$ 上连续，取 $b > a$，称

$$\int_a^{+\infty} f(x)\mathrm{d}x = \lim_{b\to+\infty} \int_a^b f(x)\mathrm{d}x \tag{3.7.1}$$

为函数 $f(x)$ 在无穷区间 $[a,+\infty]$ 上的反常积分或者广义积分. 若极限 $\lim\limits_{b\to+\infty}\int_a^b f(x)\mathrm{d}x$ 存在, 其极限值为 I, 则称反常积分 $\int_a^{+\infty} f(x)\mathrm{d}x$ 收敛, 极限值为 I 为反常积分 $\int_a^{+\infty} f(x)\mathrm{d}x$ 的值, 或称 $\int_a^{+\infty} f(x)\mathrm{d}x$ 收敛于 I; 若极限 $\lim\limits_{b\to+\infty}\int_a^b f(x)\mathrm{d}x$ 不存在, 则称反常积分 $\int_a^{+\infty} f(x)\mathrm{d}x$ 发散.

类似地, 我们可以定义连续函数 $f(x)$ 在 $(-\infty,b]$ 上的反常积分

$$\int_{-\infty}^b f(x)\mathrm{d}x = \lim_{a\to-\infty} \int_a^b f(x)\mathrm{d}x \tag{3.7.2}$$

及其敛散性等有关概念.

对于 $(-\infty,+\infty)$ 内的反常积分 $\int_{-\infty}^{+\infty} f(x)\mathrm{d}x$, 规定

$$\int_{-\infty}^{+\infty} f(x)\mathrm{d}x = \int_{-\infty}^c f(x)\mathrm{d}x + \int_c^{+\infty} f(x)\mathrm{d}x \tag{3.7.3}$$

其中, c 为某常数, 一般取 $c=0$ 等简单数值, 并且当且仅当 $\int_{-\infty}^c f(x)\mathrm{d}x$ 和 $\int_c^{+\infty} f(x)\mathrm{d}x$ 都收敛时, 称反常积分 $\int_{-\infty}^{+\infty} f(x)\mathrm{d}x$ 收敛; 否则, 称反常积分 $\int_{-\infty}^{+\infty} f(x)\mathrm{d}x$ 发散.

例 1 求 $\int_{-\infty}^{+\infty} \dfrac{1}{1+x^2}\mathrm{d}x$.

解
$$\begin{aligned}
\int_{-\infty}^{+\infty} \frac{1}{1+x^2}\mathrm{d}x &= \int_{-\infty}^0 \frac{1}{1+x^2}\mathrm{d}x + \int_0^{+\infty} \frac{1}{1+x^2}\mathrm{d}x \\
&= \lim_{a\to-\infty} \int_a^0 \frac{1}{1+x^2}\mathrm{d}x + \lim_{b\to+\infty} \int_0^b \frac{1}{1+x^2}\mathrm{d}x \\
&= \lim_{a\to-\infty} \arctan x \Big|_a^0 + \lim_{b\to+\infty} \arctan x \Big|_0^b \\
&= (0 - \lim_{a\to-\infty} \arctan a) + (\lim_{b\to+\infty} \arctan b - 0) \\
&= -\left(-\frac{\pi}{2}\right) + \frac{\pi}{2} = \pi.
\end{aligned}$$

在计算反常积分时, 为书写简便, 通常将 $\lim\limits_{b\to+\infty} F(x)\Big|_a^b$ 简记为 $F(x)\Big|_a^{+\infty}$, 记 $F(+\infty) = \lim\limits_{x\to+\infty} F(x)$, 在此记号下, 形式上可仍沿用定积分的计算方法, 牛顿-莱布尼茨公式的计算形式在这里仍然可以使用, 也即

$$\int_a^{+\infty} f(x)\mathrm{d}x = F(x)\Big|_a^{+\infty} = F(+\infty) - F(a) = \lim_{x\to+\infty} F(x) - F(a).$$

其中, $F(x)$ 是 $f(x)$ 的一个原函数.

例 2 证明反常积分 $\int_a^{+\infty} \dfrac{\mathrm{d}x}{x^p}(a>0)$ 当 $p>1$ 时收敛, 当 $p\leqslant 1$ 时发散.

证明 当 $p=1$ 时,

$$\int_a^{+\infty} \frac{\mathrm{d}x}{x^p} = \int_a^{+\infty} \frac{\mathrm{d}x}{x} = \ln x \Big|_a^{+\infty} = +\infty;$$

当 $p\neq 1$ 时,

$$\int_a^{+\infty} \frac{\mathrm{d}x}{x^p} = \frac{x^{1-p}}{1-p}\bigg|_a^{+\infty} = \begin{cases} +\infty, & p<1 \\ \dfrac{a^{1-p}}{p-1}, & p>1 \end{cases}.$$

因此，当 $p>1$ 时，该积分收敛，其值为 $\dfrac{a^{1-p}}{p-1}$；当 $p\leqslant 1$ 时，该积分发散．

例 3 计算广义积分 $\int_0^{+\infty} \dfrac{\operatorname{arccot} x}{1+x^2}\mathrm{d}x$．

解
$$\int_0^{+\infty} \frac{\operatorname{arccot} x}{1+x^2}\mathrm{d}x = -\int_0^{+\infty} \operatorname{arccot} x\,\mathrm{d}(\operatorname{arccot} x) = -\frac{1}{2}\operatorname{arccot}^2 x\bigg|_0^{+\infty}$$
$$= -\frac{1}{2}\lim_{x\to+\infty}\operatorname{arccot}^2 x + \frac{1}{2}(\operatorname{arccot} 0)^2 = 0 + \frac{\pi^2}{8} = \frac{\pi^2}{8}.$$

例 4 已知 $f(x) = \begin{cases} \dfrac{1}{b-a}, & a<x\leqslant b \\ 0, & \text{其他} \end{cases}$，求 $F(x) = \int_{-\infty}^{x} f(t)\mathrm{d}t$．

解 当 $x\leqslant a$ 时，$F(x) = 0$．

当 $a<x<b$ 时，
$$F(x) = \int_{-\infty}^{x} f(t)\mathrm{d}t = \int_{-\infty}^{a} f(t)\mathrm{d}t + \int_{a}^{x} f(t)\mathrm{d}t$$
$$= 0 + \int_a^x \frac{1}{b-a}\mathrm{d}t = \frac{x-a}{b-a}.$$

当 $x\geqslant b$ 时，
$$F(x) = \int_{-\infty}^{x} f(t)\mathrm{d}t = \int_{-\infty}^{a} f(t)\mathrm{d}t + \int_a^b f(t)\mathrm{d}t + \int_b^x f(t)\mathrm{d}t$$
$$= 0 + 1 + 0 = 1.$$

因此，$F(x) = \begin{cases} 0, & x\leqslant a \\ \dfrac{x-a}{b-a}, & a<x<b \\ 1, & x\geqslant b \end{cases}$．

注 在后续的概率论与数理统计课程中，本例中的 $f(x) = \begin{cases} \dfrac{1}{b-a}, & a<x\leqslant b \\ 0, & \text{其他} \end{cases}$ 是均匀分布的概率密度函数，$F(x) = \begin{cases} 0, & x\leqslant a \\ \dfrac{x-a}{b-a}, & a<x<b \\ 1, & x\geqslant b \end{cases}$ 是它的分布函数．

例 5 已知 $f(x) = \begin{cases} \lambda\mathrm{e}^{-\lambda x}, & x>0 \\ 0, & \text{其他} \end{cases}$，求 $F(x) = \int_{-\infty}^{x} f(t)\mathrm{d}t$．

解 当 $x\leqslant 0$ 时，
$$F(x) = \int_{-\infty}^{x} f(t)\mathrm{d}t = \int_{-\infty}^{x} 0\,\mathrm{d}t = 0.$$

当 $x>0$ 时，
$$F(x) = \int_{-\infty}^{0} f(t)\mathrm{d}t + \int_0^x f(t)\mathrm{d}t$$
$$= 0 + \int_0^x \lambda\mathrm{e}^{-\lambda t}\mathrm{d}t = -\mathrm{e}^{-\lambda t}\bigg|_0^x = 1 - \mathrm{e}^{-\lambda x}.$$

因此，$F(x) = \begin{cases} 0, & x \leq 0 \\ 1 - e^{-\lambda x}, & x > 0 \end{cases}$.

注 这里 $f(x) = \begin{cases} \lambda e^{-\lambda x}, & x > 0 \\ 0, & 其他 \end{cases}$ 是后续的概率论与数理统计课程中指数分布的概率密度函数，$F(x) = \begin{cases} 0, & x \leq 0 \\ 1 - e^{-\lambda x}, & x > 0 \end{cases}$ 是它的分布函数.

3.7.2 无界函数的广义积分

定义 3.7.2 设函数 $f(x)$ 在区间 $(a, b]$ 上连续，且 $\lim\limits_{x \to a^+} f(x) = \infty$，$\forall \varepsilon > 0, a + \varepsilon \in (a, b]$，称

$$\int_a^b f(x) dx = \lim_{\varepsilon \to 0^+} \int_{a+\varepsilon}^b f(x) dx \tag{3.7.4}$$

为无界函数 $f(x)$ 在区间 $(a, b]$ 上的反常积分，也称为瑕积分，$x = a$ 称为瑕点. 若极限 $\lim\limits_{\varepsilon \to 0^+} \int_{a+\varepsilon}^b f(x) dx$ 存在，且其极限值为 I，则称瑕积分 $\int_a^b f(x) dx$ 收敛，极限值 I 为瑕积分 $\int_a^b f(x) dx$ 的值，或称瑕积分 $\int_a^b f(x) dx$ 收敛于 I；若极限 $\lim\limits_{\varepsilon \to 0^+} \int_{a+\varepsilon}^b f(x) dx$ 不存在，则称瑕积分 $\int_a^b f(x) dx$ 发散.

类似地，可以定义点 b 为瑕点的反常积分

$$\int_a^b f(x) dx = \lim_{\varepsilon \to 0^+} \int_a^{b-\varepsilon} f(x) dx \quad (\lim_{x \to b^-} f(x) = \infty) \tag{3.7.5}$$

及其敛散性等相关概念.

对于以点 $c (a < c < b)$ 为瑕点的反常积分 $\int_a^b f(x) dx (\lim\limits_{x \to c} f(x) = \infty)$，规定

$$\int_a^b f(x) dx = \int_a^c f(x) dx + \int_c^b f(x) dx \tag{3.7.6}$$

当且仅当式(3.7.6)右边两个瑕积分都收敛时，称瑕积分 $\int_a^b f(x) dx$ 收敛；否则，称瑕积分 $\int_a^b f(x) dx$ 发散.

计算无界函数的积分，也可借助于牛顿-莱布尼茨公式. 若当 $x = a$ 为瑕点时，有

$$\int_a^b f(x) dx = F(b) - \lim_{\varepsilon \to 0^+} F(a + \varepsilon) = F(b) - \lim_{x \to a^+} F(x) = F(b) - F(a^+).$$

我们仍用记号 $F(x)\Big|_a^b$ 表示 $F(b) - F(a^+)$，从而形式上仍有 $\int_a^b f(x) dx = F(x)\Big|_a^b$，其中 $F(x)$ 为 $f(x)$ 的一个原函数.

当 $x = b$ 为瑕点时，也有类似的计算公式

$$\int_a^b f(x) dx = F(x)\Big|_a^b = F(b^-) - F(a) = \lim_{x \to b^-} F(x) - F(a).$$

例 6 证明广义积分 $\int_a^b \dfrac{dx}{(x-a)^q}$ 当 $0 < q < 1$ 时收敛，当 $q \geq 1$ 时发散.

证明 因为当 $q > 0$ 时，$\lim\limits_{x \to a} \dfrac{1}{(x-a)^q} = \infty$，所以 $x = a$ 为瑕点.

当 $q=1$ 时,

$$\int_a^b \frac{\mathrm{d}x}{(x-a)^q} = \int_a^b \frac{\mathrm{d}x}{x-a} = \ln(x-a)\Big|_a^b = \ln(b-a) - \lim_{x\to a^+}\ln(x-a) = +\infty;$$

当 $q\neq 1$ 时,

$$\int_a^b \frac{\mathrm{d}x}{(x-a)^q} = \frac{(x-a)^{1-q}}{1-q}\Big|_a^b = \begin{cases} \dfrac{(b-a)^{1-q}}{1-q}, & 0<q<1 \\ +\infty, & q>1 \end{cases}.$$

因此,当 $0<q<1$ 时,该瑕积分收敛,其值为 $\dfrac{(b-a)^{1-q}}{1-q}$;当 $q\geqslant 1$ 时,该瑕积分发散.

例 7 计算广义积分 $\int_0^1 \ln x \mathrm{d}x$.

解 因为 $\lim\limits_{x\to 0^+}\ln x = -\infty$,所以 $x=0$ 是瑕点,于是

$$\int_0^1 \ln x \mathrm{d}x = x\ln x\Big|_0^1 - \int_0^1 x \mathrm{d}(\ln x)$$

$$= 0 - \lim_{x\to 0^+} x\ln x - \int_0^1 \mathrm{d}x = -\lim_{x\to 0^+}\frac{\ln x}{\frac{1}{x}} - 1$$

$$= -\lim_{x\to 0^+}\frac{\frac{1}{x}}{-\frac{1}{x^2}} - 1 = \lim_{x\to 0^+} x - 1 = -1.$$

3.7.3 Γ 函数

下面我们讨论一个在概率论中经常用到的反常积分.

定义 3.7.3 积分 $\Gamma(r) = \int_0^{+\infty} x^{r-1}\mathrm{e}^{-x}\mathrm{d}x$ $(r>0)$ 是参变量 r 的函数,称为 Γ 函数.

Γ 函数有一个重要性质

$$\Gamma(r+1) = r\Gamma(r), \quad r>0.$$

事实上

$$\Gamma(r+1) = \int_0^{+\infty} x^r \mathrm{e}^{-x}\mathrm{d}x = -x^r\mathrm{e}^{-x}\Big|_0^{+\infty} + r\int_0^{+\infty} x^{r-1}\mathrm{e}^{-x}\mathrm{d}x$$

$$= r\int_0^{+\infty} x^{r-1}\mathrm{e}^{-x}\mathrm{d}x = r\Gamma(r).$$

利用这个递推公式,计算 Γ 函数的任一个函数值可转化为求 Γ 函数在 $[0,1]$ 上的函数值.

例如

$$\Gamma(2.8) = \Gamma(1.8+1) = 1.8\times\Gamma(1.8)$$

$$= 1.8\times\Gamma(0.8+1) = 1.8\times 0.8\times\Gamma(0.8).$$

特别地,当 r 为正整数时,可得

$$\Gamma(n+1) = n\Gamma(n) = n(n-1)\Gamma(n-1) = \cdots = n!\Gamma(1).$$

又 $\Gamma(1) = \int_0^{+\infty} \mathrm{e}^{-x}\mathrm{d}x = 1$,所以 $\Gamma(n+1) = n!$.

例 8 计算下列各值：

(1) $\dfrac{\Gamma(8)}{7\Gamma(6)}$；

(2) $\dfrac{\Gamma\left(\dfrac{9}{2}\right)}{\Gamma\left(\dfrac{3}{2}\right)}$.

解 (1) $\dfrac{\Gamma(8)}{7\Gamma(6)} = \dfrac{7!}{7 \cdot 5!} = \dfrac{7 \cdot 6}{7} = 6$.

(2) $\dfrac{\Gamma\left(\dfrac{9}{2}\right)}{\Gamma\left(\dfrac{3}{2}\right)} = \dfrac{\dfrac{7}{2}\Gamma\left(\dfrac{7}{2}\right)}{\Gamma\left(\dfrac{3}{2}\right)} = \dfrac{\dfrac{7}{2} \cdot \dfrac{5}{2} \cdot \Gamma\left(\dfrac{5}{2}\right)}{\Gamma\left(\dfrac{3}{2}\right)} = \dfrac{\dfrac{7}{2} \cdot \dfrac{5}{2} \cdot \dfrac{3}{2} \cdot \Gamma\left(\dfrac{3}{2}\right)}{\Gamma\left(\dfrac{3}{2}\right)} = \dfrac{105}{8}$.

习 题 3.7

A 组

1. 下列解法是否正确？为什么？
$$\int_{-1}^{3} \dfrac{1}{x^2} dx = -\dfrac{1}{x} \Big|_{-1}^{3} = -\dfrac{4}{3}.$$

2. 由于 $\dfrac{x}{1+x^2}$ 为 $(-\infty, +\infty)$ 内的奇函数，因此 $\int_{-\infty}^{+\infty} \dfrac{x}{1+x^2} dx = 0$，这种说法对吗？为什么？

3. 讨论广义积分 $\int_{2}^{+\infty} \dfrac{1}{x(\ln x)^k} dx$ 的敛散性.

4. 计算下列广义积分：

(1) $\int_{0}^{+\infty} \dfrac{1}{(1+x^2)^2} dx$；

(2) $\int_{-\infty}^{0} \dfrac{\arctan x}{1+x^2} dx$；

(3) $\int_{0}^{+\infty} x e^{-\lambda x} dx \,(\lambda > 0)$；

(4) $\int_{-\infty}^{+\infty} \dfrac{1}{x^2 + 4x + 9} dx$；

(5) $\int_{1}^{2} \dfrac{x}{\sqrt{x-1}} dx$；

(6) $\int_{0}^{a} \dfrac{dx}{\sqrt{a^2 - x^2}} \,(a > 0)$；

(7) $\int_{0}^{3} \dfrac{1}{\sqrt[3]{3x-1}} dx$.

B 组

1. 计算下列广义积分：

(1) $\int_{-\infty}^{+\infty} (|x| + x) e^{-|x|} dx$；

(2) $\int_{1/2}^{3/2} \dfrac{dx}{\sqrt{|x - x^2|}}$；

(3) $\int_{1}^{+\infty} \dfrac{1}{x\sqrt{x-1}} dx$.

2. 证明 $\int_{0}^{+\infty} x^n e^{-x^2} dx = \dfrac{n-1}{2} \int_{0}^{+\infty} x^{n-2} e^{-x^2} dx \,(n \geq 2)$，并计算 $\int_{0}^{+\infty} x^5 e^{-x^2} dx$.

3.8 定积分的几何应用

本节我们将应用前面所学的定积分理论来分析和解决一些几何中的问题，目的不仅仅在于计算这些几何量,更重要的还在于介绍运用微元法将一个量表达成为定积分的方法.

3.8.1 微元法

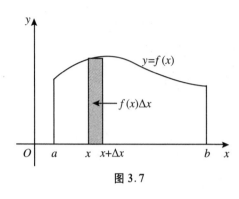

图 3.7

设函数 $f(x)$ 在 $[a,b]$ 上连续,且 $f(x) \geqslant 0$,求以曲线 $y = f(x)$ 为曲边、以区间 $[a,b]$ 为底的曲边梯形(图 3.7)的面积 A.

由前面定积分定义,求曲边梯形的面积的步骤如下:

(1) 分割:用任意一组分点把区间 $[a,b]$ 分成长度为 $\Delta x_i (i = 1, 2, \cdots, n)$ 的 n 个小区间,相应地把曲边梯形分成 n 个窄曲边梯形,第 i 个窄曲边梯形的面积设为 ΔA_i,于是有

$$A = \sum_{i=1}^{n} \Delta A_i;$$

(2) 计算 ΔA_i 的近似值

$$\Delta A_i \approx f(\xi_i) \Delta x_i \quad (x_{i-1} \leqslant \xi_i \leqslant x_i);$$

(3) 求和,得 A 的近似值

$$A \approx \sum_{i=1}^{n} f(\xi_i) \Delta x_i;$$

(4) 求极限,得

$$A = \lim_{\lambda \to 0} \sum_{i=1}^{n} f(\xi_i) \Delta x_i = \int_a^b f(x) dx.$$

在引出 A 的积分表达式的四个步骤中,第二步是关键.这一步是确定 ΔA_i 的近似值 $f(\xi_i) \Delta x_i$,从形式上看,它和定积分中的被积表达式 $f(x) dx$ 非常相似.实际上,通常是在 $[a,b]$ 内任取一小区间 $[x, x + dx]$,量 A 相应于这个小区间的部分量记为 ΔA,以小区间 $[x, x + dx]$ 的左端点为 ξ,也即 $\xi = x$,求得 ΔA 的近似值

$$\Delta A \approx f(x) dx,$$

上式右端 $f(x) dx$ 叫作量 A 的元素,记为 $dA = f(x) dx$,而

$$A = \int_a^b dA = \int_a^b f(x) dx.$$

这种将量 A 用定积分表示的方法称为定积分的元素法或者微元法.

一般地,如果所求量 A 符合下列条件:

(1) A 是与某自变量 x 相关的量,其中 x 的变化区间为 $[a,b]$;

(2) A 关于区间 $[a,b]$ 具有可加性,即把区间 $[a,b]$ 分成许多部分区间,A 相应地分成许多部分量 ΔA,而 A 等于所有部分量之和;

(3) 部分量 ΔA 的近似值可以表示为 $f(x) dx$,那么可以考虑用定积分 $\int_a^b f(x) dx$ 来表达这个量 A,从而计算出所求量 A 的值.

利用元素法求量 A 的一般步骤是:

(1) 根据问题的具体情况,选取一个变量 x 作为积分变量,并确定它的变化区间 $[a,b]$.

(2) 把$[a,b]$分成若干个小区间,从中任取一个小区间,并记为$[x,x+\mathrm{d}x]$,求出相应于这个小区间的部分量 ΔA 的近似值.如果 ΔA 能近似地表示成$[a,b]$上的一个连续函数 $f(x)$在小区间左端点 x 处的函数值与小区间长度 $\mathrm{d}x$ 的乘积,就将该乘积 $f(x)\mathrm{d}x$ 称作量 A 的元素,并记为 $\mathrm{d}A$,即 $\mathrm{d}A = f(x)\mathrm{d}x$.

(3) 以所求量 A 的元素 $\mathrm{d}A$ 为被积表达式在$[a,b]$上积分,就得到所要求的量 A,即
$$A = \int_a^b \mathrm{d}A = \int_a^b f(x)\mathrm{d}x.$$

3.8.2 平面图形的面积

由定积分的几何意义可以知道,由曲线 $y = f(x)$ $(f(x) \geqslant 0)$ 及直线 $x = a, x = b$ 与 x 轴所围成的曲边梯形的面积 $A = \int_a^b f(x)\mathrm{d}x$.

下面来讨论如何用元素法求平面图形的面积.

情形 1 由直线 $x = a, x = b$,上边界连续曲线 $y = f(x)$ 以及下边界连续曲线 $y = g(x)$ $(f(x) \leqslant g(x), x \in [a,b])$所围平面图形的面积,如图 3.8 所示.在$[a,b]$内任取一小区间$[x, x+\mathrm{d}x]$,选取 x 为积分变量,量 A 相应于这个小区间的部分量记为 ΔA,那么 ΔA 的近似值为
$$\Delta A \approx [f(x) - g(x)]\mathrm{d}x,$$
即
$$\mathrm{d}A = [f(x) - g(x)]\mathrm{d}x,$$
因此面积
$$A = \int_a^b [f(x) - g(x)]\mathrm{d}x. \tag{3.8.1}$$

情形 2 由直线 $y = c, y = d$,左边界连续曲线 $x = \varphi(y)$ 以及右边界连续曲线 $x = \psi(y)$ $(\varphi(y) \leqslant \psi(y), y \in [c,d])$所围的平面图形,如图 3.9 所示.类似情形 1 利用微元法,可得面积
$$A = \int_c^d [\psi(y) - \varphi(y)]\mathrm{d}y. \tag{3.8.2}$$

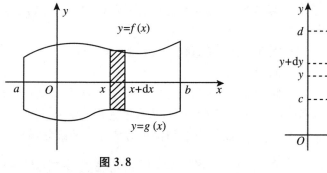

图 3.8

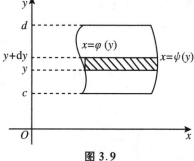

图 3.9

例 1 计算由两条抛物线 $y^2 = x$ 和 $y = x^2$ 所围成的图形的面积 A.

解 题设中的图形如图 3.10 所示.

先求出两条抛物线的交点,解方程组 $\begin{cases} y = x^2 \\ y^2 = x \end{cases}$,得交点$(1,1)$,选取横坐标变量 x 为积分变量,其变化区间为$[0,1]$,由公式(3.8.1)得

$$A = \int_0^1 (\sqrt{x} - x^2)dx = \left(\frac{2}{3}x^{\frac{3}{2}} - \frac{1}{3}x^3\right)\bigg|_0^1 = \frac{1}{3}.$$

例2 计算抛物线 $y^2 = 2x$ 与直线 $y = x - 4$ 所围成的图形的面积.

解法1 如图 3.11 所示,求出交点为 $(2, -2)$ 与 $(8, 4)$.

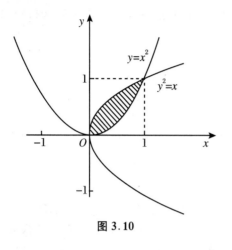

图 3.10

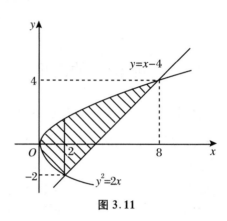

图 3.11

选取纵坐标 y 为积分变量,其变化区间为 $[-2, 4]$,因此由式(3.8.2)得所求图形面积为

$$A = \int_{-2}^{4}\left(y + 4 - \frac{y^2}{2}\right)dy = \left(\frac{y^2}{2} + 4y - \frac{y^3}{6}\right)\bigg|_{-2}^{4} = 18.$$

解法2 若选横坐标 x 为积分变量,那么其变化区间为 $[0, 8]$,但是在 $[0, 2]$ 与 $[2, 8]$ 之间,图形的下边界线发生了改变,因此在这里要分两个区间 $[0, 2]$、$[2, 8]$ 进行计算. 所求面积为

$$A = \int_0^2 [\sqrt{2x} - (-\sqrt{2x})]dx + \int_2^8 [\sqrt{2x} - (x-4)]dx$$
$$= \left(\frac{4\sqrt{2}}{3}x^{\frac{3}{2}}\right)\bigg|_0^2 + \left(\frac{2\sqrt{2}}{3}x^{\frac{3}{2}} - \frac{1}{2}x^2 + 4x\right)\bigg|_2^8 = 18.$$

显然解法2比解法1繁琐一些.

注 对于有些积分,若积分变量选取恰当,计算就可能比较简便;也有些时候,积分变量的选取基本不影响积分的难易度.

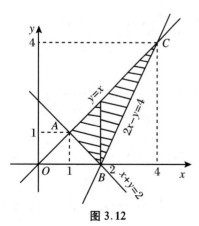

图 3.12

例3 求三条直线 $y = x, x + y = 2, 2x - y = 4$ 所围图形的面积.

解 如图 3.12 所示,先求三条直线的交点,分别为 $A(1,1)$、$B(2,0)$、$C(4,4)$,选取 x 为积分变量,过点 $B(2,0)$ 作平行于 y 轴的直线,将图形分成左右两部分,得

$$S = \int_1^2 [x - (2-x)]dx + \int_2^4 [x - (2x-4)]dx$$
$$= (x^2 - 2x)\bigg|_1^2 + \left(4x - \frac{1}{2}x^2\right)\bigg|_2^4 = 3.$$

另一方面,若选取 y 为积分变量,那么过点 $A(1,1)$ 作平行于 x 轴的直线,可将图形分成上下两部分求解. 在此不难发现这两种解法难易度相当.

例 4 求两个半轴长分别为 a,b 的椭圆面积.

解 建立坐标系如图 3.13 所示,由椭圆的对称性,其面积为第一象限部分面积的 4 倍,并由式(3.8.1)得

$$A = 4A_1 = 4\int_0^a (y-0)\mathrm{d}x = 4\int_0^a y\mathrm{d}x.$$

利用椭圆的参数方程,$x = a\cos t$, $y = b\sin t$,则由定积分的换元法

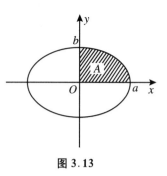

图 3.13

$$A = 4\int_0^a y\mathrm{d}x = 4\int_{\frac{\pi}{2}}^0 b\sin t \cdot a(-\sin t)\mathrm{d}t$$

$$= 4ab\int_0^{\frac{\pi}{2}} \sin^2 t\mathrm{d}t = 4ab \cdot \frac{1}{2} \cdot \frac{\pi}{2} = \pi ab.$$

3.8.3 立体的体积

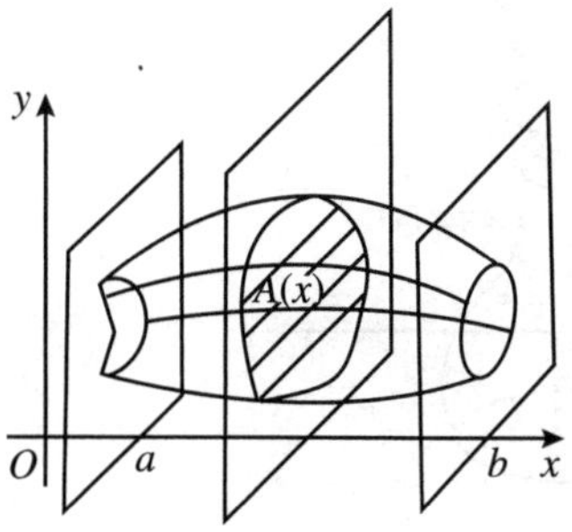

1. 平行截面面积为已知的立体的体积

设一立体夹在过点 $x=a$、$x=b$ 且垂直于 x 轴的两平面之间,过 $[a,b]$ 内任一点 x 且垂直于 x 轴的平面与立体相交所得截面的面积是关于 x 的连续函数 $A(x)$(已知或者易求),我们要求该立体的体积 V.

取 x 为积分变量,它的变化区间为 $[a,b]$. 相应于 $[a,b]$ 上任意子区间 $[x, x+\mathrm{d}x]$ 的立体薄片的体积,近似地等于以 $A(x)$ 为底、$\mathrm{d}x$ 为高的柱体的体积(图 3.14),即体积元素为 $\mathrm{d}V = A(x)\mathrm{d}x$ 将其在 $[a,b]$ 上积分,就得到立体的体积

图 3.14

$$V = \int_a^b A(x)\mathrm{d}x.$$

2. 旋转体的体积

旋转体是一类特殊的平行截面面积为已知的立体,下面讨论几种情形下的旋转体的体积计算公式.

情形 1 设有一曲边梯形由 $y = f(x)$, $f(x) \geqslant 0$, $y=0$ 及 $x=a$, $x=b$ 围成,求它绕 x 轴旋转一周而形成一个旋转体(图 3.15)的体积.

取 x 为积分变量,其变化区间为 $[a,b]$,在 $[a,b]$ 内取一点 x,过点 x 且垂直于 x 轴的平面截立体所得截面是一半径为 y 的圆,于是截面积

$$A(x) = \pi y^2 = \pi f^2(x),$$

由元素法,可得旋转体的体积

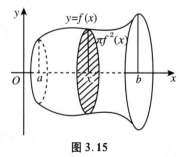

图 3.15

$$V_x = \int_a^b \pi y^2 \mathrm{d}x = \int_a^b \pi f^2(x)\mathrm{d}x. \qquad (3.8.3)$$

情形 2 由连续曲线 $y = f(x)$, $y = g(x)$, $f(x) \geqslant g(x) \geqslant 0$ 及 $x=a$, $x=b$ 所围成平面图形(图 3.16)绕 x 轴旋转一周所得的旋转体的体积

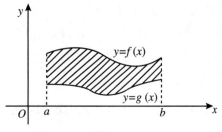

图 3.16

$$V_x = \pi\int_a^b [f^2(x) - g^2(x)]dx. \tag{3.8.4}$$

情形 3 由连续曲线 $x = \varphi(y) \geqslant 0$ 及 $y = c$、$y = d$、y 轴所围平面图形(图 3.17(a))绕 y 轴旋转一周所得旋转体(图 3.17(b))的体积

$$V_y = \pi\int_c^d \varphi^2(y)dy. \tag{3.8.5}$$

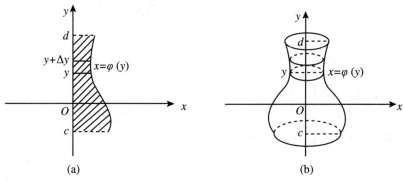

图 3.17

情形 4 由连续曲线 $x = \varphi(y), x = \psi(y) (\varphi(y) \geqslant \psi(y) \geqslant 0)$ 及 $y = c, y = d$ 所围平面图形(图 3.18)绕 y 轴旋转一周所得旋体的体积

$$V_y = \pi\int_c^d [\varphi^2(y) - \psi^2(y)]dy. \tag{3.8.6}$$

例 5 求由曲线 $y = x^2, y = 2 - x^2$ 所围成的图形分别绕 x 轴及 y 轴旋转所得旋转体的体积.

解 作平面图形(图 3.19),并由方程组

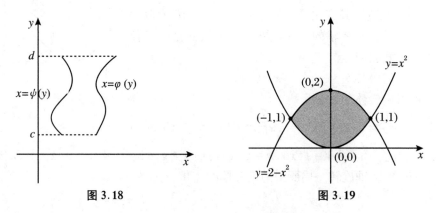

图 3.18 　　　　　图 3.19

$$\begin{cases} y = x^2 \\ y = 2 - x^2 \end{cases}$$

解得交点为 $(-1,1)$ 及 $(1,1)$. 于是, 所求绕 x 轴旋转而成的旋转体体积

$$V_x = 2\pi \int_0^1 [(2-x^2)^2 - x^4] \mathrm{d}x = 8\pi \left(x - \frac{1}{3}x^3\right)\Big|_0^1 = \frac{16}{3}\pi;$$

所求绕 y 轴旋转而成的旋转体体积

$$V_y = \pi \int_0^1 (\sqrt{y})^2 \mathrm{d}y + \pi \int_1^2 (\sqrt{2-y})^2 \mathrm{d}y = \pi \left(\frac{1}{2}y^2\right)\Big|_0^1 + \pi \left(2y - \frac{1}{2}y^2\right)\Big|_1^2 = \pi.$$

习 题 3.8

1. 求下列平面图形的面积：

(1) 曲线 $x^2 + y^2 = 8$（其中 $x \geqslant 0, y \geqslant 0$）与 $y = \frac{1}{2}x^2$ 以及 y 轴所围图形；

(2) 曲线 $y = \frac{1}{x}$ 与直线 $y = 2x$ 及 $x = 1$ 所围图形；

(3) 曲线 $y = x^2$ 与 $x = y^2$ 所围图形；

(4) 曲线 $y = \mathrm{e}^x$ 与直线 $y = 1$ 及 $x = 2$ 所围图形；

(5) 曲线 $y = \ln x$ 与直线 $y = 1$、x 轴及 y 轴所围图形.

2. 求由曲线 $y = x^3$ 与 $x = y^3$ 所围图形的第一象限部分绕着 x 轴旋转一周所得旋转体的体积.

3. 由曲线 $y = x^2$ 与直线 $x = 1$ 及 $y = 0$ 所围图形分别绕着 x 轴、y 轴旋转一周, 求所得两个旋转体的体积.

4. 求椭圆 $\frac{x^2}{a^2} + \frac{y^2}{b^2} = 1$ 所围图形分别绕 x 轴和 y 轴旋转一周所成旋转体的体积.

5. 某平面经过半径为 R 的圆柱体的底面中心, 与底面交角为 α, 求由该平面截下的楔形立体的体积.

6. (餐巾环问题) 用来套餐巾的餐巾环, 是在一个木制球体沿其直径钻透一个圆孔而得到的环体, 试证明这样的餐巾环的体积只与环体高度 H 有关, 而与球的半径 R 无关($H<2R$).

3.9 定积分在经济学中的应用

3.9.1 边际函数问题

在经济学中, 函数的导函数称为其边际函数, 因此, 已知边际函数, 求相应的经济函数, 可以用不定积分来解决; 如果要由边际函数求相应的经济函数在某个范围内的改变量, 则可

以用定积分来求解.

实例 3 （产品收益）已知某种商品生产 Q 件时的边际收益为 $R'(Q) = 70 - \dfrac{Q}{10}$（元/件），试求：

（1）生产此种商品 100 件时的总收益；
（2）生产此种商品从 100 件到 200 件所增加的收益；
（3）产量为 100 件时的平均收益；
（4）产量从 100 件到 200 件时的平均收益.

解 （1）生产此种商品 100 件时的总收益为

$$R(100) = \int_0^{100} R'(Q) dQ = \int_0^{100} \left(70 - \frac{Q}{10}\right) dQ = \left(70Q - \frac{Q^2}{20}\right)\bigg|_0^{100} = 6500(元).$$

（2）生产此种商品从 100 件到 200 件所增加的收益为

$$\int_{100}^{200} R'(Q) dQ = \int_{100}^{200} \left(70 - \frac{Q}{10}\right) dQ = \left(70Q - \frac{Q^2}{20}\right)\bigg|_{100}^{200} = 5500(元).$$

（3）产量为 100 件时的平均收益为

$$\frac{R(100)}{100} = \frac{6500}{100} = 65(元).$$

（4）产量从 100 件到 200 件时的平均收益为

$$\frac{R(200) - R(100)}{100} = \frac{5500}{100} = 55(元).$$

实例 4 （产品利润）某电视设备厂生产某种室内天线的边际成本为 $C'(Q) = 2$（元/件），固定成本为 0，而边际收益 $R'(Q) = 20 - 0.02Q$（元/件），求：

（1）产量 Q 为多少时，总利润最大？
（2）总利润的最大值是多少？
（3）产量 Q 为 800 件时的总利润是多少？

解 （1）因为总利润等于总收益与总成本之差，所以边际利润等于边际收益与边际成本之差，即

$$L'(Q) = R'(Q) - C'(Q) = 20 - 0.02Q - 2 = 18 - 0.02Q.$$

令 $L'(Q) = 0$，得驻点 $Q = 900$. 又 $L''(Q) = -0.02 < 0$，所以当产量 Q 为 900 件时，总利润最大.

（2）总利润的最大值为

$$L(900) = \int_0^{900} L'(Q) dQ = \int_0^{900} (18 - 0.02Q) dQ = (18Q - 0.01Q^2)\bigg|_0^{900} = 8100(元).$$

（3）生产 800 件时的总利润为

$$L(800) = \int_0^{800} L'(Q) dQ = \int_0^{800} (18 - 0.02Q) dQ = (18Q - 0.01Q^2)\bigg|_0^{800} = 8000(元).$$

3.9.2 资本现值和投资问题

现有资本 a 元，若按年利率 r 作连续复利计算，由第 1 章的介绍可知，t 年后的资本为 ae^{rt} 元；反之，若 t 年后要拥有资本 a 元，则按连续复利计算，现在应有资本 ae^{-rt} 元，称之为资本现值.

设在时间段 $[0,T]$ 内 t 时刻的单位时间收入为 $f(t)$，称此为收入率，若按年利率为 r 的连续复利计算，则在时间 $[t,t+\mathrm{d}t]$ 内的收入现值为 $f(t)\mathrm{e}^{-rt}\mathrm{d}t$，按照定积分微元法，在时间段 $[0,T]$ 内的总收入现值为

$$y = \int_0^T f(t)\mathrm{e}^{-rt}\mathrm{d}t.$$

若收入率为 $f(t)=a$ 为常数，称此为均匀收入率；若年利率 r 是固定的，则总收入的现值为

$$y = \int_0^T a\mathrm{e}^{-rt}\mathrm{d}t = -\frac{a}{r}\mathrm{e}^{-rt}\Big|_0^T = \frac{a}{r}(1-\mathrm{e}^{-rT}).$$

实例 5 （贴现值问题）某投资商计划投资一企业 800 万元，按现在各方面的因素初步预测，该企业在以后 10 年内可按照每年 200 万元的均匀收入率获得收入，若年利率为 5%，试求：

（1）该笔投资的纯收入贴现值（贴现值是指未来的收入贴现到现在的价值）；

（2）最短多少年投资商可收回该笔投资？

解 （1）由已知条件得，投资后 10 年内获得总收入的现值为

$$y = \int_0^{10} 200\mathrm{e}^{-0.05t}\mathrm{d}t = \frac{200}{0.05}(1-\mathrm{e}^{-0.05\times 10}) \approx 1573.8(万元).$$

从而该笔投资所获得的纯收入贴现值约为

$$1573.8 - 800 = 773.8(万元).$$

（2）设最短 T 年投资商可收回该笔投资，收回投资即总收入现值等于投资，即

$$\frac{200}{0.05}(1-\mathrm{e}^{-0.05\times T}) = 800,$$

解得

$$T = \frac{1}{0.05}\ln\frac{200}{200-800\times 0.05} \approx 4.46(年).$$

由此可见，投资商大约四年半即可收回其全部投资．

实例 6 （资本价值）有一个大型投资项目，投资成本为 $A=10000$（万元），投资年利率为 5%，每年的均匀收入率为 $a=2000$（万元），求该投资为无限期时的纯收入的贴现值（或者称为投资的资本价值）．

解 由已知条件，投资年利率 $r=5\%$，每年的均匀收入率 $a=2000$（万元），所以无限期时的投资的总收入的现值为

$$y = \int_0^{+\infty} a\mathrm{e}^{-rt}\mathrm{d}t = \int_0^{+\infty} 2000\mathrm{e}^{-0.05t}\mathrm{d}t = \lim_{b\to+\infty}\int_0^b 2000\mathrm{e}^{-0.05t}\mathrm{d}t$$

$$= \lim_{b\to+\infty}\frac{2000}{0.05}(1-\mathrm{e}^{-0.05b}) = 2000\times\frac{1}{0.05} = 40000(万元).$$

从而，投资为无限期时的纯收入的贴现值为

$$R = y - A = 40000 - 10000 = 30000(万元) = 3(亿元).$$

即投资为无限期时的纯收入的贴现值为 3 亿元．

3.9.3 消费者剩余和生产者剩余

在市场经济中，商品供给量与需求量都是价格的函数，生产并销售某一商品的数量可由

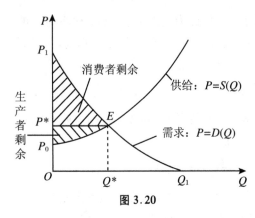

图 3.20

这一商品的供给曲线与需求曲线来描述.经济学家习惯用纵坐标表示价格,横坐标表示需求量或供给量.设生产商可提供的产品数量为 Q,价格为 P,则 P 与 Q 间的函数关系称为供给函数,记为 $P=S(Q)$.类似地,消费者愿意购买并且有支付能力购买的商品数量 Q,与商品的价格 P 有关,P 与 Q 之间的函数关系称为需求函数,记为 $P=D(Q)$.供给函数曲线与需求函数曲线如图 3.20 所示.

供给曲线描述的是生产者在根据不同的价格水平调整产品数量,一般地,价格上涨时,供应量将会增加.需求曲线则反映了顾客的购买行为,通常假定价格上涨,购买量下降,即需求曲线随价格的上升而单调递减.在市场经济下,价格和数量在不断调整,最后趋向于平衡价格和平衡数量,分别用 P^* 和 Q^* 表示,也即供给曲线与需求曲线的交点 E 的纵坐标与横坐标.

在图中,P_0 是供给曲线在价格坐标轴上的截距,也就是当价格为 P_0 时,供给量是零,只有价格高于 P_0 时,才有供给量;P_1 是需求曲线的截距,当价格为 P_1 时,需求量是零,只有价格低于 P_1 时,才有需求;Q_1 则表示当商品免费赠送时的最大需求量.

在市场经济中,对于消费者来说,原计划用高于市场价格 P^* 的价格购买商品的消费者会由于商品定价为 P^* 而得到好处,这个好处称为消费者剩余(CS).由图 3.20 所示可以看出:

$$CS = \int_0^{Q^*} D(Q)dQ - P^* Q^*,$$

式中 $\int_0^{Q^*} D(Q)dQ$ 表示消费者愿意支出的货币量,$P^* Q^*$ 表示消费者的实际支出,两者之差为消费者省下来的钱,即消费者剩余.

同理,对生产者来说,预期用低于市场价格 P^* 的价格提供产品的生产商会由于市场价格定为 P^* 而得到好处,这个好处称为称为生产者剩余(PS),如图 3.20 所示,有

$$PS = P^* Q^* - \int_0^{Q^*} S(Q)dQ.$$

例 1 设某商品的需求函数为 $P=D(Q)=113-Q^2$,供给函数为 $P=S(Q)=(Q+1)^2$,求消费者剩余和生产者剩余.

解 解方程 $113-Q^2=(Q+1)^2$,得到均衡量 $Q^*=7$,均衡价格 $P^*=64$.于是,消费者剩余为

$$CS = \int_0^7 (113-Q^2)dQ - 64 \times 7 = \left(113Q - \frac{1}{3}Q^3\right)\bigg|_0^7 - 448 \approx 228.67.$$

生产者剩余为

$$PS = 64 \times 7 - \int_0^7 (Q+1)^2 dQ = 448 - \frac{1}{3}(Q+1)^3 \bigg|_0^7 \approx 277.33.$$

例 2 在某种商品完全垄断的市场上,商品价格 P 和销售数量 Q 是由需求函数决定的.设商品的需求函数为 $P=274-Q^2$,垄断生产者的边际成本为 $MC(Q)=4+3Q$,求消费者剩余.

解 在垄断市场上,生产者必然选择使其利润最大化的产量和价格,生产者的收入函

数为
$$R(Q) = PQ = 274Q - Q^3.$$
设成本函数为 $C(Q)$,则
$$C'(Q) = MC(Q) = 4 + 3Q.$$
因利润函数为 $L(Q) = R(Q) - C(Q)$,由利润最大化的必要条件
$$L'(Q) = R'(Q) - C'(Q) = (274 - 3Q^2) - (4 + 3Q) = 0,$$
解得 $Q^* = 9$,相应的商品价格为 $P^* = 274 - Q^{*2} = 193$,于是,消费者剩余为
$$CS = \int_0^9 (274 - Q^2)dQ - 193 \times 9 = \left(274Q - \frac{1}{3}Q^3\right)\bigg|_0^9 - 1737 = 486.$$

习 题 3.9

1. 已知某商品每天生产 x 单位时,边际成本为 $C'(x) = 0.4x + 2$(元/单位),其固定成本是 20 元,求总成本函数 $C(x)$.当这种商品的销售单价为 18 元时,该产品可以全部售出,求总利润函数 $L(x)$,并问每天生产多少单位所获得的总利润最大?

2. 设某企业的某种产品年总产量的增长率为 $Q'(t) = 2t + 7$,求第一个五年和第二个五年的总产量各为多少?(时间 t 的单位是年)

3. 已知生产某种产品的边际成本函数为 $C'(x) = 3x^2 - 18x + 30$,问当产量从 12 吨减少到 3 吨时,总成本减少了多少?(成本的单位:百元)

4. 由统计资料分析得知,某镇居民每月人均食品费用支出的变化率是人均每月生活费收入 x 的函数 $C'(x) = \frac{3}{4}x^{-\frac{1}{4}}$,求该镇人均每月生活费由 16 元增至 36 元时,食品费用的支出人均约增加多少元?若该镇有 10000 人,商品部门每月大约应该增加多少元的食品进货才能满足居民食用需要?

5. 已知某产品生产 Q 个单位时,其边际收益为 $MR(Q) = 200 - \frac{Q}{100}(Q \geq 0)$,求:

(1) 生产了 100 个单位产品时的总收益 R;

(2) 设已经生产了 100 个单位产品,若再生产 100 个单位,总收益将增加多少?

6. 设均匀收入率 $A = 7500$ 元持续 3 年,且年利率为 $r = 7.5\%$,求总收入的现值.

7. 某项目最初投资 100 万元,在 10 年内每年可收益 25 万元,投资年利率为 5%,试求这 10 年该投资的纯收入贴现值.

8. 设某商品的需求函数为 $D(Q) = 24 - 3Q$,供给函数为 $S(Q) = 2Q + 9$,求消费者剩余和生产者剩余.

本章学习基本要求

(1) 理解定积分的概念.

(2) 熟练掌握微积分基本定理和牛顿-莱布尼茨公式.

(3) 理解不定积分的概念，掌握不定积分的性质．
(4) 熟记基本积分公式，熟练掌握直接积分法、两类换元积分法以及分部积分法．
(5) 理解反常积分的概念，掌握反常积分的计算．
(6) 掌握定积分的微元法，利用微元法求解平面图形的面积、立体的体积等．
(7) 理解积分在经济中的应用，会解决相关的经济应用问题．

总复习题 3

A 组

1. 不计算定积分的值，试比较下列各组定积分的大小：

(1) $\int_1^2 \ln x \mathrm{d}x$ 与 $\int_1^2 (\ln x)^2 \mathrm{d}x$； (2) $\int_0^1 x^2 \mathrm{d}x$ 与 $\int_0^1 x^3 \mathrm{d}x$；

(3) $\int_0^1 (1+x) \mathrm{d}x$ 与 $\int_0^1 \mathrm{e}^x \mathrm{d}x$．

2. 估计定积分 $\int_0^2 \mathrm{e}^{x^2-x} \mathrm{d}x$ 值的所在范围．

3. 求不定积分：

(1) $\int \dfrac{1}{x^5} \mathrm{d}x$； (2) $\int \left(\dfrac{x}{3} - \dfrac{3}{x^3}\right) \mathrm{d}x$； (3) $\int 5^{2+x} \mathrm{d}x$；

(4) $\int \mathrm{e}^x \left(1 - \dfrac{\mathrm{e}^{-x}}{\sqrt{x}}\right) \mathrm{d}x$； (5) $\int (\sin x + 2\cos x - \tan x) \mathrm{d}x$； (6) $\int \dfrac{10 + \cos^2 x}{\cos^2 x} \mathrm{d}x$；

(7) $\int \left(\dfrac{2}{x} + 6\mathrm{e}^x + \sqrt{x}\right) \mathrm{d}x$； (8) $\int \dfrac{1}{x \ln x} \mathrm{d}x$； (9) $\int (1+x)^{12} \mathrm{d}x$；

(10) $\int \dfrac{\cos x}{1 - \sin x} \mathrm{d}x$； (11) $\int x^5 \sqrt{1 - x^6} \mathrm{d}x$； (12) $\int \dfrac{\sin x}{\cos^2 x} \mathrm{d}x$；

(13) $\int \dfrac{\sec^2 \sqrt{x}}{\sqrt{x}} \mathrm{d}x$； (14) $\int \dfrac{\csc^2 x}{\cot x} \mathrm{d}x$； (15) $\int \dfrac{1}{\sqrt{3-x^2}} \mathrm{d}x$；

(16) $\int \dfrac{1}{x^3} \mathrm{e}^{\frac{1}{x}} \mathrm{d}x$； (17) $\int \sin \sqrt{x} \mathrm{d}x$； (18) $\int x \cos x \mathrm{d}x$；

(19) $\int x^6 \ln x \mathrm{d}x$； (20) $\int x^2 \arcsin x \mathrm{d}x$．

4. 求定积分：

(1) $\int_0^3 x^2 \mathrm{d}x$； (2) $\int_1^9 \dfrac{1}{x+1} \mathrm{d}x$； (3) $\int_0^1 \dfrac{x^2}{1+x^2} \mathrm{d}x$；

(4) $\int_2^3 \left(\mathrm{e}^{-x} - \dfrac{1}{x^2}\right) \mathrm{d}x$； (5) $\int_0^{\frac{\pi}{2}} (x + \sin x) \mathrm{d}x$； (6) $\int_0^{\sqrt{\pi}} x \cos(x^2) \mathrm{d}x$；

(7) $\int_0^1 x^2 \mathrm{e}^{x^3} \mathrm{d}x$； (8) $\int_0^{\frac{\pi}{3}} \sin\left(2x + \dfrac{\pi}{3}\right) \mathrm{d}x$； (9) $\int_{-1}^1 \dfrac{\mathrm{e}^x}{1+\mathrm{e}^x} \mathrm{d}x$；

(10) $\int_0^1 \dfrac{1}{1+\sqrt{x}} \mathrm{d}x$； (11) $\int_4^9 \dfrac{x+2}{\sqrt{x}} \mathrm{d}x$； (12) $\int_0^{\sqrt{2}} \sqrt{2-x^2} \mathrm{d}x$；

(13) $\int_0^1 (1+x^2)^{-\frac{3}{2}} \mathrm{d}x$； (14) $\int_0^1 x \mathrm{e}^{-x} \mathrm{d}x$； (15) $\int_1^2 \dfrac{\ln x}{x^2} \mathrm{d}x$．

5. 求极限：

(1) $\lim\limits_{x \to 0} \dfrac{x - \sin x}{\int_0^x \dfrac{\ln(1 + t^3)}{t} dt}$ ；

(2) $\lim\limits_{x \to 0} \dfrac{x^2 - \int_0^{x^2} \cos(t^2) dt}{\sin^{10} x}$.

6. 判断反常积分的敛散性，若收敛，计算其积分值：

(1) $\int_0^{+\infty} x e^{-x^2} dx$；

(2) $\int_{-1}^{1} \dfrac{x}{x+1} dx$.

7. 已知 $f(x)$ 的一个原函数为 e^{x^2}，求 $\int x f'(x) dx$.

8. 证明不等式 $\left| \int_{10}^{20} \dfrac{\sin x}{\sqrt{1+x^2}} dx \right| < 1$.

9. 求平面图形的面积：

(1) 曲线 $y = \dfrac{1}{x}$ 与 $y = 0, x = 1, x = 2$ 所围图形；

(2) 曲线 $y = \sqrt{x}$ 与直线 $y = 2, x = 0$ 所围图形；

(3) 曲线 $y = x^3$ 与 $y = 0, x = -1, x = 1$ 所围图形；

(4) 曲线 $y = \sqrt{x}$ 与直线 $y = x - 2$ 所围图形；

(5) 曲线 $y = \dfrac{4}{x}$ 与 $y = x, x = 1$ 所围图形；

(6) 曲线 $y = -x^3 + x^2 + 2x$ 与 x 轴所围图形；

(7) 曲线 $y = -x^2 + 4x - 3$ 与其在点 $(0, -3)$ 和点 $(3, 0)$ 处的切线所围图形；

(8) 曲线 $y = x^3 - 3x + 2$ 与它的右极值点处的切线所围图形.

10. 求旋转体的体积：

(1) 曲线 $y = \ln x$ 与直线 $x = e$ 以及 x 轴所围平面图形 D 绕 x 轴旋转一周所得旋转体；

(2) 曲线 $xy = 1$ 与直线 $x = 2$ 以及 $y = x$ 所围平面图形 D 绕 x 轴旋转一周所得旋转体；

(3) 曲线 $y = \dfrac{2}{x}$ 与直线 $x + y = 3$ 所围平面图形 D 绕 x 轴旋转一周所得旋转体；

(4) 曲线 $y = \sin x, x \in \left[0, \dfrac{\pi}{2} \right]$ 与直线 $y = 1$ 以及 y 轴所围平面图形 D 绕 y 轴旋转一周所得旋转体；

(5) 曲线 $y = x^3$ 与直线 $x = 1$ 以及 x 轴所围平面图形 D 绕 y 轴旋转一周所得旋转体.

11. 设 D_1 是由抛物线 $y = 2x^2$ 和直线 $x = a, x = 2$ 以及 x 轴所围成的平面区域，D_2 是由抛物线 $y = 2x^2$ 和直线 $x = a$ 以及 x 轴所围成的平面区域，其中 $0 < a < 2$.

(1) 求 D_1 绕 x 轴旋转一周所得旋转体的体积 V_1，D_2 绕 y 轴旋转一周所得旋转体的体积 V_2；

(2) 当 a 为何值时，$V_1 + V_2$ 取得最大值？求此最大值.

12. 某产品的总成本 $C(Q)$（万元）的边际成本为 $C'(Q) = 1$（万元/百台），总收益的边际收益为 $R'(Q) = 5 - Q$（万元/百台），其中 Q 为产量，固定成本为 1 万元. 问：

(1) 产量为多少时，总利润 $L(Q)$ 最大？

(2) 利润达到最大时再生产 1 百台，总利润会怎样变化？

B 组

1. 求积分：

(1) $\int \dfrac{1}{x(1+x^5)}dx$；

(2) $\int \sin(\ln x)dx$；

(3) $\int \dfrac{xe^{-x}}{(1+e^{-x})^2}dx$；

(4) $\int_{-1}^{1} \dfrac{x^3+x^2+2}{1+x^2}dx$；

(5) $\int_{0}^{2\pi} \sqrt{1+\cos x}\,dx$；

(6) $\int_{-1}^{2} x|x|dx$.

2. 设 $f\left(x+\dfrac{1}{x}\right)=\dfrac{x+x^3}{1+x^4}$，求 $\int_{2}^{2\sqrt{2}} f(x)dx$ 的值.

实践·创新

目的要求 掌握利用 MATLAB 计算不定积分和定积分的方法.

1. 不定积分计算

例 1 求 $\int x^2(1-x^3)^5 dx$.

解 输入：

```
syms x
int('x^2*(1-x^3)^5',x)
```

则得到输出：

```
ans= -1/18*x^18+1/3*x^15-5/6*x^12+10/9*x^9-5/6*x^6+1/3*x^3
```

即

$$\dfrac{x^3}{3}-\dfrac{5x^6}{6}+\dfrac{10x^9}{9}-\dfrac{5x^{12}}{6}+\dfrac{x^{15}}{3}-\dfrac{x^{18}}{18}+C.$$

例 2 求 $\int e^{-2x}\sin 3x\,dx$.

解 输入：

```
syms x
int('exp(-2*x)*sin(3*x)',x)
```

则得到输出：

```
ans = -3/13*exp(-2*x)*cos(3*x)-2/13*exp(-2*x)*sin(3*x)
```

即

$$-\dfrac{1}{13}e^{-2x}(3\cos 3x+2\sin 3x)+C.$$

2. 定积分计算

例 3 求 $\int_{0}^{1}(x-x^2)dx$.

解 输入：

```
syms x
jf=int('(x-x^2)',x,0,1)
```

则得到输出：

jf = 1/6

例 4 求 $\int_0^4 |x-2| \, dx$.

解 输入：

syms x
jf = int('abs(x-2)',x,0,4)

则得到输出：

jf = 4

3. 变上限积分

例 5 求 $\dfrac{d}{dx} \int_0^{\cos^2(x)} w(x) \, dx$.

解 输入：

diff(int('w(x)',0,(cos(x))^2))

则得到输出：

ans = -2*cos(x)*sin(x)*w(cos(x)^2)

即

$$-2\cos x \sin x \, w(\cos^2 x).$$

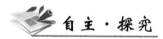
自主·探究

目的要求　在理论学习和实践创新的基础上，进一步掌握一元函数积分学的应用.

(1) 归纳总结积分的方法.

(2) 探讨定积分在经济分析中的应用.

(3) 若初始年($t=0$)将资金 A_0 一次性存入银行，年利率为 r，则这笔资金以连续复利方式结算的 t 年未来值即为 $A_t = A_0 e^{rt}$，但如果采用的是均匀货币流的存款方式，即货币像水流一样以定常流量源源不断地流入银行(类似于"零存整取")，请计算 t 年末的资金总价值以及它的贴现值. 并利用你的结论分析下面案例中投资的回收期：

某公司一次性投入 2000 万元投资一个项目，并于一年后建成投产，开始取得经济效益. 设该项目的收益是均匀货币流，年流量为 400 万元. 显然，如果不考虑资金的时间价值，投产 5 年就能收回全部的投资；但若将资金的时间价值考虑在内，情况就没有那么简单了，假设银行的年利率为 $r = 0.05$，请确定公司收回全部投资的时间.

第 4 章 微分方程与差分方程

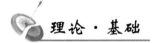
理论·基础

函数是客观事物的内部联系在数量方面的反映,利用函数关系又可以对客观事物的规律性进行研究.因此如何寻求函数关系,在实践中具有重要意义.在许多问题中,往往不能直接找出所需要的函数关系,但是根据问题所提供的情况,有时可以列出含有要找的函数及其导数的关系式,这样的关系式就是微分方程.微分方程建立以后,对它进行研究,找出未知函数,这就是解微分方程.

在实际的经济管理的问题中,变量的数据大多按等间隔周期统计(如年或月等).因此,各有关变量的取值是离散的,那么,我们应如何寻找它们之间的函数关系呢?差分方程就是研究这类离散数学模型的有力工具.

本章主要介绍微分方程、差分方程的一些基本概念和几种常用的微分方程、差分方程的解法以及微分方程、差分方程在经济管理中的应用.

4.1 微分方程的基本概念

4.1.1 引例

实例 1 (马尔萨斯人口模型)英国经济学家和人口统计学家马尔萨斯(Malthus T R, 1766~1834)根据一百多年的统计资料,于 1798 年提出了著名的人口指数增长模型.假设人口数量 $N(t)$ 是时间 t 的连续函数,且人口数量的增长速度与现有人口数量成正比.设开始时($t=0$)的人口数量为 N_0,即 $N(0)=N_0$,在此基础上,马尔萨斯提出了如下的人口模型:

$$\begin{cases} \dfrac{\mathrm{d}N}{\mathrm{d}t} = rN \\ N(0) = N_0 \end{cases}. \tag{4.1.1}$$

实例 2 (传染病模型)设某种传染病在某地区传播期间其地区总人数 N 是不变的,开始时染病人数为 x_0,在 t 时刻的染病人数为 $x(t)$.假设 t 时刻 $x(t)$ 对时间的变化率与当时未得病的人数成正比(比例常数 $r>0$,其表示传染给正常人的传染率),则可建立传染病的数学模型:

$$\begin{cases} \dfrac{dx}{dt} = r(N-x) \\ x(0) = x_0 \end{cases}. \tag{4.1.2}$$

实例 3 （商品价格）经济学原理告诉我们，商品的价格取决于市场供需之间的关系，市场均衡价格就是供需平衡时的价格．实际上，市场价格不会恰好等于均衡价格，而且价格也不会是静态的，价格的形成过程常常是一个随着市场不断自动调节使得价格逐步趋于均衡的过程．价格的变化率可以认为与该商品的需求量 Q_d 和供给量 Q_s 之差成正比．

设商品价格 $P=P(t)$，需求函数 $Q_d = 4 - P^2$，供给函数 $Q_s = 2P - 1$，则商品价格 $P(t)$ 满足如下关系：

$$\frac{dP}{dt} = k(Q_d - Q_s) = k[(4 - P^2) - (2P - 1)], \tag{4.1.3}$$

其中 $k > 0$ 是比例常数.

4.1.2 基本概念

定义 4.1.1 含有自变量、未知函数以及未知函数的导数（或微分）的方程，称为微分方程．

如果微分方程中的未知函数是一元函数，称这个方程为常微分方程．未知函数为多元函数的叫偏微分方程．本章中，我们讨论的微分方程主要是常微分方程，在后面各节中如果没有特别说明，总把常微分方程简称为微分方程．

定义 4.1.2 微分方程中出现的未知函数导数的最高阶数称为这个微分方程的阶．

以上实例中的微分方程均为一阶微分方程．又例如 $y^{(4)} - x^2 (y'')^3 - 1 = 0$ 为四阶微分方程．

n 阶微分方程的一般形式为

$$F(x, y', y'', \cdots, y^{(n)}) = 0, \tag{4.1.4}$$

其中 x 为自变量，y 为未知函数．

若能从式(4.1.4)中解出 $y^{(n)}$，可得 n 阶微分方程的另一形式为

$$y^{(n)} = f(x, y', y'', \cdots, y^{(n-1)}).$$

定义 4.1.3 如果一个函数满足微分方程，则称这个函数为微分方程的解．如果微分方程的解中含有独立的任意常数，且所含任意常数的个数等于微分方程的阶数，则称此解为微分方程的通解．确定了通解中任意常数后所得到的解称为微分方程的特解．

例如，方程

$$\frac{dy}{dx} = 2x, \tag{4.1.5}$$

可以验证 $y = x^2$，$y = x^2 + C$ 都满足方程(4.1.5)，所以 $y = x^2$，$y = x^2 + C$ 都是方程(4.1.5)的解，并且 $y = x^2 + C$ 是方程的通解，而 $y = x^2$（通解中的 $C = 0$）是方程的特解．

定义 4.1.4 用来确定微分方程通解中的任意常数的条件称为微分方程的定解条件．n 阶微分方程的通解中含有 n 个任意常数，应有 n 个定解条件，表示为

$$y(x_0) = y_0, \quad y'(x_0) = y_1, \quad \cdots, \quad y^{(n-1)}(x_0) = y_{n-1},$$

其中 $x_0, y_0, y_1, \cdots, y_{n-1}$ 为已知数．这种定解条件我们称为初始条件．

求解微分方程满足某个初始条件的解的问题称为微分方程的初值问题．如实例1、实例

2 中的问题.

几何上,微分方程的特解的图形是一条曲线,称为微分方程的积分曲线.通解的图形是一族积分曲线,而特解的图形则是依据定解条件而确定的积分曲线族中的某一特定曲线.

例1 在积分曲线族 $y=(C_1+C_2x)e^{2x}$ 中找出满足初始条件 $y(0)=0, y'(0)=1$ 的曲线.

解 由于 $x=0$ 时 $y=0$,代入 $y=(C_1+C_2x)e^{2x}$ 有
$$C_1=0.$$
又
$$y'=(2C_1+C_2+2C_2x)e^{2x},$$
而 $x=0$ 时 $y'=1$,代入上式得
$$C_2=1.$$
把 $C_1=0, C_2=1$ 代入 $y=(C_1+C_2x)e^{2x}$,得所求的曲线为
$$y=xe^{2x}.$$

习 题 4.1

A组

1. 下列方程哪些是微分方程?并指出微分方程的阶数:

(1) $\dfrac{d^2y}{dx^2}=4y+x$; (2) $x^2-2x=0$;

(3) $y\cdot(y')^2=1$; (4) $\dfrac{d^2y}{dx^2}+2x+\left(\dfrac{dy}{dx}\right)^5=0$;

(5) $y^2-3y+2=0$; (6) $y^{(3)}+8(y')^4+7y^8=e^{2t}$.

2. 指出下列各题中的函数是否为所给微分方程的解:

(1) $y'''=e^{2x}-\cos x, y=\dfrac{1}{8}e^{2x}+\sin x+C_1x^2+C_2x+C_3(C_1,C_2,C_3$ 为任意的常数$)$;

(2) $y'+y\tan x-\cos x=0, y=(x+C)\cos x(C$ 为任意的常数$)$.

3. 在下列积分曲线族中找出满足所给初始条件的曲线:

(1) $y-x^3=C, y(0)=1$;

(2) $x^2-y^2=C, y(0)=5$;

(3) $y=C_1e^x+C_2e^{-x}, y(0)=1, y'(0)=0$;

(4) $y=C_1\sin(x+C_2), y(\pi)=1, y'(\pi)=0$.

4. 验证 $y_1=\cos x$ 与 $y_2=\sin x$ 都是方程 $y''+y=0$ 的解. $y=C_1\cos x+C_2\sin x$ 也是方程的解吗?这里 C_1, C_2 为任意常数.

B组

1. 指出下列各题中的函数是否是已给方程的通解或特解(其中 C_1, C_2, C 为任意常数):

(1) $(x+y)dx+xdy=0, y=\dfrac{C-x^2}{2x}$;

(2) $y'' - 4y' + 3y = 0, y = C_1 e^x + C_2 e^{3x}$；

(3) $xy' = y\left(1 + \ln \dfrac{y}{x}\right), y = x$；

(4) $y'' + a^2 y = e^x, y = C_1 \sin ax + C_2 \cos ax + \dfrac{1}{2} e^x$.

2. 给定一阶微分方程 $\dfrac{dy}{dx} = 2x$.

(1) 求出它的通解；

(2) 求通过点 $(1,4)$ 的特解；

(3) 求出与直线 $y = 2x + 3$ 相切的解.

4.2　一阶微分方程

一阶微分方程的一般形式是
$$y' = f(x,y).$$
一阶微分方程的对称形式是
$$P(x,y)dx + Q(x,y)dy = 0.$$

4.2.1　可分离变量微分方程

形如
$$\dfrac{dy}{dx} = f(x) \cdot g(y) \tag{4.2.1}$$
的一阶微分方程,称为可分离变量微分方程,其中 $f(x), g(y)$ 分别是 x, y 的连续函数.

若 $g(y) \neq 0$,用 $\dfrac{1}{g(y)} dx$ 乘方程(4.2.1)的两边,得
$$\dfrac{dy}{g(y)} = f(x)dx. \tag{4.2.2}$$
此方程的一边只含有 y 的函数和 dy,而另一边仅含有 x 的函数和 dx. 将方程(4.2.1)化为方程(4.2.2)的方法称为分离变量法. 而将方程(4.2.2)称为已分离变量的微分方程.

将方程(4.2.2)两边同时积分,得
$$\int \dfrac{dy}{g(y)} = \int f(x)dx + C \quad (C \text{ 为任意常数}), \tag{4.2.3}$$
其中 $\int \dfrac{dy}{g(y)}, \int f(x)dx$,分别看成 $f(x), \dfrac{1}{g(y)}$ 的一个原函数,而将任意常数 C 集中在一个地方单独明确地写出来. 方程(4.2.3)两边的原函数求出后,记 $\int \dfrac{dy}{g(y)} = G(y), \int f(x)dx = F(x)$,就得到方程(4.2.2)的通解
$$G(y) = F(x) + C, \tag{4.2.4}$$

式(4.2.4)又叫作微分方程(4.2.2)的隐式通解.

特别地,当 $g(y)=1$ 时,得 $\dfrac{dy}{dx}=f(x)$ 的通解为

$$y = \int f(x)dx + C.$$

例1 求微分方程 $\dfrac{dy}{dx}=3x^2 y$ 的通解.

解 此方程是可分离变量微分方程,分离变量后得

$$\frac{dy}{y} = 3x^2 dx,$$

两边积分,

$$\int \frac{dy}{y} = \int 3x^2 dx,$$

得

$$\ln|y| = x^3 + C_1,$$

从而

$$y = \pm e^{x^3+C_1} = \pm e^{C_1} e^{x^3}.$$

因 $\pm e^{C_1}$ 是任意的非零常数,又 $y\equiv 0$ 也是原方程的解,故得原方程的通解为

$$y = Ce^{x^3} \quad (C \text{ 为任意常数}).$$

例2 解初值问题 $\begin{cases} xy dx + (x^2+1)dy = 0 \\ y(0) = 1 \end{cases}$.

解 分离变量得

$$\frac{dy}{y} = \frac{x}{1+x^2}dx,$$

两边积分,得

$$\ln|y| = \ln \frac{1}{\sqrt{x^2+1}} + \ln|C|,$$

即

$$y\sqrt{x^2+1} = C \quad (C \text{ 为任意常数}).$$

由初始条件得 $C=1$,故所求特解为

$$y\sqrt{x^2+1} = 1.$$

现在我们来求解上节实例1、实例2、实例3中的微分方程(4.1.1)、(4.1.2)、(4.1.3).

方程(4.1.1)

$$\begin{cases} \dfrac{dN}{dt} = rN \\ N(0) = N_0 \end{cases},$$

将 $\dfrac{dN}{dt}=rN$ 变形为:$\dfrac{dN}{N}=rdt$.两边同时积分有 $\int\dfrac{dN}{N}=\int rdt$,得方程(4.1.1)的通解为

$$N(t) = Ce^{rt}.$$

将 $N(0)=N_0$ 代入通解中,有 $C=N_0$,所以 $N(t)=N_0 e^{rt}$ 即为所求的特解.

方程(4.1.2)

$$\begin{cases} \dfrac{\mathrm{d}x}{\mathrm{d}t} = r(N-x), \\ x(0) = x_0 \end{cases}$$

将 $\dfrac{\mathrm{d}x}{\mathrm{d}t} = r(N-x)$ 变形为 $\dfrac{\mathrm{d}x}{N-x} = r\mathrm{d}t$. 两边同时积分有 $\int \dfrac{\mathrm{d}x}{N-x} = \int r\mathrm{d}t$, 得方程(4.1.2)的通解为

$$x(t) = N - C\mathrm{e}^{-rt}.$$

将 $x(0) = x_0$ 代入通解中, 有 $C = N - x_0$, 所以 $x(t) = N - (N-x_0)\mathrm{e}^{-rt}$ 即为所求的特解.

方程(4.1.3)

$$\frac{\mathrm{d}p}{\mathrm{d}t} = k(q_\mathrm{d} - q_\mathrm{s}) = k[(4-p^2) - (2p-1)].$$

将方程变形为

$$\frac{\mathrm{d}p}{5-2p-p^2} = k\mathrm{d}t, \quad 即 \quad \frac{\mathrm{d}p}{6-(p+1)^2} = k\mathrm{d}t.$$

两边同时积分, 有 $\int \dfrac{\mathrm{d}p}{6-(p+1)^2} = \int k\mathrm{d}t$, 得

$$\frac{1}{2\sqrt{6}}\ln\left|\frac{p+1+\sqrt{6}}{p+1-\sqrt{6}}\right| = kt + C,$$

即为所求的隐式通解.

在一阶微分方程中, 可以直接分离变量的方程只是少数. 有些方程可以利用变量代换的方法化为可分离变量的方程, 这是求解微分方程的一种常用技巧.

例 3 求微分方程 $y' = \sin^2(x-y+1)$ 的通解.

解 令 $u = x - y + 1$, 则

$$y = x - u + 1, \quad y' = 1 - u'.$$

则原方程变形为

$$1 - u' = \sin^2 u,$$

分离变量, 得

$$\sec^2 u \mathrm{d}u = \mathrm{d}x,$$

两边同时积分, 有

$$\tan u = x + C.$$

将 $u = x - y + 1$ 代入, 得原方程的通解为

$$\tan(x-y+1) = x + C \quad (C \text{ 是任意的常数}).$$

例 4 求微分方程 $\dfrac{\mathrm{d}y}{\mathrm{d}x} = (x+y)^2$ 的通解.

解 令 $u = x + y$, 则 $\dfrac{\mathrm{d}y}{\mathrm{d}x} = \dfrac{\mathrm{d}u}{\mathrm{d}x} - 1$, 原方程变形为 $\dfrac{\mathrm{d}u}{\mathrm{d}x} - 1 = u^2$. 分离变量, 得

$$\frac{\mathrm{d}u}{u^2+1} = \mathrm{d}x,$$

两边同时积分, 有

$$\arctan u = x + C.$$

将 $u = x + y$ 代入,得原方程的通解为
$$\arctan(x + y) = x + C \quad (C \text{ 是任意的常数}).$$

4.2.2 齐次微分方程

实例 4 (产品总成本)某工厂生产某种产品 Q 件时的总成本为 $C = C(Q)$,它与边际成本的关系是 $\dfrac{dC}{dQ} = \dfrac{C - 2Q}{2C - Q}$,已知该厂的固定成本是 100,求总成本函数.

此方程显然不是变量可分离方程,下面我们来研究这种类型的微分方程的解法.

我们称形如
$$\frac{dy}{dx} = \varphi\left(\frac{y}{x}\right) \tag{4.2.5}$$
的微分方程为齐次方程,其中 φ 是连续函数.

通过变量代换 $\dfrac{y}{x} = u$,可将方程(4.2.5)化为变量分离方程.

令 $\dfrac{y}{x} = u$ 或 $y = ux$,则 $\dfrac{dy}{dx} = x\dfrac{du}{dx} + u$,代入方程(4.2.5)得
$$x\frac{du}{dx} + u = \varphi(u),$$
整理,得
$$\frac{du}{dx} = \frac{\varphi(u) - u}{x}.$$
这是一个变量可分离方程.然后按可分离变量方程的解法求解.

在实例 4 中,微分方程 $\dfrac{dC}{dQ} = \dfrac{C - 2Q}{2C - Q}$ 或 $\dfrac{dC}{dQ} = \dfrac{\dfrac{C}{Q} - 2}{2\dfrac{C}{Q} - 1}$ 是一个齐次方程.令 $u = \dfrac{C}{Q}$,得 $C = u \cdot Q$,则 $\dfrac{dC}{dQ} = u + Q\dfrac{du}{dQ}$,代入原方程,得
$$u + Q\frac{du}{dQ} = \frac{u - 2}{2u - 1},$$
分离变量,得
$$\frac{2u - 1}{2u^2 - 2u + 1}du = -\frac{1}{Q}dQ,$$
两端积分,得
$$\frac{1}{2}\ln(u^2 - u + 1) = -\ln Q + \ln C_1, \quad 即 \quad u^2 - u + 1 = \left(\frac{C_1}{Q}\right)^2.$$
将 $u = \dfrac{C}{Q}$ 代回上式,并整理,得
$$C^2 - CQ + Q^2 = C_1^2.$$
又 $C(0) = 100$,得 $C_1^2 = 100^2$,即 $C_1 = 100$,故该工厂的总成本函数为
$$C^2 - CQ + Q^2 = 10000.$$
注意,这个结果表示总成本是产量 Q 的隐函数.

例 5 解微分方程 $y' = \dfrac{y}{x} + \tan\dfrac{y}{x}$.

解 令 $u = \dfrac{y}{x}$,则 $y' = u + xu'$,代入原方程,得
$$u + xu' = u + \tan u.$$
分离变量,得
$$\dfrac{\cos u}{\sin u}\mathrm{d}u = \dfrac{\mathrm{d}x}{x}.$$
两边同时积分
$$\int \dfrac{\cos u}{\sin u}\mathrm{d}u = \int \dfrac{\mathrm{d}x}{x}.$$
得
$$\ln|\sin u| = \ln|x| + \ln|C|,$$
即
$$\sin u = Cx.$$
故原方程的通解为 $\sin\dfrac{y}{x} = Cx$(C 为任意常数).

例 6 解微分方程 $(y^2 - 2xy)\mathrm{d}x + x^2\mathrm{d}y = 0$.

解 方程变形为 $\dfrac{\mathrm{d}y}{\mathrm{d}x} = 2\dfrac{y}{x} - \left(\dfrac{y}{x}\right)^2$,令 $u = \dfrac{y}{x}$,则 $y' = u + xu'$,得
$$u + xu' = 2u - u^2.$$
分离变量,得
$$\dfrac{\mathrm{d}u}{u^2 - u} = -\dfrac{\mathrm{d}x}{x}, \quad 即 \quad \left(\dfrac{1}{u-1} - \dfrac{1}{u}\right)\mathrm{d}u = -\dfrac{\mathrm{d}x}{x},$$
两边同时积分,得
$$\ln\left|\dfrac{u-1}{u}\right| = -\ln|x| + \ln|C|, \quad 即 \quad \dfrac{x(u-1)}{u} = C.$$
代回原变量得通解为
$$x(y - x) = Cy \quad (C \text{ 为任意常数}).$$

注 显然 $x = 0, y = 0, y = x$ 也是原方程的解,但在求解过程中丢失了.因此,通解不一定是全部解.

在微分方程中,一般习惯上把 x 看作自变量,但有时若将 y 看作自变量,求解时会很简便,如下例.

例 7 求微分方程 $(y^2 - 3x^2)\mathrm{d}y - 2xy\mathrm{d}x = 0$.满足初始条件 $y|_{x=0} = 1$ 的特解.

解 原方程可化为
$$\dfrac{\mathrm{d}x}{\mathrm{d}y} = \dfrac{y^2 - 3x^2}{2xy} = \dfrac{1 - 3\left(\dfrac{x}{y}\right)^2}{2 \cdot \dfrac{x}{y}}.$$
令 $u = \dfrac{x}{y}$,即 $x = uy$,则 $\dfrac{\mathrm{d}x}{\mathrm{d}y} = u + y\dfrac{\mathrm{d}u}{\mathrm{d}y}$,代入上式,得
$$y\dfrac{\mathrm{d}u}{\mathrm{d}y} = \dfrac{1 - 5u^2}{2u}.$$

分离变量,并两边同时积分,得

$$\int \frac{2u}{1-5u^2} du = \int \frac{1}{y} dy.$$

即

$$-\frac{1}{5}\ln(1-5u^2) = \ln y - \frac{1}{5}\ln C.$$

将 $u = \dfrac{x}{y}$ 代入,得到原方程的通解为

$$y^5 - 5x^2 y^3 = C.$$

将初始条件 $y|_{x=0} = 1$ 代入通解中,得到 $C = 1$. 于是,所求特解为

$$y^5 - 5x^2 y^3 = 1.$$

4.2.3 一阶线性微分方程

形如

$$\frac{dy}{dx} + P(x)y = Q(x) \tag{4.2.6}$$

的微分方程称为一阶线性微分方程,其中 $P(x), Q(x)$ 为已知的函数. "线性"是指式(4.2.6)中未知函数、未知函数的导数均是一次的.

如果 $Q(x) \equiv 0$,方程(4.2.6)为

$$\frac{dy}{dx} + P(x)y = 0, \tag{4.2.7}$$

则称方程(4.2.7)是一阶线性齐次的. 当 $Q(x)$ 不恒等于零时,方程(4.2.6)称为一阶线性非齐次的.

1. 一阶线性齐次方程 $\dfrac{dy}{dx} + P(x)y = 0$ 的通解

显然 $y = 0$ 是它的解,当 $y \neq 0$ 时,将方程分离变量,得

$$\frac{dy}{y} = -P(x)dx,$$

两边同时积分,得通解为 $\ln|y| = -\int P(x)dx + C_1$.

所以,齐次方程 $\dfrac{dy}{dx} = P(x)y = 0$ 的通解为 $y = Ce^{-\int P(x)dx}$ (C 为任意常数).

2. 一阶线性非齐次方程 $\dfrac{dy}{dx} + P(x)y = Q(x)$ 的通解

非齐次方程(4.2.6)与齐次方程(4.2.7)有着密切的对应关系,于是它们的解也有着某种联系. 下面我们介绍一种微分方程的解法——常数变易法来揭示这种联系.

常数变易法的步骤如下:

第一步,先求齐次方程(4.2.7)的通解 $y = Ce^{-\int P(x)dx}$.

第二步,将 $y = Ce^{-\int P(x)dx}$ 中的任意常数 C 改为 $C(x)$,即用 $y = C(x)e^{-\int P(x)dx}$ 表示非齐次方程(4.2.6)的形式解.

第三步,把形式解代入非齐次方程(4.2.6)确定 $C(x)$,有
$$C'(x)\mathrm{e}^{-\int P(x)\mathrm{d}x} - C(x)P(x)\mathrm{e}^{-\int P(x)\mathrm{d}x} + C(x)P(x)\mathrm{e}^{-\int P(x)\mathrm{d}x} = Q(x),$$
即
$$C'(x) = Q(x)\mathrm{e}^{\int P(x)\mathrm{d}x}.$$
两边同时积分,有
$$C(x) = \int Q(x)\mathrm{e}^{\int P(x)\mathrm{d}x}\mathrm{d}x + C,$$
代入 $y = C(x)\mathrm{e}^{-\int P(x)\mathrm{d}x}$,便得到方程(4.2.6)的通解为
$$y = \mathrm{e}^{-\int P(x)\mathrm{d}x}\left[\int Q(x)\mathrm{e}^{\int P(x)\mathrm{d}x}\mathrm{d}x + C\right] \quad (C \text{ 为任意常数}) \tag{4.2.8}$$
通解(4.2.8)还可以写成
$$y = \mathrm{e}^{-\int P(x)\mathrm{d}x}\int Q(x)\mathrm{e}^{\int P(x)\mathrm{d}x}\mathrm{d}x + C\mathrm{e}^{-\int P(x)\mathrm{d}x}.$$

显然,$C\mathrm{e}^{-\int P(x)\mathrm{d}x}$ 是对应齐次方程的通解;$\mathrm{e}^{-\int P(x)\mathrm{d}x}\int Q(x)\mathrm{e}^{\int P(x)\mathrm{d}x}\mathrm{d}x$ 是非齐次方程的特解 ($C=0$).

由此可得到结论:非齐次方程的通解等于对应齐次方程的通解与非齐次方程的一个特解之和.一般记为 $y(x) = Y(x) + y^*(x)$,其中 $y(x)$ 表示非齐次方程的通解;$Y(x)$ 表示齐次方程的通解;$y^*(x)$ 表示非齐次方程的特解.

例 8 求解微分方程 $y' - y\cot x = 2x\sin x$.

解法 1 (常数变易法)原方程对应齐次方程为
$$y' - y\cot x = 0.$$
分离变量,得
$$\frac{1}{y}\mathrm{d}y = \cot x\mathrm{d}x.$$
两边同时积分,得
$$y = C\mathrm{e}^{\int \cot x\mathrm{d}x} = C\mathrm{e}^{\ln\sin x} = C\cdot\sin x.$$
用常数变易法,把 C 换成新的未知函数 $C(x)$,即令
$$y = C(x)\sin x.$$
则
$$y' = C'(x)\sin x + C(x)\cos x.$$
代入原非齐次方程,得
$$C'(x) = 2x.$$
两边同时积分,得
$$C(x) = x^2 + C.$$
故所求通解为
$$y = (x^2 + C)\sin x.$$

解法 2 (公式法)这里公式中的 $P(x) = -\cot x$,$Q(x) = 2x\sin x$.故所求通解为
$$y = \mathrm{e}^{\int \cot x\mathrm{d}x}\left(\int 2x\sin x\mathrm{e}^{-\int \cot x\mathrm{d}x}\mathrm{d}x + C\right)$$
$$= \mathrm{e}^{\ln\sin x}\left(\int 2x\sin x\cdot\mathrm{e}^{-\ln\sin x}\mathrm{d}x + C\right)$$

$$= \sin x \cdot \left(\int 2x\sin x \cdot \frac{1}{\sin x}dx + C\right)$$

$$= \sin x \cdot \left(\int 2x\,dx + C\right)$$

$$= \sin x \cdot (x^2 + C).$$

例 9 求微分方程 $(y^2 - 6x)y' + 2y = 0$ 满足初始条件 $y|_{x=2} = 1$ 的特解.

解 这个方程不是未知函数 y 与 y' 的线性方程,但是可以将它变形为

$$\frac{dx}{dy} = \frac{6x - y^2}{2y},$$

即

$$\frac{dx}{dy} - \frac{3}{y}x = -\frac{y}{2}.$$

若将 x 视为 y 的函数,则对于 $x(y)$ 及其导数 $\frac{dx}{dy}$ 而言,此方程是一个线性方程,由通解公式得

$$x = e^{\int \frac{3}{y}dy}\left(\int\left(-\frac{y}{2}\right)e^{-\int \frac{3}{y}dy}dy + C\right) = y^3\left(\frac{1}{2y} + C\right).$$

将条件:当 $x = 2$ 时,$y = 1$,代入上式,得 $C = \frac{3}{2}$. 因此,所求特解为

$$x = \frac{3}{2}y^3 + \frac{y^2}{2}.$$

习 题 4.2

A 组

1. 求下列微分方程的通解:

(1) $x(y^2 + 1)dx + y(x^2 + 1)dy = 0$; (2) $xy' - y\ln y = 0$;

(3) $\frac{dy}{dx} = \frac{1 + y^2}{xy + x^3 y}$.

2. 求下列齐次(或可化为齐次)方程的通解:

(1) $xy' = y\ln\frac{y}{x}$; (2) $y^2 + x^2\frac{dy}{dx} = xy\frac{dy}{dx}$;

(3) $(1 + 2e^{xy^{-1}})dx + 2e^{xy^{-1}}(1 - xy^{-1})dy = 0$; (4) $\frac{dy}{dx} = \frac{x - y + 4}{x + 4y - 1}$.

3. 求下列方程的特解:

(1) $xdy + 2ydx = 0, y|_{x=2} = 1$; (2) $\frac{dy}{dx} - e^{2x-y} = 0, y|_{x=0} = 0$;

(3) $\sin xdy - y\ln ydx = 0, y|_{x=\frac{\pi}{2}} = e$; (4) $\frac{y - xy'}{x + yy'} = 2, y|_{x=1} = 1$;

(5) $2xydx + (y^2 - 3x^2)dy = 0, y|_{x=0} = 1$.

4. 求满足 $f(x) = e^x + e^x \int_0^x f^2(t)dt$ 的连续函数 $f(x)$.

5. 求下列微分方程的通解：

(1) $y' + y - e^{-x} = 0$;　　　　　　(2) $\dfrac{dy}{dx} + 2xy = 4x$;

(3) $\dfrac{dy}{dx} + \dfrac{y}{x} = \dfrac{\sin x}{x}$;　　　　　(4) $(x-2)\dfrac{dy}{dx} = y + 2(x-2)^3$;

(5) $(1+x^2)y' - 2xy = (1+x^2)^2$;　　(6) $x^2 dy + (12xy - x + 1)dx = 0$.

6. 设有联结点 $O(0,0)$ 和 $A(1,1)$ 的一段向上凸的曲线弧 $\overset{\frown}{OA}$，对于 $\overset{\frown}{OA}$ 上任一点 $P(x,y)$，曲线弧 $\overset{\frown}{OP}$ 与直线段 $\overline{OP}$ 所围图形的面积为 x^2，求曲线段 $\overset{\frown}{OA}$ 的方程.

7. 求一曲线的方程，这曲线通过原点，并且它在点 (x,y) 处的切线斜率等于 $2x+y$.

B 组

1. 用适当变换，求下列方程的通解：

(1) $\dfrac{dy}{dx} = \dfrac{1}{xy + x^2 y^3}$;

(2) $y' = \cos(x - y)$;

(3) $xy' + x + \sin(x + y) = 0$;

2. 求下列微分方程满足所给初始条件的特解：

(1) $\cos x \sin y\, dy = \cos y \sin x\, dx$, $y|_{x=0} = \dfrac{\pi}{4}$;

(2) $\cos y\, dx + (1 + e^{-x}) \sin y\, dy = 0$, $y|_{x=0} = \dfrac{\pi}{4}$.

3. 用适当的变量代换将下列方程化为可分离变量的方程，然后求出通解：

(1) $\dfrac{dy}{dx} = (x + y)^2$;

(2) $\dfrac{dy}{dx} = \dfrac{1}{(x+y)^2}$;

(3) $\dfrac{dy}{dx} = \dfrac{1}{x-y} + 1$;

(4) $y' = y^2 + 2(\sin x - 1)y + \sin^2 x - 2\sin x - \cos x + 1$;

(5) $y(xy+1)dx + x(1+xy+x^2y^2)dy = 0$;

(6) $xy' + y = y(\ln x + \ln y)$.

4. (产品推销) 设有某种耐用商品在某地区进行推销，最初商家会采取各种宣传活动以打开销路，假设该商品确实受欢迎，则消费者会相互宣传，使购买人数逐渐增加，销售速率逐渐增大，但由于该地区潜在消费总量有限，所以当购买者占到潜在消费总量的一定比例时，销售速率又会逐渐下降，且该比例越接近于 1，销售速率越低，这时商家就应更新商品了.

(1) 假设消费总量为 N，任一时刻 t 已出售的新商品总量为 $x(t)$，试建立 $x(t)$ 所应满足的微分方程；

(2) 假设 $t = 0$ 时，$x(t) = x_0$，求出 $x(t)$;

(3) 分析 $x(t)$ 的性态，给出商品的宣传和生产策略.

5. (鹿群养殖) 在一个小岛上饲养梅花鹿，开始时有 10 只. 由于受到食物等环境因素限制，最多能生存 2500 只. 已知鹿的种群数量 $N(t)$ 的增长速度与剩余空间 $(2500 - N)$ 成正比，5 年后鹿群数量为 990 只，试求鹿群数量 $N(t)$ 的函数表达式.

4.3　二阶线性微分方程

形如
$$y^{(n)} + P_1(x)y^{(n-1)} + \cdots + P_{n-1}(x)y' + P_n(x)y = f(x)$$
的方程称为 n 阶线性微分方程，其中 $p_1(x), p_2(x), \cdots, p_n(x), f(x)$ 都是 x 的函数．若方程右端 $f(x) = 0$，则称之为 n 阶齐次线性微分方程，否则称为 n 阶非齐次线性微分方程．本节主要讨论二阶线性微分方程解的结构及二阶常系数线性微分方程的解法．

4.3.1　二阶齐次线性微分方程解的结构

设二阶齐次线性微分方程如下：
$$y'' + P(x)y' + Q(x)y = 0, \tag{4.3.1}$$
且函数 $y_1(x), y_2(x)$ 是式(4.3.1)的两个解．容易验证
$$y = C_1 y_1(x) + C_2 y_2(x) \tag{4.3.2}$$
也是方程(4.3.1)的解，其中 C_1, C_2 为任意的常数．齐次线性方程解的这个性质常被称为符合叠加原理．那么式(4.3.2)一定是方程(4.3.1)的通解吗？回答是否定的．例如 $y_1(x)$ 是方程(4.3.1)的解，$y_2(x) = 2y_1(x)$ 也是方程(4.3.1)的解．则式(4.3.2)为
$$y = (C_1 + 2C_2)y_1(x).$$
令 $C = C_1 + 2C_2$．由于 $y = Cy_1(x)$ 仅含有一个常数，显然不是二阶微分方程(4.3.1)的通解．那么在什么情况下式(4.3.2)才是方程(4.3.1)的通解呢？为此，我们引进函数线性相关与线性无关的概念．

设函数 $y_1(x), y_2(x)$ 是定义在某区间 I 内的两个函数．如果存在不全为零的常数 k_1, k_2，使得对于区间 I 内的一切 x，有
$$k_1 y_1(x) + k_2 y_2(x) = 0,$$
则称 $y_1(x), y_2(x)$ 在定义区间 I 内线性相关，否则称 $y_1(x), y_2(x)$ 线性无关．

显然，如果 $y_1(x), y_2(x)$ 是定义在某区间 I 内的两个不恒等于零的函数，那么它们线性相关等价于 $\dfrac{y_1(x)}{y_2(x)} =$ 不为零的常数，线性无关等价于 $\dfrac{y_1(x)}{y_2(x)} \neq$ 常数．

如果 $y_1(x), y_2(x)$ 在某区间 I 上有一个恒等于零，那么它们是线性相关的．

例如，函数 $y_1 = e^{-x}, y_2 = e^{3x}$ 在区间 $(-\infty, +\infty)$ 内线性无关；函数 $y_1 = 1 - 2\sin^2 x, y_2 = 1 - 2\cos^2 x$ 在 $(-\infty, +\infty)$ 内线性相关．

利用线性无关的概念，我们容易得到：

定理 4.3.1　如果 $y_1(x)$ 与 $y_2(x)$ 是方程(4.3.1)的两个线性无关的解，那么
$$Y = C_1 y_1(x) + C_2 y_2(x).$$
是方程(4.3.1)的通解，其中 C_1, C_2 为相互独立的任意常数．

例如方程 $y'' - 2y' - 3y = 0$ 是二阶齐次线性微分方程．容易验证 $y_1 = e^{-x}, y_2 = e^{3x}$ 是它的两个特解，且 $\dfrac{y_1}{y_2} = e^{-4x}$ 不恒等于常数，即它们是线性无关的．因此方程 $y'' - 2y' - 3y = 0$ 的

通解为
$$y = C_1 e^{-x} + C_2 e^{3x}.$$

4.3.2 二阶非齐次线性微分方程解的结构

回顾 4.2 节中一阶非齐次线性微分方程的通解由两部分组成:一部分是对应的齐次线性微分方程的通解,另一部分是非齐次线性微分方程本身的一个特解.这个结论对二阶或二阶以上的非齐次线性微分方程也是适用的.下面我们来讨论二阶非齐次微分方程

$$y'' + P(x)y' + Q(x)y = f(x) \tag{4.3.3}$$

的解.

定理 4.3.2 设 y^* 是二阶非齐次线性微分方程(4.3.3)的一个特解,Y 是与它相对应的齐次方程(4.3.1)的通解.那么 $y = y^* + Y$ 是二阶非齐次微分方程(4.3.3)的通解.

证明 由于 y^* 是二阶非齐次线性微分方程(4.3.3)的一个特解,故
$$y^{*\prime\prime} + P(x)y^{*\prime} + Q(x)y^* = f(x).$$
又因为 Y 是齐次方程(4.3.1)的通解,所以
$$Y'' + P(x)Y' + Q(x)Y = 0.$$
将 $y = y^* + Y$ 代入方程(4.3.3)的左端,得
$$(Y + y^*)'' + P(x)(Y + y^*)' + Q(x)(Y + y^*)$$
$$= [Y'' + P(x)Y' + Q(x)Y] + [y^{*\prime\prime} + P(x)y^{*\prime} + Q(x)y^*]$$
$$= 0 + f(x) = f(x).$$
所以 $y = y^* + Y$ 是非齐次方程(4.3.3)的解.

由于对应的齐次方程(4.3.1)的通解 $Y = C_1 y_1(x) + C_2 y_2(x)$ 中含有两个任意常数,所以 $y = y^* + Y$ 中也含有两个任意常数,从而它就是二阶非齐次线性方程(4.3.3)的通解.

例如,方程 $y'' + y = x^2$ 是二阶非齐次线性微分方程.已知 $Y = C_1 \cos x + C_2 \sin x$ 是对应齐次方程 $y'' + y = 0$ 的通解,$y^* = x^2 - 2$ 是所给方程的一个解.因此
$$y = C_1 \cos x + C_2 \sin x + x^2 - 2$$
是所给方程的通解.

定理 4.3.3 设非齐次线性微分方程(4.3.3)的右端 $f(x)$ 是几个函数之和,如
$$y'' + P(x)y' + Q(x)y = f_1(x) + f_2(x),$$
而 y_1^* 与 y_2^* 分别是方程 $y'' + P(x)y' + Q(x)y = f_1(x)$ 与 $y'' + P(x)y' + Q(x)y = f_2(x)$ 的解,那么 $y_1^* + y_2^*$ 就是原方程的解.

这个定理我们又称为非齐次线性微分方程解的叠加原理.

4.3.3 二阶常系数齐次线性微分方程

如果齐次线性微分方程
$$y'' + P(x)y' + Q(x)y = 0$$
的系数都是常数,即形如
$$y'' + py' + qy = 0 \tag{4.3.4}$$
的微分方程,其中 p, q 为常数,那么就称为二阶常系数齐次线性微分方程.

下面我们来讨论这类微分方程的解.根据定理 4.3.1,我们只要求出它的两个线性无关的特解,就可以得到它的通解.那么如何找到这两个线性无关的特解呢?现在我们从该方程本身所具有的特点来解决这个问题.

从方程(4.3.4)的形式看,它的特点是 y, y', y'' 各乘以常数因子后相加等于零,因此如果能找到一个函数,它和它的导数 y'、二阶导数 y'' 之间只相差常数因子,这样的函数就有可能是方程(4.3.4)的解.

在初等函数中,指数函数 $y = e^{rx}$ 就具有这种特性,因此适当选取 r 就有可能使 $y = e^{rx}$ 是方程(4.3.4)的解.现假设 $y = e^{rx}$ 是方程(4.3.4)的解,将其代入得
$$r^2 e^{rx} + pre^{rx} + qe^{rx} = 0.$$
因为 $e^{rx} \neq 0$,由上式可得
$$r^2 + pr + q = 0. \tag{4.3.5}$$

这样,我们就把方程(4.3.4)的求解问题转化为代数方程(4.3.5)的求根问题.我们称方程(4.3.5)为微分方程(4.3.4)的特征方程,并把它的根称为方程(4.3.4)的特征根.

下面我们根据代数方程式(4.3.5)的两个根为
$$r_{1,2} = \frac{-p \pm \sqrt{p^2 - 4q}}{2}$$
的不同情况来分别讨论方程(4.3.4)的通解:

(1) 当 $p^2 - 4q > 0$ 时,特征方程(4.3.5)有两个不相等的实根 $r_1 \neq r_2$,不难验证相应的函数 $y_1 = e^{r_1 x}, y_2 = e^{r_2 x}$ 是方程(4.3.4)的两个线性无关的解.因此方程的通解为
$$y = C_1 e^{r_1 x} + C_2 e^{r_2 x},$$
其中 C_1, C_2 为任意的常数.

(2) 当 $p^2 - 4q = 0$ 时,特征方程有两个相等的实根 $r_1 = r_2$,此时我们只能得到方程(4.3.4)的一个特解 $y_1 = e^{r_1 x}$,为了得到方程(4.3.4)的通解,我们还需要另一个与 y_1 线性无关的解 y_2.由线性无关的定义,y_2 应满足
$$\frac{y_2}{y_1} = \frac{y_2}{e^{r_1 x}} = u(x) \neq C,$$
这里 C 为某一常数,这样我们得到 $y_2 = u(x) e^{r_1 x}$.把 y_2 代入方程(4.3.4)并整理可得
$$u''(x) + (2r + p)u'(x) + (r^2 + pr + q)u(x) = 0.$$
因 r 是特征方程的重根,因此 $r^2 + pr + q = 0$ 且 $2r + p = 0$,所以 $u''(x) = 0$.两边同时积分得
$$u(x) = C_1 x + C_2.$$
由于我们要求 $u(x)$ 为一个不为常数的函数,所以只取 $u(x) = x$,这样我们得到方程(4.3.4)的另外一个特解 $y_2 = x e^{r_1 x}$,且与 $y_1 = e^{r_1 x}$ 线性无关.故方程(4.3.4)的通解为
$$y = (C_1 + C_2 x) e^{r_1 x}.$$

(3) 当 $p^2 - 4q < 0$ 时,特征方程有一对共轭复根 $r_{1,2} = \alpha \pm i\beta$,这里
$$\alpha = -\frac{p}{2}, \quad \beta = \frac{\sqrt{4q - p^2}}{2}.$$
我们可以得到方程(4.3.4)的两个线性无关的复数形式的解 $e^{(\alpha + i\beta)x}, e^{(\alpha - i\beta)x}$.下面我们利用欧拉公式 $e^{i\omega} = \cos\omega + i\sin\omega$ 来得到方程实数表达式的解,由于
$$e^{(\alpha + i\beta)x} = e^{\alpha x}(\cos\beta x + i\sin\beta x), \quad e^{(\alpha - i\beta)x} = e^{\alpha x}(\cos\beta x - i\sin\beta x),$$
取

$$y_1 = e^{\alpha x}\cos\beta x, \quad y_2 = e^{\alpha x}\sin\beta x,$$

不难验证函数 $y_1 = e^{\alpha x}\cos\beta x, y_2 = e^{\alpha x}\sin\beta x$ 是微分方程的两个线性无关的实数形式的解. 因此方程的通解为

$$y = e^{\alpha x}(C_1\cos\beta x + C_2\sin\beta x).$$

综上所述,求二阶常系数齐次线性微分方程 $y'' + py' + qy = 0$ 的通解的步骤如下:
(1) 写出微分方程的特征方程 $r^2 + pr + q = 0$ 并求出它的两个根 r_1, r_2;
(2) 根据特征方程的两个根的不同情况,按照表 4.1 写出微分方程的通解.

表 4.1

特征方程 $r^2 + pr + q = 0$ 的两个根 r_1, r_2	微分方程 $y'' + py' + qy = 0$ 的通解
两个不相等的实根 r_1, r_2	$y = C_1 e^{r_1 x} + C_2 e^{r_2 x}$
两个相等的实根 $r_1 = r_2 = r$	$y = (C_1 + C_2 x)e^{rx}$
一对共轭复根 $r_{1,2} = \alpha \pm i\beta$	$y = e^{\alpha x}(C_1\cos\beta x + C_2\sin\beta x)$

例 1 求微分方程 $y'' + 3y' - 4y = 0$ 的通解.

解 所给微分方程的特征方程为

$$r^2 + 3r - 4 = 0.$$

特征根为 $r_1 = 1, r_2 = -4$. 于是,所求微分方程的通解为

$$y = C_1 e^x + C_2 e^{-4x}.$$

例 2 求微分方程 $y'' - 4y' + 4y = 0$ 的满足初始条件 $y|_{x=0} = 1, y'|_{x=0} = 1$ 的特解.

解 所给微分方程的特征方程为

$$r^2 - 4r + 4 = 0.$$

特征根 $r_1 = r_2 = 2$. 故所求微分方程的通解为

$$y = e^{2x}(C_1 + C_2 x).$$

求导,得

$$y' = 2e^{2x}(C_1 + C_2 x) + C_2 e^{2x}.$$

将初始条件 $y|_{x=0} = 1$ 及 $y'|_{x=0} = 1$ 代入以上两式,求得 $C_1 = 1, C_2 = -1$. 故所求特解为

$$y = e^{2x}(1 - x).$$

例 3 设函数 $f(x)$ 可导,且满足

$$f(x) = 1 + 2x + \int_0^x tf(t)dt - x\int_0^x f(t)dt.$$

试求函数 $f(x)$.

解 由上述方程知 $f(0) = 1$. 方程两边对 x 求导,得

$$f'(x) = 2 - \int_0^x f(t)dt.$$

由此可得 $f'(0) = 2$. 上式两边再对 x 求导,得

$$f''(x) = -f(x).$$

这是二阶常系数齐次线性方程,其特征方程为

$$r^2 + 1 = 0,$$

特征根 $r_1 = -i, r_2 = i$. 于是,所求微分方程的通解为

$$f(x) = C_1\cos x + C_2\sin x.$$

由此得 $f'(x) = -C_1\sin x + C_2\cos x$. 由 $f(0)=1, f'(0)=2$, 得 $C_1=1, C_2=2$. 所以
$$f(x) = \cos x + 2\sin x.$$

4.3.4 二阶常系数非齐次线性微分方程

如果非齐次线性微分方程
$$y'' + P(x)y' + Q(x)y = f(x)$$
的系数都是常数,即形如
$$y'' + py' + qy = f(x) \tag{4.3.6}$$
的微分方程,其中 p,q 为常数,那么称其为二阶常系数非齐次线性微分方程.

由定理 4.3.2 知,方程(4.3.6)的通解 y 等于它所对应的齐次方程的通解 Y 与它的一个特解 y^* 之和,即 $y=Y+y^*$. 而齐次方程通解的求法上面已经讨论,所以我们只要讨论非齐次线性微分方程特解的求法即可.

为简单起见,我们仅介绍当 $f(x)$ 取以下两种常见形式的表示式时,求特解 y^* 的方法——待定系数法. 这种方法的特点是不用积分就可以求出 y^*.

1. $f(x) = P_m(x)e^{\lambda x}$ 型

微分方程形式为
$$y'' + py' + qy = P_m(x)e^{\lambda x}, \tag{4.3.7}$$
这里 $P_m(x)$ 表示 x 的 m 次多项式,其中,λ 是实常数.

设 y^* 是方程(4.3.7)的一个特解. 根据方程(4.3.7)的特点,$qy^*, p(y^*)', (y^*)''$ 相加等于 $P_m(x)e^{\lambda x}$, 又注意到 p,q 为常数,而多项式与指数函数的乘积求导后类型不变,因此我们推测方程(4.3.7)有如下形式的特解:
$$y^* = e^{\lambda x}Q(x),$$
其中 $Q(x)$ 是待定的关于 x 的一个多项式. 将
$$y^* = e^{\lambda x}Q(x),$$
$$(y^*)' = e^{\lambda x}[\lambda Q(x) + Q'(x)],$$
$$(y^*)'' = e^{\lambda x}[\lambda^2 Q(x) + 2\lambda Q'(x) + Q''(x)]$$
代入方程(4.3.7),并约去 $e^{\lambda x}$,整理可得
$$Q''(x) + (2\lambda + p)Q'(x) + (\lambda^2 + p\lambda + q)Q(x) = P_m(x). \tag{4.3.8}$$
下面我们将根据 λ 的取值不同考虑三种情况:

(1) λ 不是方程(4.3.7)对应齐次方程的特征方程 $r^2+pr+q=0$ 的根,即 $\lambda^2+p\lambda+q\neq 0$. 由于 $P_m(x)$ 为一个 m 次的多项式,而多项式求一次导数其次数就要降低一次,因此要使式(4.3.8)成立, $Q(x)$ 也应该是 m 次的多项式. 设 $Q(x)=Q_m(x)$(这里 $Q_m(x)$ 表示 x 的一个 m 次多项式)并把它代入式(4.3.8),再比较两边 x 的同次幂的系数,即可求得 $Q_m(x)$ 的系数. 这样我们就得到方程(4.3.7)的一个特解
$$y^* = Q_m(x)e^{\lambda x}.$$

(2) λ 是特征方程 $r^2+pr+q=0$ 的单根,即 $\lambda^2+p\lambda+q=0$, 而 $2\lambda+p\neq 0$. 此时式(4.3.8)化为
$$Q''(x) + (2\lambda + p)Q'(x) = P_m(x),$$
由上式可知 $Q(x)$ 应是一个 $m+1$ 次的多项式. 因此我们令 $Q(x)=xQ_m(x)$, 得到方程

(4.3.7)的一个特解为
$$y^* = xQ_m(x)e^{\lambda x},$$
其中 $Q_m(x)$ 是 x 的 m 次多项式.

(3) λ 是特征方程 $r^2 + pr + q = 0$ 的重根,即 $\lambda^2 + p\lambda + q = 0$,且 $2\lambda + p = 0$. 此时式 (4.3.8)化为
$$Q''(x) = P_m(x),$$
因此 $Q(x)$ 应是一个 $m+2$ 次的多项式. 这样令 $Q(x) = x^2 Q_m(x)$,得到方程(4.3.7)的一个特解为
$$y^* = x^2 Q_m(x)e^{\lambda x}.$$

在情况(2)和(3)中,多项式 $Q_m(x)$ 的确定与(1)中的方法相同.

综上所述,寻求方程 $y'' + py' + qy = P_m(x)e^{\lambda x}$ 形如
$$y^* = x^k Q_m(x)e^{\lambda x} \tag{4.3.9}$$
的特解方法如表 4.2 所示.

表 4.2

微分方程 $y'' + py' + qy = P_m(x)e^{\lambda x}$ 中的 λ 取值	微分方程 $y'' + py' + qy = P_m e^{\lambda x}$ 的一个特解形式
λ 不是特征方程 $r^2 + pr + q = 0$ 的根	$y^* = Q_m(x)e^{\lambda x}$
λ 是特征方程 $r^2 + pr + q = 0$ 的单根	$y^* = xQ_m(x)e^{\lambda x}$
λ 是特征方程 $r^2 + pr + q = 0$ 的重根	$y^* = x^2 Q_m(x)e^{\lambda x}$

其中,$Q_m(x)$ 是与 $P_m(x)$ 同次的多项式,其求法是,设
$$Q_m(x) = a_m x^m + a_{m-1} x^{m-1} + \cdots + a_1 x + a_0,$$
然后将 $y^* = x^k Q_m(x)e^{\lambda x}$ (k 按 λ 不是特征方程的根,是特征方程的单根,重根依次取 0,1, 2)代入方程 $y'' + py' + qy = P_m(x)e^{\lambda x}$,比较两边系数即可求出 $Q_m(x)$.

例4 求方程 $y'' - 5y' + 6y = 6x^2 - 10x + 2$ 的通解.

解 所给方程是二阶常系数非齐次线性微分方程,且右端函数形如 $P_m(x)e^{\lambda x}$,其中
$$\lambda = 0, \quad P_m(x) = 6x^2 - 10x + 2.$$

先求对应齐次方程 $y'' - 5y' + 6y = 0$ 的通解. 其特征方程是
$$r^2 - 5r + 6 = 0.$$
特征根 $r_1 = 2, r_2 = 3$,对应齐次方程的通解为
$$Y = C_1 e^{2x} + C_2 e^{3x}.$$

因为 $\lambda = 0$ 不是特征根,因而所求方程,有形如
$$y^* = Ax^2 + Bx + C$$
的特解. 由于 $(y^*)' = 2Ax + B, (y^*)'' = 2A$,将它们代入原方程中得恒等式
$$6Ax^2 + (6B - 10A)x + 2A - 5B + 6C = 6x^2 - 10x + 2.$$
比较上式两端 x 的同次幂的系数,可得
$$\begin{cases} 6A = 6 \\ 6B - 10A = -10 \\ 2A - 5B + 6C = 2 \end{cases}.$$
解方程组得 $A = 1, B = 0, C = 0$ 故所求方程的一个特解为

$$y^* = x^2.$$

从而所求方程的通解为

$$y = C_1 e^{2x} + C_2 e^{3x} + x^2.$$

例 5 求方程 $y'' - 4y' + 4y = 2xe^{2x}$ 的通解.

解 所求方程是二阶常系数非齐次线性微分方程,且右端函数形如 $P_m(x)e^{\lambda x}$,其中

$$\lambda = 2, \quad P_m(x) = 2x.$$

原方程对应的齐次方程为 $y'' - 4y' + 4y = 0$,其通解为

$$Y = e^{2x}(C_1 + C_2 x).$$

由于 $r = 2$ 是二重特征根,所以设原方程有形如

$$y^* = x^2(Ax + B)e^{2x}$$

的特解. 将它代入原方程,可得

$$6Ax + 2B = 2x.$$

比较等式两端 x 的同次幂的系数,得 $A = \frac{1}{3}, B = 0$. 于是得原方程的一个特解为

$$y^* = \frac{1}{3}x^3 e^{2x}.$$

最后得所求方程的通解为

$$y = e^{2x}\left(C_1 + C_2 x + \frac{1}{3}x^3\right).$$

2. $f(x) = e^{\lambda x}[P_l(x)\cos\omega x + P_n(x)\sin\omega x]$ 型

可以推证,如果 $f(x) = e^{\lambda x}[P_l(x)\cos\omega x + P_n(x)\sin\omega x](\lambda, \omega \in \mathbf{R})$,则二阶常系数非齐次线性微分方程(4.3.6)的特解可设为

$$y^* = x^k e^{\lambda x}[Q_m(x)\cos\omega x + R_m(x)\sin\omega x],$$

其中 $Q_m(x), R_m(x)$ 是 m 次多项式,$m = \max\{l, n\}$,而 k 按 $\lambda \pm i\omega$ 不是特征方程的根或是特征方程的单根依次取 0 或 1.

例 6 求方程 $y'' + y' - 2y = e^x(\cos x - 7\sin x)$ 的通解.

解 由题设可知,$\lambda = 1, \omega = 1$. 所求解的方程对应的齐次方程 $y'' + y' - 2y = 0$ 的特征方程为

$$r^2 + r - 2 = 0,$$

特征根 $r_1 = 1, r_2 = -2$,齐次方程的通解为

$$Y = C_1 e^x + C_2 e^{-2x}.$$

因为 $\lambda \pm i\omega = 1 \pm i$ 不是特征根,故原方程具有形如

$$y^* = e^x(A\cos x + B\sin x)$$

的特解,求得

$$(y^*)' = e^x[(A+B)\cos x + (B-A)\sin x],$$
$$(y^*)'' = e^x[2B\cos x - 2A\sin x].$$

代入原方程并化简,得恒等式

$$(3B - A)\cos x - (B + 3A)\sin x = \cos x - 7\sin x.$$

比较上式两端 $\cos x$ 和 $\sin x$ 的系数,可得

$$\begin{cases} -A + 3B = 1 \\ -3A - B = -7 \end{cases}.$$

解得 $A=2, B=1$,故
$$y^* = e^x(2\cos x + \sin x).$$
所求通解为
$$y = e^x(2\cos + \sin x) + C_1 e^x + C_2 e^{-2x}.$$

习 题 4.3

A组

1. 下列函数 $y_1(x)$、$y_2(x)$ 是否为所给微分方程的解？若是，能否由它们组成通解，通解为何？

(1) $y'' + y' - 2y = 0, y_1(x) = e^x, y_2(x) = 2e^x$；
(2) $y'' - 4y' + 4y = 0, y_1(x) = e^{2x}, y_2(x) = xe^{2x}$；
(3) $y'' + \omega^2 y = 0, y_1 = \cos\omega x, y_2 = \sin\omega x$.

2. 求下列微分方程的通解：

(1) $y'' - 5y' + 6y = 0$；
(2) $y'' - y' - 2y = 0$；
(3) $y'' - 2y' + y = 0$；
(4) $y'' - 4y' = 0$；
(5) $4\dfrac{d^2 x}{dt^2} - 20\dfrac{dx}{dt} + 25x = 0$；
(6) $y'' + y = 0$；
(7) $y'' + 2y' + 5y = 0$；
(8) $y'' + 6y' + 13y = 0$；
(9) $y'' - 4y' + 5y = 0$.

3. 求下列微分方程满足所给初始条件的特解：

(1) $y'' - 4y' + 3y = 0, y|_{x=0} = 6, y'|_{x=0} = 10$；
(2) $y'' - y' = 4xe^x, y|_{x=0} = 0, y'|_{x=0} = 1$.

4. 方程 $y'' + 9y = 0$ 的一条积分曲线通过点 $(\pi, -1)$，且在该点和直线 $y + 1 = x - \pi$ 相切，求此曲线.

5. 验证：

(1) $y = C_1 e^x + C_2 e^{2x} + \dfrac{1}{12} e^{5x}$ (C_1、C_2 是任意常数) 是方程 $y'' - 3y' + 2y = e^{5x}$ 的通解；

(2) $y = C_1 \cos 3x + C_2 \sin 3x + \dfrac{1}{32}(4x\cos x + \sin x)$ (C_1、C_2 是任意常数) 是方程 $y'' + 9y = x\cos x$ 的通解；

(3) $y = C_1 e^x + C_2 e^{-x} + C_3 \cos x + C_4 \sin x - x^2$ (C_1, C_2, C_3, C_4 是任意常数) 是方程 $y^{(4)} - y = x^2$ 的通解.

6. 设函数 $\varphi(x)$ 连续，且满足 $\varphi(x) = e^x + \displaystyle\int_0^x t\varphi(t)dt - x\int_0^x \varphi(t)dt$，求 $\varphi(x)$.

7. 求下列各微分方程的通解：

(1) $y'' - 4y' + 3y = 1$；
(2) $y'' + 5y' + 4y = 3 - 2x$；
(3) $2y'' + y' - y = 2e^x$；
(4) $2y'' + 5y' = 5x^2 - 2x - 1$；
(5) $y'' + 3y' + 2y = 3xe^{-x}$；
(6) $y'' - 6y' + 9y = (x+1)e^{3x}$；

(7) $y'' + 9y = 4\cos 3x$;
(8) $y'' + 4y = x\cos x$;
(9) $y'' - 2y' + 5y = e^x \sin 2x$;
(10) $y'' + a^2 y = e^x$;
(11) $y'' - y = \sin^2 x$;
(12) $y'' + y = e^x + \cos x$.

B 组

1. 试作一个二阶齐次线性微分方程,使它有特解 x 和 e^x.

2. 已知 $y_1(x) = e^x$ 是齐次线性方程 $(2x-1)y'' - (2x+1)y' + 2y = 0$ 的一个解,求此方程的通解.

3. 已知齐次线性方程 $x^2 y'' - xy' + y = 0$ 的通解为 $Y(x) = C_1 x + C_2 x \ln |x|$,求非齐次线性方程 $x^2 y'' - xy' + y = x$ 的通解.

4.4 微分方程在经济学中的应用

微分方程对于经济数量分析,尤其是涉及连续的动态模型,是十分有用的. 在经济管理中,经常要涉及有关经济量的变化、增长、速率、边际、弹性等内容,通常根据微元分析法将描述经济量变化形式的 y', y 和 t 之间,建立瞬时变化率的关系式,即微分方程模型,通过求解方程,可得经济量的变化规律并做出决策和预测分析.

4.4.1 供需均衡的价格调整模型

在完全竞争的市场条件下,商品的价格由市场的供求关系决定. 或者说,某商品的供给量 Q_s 及需求量 Q_d 与该商品的价格有关. 为简单起见,假设供给函数与需求函数分别为

$$Q_s = a_1 + b_1 P, \quad Q_d = a - bP,$$

其中 a_1, b_1, a, b 均为常数,且 $b_1 > 0, b > 0$;P 为实际价格.

供需均衡的静态模型为

$$\begin{cases} Q_d = a - bP \\ Q_s = a_1 + b_1 P \\ Q_d(P) = Q_s(P) \end{cases}.$$

显然,静态模型的均衡价格为

$$P_e = \frac{a - a_1}{b + b_1}.$$

对产量不能轻易扩大,在生产周期相对较长的情况下的商品,瓦尔拉(Walras)假设:超额需求 $Q_d(P) - Q_s(P)$ 为正时,未被满足的买方愿出高价,供不应求的卖方将提价,因而价格上涨;反之,价格下跌. 因此,t 时刻价格的变化率与超额需求 $Q_d(P) - Q_s(P)$ 成正比,即

$$\frac{dP}{dt} = k(Q_d - Q_s).$$

于是瓦尔拉假设下的动态模型为

$$\begin{cases} Q_d = a - bP(t) \\ Q_s = a_1 + b_1 P(t) \\ \dfrac{dP}{dt} = k[Q_d(P) - Q_s(P)] \end{cases}.$$

整理上述模型得

$$\frac{dP}{dt} = \lambda(P_e - P),$$

其中,$\lambda = k(b+b_1)>0$ 这个方程的通解为

$$P(t) = P_e + Ce^{-\lambda t}.$$

假设初始价格为 $P(0) = P_0$,代入上式得,$C = P_0 - P_e$,于是动态价格调整模型的解为

$$P(t) = P_e + (P_0 - P_e)e^{-\lambda t},$$

由于 $\lambda > 0$,故

$$\lim_{t \to +\infty} P(t) = P_e.$$

这表明,随着时间的不断延续,实际价格 $P(t)$ 将逐渐趋于均衡价格 P_e。

4.4.2 索洛(Solow)新古典经济增长模型

设 $Y(t)$ 表示时刻 t 的国民收入,$K(t)$ 表示时刻 t 的资本存量,$L(t)$ 表示时刻 t 的劳动力,索洛曾提出如下的经济增长模型:

$$\begin{cases} Y = f(K,L) = Lf(r,1) \\ \dfrac{dK}{dt} = sY(t) \\ L = L_0 e^{\lambda t} \end{cases}.$$

其中,s 为储蓄率($s>0$),λ 为劳动力增长率($\lambda>0$),L_0 表示初始劳动力($L_0>0$),$r = \dfrac{K}{L}$ 称为资本劳力比,表示单位劳动力平均占有的资本数量。将 $K = rL$ 两边对 t 求导,并利用 $\dfrac{dL}{dt} = \lambda L$,有

$$\frac{dK}{dt} = L\frac{dr}{dt} + r\frac{dL}{dt} = L\frac{dr}{dt} + \lambda tL.$$

又由模型中的方程可得 $\dfrac{dK}{dt} = sLf(r,1)$,于是有

$$\frac{dr}{dt} + \lambda r = sf(r,1). \tag{4.4.1}$$

取生产函数为柯布-道格拉斯(Cobb-Douglas)函数,即

$$f(K,L) = A_0 K^\alpha L^{1-\alpha} = A_0 L r^\alpha,$$

其中 $A_0 > 0, 0 < \alpha < 1$ 均为常数。

易知 $f(r,1) = A_0 r^\alpha$,将其代入式(4.4.1)中,得

$$\frac{dr}{dt} + \lambda r = sA_0 r^\alpha. \tag{4.4.2}$$

方程两边同除以 r^α,得

$$r^{-\alpha} \frac{dr}{dt} + \lambda r^{1-\alpha} = sA_0.$$

令 $r^{1-\alpha} = z$,则 $\dfrac{dz}{dt} = (1-\alpha)\lambda^{-\alpha}\dfrac{dr}{dt}$,上述方程可变为

$$\frac{dz}{dt} + (1-\alpha)\lambda z = sA_0(1-\alpha).$$

这是关于 z 的一阶非齐次线性方程,其通解为

$$z = Ce^{-\lambda(1-\alpha)t} + \frac{sA_0}{\lambda} \quad (C \text{ 为任意常数}).$$

以 $z = r^{1-\alpha}$ 代入后整理得

$$r(t) = \left[Ce^{-\lambda(1-\alpha)t} + \frac{sA_0}{\lambda}\right]^{\frac{1}{1-\alpha}}.$$

当 $t = 0$ 时,若 $r(0) = r_0$,则有

$$C = r_0^{1-\alpha} - \frac{s}{\lambda}A_0.$$

于是,有

$$r(t) = \left[\left(r_0^{1-\alpha} - \frac{s}{\lambda}A_0\right)e^{-\lambda(1-\alpha)t} + \frac{sA_0}{\lambda}\right]^{\frac{1}{1-\alpha}}.$$

因此,有

$$\lim_{t \to \infty} r(t) = \left(\frac{s}{\lambda}A_0\right)^{\frac{1}{1-\alpha}}.$$

事实上,我们在式(4.4.2)中,令 $\dfrac{\mathrm{d}r}{\mathrm{d}t} = 0$,可得其均衡值 $r_e = \left(\dfrac{s}{\lambda}A_0\right)^{\frac{1}{1-\alpha}}$.

4.4.3 新产品推广模型

设有某种新产品要推向市场,t 时刻的销量为 $x(t)$,由于产品性能良好,每个产品都是一个宣传品,因此,t 时刻产品销售的增长率 $\dfrac{\mathrm{d}x}{\mathrm{d}t}$,与 $x(t)$ 成正比.同时,考虑到产品销售存在一定的市场容量 N(最大需求量),统计表明 $\dfrac{\mathrm{d}x}{\mathrm{d}t}$ 与尚未购买该产品的潜在顾客的数量 $N - x(t)$ 也成正比,于是有

$$\frac{\mathrm{d}x}{\mathrm{d}t} = kx(N - x), \tag{4.4.3}$$

其中 k 为比例系数.用分离变量法,可以解得

$$x(t) = \frac{N}{1 + Ce^{-kNt}} \tag{4.4.4}$$

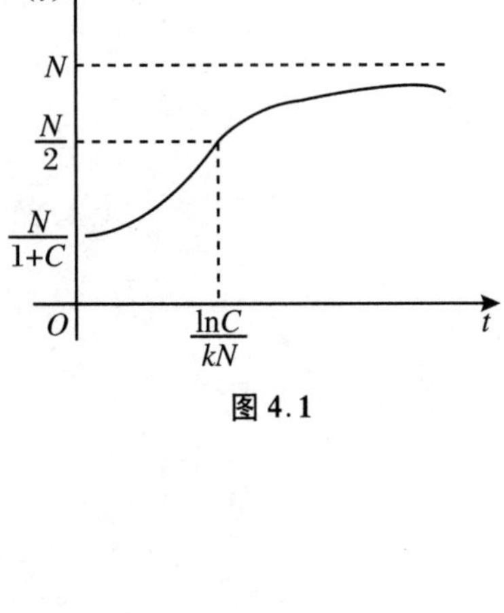

方程(4.4.3)称为逻辑斯蒂(Logistic)模型,通解(4.4.4)称为逻辑斯蒂曲线.

逻辑斯蒂曲线在实际中有着相当广泛的应用,它可以用来描述人口增长、谣言传播、流行病传播、市场占有率、生物种群的数量等现象.如图 4.1 所示,逻辑斯蒂曲线从 $t = \dfrac{\ln C}{kN}$ 开始,曲线增加的速度减慢.

图 4.1

由图 4.1 所示可知,当 $x(t) < N$ 时,有 $\dfrac{\mathrm{d}x}{\mathrm{d}t} > 0$,即销量 $x(t)$ 单调递增.当 $x(t) = \dfrac{N}{2}$ 时,$\dfrac{\mathrm{d}^2 x}{\mathrm{d}t^2} = 0$(拐点);当 $x(t) <$

$\frac{N}{2}$ 时,$\frac{d^2x}{dt^2}>0$;当 $x(t)>\frac{N}{2}$ 时,$\frac{d^2x}{dt^2}<0$. 即当销量达到最大需求量 N 的一半时产品最为畅销,当销量不到 N 的一半时,销售速度不断增大;当销量超过 N 的一半时,销售速度逐渐减少.

国内外许多经济学家调查表明:许多产品的销售曲线与逻辑斯蒂曲线十分接近.根据对曲线性状的分析,许多分析家认为,在新产品推出的初期,应采用小批量生产并加强广告宣传,而在产品用户达到20%~80%期间,产品应大批量生产;在产品用户超过80%时,应适时转产,可以达到最大的经济效益.

习 题 4.4

1. 设某商品的供给函数为 $S(t)=60+P+\frac{4dP}{dt}$,需求函数为 $D(t)=100-P+3\frac{dP}{dt}$,其中 $P(t)$ 表示时间 t 的价格,且 $P(0)=8$,试求均衡价格关于时间的函数,并说明实际意义.

2. 在某池塘养鱼,该池塘最多养鱼1000尾,设时刻 t 池塘中的鱼 y 是时间 t 的函数,即 $y=y(t)$,其变化率与鱼数 y 及 $1000-y$ 成正比;已知在池塘内放养100尾鱼,三个月后池塘内有鱼250尾,求 $y=y(t)$.

4.5 差分方程的基本概念

在实际的经济管理问题中,变量的数据大多按等间隔周期统计(如年或月). 例如,银行中的定期存款是按所设定的时间等间隔计息,外贸出口额按月统计,国民收入按年统计,产品的产量按月统计等.因此,各有关变量的取值是离散的,那么,我们应如何寻找它们之间的函数关系呢? 差分方程是研究这类离散数学模型的有力工具.

4.5.1 差分的概念

设变量 y 是时间 t 的函数,如果函数 $y=y(t)$ 不仅连续而且还可导,则变量 y 对时间 t 的变化率用 $\frac{dy}{dt}$ 来刻画;但在某些场合,时间 t 只能离散的取值,从而变量 y 只能按规定的离散时间而相应离散的变化,这时常用规定的时间区间上的差商 $\frac{\Delta y}{\Delta t}$ 来刻画 y 的变化率.若取 $\Delta t=1$,那么 $\Delta y=y(t+1)-y(t)$ 就近似地代表变量 y 的变化率.

定义 4.5.1 设函数 $y=f(x)$,记作 y_x.当 x 依次取遍自然数时,相应的函数值可以排成一个数列

$$f(0),f(1),f(2),\cdots,f(x),f(x+1),\cdots$$

将其记作
$$y_0, y_1, y_2, \cdots, y_x, y_{x+1}, \cdots$$

当自变量从 x 变到 $x+1$ 时，因变量的差 $y_{x+1} - y_x$ 称为函数 y_x 的一阶差分，记作 Δy_x，即
$$\Delta y_x = y_{x+1} - y_x.$$

类似地，可定义二阶差分为
$$\Delta^2 y_x = \Delta(\Delta y_x) = \Delta y_{x+1} - \Delta y_x = y_{x+2} - 2y_{x+1} + y_x,$$

称 $\Delta^2 y_x$ 为 $y_x = f(x)$ 的二阶差分。同样，可定义三阶差分，$\cdots$，n 阶差分。如下所示：

$$\Delta^3 y_x = \Delta(\Delta^2 y_x) = y_{x+3} - 3y_{x+2} + 3y_{x+1} - y_x,$$
$$\cdots \cdots \quad (4.5.1)$$
$$\Delta^n y_x = \Delta(\Delta^{n-1} y_x) = \sum_{i=0}^{n}(-1)^i C_n^i y_{x+n-i},$$

其中，$C_n^i = \dfrac{n!}{i!\,(n-i)!}$。

二阶及二阶以上的差分统称为高阶差分。

例1 已知 $y_x = C$（C 为常数），求 Δy_x。

解 $\Delta y_x = C - C = 0$。

例2 设 $y_x = a^x$（其中 $a > 0$ 且 $a \neq 1$），求 Δy_x。

解 $\Delta y_x = a^{x+1} - a^x = a^x(a-1)$。

例3 $y_x = x^2$，求 $\Delta y_x, \Delta^2 y_x, \Delta^3 y_x$。

解
$$\Delta y_x = (x+1)^2 - x^2 = 2x+1,$$
$$\Delta^2 y_x = \Delta(\Delta y_x) = \Delta(2x+1) = 2(x+1)+1-(2x+1) = 2,$$
$$\Delta^3 y_x = \Delta(\Delta^2 y_x) = \Delta(2) = 0.$$

例4 设 $x^{(n)} = x(x-1)(x-2)\cdots(x-n+1)$，$x^{(0)} = 1$，求 $\Delta x^{(n)}$。

解 设 $y_x = x^{(n)} = x(x-1)(x-2)\cdots(x-n+1)$，则
$$\Delta y_x = (x+1)x(x-1)\cdots(x-n+2) - x(x-1)\cdots(x-n+2)(x-n+1)$$
$$= [x+1-(x-n+1)]x(x-1)\cdots(x-n+2) = nx^{(n-1)}.$$

这个结果与 $y = x^n$ 的一阶导数等于 nx^{n-1} 的形式类似。由一阶差分的定义，容易得到差分的四则运算法则：

(1) $\Delta(Cy_x) = C\Delta y_x$；

(2) $\Delta(y_x + z_x) = \Delta y_x + \Delta z_x$；

(3) $\Delta(y_x \cdot z_x) = y_{x+1}\Delta z_x + z_x \Delta y_x = y_x \Delta z_x + z_{x+1} \Delta y_x$；

(4) $\Delta\left(\dfrac{y_x}{z_x}\right) = \dfrac{z_x \Delta y_x - y_x \Delta z_x}{z_x \cdot z_{x+1}} = \dfrac{z_{x+1} \Delta y_x - y_{x+1} \Delta z_x}{z_x \cdot z_{x+1}}$。

这里只给出(3)的证明：
$$\Delta(y_x \cdot z_x) = y_{x+1} \cdot z_{x+1} - y_x \cdot z_x$$
$$= (y_{x+1} \cdot z_{x+1} - y_{x+1} \cdot z_x) + (y_{x+1} \cdot z_x - y_x \cdot z_x)$$
$$= y_{x+1}(z_{x+1} - z_x) + z_x(y_{x+1} - y_x)$$
$$= y_{x+1} \cdot \Delta z_x + z_x \cdot \Delta y_x.$$

类似地，可以证明 $\Delta(y_x \cdot z_x) = y_x \Delta z_x + z_{x+1} \Delta y_x$。

式(4.5.1)说明函数 y_x 的 n 阶差分 $\Delta^n y_x$ 可以表示成函数 y_x 在不同时期的值 y_{x+n}, $y_{x+n-1},\cdots,y_{x+1},y_x$ 的线性组合.

由于 y_x 的差分仍是 x 的函数,同样可以得到不同时期的值表示成函数 y_x 及各阶差分的线性组合:

$$y_{x+1} = y_x + \Delta y_x;$$
$$y_{x+2} = y_{x+1} + \Delta y_{x+1} = y_x + \Delta y_x + \Delta(y_x + \Delta y_x)$$
$$= y_x + 2\Delta y_x + \Delta^2 y_x;$$
$$y_{x+3} = y_{x+2} + \Delta y_{x+2} = y_x + 2\Delta y_x + \Delta^2 y_x + \Delta(y_x + 2\Delta y_x + \Delta^2 y_x)$$
$$= y_x + 3\Delta y_x + 3\Delta^2 y_x + \Delta^3 y_x.$$

一般地,有

$$y_{x+n} = \sum_{k=0}^{n} C_n^k \Delta^k y_x,$$

其中,$\Delta^0 y_x = y_x$.

4.5.2 差分方程的概念

实例 5 (动态供需均衡模型)设 D_t 表示 t 期的需求量,S_t 表示 t 期的供给量,P_t 表示商品 t 期的价格,则传统的动态供需均衡模型为

$$\begin{cases} D_t = a + bP_t, & (4.5.2) \\ S_t = a_1 + b_1 P_{t-1}, & (4.5.3) \\ D_t = S_t, & (4.5.4) \end{cases}$$

其中,a,b,a_1,b_1 均为已知常数.式(4.5.2)表示 t 期(现期)需求依赖于同期价格;式(4.5.3)表示 t 期(现期)供给依赖于 $(t-1)$ 期(前期)价格;式(4.5.4)为供需均衡条件.

若在供需平衡的条件下,而且价格保持不变,即 $P_t = P_{t-1} = P_e$,则静态均衡价格 $P_e = \dfrac{a-a_1}{b_1-b}$.需求曲线与供给曲线的交点 (P_e,Q_e) 即为该种商品的静态均衡点.

动态供需均衡模型的等价方程为

$$P_t - \frac{b_1}{b} P_{t-1} = \frac{a_1 - a}{b},$$

这样的方程就是差分方程.

实例 5 可以列出差分方程为 $y_{t+1} - 0.8 y_t = -10$.

定义 4.5.2 含有未知函数差分或表示未知函数两个以上(含两个)时期值的符号的方程称为差分方程.

形如

$$F(x, y_x, y_{x+1}, \cdots, y_{x+n}) = 0,$$

或

$$G(x, y_x, y_{x-1}, \cdots, y_{x-n}) = 0,$$

或

$$H(x, y_x, \Delta y_x, \Delta^2 y_x, \cdots, \Delta^n y_x) = 0$$

的方程都是差分方程.方程中含未知函数的最大下标与最小下标的差称为差分方程的阶,或

出现在差分方程中的差分的最高阶数,称为差分方程的阶.

例如,方程 $y_{x+2} - 2y_{x+1} + 2y_x = e^x$ 是二阶差分方程, $y_{x+6} + 4y_{x+2} = x$ 是四阶差分方程.

注 定义 4.5.2 中给出了三种形式的差分方程,它们可以互相转化.

例如,方程 $y_{x+2} - 2y_{x+1} + 2y_x = e^x$ 可以转化为 $y_{x-1} - 2y_{x-2} + 2y_{x-3} = e^{x-3}$,也可以转化为 $\Delta^2 y_x + y_x = e^x$.

定义 4.5.3 如果一个函数代入差分方程后,方程两边恒等,则称此函数为该差分方程的解.如果差分方程的解中含有相互独立的任意常数的个数恰好等于方程的阶数,则称它为差分方程的通解.

例 5 设有差分方程 $y_{x+1} - y_x = 3$,把函数 $y_x = 7 + 3x$ 代入此方程,则
$$\text{左边} = [7 + 3(x+1)] - (7 + 3x) = 3 \equiv \text{右边},$$
所以, $y_x = 7 + 3x$ 是差分方程 $y_{x+1} - y_x = 3$ 的解.同样可以验证 $y_x = C + 3x$ (C 为任意常数) 也是该方程的解,且是该方程的通解(任意常数的个数与方程的阶数相等).

我们往往要根据系统在初始时刻所处的状态,对差分方程附加一定的条件,这种附加条件称为初始条件.满足初始条件的解称为特解.例如,$y_x = 7 + 3x$ 是差分方程 $y_{x+1} - y_x = 3$ 的特解.

4.5.3 常系数线性差分方程解的结构

在经济管理问题中,我们经常遇到的是线性差分方程.为了简单起见,我们研究常系数线性差分方程. n 阶常系数线性差分方程的一般形式为

$$y_{x+n} + a_1 y_{x+n-1} + \cdots + a_{n-1} y_{x+1} + a_n y_x = f(x) \quad (a_n \neq 0), \tag{4.5.5}$$

其中, $a_i (i = 1, 2, \cdots, n)$ 为常数, $f(x)$ 为已知函数. 当 $f(x) \equiv 0$ 时,差分方程(4.5.5)就转化为

$$y_{x+n} + a_1 y_{x+n-1} + \cdots + a_{n-1} y_{x+1} + a_n y_x = 0 \quad (a_n \neq 0), \tag{4.5.6}$$

称其为 n 阶常系数齐次线性差分方程,当 $f(x) \neq 0$ 时,差分方程(4.5.5)称为 n 阶常系数非齐次线性差分方程.

定理 4.5.1 若函数 $y_1(x), y_2(x), \cdots, y_k(x)$ 都是常系数齐次线性差分方程(4.5.6)的解,则它们的线性组合为
$$y(x) = C_1 y_1 + C_2 y_2 + \cdots + C_k y_k$$
也是方程(4.5.3)的解,其中 $C_1, C_2, \cdots, C_k$ 为任意常数.

定理 4.5.2 n 阶常系数齐次线性差分方程(4.5.3)一定存在 n 个线性无关的特解.

定理 4.5.3 如果函数 $y_1(x), y_2(x), \cdots, y_n(x)$ 是 n 阶常系数齐次线性差分方程(4.5.3)的 n 个线性无关的解,则方程(4.5.3)的通解为
$$y(x) = C_1 y_1 + C_2 y_2 + \cdots + C_n y_n,$$
其中, $C_1, C_2, \cdots, C_n$ 都是任意常数.

定理 4.5.4 若 y_x^* 是常系数非齐次线性差分方程(4.5.2)的一个特解, Y_x 是与其对应的常系数齐次线性差分方程(4.5.3)的通解,则差分方程(4.5.2)的通解为
$$y_x = Y_x + y_x^*.$$

定理 4.5.5 若 y_1^*, y_2^* 分别是非齐次线性差分方程
$$y_{x+n} + a_1 y_{x+n-1} + \cdots + a_{n-1} y_{x+1} + a_n y_x = f_1(x),$$

$$y_{x+n} + a_1 y_{x+n-1} + \cdots + a_{n-1} y_{x+1} + a_n y_x = f_2(x)$$

的特解,则 $y^* = y_1^* + y_2^*$ 是方程

$$y_{x+n} + a_1 y_{x+n-1} + \cdots + a_{n-1} y_{x+1} + a_n y_x = f_1(x) + f_2(x)$$

的特解.

习 题 4.5

A 组

1. 求下列差分:

(1) 设 $y_x = \ln x$,求 Δy_x;

(2) 设 $y_x = x^2 + 4x - 7$,求 $\Delta y_x, \Delta^2 y_x$;

(3) 设 $y_x = a^x (a>0, a \neq 1)$,求 $\Delta^2 y_x$;

(4) 设 $y_x = (x+3)^3 + 3$,求 $\Delta^3 y_x$.

2. 确定下列差分方程的阶:

(1) $y_{x+3} - x^2 y_{x+1} + 3 y_x = 2$;   (2) $y_{x-2} - y_{x-4} = y_{x+2}$;

(3) $\Delta^2 y_x - 3 y_x = \ln x$;   (4) $y_{x+3} + y_{x+2} = 5$.

3. 对下面的差分方程,求出它们的 $X_1、X_2、X_3、X_4$ 的值:

(1) $X_{n+1} = X_n + 3, X_0 = 1$;

(2) $X_{n+1} = 0.5 X_n + 3, X_0 = 2$;

(3) $X_{n+1} = X_n^2 + X_n^{\frac{1}{n}}, X_0 = 1$;

(4) $X_{n+1} = \sin(X_n), X_0 = 1$(采用弧度).

4. 若每年有 $X\%$ 的现有的汽车报废,而且每年新购入 N 辆汽车,建立反映 n 年后汽车总数 C_n 的差分方程.

5. 一轿车油耗指标是每加仑 30 英里,建立一个以 n 为英里,X_n 为汽油加仑数的差分方程.

6. 某种植物第一天长高 3 cm,之后每天长的高度是前一天的 $\frac{1}{2}$,建立一个描述 n 天后植物高度 B_n 的差分方程.

B 组

1. 若 Y_n, Z_n, U_n 分别是下列差分方程的解:

$$y_{n+1} + a y_n = f_1(n), \quad y_{n+1} + a y_n = f_2(n), \quad y_{n+1} + a y_n = f_3(n).$$

求证:$Y_n + Z_n + U_n$ 是差分方程 $y_{n+1} + a y_n = f_1(n) + f_2(n) + f_3(n)$ 的解.

2. 若 $X_0 = 2, X_1 = 5, X_2 = 11, X_3 = 23, X_4 = 47, \cdots$,根据以上数据,写出用 X_{n+1} 和 X_n 表示的差分方程.

4.6　一阶常系数线性差分方程

一阶常系数线性差分方程的一般形式为
$$y_{x+1} = ay_x = f(x), \tag{4.6.1}$$
其中，$f(x)$ 为 x 的已知函数，a 为不等于零的常数．若 $f(x) \equiv 0$ 时，则方程(4.6.1)变为
$$y_{x+1} + ay_x = 0, \tag{4.6.2}$$
称其为一阶常系数齐次线性差分方程．若 $f(x) \neq 0$，则方程(4.6.1)称为一阶常系数非齐次线性差分方程．

4.6.1　一阶常系数齐次线性差分方程的解法

1. 迭代法

将方程 $y_{x+1} + ay_x = 0$ 改写为 $y_{x+1} = -ay_x, x = 0, 1, 2, \cdots$．

假定在初始时刻(即 $x = 0$)时，函数 y_x 取任意值 A，那么由上式逐次迭代，得
$$y_1 = -ay_0 = -aA, \quad y_2 = -ay_1 = (-a)^2 A, \cdots.$$
一般地，$y_x = A(-a)^x$．

容易验证，$y_x = A(-a)^x$ 满足差分方程(4.6.2)，因此它是差分方程(4.6.2)的解．则一阶常系数齐次线性差分方程(4.6.2)的通解为
$$y_x = C(-a)^x.$$
特别地，当 $a = -1$ 时，方程(4.6.2)即 $\Delta y_x = 0$ 的通解为 $y_x = C$．

2. 特征根法

因为 $y_{x+1} + ay_x = 0$ 等价于 $\Delta y_x = -(a+1)y_x$，所以由 4.5 节的例 2 可知，其解的形式为指数函数．于是，设 $y_x = \lambda^x$（λ 为待定常数，$\lambda \neq 0$）是方程(4.6.2)的解，得
$$\lambda^{x+1} + a\lambda^x = 0 (\lambda \neq 0),$$
所以
$$\lambda + a = 0. \tag{4.6.3}$$
我们把方程(4.6.3)称为差分方程(4.6.2)的特征方程，它的根 $\lambda = -a$ 称为差分方程(4.6.2)的特征根．因为 $y_x = (-a)^x$ 是方程(4.5.5)的一个解，故方程(4.6.2)的通解为
$$y_x = C(-a)^x.$$

例 1　求差分方程 $3y_{x+1} - 2y_x = 0$ 的通解．

解　事实上原方程是 $y_{x+1} - \frac{2}{3}y_x = 0$，其特征方程是 $\lambda - \frac{2}{3} = 0$，特征根是 $\lambda = \frac{2}{3}$，所以其通解为
$$y_x = C\left(\frac{2}{3}\right)^x \quad (C\text{ 为任意常数}).$$

4.6.2　一阶常系数非齐次线性差分方程的解法

由于一阶常系数齐次线性差分方程的通解问题已解决，根据一阶常系数非齐次线性差

分方程解的结构,现在只要会求一阶常系数非齐次线性差分方程的一个特解即可. 下面仅就 $f(x)$ 的几种特殊情形,来讨论其特解的求法:

1. $f(x) = P_n(x)$, $P_n(x)$ 是 x 的 n 次多项式

当 $a = -1$ 时,方程(4.6.1)即 $y_{x+1} - y_x = P_n(x)$,那么 y_x^* 可以是 $n+1$ 次多项式,相减时常数项和最高次项被消去,所以可以设 $y_x^* = x(b_0 + b_1 x + b_2 x^2 + \cdots + b_n x^n)$,代入方程(4.6.1)后,比较恒等式两端同次幂的系数,确定待定系数 $b_0, b_1, b_2, \cdots, b_n$ 的值,便得到方程(4.6.1)的一个特解.

当 $a \neq -1$ 时,那么 y_x^* 可以是 n 次多项式,相减时最高次项不可能被消去,所以可设 $y_x^* = b_0 + b_1 x + b_2 x^2 + \cdots + b_n x^n$,同样可以得到一个特解.

例 2 求差分方程 $y_{x+1} - y_x = 2x^2$ 的通解.

解 对应齐次差分方程的通解为 $Y_x = C$,因为 $a = 1$,所以,令原方程的一个特解为
$$y_x^* = x(b_0 + b_1 x + b_2 x^2),$$
代入原方程,得 $b_0 = \frac{1}{3}, b_1 = -1, b_2 = \frac{2}{3}$. 所以原方程的通解为 $y_x = Y_x + y_x^*$,即
$$y_x^* = \frac{1}{3} x - x^2 + \frac{2}{3} x^2 + C.$$

例 3 求差分方程 $y_{x+1} - 2y_x = 3x^2$ 的通解.

解 对应齐次差分方程的特征方程为 $\lambda - 2 = 0$,特征根 $\lambda = 2$,所以 $Y_x = C 2^x$.
因为 $a \neq 1$,所以,令原方程的一个特解为
$$y_x^* = b_0 + b_1 x + b_2 x^2,$$
代入原方程,得 $b_0 = -9, b_1 = -6, b_2 = -3$. 所以原方程的通解为 $y_x = Y_x + y_x^*$,即
$$y_x = -9 - 6x - 3x^2 + C 2^x.$$

实例 6 (企业债务)某企业现在拖欠债务 500 万元,以后每年偿还上一年拖欠债务余额的 20% 再多还 10 万元,问 t (t 为正整数)年后该企业拖欠债务多少万元? 该企业拖欠的债务多少年可以还清?

解 依题意 $y_{t+1} - 0.8 y_t = -10$,对应齐次方程的通解为 $Y_t = C(0.8)^t$,原方程的特解设为 $y_t^* = a$,由 $a - 0.8 a = -10$,得 $a = -50$,$y_t^* = -50$,原方程的通解为 $y_t = C(0.8)^t - 50$. 由 $y_0 = 500$ 得 $C = 550$,所以 $y_t = 550(0.8)^t - 50$. 令 $y_t = 550(0.8)^t - 50 = 0$ 得 $t = \frac{-\ln 11}{\ln 0.8} \approx 11$,即该企业拖欠的债务 11 年可以还清.

2. $f(x) = \mu^x P_n(x)$,μ 为常数,$\mu \neq 0$ 且 $\mu \neq 1$,$P_n(x)$ 是 x 的 n 次多项式

此时差分方程(4.6.1)变为
$$y_{x+1} + a y_x = \mu^x P_n(x) \tag{4.6.4}$$
这时作变换
$$y_x = \mu^x \cdot z_x.$$
将它代入方程(4.6.4),得
$$\mu^{x+1} z_{x+1} + a \mu^x z_x = \mu^x P_n(x),$$
两边同除以 μ^x,得
$$\mu z_{x+1} + a z_x = P_n(x)$$
或

$$z_{x+1} + \frac{a}{\mu}z_x = \frac{1}{\mu}P_n(x).$$

这已化为第一种情形，可得方程(4.6.4)的特解具有如下形式：
$$y_x^* = \mu^x x^k Q_n(x),$$

其中，当 $\mu \neq -a$ 时，取 $k=0$；当 $\mu = -a$ 时，取 $k=1$.

例4 求差分方程 $y_{x+1} - \frac{1}{2}y_x = \left(\frac{5}{2}\right)^x$ 的通解.

解 因为 $\mu = \frac{5}{2}, a = -\frac{1}{2}, \mu \neq -a$，所以令 $y_x^* = b\left(\frac{5}{2}\right)^x$，代入原方程得
$$b\left(\frac{5}{2}\right)^{x+1} - \frac{1}{2}b\left(\frac{5}{2}\right)^x = \left(\frac{5}{2}\right)^x,$$

即 $b = \frac{1}{2}$.

又原方程对应齐次方程的特征根为 $\lambda = \frac{1}{2}$，得齐次方程的通解为
$$Y = C\left(\frac{1}{2}\right)^x,$$

故得原方程的通解为
$$y_x = \frac{1}{2}\left(\frac{5}{2}\right)^x + C\left(\frac{1}{2}\right)^x.$$

习 题 4.6

A 组

1. 求下列一阶常系数齐次线性差分方程的通解：

   (1) $y_{x+1} - y_x = 0$；　　　　　　(2) $y_{x+1} - 2y_x = 0$；

   (3) $2y_{x+1} + 3y_x = 0$；　　　　　(4) $y_x + 3y_{x-1} = 0$.

2. 求下列一阶差分方程的通解：

   (1) $\Delta y_x - 4y_x = 3$；　　　　　(2) $4y_{x+1} - y_x = 9$；

   (3) $y_{x+1} - \frac{1}{2}y_x = 2^x$；　　　　(4) $\Delta y_x = x^{(9)}$；

   (5) $\Delta^2 y_x - \Delta y_x - 2y_x = x$；　　(6) $y_{x+1} - 2y_x = 6x^2$.

3. 求下列一阶差分方程在给定初始条件下的特解：

   (1) $y_{x+1} - y_x = 3, y_0 = 2$；　　(2) $\Delta y_x = 0, y_0 = 2$；

   (3) $\Delta y_x = 3, y_0 = 2$；　　　　(4) $y_{x+1} + y_x = 3^x, y_0 = 2$.

B 组

求下列差分方程的通解或特解：

   (1) $s_t - 2s_{t-1} = t^3$；　　　　　(2) $2y_{x+1} - y_x = 2 + x^2, y\big|_{x=0} = 4$；

   (3) $y_x - py_{x-1} = (x-1)a^{x-1}$；　(4) $y_{x+1} + 5y_x = 2x + 4^{x-1}$.

4.7 二阶常系数线性差分方程

二阶常系数线性差分方程的一般形式为
$$y_{x+2} + ay_{x+1} + by_x = f(x), \tag{4.7.1}$$
其中,a,b 为常数,且 $b \neq 0$,$f(x)$ 是已知函数.当 $f(x) \neq 0$ 时,式(4.7.1)称为二阶常系数非齐次线性差分方程,而 $f(x)=0$ 时,方程变为
$$y_{x+2} + ay_{x+1} + by_x = 0, \tag{4.7.2}$$
这时方程(4.7.2)称为二阶常系数齐次方程.

根据常系数线性差分方程解的结构知,应分别讨论方程(4.7.2)的通解和方程(4.7.1)的一个特解.

4.7.1 二阶常系数齐次线性差分方程的通解

设 $y_x = \lambda^x (\lambda \neq 0)$ 为方程(4.7.2)的解,代入方程(4.7.2),得
$$\lambda^{x+2} + a\lambda^{x+1} + b\lambda^x = 0.$$
消去 λ^x,得
$$\lambda^2 + a\lambda + b = 0. \tag{4.7.3}$$
方程(4.7.3)称为方程(4.7.2)的特征方程,其根称为方程(4.7.2)的特征根.

(1) 当 $a^2 - 4b > 0$ 时,方程(4.7.2)有两个相异的实根 λ_1, λ_2,因为 $\dfrac{\lambda_1^x}{\lambda_2^x} = \left(\dfrac{\lambda_1}{\lambda_2}\right)^x \neq$ 常数,即 λ_1^x 与 λ_2^x 线性无关,因此方程(4.7.2)的通解是
$$Y_x = C_1 \lambda_1^x + C_2 \lambda_2^x \quad (C_1, C_2 \text{ 为任意常数}).$$

(2) 当 $a^2 - 4b = 0$ 时,方程(4.7.2)有两个相等的实根 $\lambda_1 = \lambda_2 = \lambda = -\dfrac{a}{2}$,这时方程(4.7.2)的通解是
$$Y_x = (C_1 + C_2 x)\left(-\dfrac{a}{2}\right)^x \quad (C_1, C_2 \text{ 为任意常数}).$$

(3) 当 $a^2 - 4b < 0$ 时,方程(4.7.2)有两个共轭的复特征根
$$\lambda_1 = \alpha + i\beta, \quad \lambda_2 = \alpha - i\beta,$$
其中,$\alpha = -\dfrac{1}{2}a, \beta = \dfrac{1}{2}\sqrt{4b - a^2}$.把它们化为三角形式
$$\lambda_1 = r(\cos\theta + i\sin\theta), \quad \lambda_2 = r(\cos\theta - i\sin\theta),$$
其中,$r = \sqrt{\alpha^2 + \beta^2} = \sqrt{b}, \tan\theta = \dfrac{\beta}{\alpha} = -\dfrac{\sqrt{4b - a^2}}{a}$.

可得方程(4.7.2)的通解为
$$Y_x = r^x(C_1 \cos\theta x + C_2 \sin\theta x) \quad (C_1, C_2 \text{ 为任意常数}).$$

例1 求差分方程 $y_{x+2}+4y_{x+1}+3y_x=0$ 的通解.

解 其特征方程 $\lambda^2+4\lambda+3=0$,特征根为 $\lambda_1=-1,\lambda_2=-3$,所以原方程的通解为
$$y_x = C_1(-1)^x + C_2(-3)^x \quad (C_1,C_2 \text{ 是任意常数}).$$

例2 求差分方程 $y_{x+2}+4y_x=0$ 的通解.

解 其特征方程 $\lambda^2+4=0$,特征根为 $\lambda_1=2i,\lambda_2=-2i$,则 $r=2,\theta=\dfrac{\pi}{2}$. 所以原方程的通解为
$$y_x = 2^x\left(C_1\cos\frac{\pi x}{2} + C_2\sin\frac{\pi x}{2}\right).$$

4.7.2 二阶常系数非齐次线性差分方程的通解

与一阶常系数非齐次线性差分方程的解法类似,二阶常系数非齐次线性差分方程也可以用待定系数法求其特解. 下面就 $f(x)$ 的两种常见形式给出方程(4.7.1)的特解的求法.

1. $f(x)=P_n(x),P_n(x)$ 是 x 的 n 次多项式

方程(4.7.1)为
$$y_{x+2} + ay_{x+1} + by_x = P_n(x) \quad (b\neq 0),$$
可改写为
$$\Delta^2 y_x + (2+a)\Delta y_x + (1+a+b)y_x = P_n(x).$$
由于 $P_n(x)$ 是多项式,所以,上式有多项式形式的特解,设 y_x^* 是上式的多项式形式的特解,分情况来确定多项式 y_x^* 的次数. 由于(4.7.1)对应齐次方程的特征方程为
$$\lambda^2 + a\lambda + b = 0,$$
则:(1) 若 1 不是特征根,即 $1+a+b\neq 0$,则 y_x^* 应是 n 次多项式,于是可设
$$y_x^* = Q_n(x) = b_0 + b_1 x + b_2 x^2 + \cdots + b_n x^n \quad (b_n \neq 0).$$

(2) 若 1 是特征方程的单根,即 $1+a+b=0$,但 $2+a\neq 0$,则 y_x^* 应是 $n+1$ 次多项式,于是可设
$$y_x^* = xQ_n(x) = x(b_0 + b_1 x + b_2 x^2 + \cdots + b_n x^n) \quad (b_n \neq 0).$$

(3) 若 1 是特征方程的重根,即 $1+a+b=0$,且 $2+a=0$,则 y_x^* 应是 $n+2$ 次多项式,于是可设
$$y_x^* = x^2 Q_n(x) = x^2(b_0 + b_1 x + b_2 x^2 + \cdots + b_n x^n) \quad (b_n \neq 0).$$

综上所述,二阶常系数非齐次线性差分方程 $y_{x+2}+ay_{x+1}+by_x=P_n(x)$ 有如下形式的特解:
$$y_x^* = x^k Q_n(x),$$
其中,$Q_n(x)$ 是 n 次多项式,k 的取值按 1 不是特征根、1 是特征方程的单根、1 是特征方程的重根分别取 0、1、2.

例3 求差分方程 $y_{x+2}+4y_x=2$ 的通解.

解 由例2已知其对应齐次方程的通解,故只需求其一个特解.

因为 1 不是特征根,所以令 $y_x^*=b$,代入原方程得 $b=\dfrac{2}{5}$. 所以原方程的通解为

$$y_x = 2^x\left(C_1\cos\frac{\pi x}{2} + C_2\sin\frac{\pi x}{2}\right) + \frac{2}{5}.$$

例 4 求差分方程 $y_{x+2} + 3y_{x+1} - 4y_x = x$ 的通解.

解 原方程对应齐次方程的特征方程是 $\lambda^2 + 3\lambda - 4 = 0$,特征根为 $\lambda_1 = -4, \lambda_2 = 1$. 因为 1 是特征方程的单根,所以令 $y_x^* = x(ax + b)$,代入原方程得

$$a = \frac{1}{10}, \quad b = -\frac{7}{50}.$$

所以原方程的通解为

$$y_x^* = C_1 + C_2(-4)^x + \frac{1}{10}x^2 - \frac{7}{50}x.$$

2. $f(x) = c \cdot p^x (p \neq 1)$

二阶常系数非齐次线性差分方程为

$$y_{x+2} + ay_{x+1} + by_x = c \cdot p^x. \tag{4.7.4}$$

这时可令式(4.7.4)的特解为

$$y_x^* = Ax^k p^x,$$

其中:

(1) 当 p 不是式(4.7.4)对应齐次方程的特征根时,则 $k = 0, A = \dfrac{c}{p^2 + ap + b}$;

(2) 当 p 是式(4.7.4)对应齐次方程的特征根之单根时,则 $k = 1, A = \dfrac{c}{p(2p + a)}$;

(3) 当 p 是式(4.7.4)对应齐次方程的特征根之重根时,则 $k = 2, A = \dfrac{c}{2p^2}$.

例 5 求差分方程 $y_{x+2} - 6y_{x+1} + 9y_x = 3^x$ 的通解.

解 原方程对应齐次方程的特征方程是 $\lambda^2 - 6\lambda + 9 = 0$,特征根为 $\lambda_1 = \lambda_2 = 3$. 故原方程对应齐次方程的通解为 $Y_x = (C_1 + C_2 x)3^x$.

因为 $p = 3$ 是二重特征根,所以 $k = 2, A = \dfrac{1}{2 \cdot 3^2} = \dfrac{1}{18}$. 则

$$y_x^* = Ax^k p^x = \frac{1}{18}x^2 3^x,$$

故原方程的通解为

$$y_x = (C_1 + C_2 x)3^x + \frac{1}{18}x^2 3^x,$$

即

$$y_x = \left(C_1 + C_2 x + \frac{1}{18}x^2\right)3^x.$$

习 题 4.7

A 组

求下列差分方程的通解或特解:

(1) $y_{x+2} - y_{x+1} - 2y_x = 0$;　　　　　　(2) $y_{x+2} - 9y_x = 0$;

(3) $y_{x+2} + 3y_{x+1} - 4y_x = 0$;　　(4) $4y_{x+2} - 4y_{x+1} + y_x = 0$;

(5) $y_{x+2} - 2y_{x+1} + 2y_x = 0$;　　(6) $y_{x+2} - 3y_{x+1} + 4y_x = 0$;

(7) $y_{x+2} - 8y_{x+1} + 16y_x = 0, y_0 = 0, y_1 = 8$;

(8) $y_{x+2} - 4y_{x+1} + 3y_x = -2$;

(9) $y_{x+2} - 3y_{x+1} = 20 + 4x, y_0 = 10, y_1 = -8$;

(10) $y_{x+2} - 7y_{x+1} + 12y_x = 3, y_0 = \dfrac{7}{2}, y_1 = \dfrac{21}{2}$;

(11) $y_{x+2} + 3y_{x+1} - \dfrac{7}{4}y_x = 9, y_0 = 6, y_1 = 3$;

(12) $y_{x+2} + 2y_{x+1} - 3y_x = 2^x$;

(13) $y_{x+2} - 4y_{x+1} + 4y_x = 3 \cdot 2^x$.

B 组

1. 求差分方程 $\Delta^2 y_x - \Delta y_x + y_x = x^2 + 2^x$ 满足初始条件 $y_1 = 0, y_2 = 1$ 的特解.

2. 设 a, b 为非零常数,且 $1 + a \neq 0$,试证:通过变换 $u_x = y_x - \dfrac{b}{1+a}$,可将非齐次方程 $y_{x+1} + ay_x = b$ 变换为 u_x 的齐次方程,并由此求出 y_x 的通解.

3. 已知 $y_1 = 4x^3, y_2 = 3x^2, y_3 = x$ 是方程 $y_{x+2} + a_1(x)y_{x+1} + a_2(x)y_x = f(x)$ 的三个特解,问它们能否组合构造出所给方程的通解. 若可以,给出方程的通解.

4.8　差分方程在经济学中的应用

4.8.1　筹措教育经费模型

某家庭从现在着手从每月工资中拿出一部分资金存入银行,用于投资子女的教育. 并计划 20 年后开始从投资账户中每月支取 1000 元,直到 10 年后子女大学毕业用完全部资金. 要实现这个投资目标,20 年内共要筹措多少资金? 每月要向银行存入多少钱? 假设投资的月利率为 0.5%.

设第 n 个月投资账户资金为 S_n 元,每月存入资金为 a 元. 于是,20 年后关于 S_n 的差分方程模型为

$$S_{n+1} = 1.005 S_n - 1000. \qquad (4.8.1)$$

并且 $S_{120} = 0, S_0 = x$. 解方程(4.8.1),得通解

$$S_n = C \cdot 1.005^n - \dfrac{1000}{1 - 1.005} = 1.005^n C + 200000$$

以及

$$S_{120} = 1.005^{120} C + 200000 = 0,$$
$$S_0 = C + 200000 = x.$$

从而有 $x = 200000 - \dfrac{200000}{1.005^{120}} = 90073.45$.

从现在到 20 年内，S_n 满足的差分方程为
$$S_{n+1} = 1.005 S_n + a, \tag{4.8.2}$$
且 $S_n = 0, S_{240} = 90073.45$. 解方程(4.8.2)，得通解
$$S_n = 1.005^n C + \frac{a}{1 - 1.005} = 1.005^n C - 200a,$$
以及
$$S_{240} = 1.005^{240} C - 200a = 90073.45,$$
$$S_0 = C - 200a = 0.$$
从而有
$$a = 194.95.$$
即要达到投资目标，20 年内要筹措资金 90073.45 元，平均每月要存入银行 194.95 元.

4.8.2 价格与库存模型

设 P_t 为第 t 个时段某类产品的价格，L_t 为第 t 个时段产品的库存量，$\overline{L}$ 为该产品的合理库存量. 一般情况下，如果库存量超过合理库存，则该产品的价格下跌，如果库存量低于合理库存，则该产品的价格上涨，于是有方程
$$P_{t+1} - P_t = c(\overline{L} - L_t), \tag{4.8.3}$$
其中 c 为比例常数. 由式(4.8.3)变形可得
$$P_{t+2} - 2P_{t+1} + P_t = -c(L_{t+1} - L_t). \tag{4.8.4}$$
又设库存量 L_t 的改变与产品销售状态有关，且在第 $t+1$ 时段库存增加量等于该时段的供求之差，即
$$L_{t+1} - L_t = S_{t+1} - D_{t+1}, \tag{4.8.5}$$
若设供给函数和需求函数分别为
$$S = a(P - \alpha), \quad D = -b(P - \alpha) + \beta,$$
代入式(4.8.5)，得
$$L_{t+1} - L_t = (a + b)P_{t+1} - a\alpha - b\alpha.$$
再由式(4.8.4)，得方程
$$P_{t+2} + [c(a + b) - 2]P_{t+1} + P_t = (a + b)\alpha. \tag{4.8.6}$$
设方程(4.8.6)的特解为 $P_t^* = A$，代入方程得 $A = \alpha$，方程(4.8.6)对应的齐次方程的特征方程为
$$\lambda^2 + [c(a + b) - 2]\lambda + 1 = 0,$$
解得 $\lambda_{1,2} = r \pm \sqrt{r^2 - 1}, r = \dfrac{1}{2}[c(a + b) - 2]$，于是

若 $|r| < 1$，并设 $r = \cos\theta$，则方程(4.8.6)的通解为
$$P_t = B_1 \cos n\theta + B_2 \sin n\theta + \alpha.$$
若 $|r| > 1$，则 λ_1, λ_2 为两个实根，则方程(4.8.6)的通解为
$$P_t = C_1 \lambda_1^n + C_2 \lambda_2^n + \alpha.$$

由于 $\lambda_2 = -r - \sqrt{r^2-1} < -r < -1$,则当 $t \to +\infty$ 时,λ_2^n 将迅速变化,方程无稳定解.

因此,当 $-1 < r < 1$,即 $0 < r+1 < 2$,亦即 $0 < c < \dfrac{4}{a+b}$ 时,价格相对稳定.其中 a, b, c 为正常数.

4.8.3 动态经济系统的蛛网模型

在自由市场上你一定注意过这样的现象:一个时期当猪肉的上市量远大于需求量时,销售不畅会导致价格下跌,农民觉得养猪赔钱,于是转而经营其他农副产品.过一段时间猪肉上市量减少,供不应求导致价格上涨,原来的饲养户觉得有利可图,又重操旧业,这样下去一个时期会重新出现供大于求价格下跌的局面.在没有外界干预的条件下,这种现象将一直循环下去,在完全自由竞争的市场体系中,这种现象是永远不可避免的.由于商品的价格主要是由需求关系来决定的,商品数量越多,意味需求量减少,因而价格越低.而下一个时期商品的数量是由生产者的供求关系决定,商品价格越低,生产的数量就越少.当商品数量少到一定程度时,价格又出现反弹.这样的需求和供给关系决定了市场经济中价格和数量必然是振荡的.有的商品这种振荡的振幅越来越小,最后趋于平稳,有的商品的振幅越来越大,最后导致经济崩溃.

现以猪肉价格的变化与需求和供给关系来研究上述振荡现象.

设第 n 个时期(长度假定为一年)猪肉的产量为 Q_n^s,价格为 P_n,产量与价格的关系为 $P_n = f(Q_n^s)$,本时期的价格又决定下一时期的产量,因此,$Q_{n+1}^d = g(P_n)$.这种产销关系可用下述过程来描述:

$$Q_1^s \to P_1 \to Q_2^s \to P_2 \to Q_3^s \to P_3 \to \cdots \to Q_n^s \to P_n \to \cdots.$$

设

$$A_1 = (Q_1^s, P_1), \quad A_2 = (Q_2^s, P_1), \quad A_3(Q_2^s, P_2), \quad A_4 = (Q_3^s, P_2), \cdots,$$
$$A_{2k-1} = (Q_k^s, P_k), \quad A_{2k} = (Q_{k+1}^s, P_k).$$

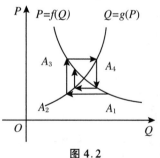

图 4.2

以产量 Q 和价格 P 分别作为坐标系的横轴和纵轴,绘出如图 4.2 所示的这种关系很像一个蜘蛛网,故称为蛛网模型.

对于蛛网模型,假定商品本期的需求量 Q_t^d 取决于本期的价格 P_t,即需求函数为 $Q_t^d = f(P_t)$,商品本期产量 Q_t^s 取决于前一期的价格 P_{t-1},即供给函数为 $Q_t^s = g(P_{t-1})$.根据上述假设,蛛网模型可以用下述联立方程式来表示

$$\begin{cases} Q_t^d = \alpha - \beta P_t \\ Q_t^s = \lambda + \mu P_{t-1}, \\ Q_t^d = Q_t^s \end{cases}$$

其中,$\alpha, \beta, \delta, \lambda$ 均为大于零的常数.

蛛网模型分析了商品的产量和价格波动的三种情况.现在只讨论一种情形:供给曲线斜率的绝对值大于需求曲线斜率的绝对值.即当市场由于受到干扰偏离原有的均衡状态以后,实际价格和实际产量会围绕均衡水平上下波动,但波动的幅度越来越小,最后会恢复到原来的均衡点.

假设,在第一期由于某种外在原因的干扰,如恶劣的气候条件,实际产量由均衡水平 Q_e 减少为 Q_1.根据需求曲线,消费者愿意支付 P_1 的价格购买全部的产量 Q_1,于是,实际价格上升为 P_1.根据第一期较高的价格水平 P_1,按照供给曲线,生产者将第二期的产量增加为 Q_2;在第二期,生产者为了出售全部的产量 Q_2,接受消费者所愿意支付的价格 P_2,于是,实际价格下降为 P_2.根据第二期的较低的价格水平 P_2,生产者将第三期的产量减少为 Q_3;在第三期,消费者愿意支付 P_3 的价格购买全部的产量 Q_3,于是,实际价格又上升为 P_3.根据第三期较高的价格水平 P_3,生产者又将第四期的产量增加为 Q_4.如此循环下去,如图 4.3 所示,实际产量和实际价格的波动幅度越来越小,最后恢复到均衡点 e 所代表的水平.

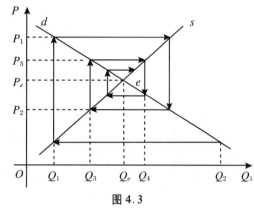

图 4.3

由此可见,图 4.3 中的平衡点 e 所代表的平衡状态是稳定的.也就是说,由于外在的原因,当价格和产量偏离平衡点 (P_e,Q_e) 后,经济制度中存在着自发的因素,能使价格和产量自动地恢复均衡状态.产量和价格的变化轨迹形成了一个蜘蛛网似的图形,这就是蛛网模型名称的由来.

下面给出具体实例:

据统计,某城市 2001 年的猪肉产量为 30 万吨,价格为 6.00 元/kg.2002 年生产猪肉 25 万吨,价格为 8.00 元/kg.已知 2003 年的猪肉产量为 25 万吨,若维持目前的消费水平与生产方式,并假定猪肉产量与价格之间是线性关系.问若干年以后的产量与价格是否会趋于稳定?若稳定请求出稳定的产量和价格.

设 2001 年猪肉的产量为 x_1,猪肉的价格为 y_1,2002 年猪肉的产量为 x_1,猪肉的价格为 y_2,依此类推,根据线性假设,需求函数 $y=f(x)$ 是一条直线,且 $A_1(30,6)$ 和 $A_3(25,8)$ 在直线上,因此得需求函数为

$$y_n = 18 - \frac{2}{5}x_n \quad (n=1,2,3\cdots). \tag{4.8.7}$$

供给函数 $x=g(y)$ 也是一条直线,且 $A_2(25,6)$ 和 $A_3(28,8)$ 在直线上,因此得供给函数为

$$x_{n+1} = 16 + \frac{3}{2}y_n \quad (n=1,2,3,\cdots). \tag{4.8.8}$$

将式(4.8.7)代入式(4.8.8)得关于 x_n 的差分方程

$$x_{n+1} = 43 - \frac{3}{5}x_n. \tag{4.8.9}$$

解方程(4.8.9),得

$$x_n = C\left(-\frac{3}{5}\right)^n + \frac{215}{8}.$$

于是,$\lim\limits_{n\to\infty} x_n = \dfrac{215}{8} = 26.875$(万吨).

由方程(4.8.7),得

$$y_n = 18 - \frac{2}{5}\left[C\left(-\frac{3}{5}\right)^n + \frac{215}{8}\right],$$

于是，$\lim\limits_{n\to\infty} y_n = 7.25$（元/kg）．

若干年以后的产量与价格都会趋于稳定，其稳定的产量为 26.875（万吨），稳定的价格为 7.25（元/kg）．

习 题 4.8

1. 设某养鱼池一开始有某种鱼 A_t 条，鱼的平均净繁殖率为 R，每年捕捞 x 条，要使 n 年后鱼池仍有鱼可捞，应满足什么条件？

2. 某公司的每年的工资总额在比上一年增加 20% 的基础上再追加 2 百万元．若以 W_t 表示第 t 年的工资总额（单位：百万元），试求出 W_t 满足的差分方程．

3. 某商品在 t 时期的供给量 S_t 与需求量 D_t 都是这一时期该商品的价格 P_t 的线性函数．已知 $S_t = 3P_t - 2, D_t = 4 - 5P_t$，且在 t 时刻的价格 P_t 由 $t-1$ 时期的价格 P_{t-1} 及供给量与需求量之差 $S_{t-1} - D_{t-1}$ 按关系式 $P_t = P_{t-1} - \dfrac{1}{16}(S_{t-1} - D_{t-1})$ 确定，试求该商品的价格随时间变化的规律．

本章学习基本要求

(1) 掌握微分方程与差分方程的概念．了解微分方程与差分方程的阶、解、通解和初始条件、特解等概念．

(2) 掌握可分离变量的微分方程的定义与解法．

(3) 掌握用常数变易法和公式法解一阶线性微分方程．

(4) 理解二阶线性微分方程的相关定义及解的结构理论．

(5) 掌握二阶常系数齐次线性微分方程的解法．

(6) 掌握二阶常系数非齐次线性微分方程的 $f(x) = e^{\lambda x} P_m(x)$ 型的解法．

(7) 掌握常系数线性差分方程解的结构和一阶常系数线性齐次差分方程的解法，了解一阶常系数线性非齐次差分方程的解法．

(8) 灵活运用微分方程与差分方程解决一些简单的实际问题．

总复习题 4

A 组

1. 填空题．

(1) 微分方程 $x(y'')^3 + 4y^5 y' + x^6$ 的阶数为＿＿＿＿＿＿＿＿；

(2) 设 $f(x)$ 连续可微，且满足 $f(x) = \int_0^x e^{-f(t)} dt$，则 $f(x) = $ ＿＿＿＿＿＿＿＿；

(3) 过点(2,3)且斜率为 x^2 的曲线方程为_____；

(4) 微分方程 $y'' + y = 0$ 的通解是_____；

(5) $\dfrac{d^2 x}{d t^2} - 4x = 0$ 的特征方程为_____；

(6) 差分方程 $y_n - 3y_{n-1} + 4y_{n-2}$ 的通解是_____；

2. 验证函数 $y_x = C_1 + C_2 2^x$ 是差分方程 $y_{x+2} - 3y_{x+1} + 2y_x = 0$ 的解，并求 $y_0 = 1, y_1 = 3$ 时方程的特解.

3. 求下列微分方程的通解：

(1) $\cos x \cos y dx + \sin x \sin y dy = 0$； (2) $y \ln y dx + (2x - \ln y) dy = 0$；

(3) $(x^2 + y^2) dy - xy dy = 0$； (4) $(x^2 - y^2) dx + 2xy dy = 0$；

(5) $y'' - 3y' + 3y = 0$； (6) $y' - 2y = 4x^2 e^x$；

(7) $y'' + 3y' + 2y = \sin 2x + 2\cos 2x$； (8) $y'' + 5y' + 6y = e^{-x} + e^{-2x}$.

4. 求下列差分方程的通解及特解：

(1) $y_{x+1} - 5y_x = 3, y_0 = \dfrac{7}{3}$；

(2) $y_{x+1} + y_x = 2^x, y_0 = 2$；

(3) $y_{x+1} - y_x = x 2^x, y_0 = 1$；

(4) $y_{x+1} + 4y_x = 2x^2 + x - 1, y_0 = 1$；

*(5) $y_{x+2} + 3y_{x+1} - \dfrac{7}{4} y_x = 9, y_0 = 6, y_1 = 3$；

*(6) $y_{x+2} - 4y_{x+1} + 16y_x = 0, y_0 = 0, y_1 = 1$；

*(7) $y_{x+2} - 2y_{x+1} + 2y_x = 0, y_0 = 2, y_1 = 2$.

5. 求微分方程 $x^2 e^{2y} dy = (x^3 + 1) dx$ 在 $y|_{x=1} = 0$ 下的特解.

6. 试确定函数 $u = u(x)$，使 $y = u(x) e^{ax}$ 为微分方程
$$y'' - 2ay' + a^2 y = (1 + x + x^2 + \cdots + x^{100}) e^{ax}$$
的一个解.

7. 求 $y'' - 2y' + y = 5x e^x$ 满足初始条件 $y|_{x=0} = 1, y'|_{x=0} = 2$ 的特解.

8. 设某产品在时期 t 的价格、总供给与总需求分别为 P_t、S_t 与 D_t，并设对于 $t = 0, 1, 2, \cdots$，有

① $S_t = 2P_t + 1$； ② $D_t = -4P_{t-1} + 5$； ③ $S_t = D_t$.

(1) 求证：由①、②、③可得出差分方程 $P_{t+1} + 2P_t = 2$；

(2) 已知 P_0 时，求上述方程的解.

9. 某人在银行存入 1000 元人民币，年利率是 4%，该人以后每年年终都续存 100 元. m 年后此人账目中有多少存款？试列出差分方程并计算. 再用迭代法求出前 4 年此人账目中的存款.

10. 某款轿车总价 8 万元，购车时先付车款的 50%，其余部分由银行以年利率 4.8% 贷款，5 年付清，问平均每月需付多少元？总共需付利息多少元？

11. 某商场每年的总销售额在比前一年增加 20% 的基础上再提高 200 万元. 若以 X_n 表示第 n 年的总销售额（单位：百万元）. 试求 X_n 满足的差分方程. 若 2005 年该商场的总销售额为 1000 万元，则 5 年后总销售额将是 2005 年的多少倍？

B组

1. 求以 $(x+2)^2 + Cy^2 = 2$ 为通解的微分方程（C 为任意常数）.

2. 设方程 $y'' + P(x)y' + Q(x)y = f(x)$ 有三个线性无关解 $y_1(x), y_2(x), y_3(x)$，试写出该方程的通解.

3. 镭在某时刻的衰变速度与它此时刻的质量 R 成正比，它的半衰期（衰变质量减少一半所需的时间）为1600，求镭的质量 R 与时间 t 的函数关系.

4.（汽车维修）某汽车公司在长期的运营中发现每辆汽车的总维修成本 y 对汽车大修时间间隔 x 的变化率等于 $\dfrac{2y}{x} - \dfrac{81}{x^2}$，已知当大修时间间隔 $x = 1$（年）时，总维修成本 $y = 27.5$（百元）. 试求每辆汽车的总维修成本 y 与大修的时间间隔 x 的函数关系. 并问每辆汽车多少年大修一次，可使每辆汽车的总维修成本最低？

5.（池塘养鱼）在某池塘内养鱼，该池塘内最多能养1000尾，设在 t 时刻该池塘内鱼数 y 是时间 t 的函数 $y = y(t)$，其变化率与鱼数 y 及 $1000 - y$ 的乘积成正比，比例常数为 $k > 0$. 已知在池塘内放养鱼100尾，3个月后池塘内有鱼250尾，求放养 t 个月后池塘内鱼数 $y(t)$ 的公式，放养6个月后有多少鱼？

6. 设函数 $y = y(x)$ 在区间 $[0, +\infty)$ 上具有连续的导数，且满足关系式

$$y(x) = x - 1 + 2\int_0^x (x-t) y(t) y'(t) \mathrm{d}t,$$

求函数 $y(x)$.

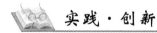

实践 · 创新

目的要求　掌握利用 MATLAB 求常微分方程的解析解的方法.

1. 求微分方程的通解

例1　求微分方程 $y' = 1 + y^2$ 的通解.

解　输入：

```
dsolve('Dy = 1 + y^2')
```

得到该方程的解为

```
y = -tan(-x + C1).
```

2. 求微分方程满足初值条件的特解

例2　求二阶微分方程 $y'' = \cos 2t - y$ 满足初始条件 $y(0) = 1, y'(0) = 0$ 的特解.

解　输入：

```
clear;
dsolve('D2y = cos(2*t) - y', 'Dy(0) = 0', 'y(0) = 1', 't')
```

得到该方程的解为

```
y = -2/3*cos(x)^2 + 1/3 + 4/3*cos(x).
```

自主·探究

目的要求 在理论学习和实践创新的基础上,进一步探究常微分方程的应用.

(1) 了解欧拉方法和龙格库塔方法的基本思想和计算公式,用欧拉方法和龙格库塔方法求微分方程 $\begin{cases} y' = y + 2x \\ y(0) = 1 \end{cases}$ ($0 \leqslant x \leqslant 1$)(精确解 $y = 3e^x - 2x - 2$)初值问题的数值解,画出解的图形,对结果进行分析比较.

(2) 某公司生产一款新型节能空调,即将上市,当这款新产品投放市场后,为了促销,就要产生广告费用.广告初期年投入广告费 1.2 万元,第一个月销售 3000 台,每台税后利润 2 元.在现有的广告策略进行到一年时,为加强产品的销售力度,公司计划增加广告投入,但为控制风险,公司年广告最大投入为 6 万元.经过调研分析,当市场月销售达到 10000 台时,市场将达到饱和.假设广告响应函数为 1.5 元/台·月,在广告作用随时间的增加每月自然衰退的速度为 0.2 时,该公司该如何制定广告营销策略.

(3) 每一个经济学家和社会学家都关心新产品推广销售的速度问题,并希望通过建立一个数学模型来描述它,进而分析出一些有用的结果来指导生产活动.中国制造业的快速发展对世界作出了巨大贡献,中国的电视机在全球范围内最受消费者欢迎,试建立电视机的销售模型.

第 5 章　多元函数微积分学

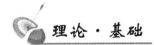

理论·基础

在前面几章中,我们讨论了只依赖于一个自变量的函数,即一元函数,但是在许多实际问题中往往涉及多个因素,特别是在经济分析中,如需求量 Q 不仅依赖于价格 P,还依赖于家庭收入 M、时间(季节) t 等因素,用数学语言来说,就是一个变量依赖于多个变量,这就是我们下面将要研究的多元函数. 本章着重讨论二元函数微积分学,它是一元函数微积分学的推广和发展. 在掌握了二元函数的有关理论和方法之后,不难将它们推广到三元甚至更一般的多元函数中去.

5.1　空间解析几何初步

正如平面解析几何对一元函数微积分的学习必不可少一样,空间解析几何的一些基础知识是学好多元函数微积分学的基础. 为此,在研究多元函数之前,我们先介绍空间解析几何的相关概念.

5.1.1　空间直角坐标系

我们知道,引入平面直角坐标系以后,不仅可以利用代数知识来解决几何问题,同时还可以用几何直观来简化抽象的数学推导. 为了研究空间的曲线与曲面,类似地,我们可以引进空间直角坐标系.

在空间任取一点 O,过点 O 作三条互相垂直的直线 Ox、Oy、Oz. 并按照右手系来规定 Ox、Oy、Oz 的正方向,即将右手伸直,拇指朝上为 Oz 的正方向,其余四指的指向为 Ox 的正方向,四指弯曲 90° 后的指向为 Oy 的正方向. 再规定一个单位长度. 如图 5.1 所示.

点 O 称为坐标原点,三条直线分别称为 x 轴、y 轴、z 轴. 每两条坐标轴确定一个平面,称为坐标平面. 由 x 轴和 y 轴确定的平面称为 xOy 面,由 y 轴和 z 轴确定的平面称为 yOz 面,由 z 轴和 x 轴确定的平面称为 zOx 面. 三个坐标面将空间分成 8 个部

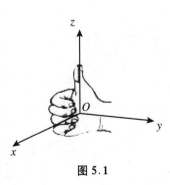

图 5.1

分,称为 8 个卦限.如图 5.2 所示.

对于空间任一点 M,过点 M 作三个平面,分别垂直于 x 轴、y 轴、z 轴,且与这三个轴分别交于 P、Q、R 三点,设 $OP = x, OQ = y, OR = z$,则点 M 唯一确定了一个三元有序数组 (x,y,z);反之,对于任一三元有序数组 (x,y,z),在 x、y、z 三轴上分别取点 P、Q、R,使得 $OP = x, OQ = y, OR = z$,然后过 P、Q、R 三点分别作垂直于 x、y、z 轴的平面,这三个平面交于一点 M.则通过坐标把空间的点 M 与一个有序数组 (x,y,z) 一一对应起来.我们称这个三元有序数组 (x,y,z) 为点 M 的坐标,记作 $M(x,y,z)$.如图 5.3 所示.

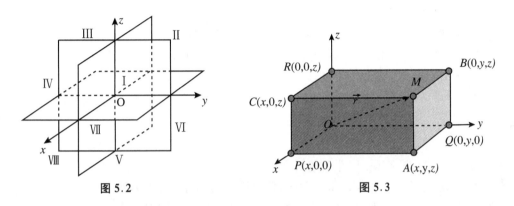

图 5.2   图 5.3

很容易发现,坐标原点的坐标为 $(0,0,0)$;x 轴上点的坐标为 $P(x,0,0)$;y 轴上点的坐标为 $Q(0,y,0)$;z 轴上点的坐标为 $R(0,0,z)$;

5.1.2 空间两点之间的距离

若 $M_1(x_1,y_1,z_1)$、$M_2(x_2,y_2,z_2)$ 为空间上的任意两点,如图 5.4 所示,设 M_1M_2 的距离为 d,利用直角三角形勾股定理得到

$$d^2 = |M_1M_2|^2 = |M_1N|^2 + |NM_2|^2$$
$$= |M_1P|^2 + |PN|^2 + |NM_2|^2,$$

而

$|M_1P| = |x_2 - x_1|, \quad |PN| = |y_2 - y_1|, \quad |NM_2| = |z_2 - z_1|,$

所以

$$d = |M_1M_2| = \sqrt{(x_2-x_1)^2 + (y_2-y_1)^2 + (z_2-z_1)^2}.$$

特殊地,若两点分别为 $M(x,y,z),O(0,0,0)$,那么

$$d = |OM| = \sqrt{x^2 + y^2 + z^2}.$$

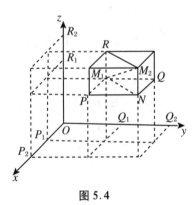

图 5.4

例 1 求证以 $M_1(4,3,1)$、$M_2(7,1,2)$、$M_3(5,2,3)$ 三点为顶点的三角形是一个等腰三角形.

证明
$$|M_1M_2|^2 = (4-7)^2 + (3-1)^2 + (1-2)^2 = 14,$$
$$|M_2M_3|^2 = (5-7)^2 + (2-1)^2 + (3-2)^2 = 6,$$
$$|M_3M_1|^2 = (5-4)^2 + (2-3)^2 + (3-1)^2 = 6,$$

由于 $|M_2M_3| = |M_3M_1|$,故原结论成立.

5.1.3 曲面与方程

与平面解析几何中建立曲线与方程的对应关系一样,在此可以建立空间曲面与包含三个变量的方程 $F(x,y,z)=0$ 的对应关系.

如果曲面 S 与三元方程 $F(x,y,z)=0$ 有下述关系:

(1) 曲面 S 上任一点的坐标都满足方程;

(2) 不在曲面 S 上的点的坐标都不满足方程;

那么,方程就叫作曲面 S 的方程,而曲面 S 就叫作方程的图形.

例 2 建立球心在 $M_0(x_0,y_0,z_0)$、半径为 R 的球面的方程.

解 设 $M(x,y,z)$ 是球面上的任一点,那么 $|M_0M|=R$,即

$$\sqrt{(x-x_0)^2+(y-y_0)^2+(z-z_0)^2}=R,$$

或

$$(x-x_0)^2+(y-y_0)^2+(z-z_0)^2=R^2.$$

特别地,如果球心在原点,那么球面方程为 $x^2+y^2+z^2=R^2$.

例 3 求过点 $M(1,-1,2)$ 和点 $N(0,1,1)$ 连线的垂直平分面方程.

解 设 $P(x,y,z)$ 为所求垂直平分面上一点,则 $|MP|=|NP|$,即

$$\sqrt{(x-1)^2+(y+1)^2+(z-2)^2}=\sqrt{(x)^2+(y-1)^2+(z-1)^2}$$

整理得垂直平分面方程为

$$x-2y+z-2=0.$$

空间中平面的一般方程为

$$Ax+By+Cz+D=0.$$

5.1.4 二次曲面

三元二次方程 $Ax^2+By^2+Cz^2+Dxy+Eyz+Fzx+Gx+Hy+Iz+J=0$(二次项系数不全为 0)的图形通常为二次曲面.基本类型有椭球面、抛物面、双曲面、锥面等.

例 4 方程 $x^2+y^2+z^2-2x+4y-6z-4=0$ 表示什么曲面?

解 将方程 $x^2+y^2+z^2-2x+4y-6z-4=0$ 配方化为

$$(x-1)^2+(y+2)^2+(z-3)^2=18.$$

方程表示以 $(1,-2,3)$ 为球心,$3\sqrt{2}$ 为半径的球面.

例 5 下列方程表示何种曲面?

(1) $z=x^2+y^2$; (2) $z^2=x^2+y^2$.

解 (1) 根据题意有 $z\geqslant 0$,用平面 $z=c$ 去截图形得圆:

$$x^2+y^2=c \quad (c\geqslant 0),$$

当平面 $z=c$ 上下移动时,得到一系列圆心在 $(0,0,c)$,半径为 $\sqrt{c}$ 的圆,半径随 c 的增大而增大.图形上不封顶,下封底,是一个抛物面.如图 5.5 所示.

(2) 用平面 $z=c$ 去截图形得圆:

$$x^2+y^2=c^2,$$

当平面 $z=c$ 上下移动时,得到一系列圆心在 $(0,0,c)$、半径为 $|c|$ 的圆,$c>0$ 时,半径随 c 的增大而增大.图形上不封顶,下不封底,是一个圆锥面.如图 5.6 所示.

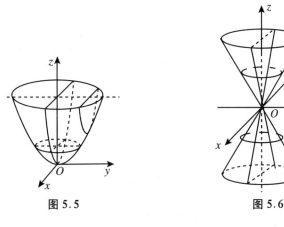

图 5.5　　　　　图 5.6

例 6　方程 $x^2+y^2=R^2$ 的图形是怎样的?

解　方程 $x^2+y^2=R^2$ 在 xOy 平面上表示以原点为圆心,R 为半径的圆.由于方程不含 z,意味着 z 可以取任意值,只要 x 和 y 满足 $x^2+y^2=R^2$ 即可,因此这个方程表示的曲面是由平行于 z 轴的直线沿 xOy 平面上 $x^2+y^2=R^2$ 移动而形成的圆柱面,$x^2+y^2=R^2$ 叫作它的准线,平行于 z 轴的直线叫作它的母线.

下面我们来看常用的二次曲面:

(1) 椭球面:$\dfrac{x^2}{a^2}+\dfrac{y^2}{b^2}+\dfrac{z^2}{c^2}=1$,如图 5.7 所示;

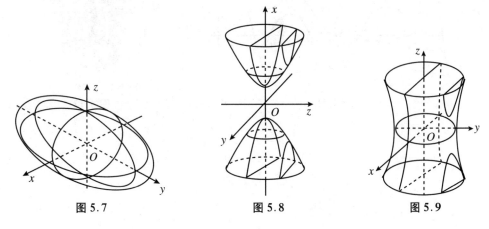

图 5.7　　　　　图 5.8　　　　　图 5.9

(2) 椭圆锥面:$\dfrac{x^2}{a^2}+\dfrac{y^2}{b^2}=z^2$($a,b$ 为正数),如图 5.6 所示;

(3) 双叶旋转双曲面:$\dfrac{x^2}{a^2}-\dfrac{y^2}{b^2}-\dfrac{z^2}{c^2}=1$($a,b,c$ 为正数),如图 5.8 所示;

(4) 单叶旋转双曲面:$\dfrac{x^2}{a^2}+\dfrac{y^2}{b^2}-\dfrac{z^2}{c^2}=1$($a,b,c$ 为正数),如图 5.9 所示;

(5) 椭圆抛物面:$z=\pm\left(\dfrac{x^2}{a^2}+\dfrac{y^2}{b^2}\right)$,如图 5.10 所示;

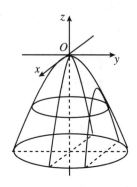
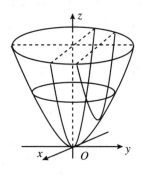

图 5.10

(6) 双曲抛物面(马鞍面):$\dfrac{x^2}{a^2} - \dfrac{y^2}{b^2} = z$,如图 5.11 所示.

例 7 方程组 $\begin{cases} x^2 + y^2 = 1 \\ 2x + 3y + 3z = 6 \end{cases}$ 表示怎样的曲线?

解 $x^2 + y^2 = 1$ 表示圆柱面,$2x + 3y + 3z = 6$ 表示平面,所以 $\begin{cases} x^2 + y^2 = 1 \\ 2x + 3y + 3z = 6 \end{cases}$ 的交线为椭圆. 如图 5.12 所示.

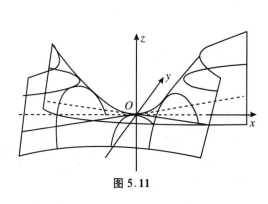

图 5.11

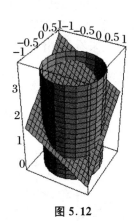

图 5.12

习 题 5.1

A 组

1. 求点 $(1,2,-1)$ 到原点的距离.
2. 已知点 $A(2,-1,0)$,求 $B(x,0,1)$,使 A,B 的距离为 5.
3. 求到两定点 $A(1,2,3)$ 和 $B(2,-1,4)$ 等距离的点的轨迹方程.
4. 已知点 $A(3,8,7)$,$B(-1,2,-3)$,求线段 AB 的垂直平分面的方程.
5. 求以点 $(1,3,-2)$ 为球心,且通过坐标原点的球面方程.
6. 求方程 $x^2 + y^2 + z^2 - 2x + 4y + 2z = 0$ 表示的曲面.

7. 指出下列方程在平面直角坐标系和空间直角坐标系中各表示什么图形:
(1) $x=5$; (2) $x-y=0$;
(3) $x^2+y^2=9$; (4) $z=x^2$.

8. 指出方程组 $\begin{cases} y^2+3z^2-4x+8=0 \\ y=4 \end{cases}$ 所表示的曲线.

B 组

1. 方程组 $\begin{cases} \dfrac{x^2}{4}+\dfrac{y^2}{9}=1 \\ y=3 \end{cases}$ 在平面解析几何中表示的图形是_____,在空间解析几何中表示的图形是_____.

2. 写出下列方程所表示的曲面的名称,并作出图形:
(1) $x^2+\dfrac{y^2}{4}+\dfrac{z^2}{9}=1$; (2) $16x^2+4y^2-z^2=64$;
(3) $2y^2+2z^2-x=0$.

3. 写出曲面 $\dfrac{x^2}{9}-\dfrac{y^2}{25}+\dfrac{z^2}{4}=1$ 的图形以及被下列各平面截得的曲线方程,并指出它们是什么图形:
(1) $x=2$; (2) $y=0$; (3) $z=2$.

4. 根据 k 的不同取值,说明 $(9-k)x^2+(4-k)y^2+(1-k)z^2=1$ 表示的各是什么图形.

5. 试确定 m 的值,使平面 $x-mz=0$ 与单叶双曲面 $x^2+y^2-z^2=1$ 相交. 何时交线为椭圆? 何时交线为双曲线?

5.2 多元函数的概念和极限

建立在三个以上变量间相互依赖的函数关系,称为多元函数.

生产函数是微观经济学中广泛使用的一个概念,它表示生产技术状况给定条件下,生产要素的投入量与产品的最大产出量之间的依存关系,在实际问题中,生产要素往往是很多的. 例如,在经济分析中,我们研究过生产函数 $Q=Q(P)$,其实生产量 Q 不仅依赖于价格 P,还依赖于家庭收入 M、时间(季节) t 等因素,一般有关系式
$$Q=Q(P,M,t,\cdots).$$
为了论述简便,我们在下面假定投入的要素有两种,即资本 K 和劳动 L,而产品只有一种,这样一来生产函数就是一个二元函数.

如在 1991 年经过调查,市场猪肉生产函数为
$$Q=12.3146-10.6184P+0.2581M+1.6983\sin(1.57t+0.7857), \quad (5.2.1)$$
式(5.2.1)表明,在季度 t 时,生产量为人均 Q 斤,每斤平均价格为 P 元,人均收入为 M 元.

如
$$Q=f(K,L)=AL^\alpha K^\beta$$

这里 Q 表示产量，K 表示资本投入，L 表示劳动投入，其中参数 $A,\alpha,\beta>0,\alpha+\beta=1,\alpha,\beta$ 分别表示劳动和资本在生产中所占的相对重要性．α 为劳动所得在总产量中所占的份额，β 为资本在总产量中所占的份额．该函数称为**库伯-道格拉斯生产函数**（Cobb-Douglas Production Function），简称 C-D 生产函数．

还有我们熟知的固定替代弹性生产函数（Constant Elasticity of Substitution Production Function），简称 **CES 生产函数**．

$$Q = A(\alpha L^{-\rho} + \beta K^{-\rho})^{-\frac{\mu}{\rho}} \quad (\mu,\alpha,\beta>0,\rho>-1).$$

这里 ρ 为替代参数，α,β 为分配系数，且 $\alpha+\beta=1$．

不但在经济学中我们遇到的函数大多数是多元函数，而且在社会实践的其他方面和很多自然现象中，我们遇到的经常也是多个变量之间的依赖关系．

圆柱体的体积 V 和它的底半径 r、高 h 之间具有关系：$V=\pi r^2 h$．

一定量的理想气体的压强 p、体积 V 和绝对温度 T 之间具有关系：$p=\dfrac{RT}{V}$，其中 R 为常数．

5.2.1 多元函数的概念

定义 5.2.1 设 D 是平面上的一个非空点集，称映射 $f:D\to\mathbf{R}$ 为定义在 D 上的二元函数，通常记为 $z=f(x,y),(x,y)\in D$（或 $z=f(P),P\in D$），其中点集 D 称为该函数的定义域，x,y 称为自变量，z 称为因变量．数集 $\{z\mid z=f(x,y),(x,y)\in D\}$ 称为该函数的值域．z 是 x,y 的函数，也可记为 $z=z(x,y),z=\varphi(x,y)$ 等．

定义域 D 一般是 xOy 面上的点集，由区域 D 内部点组成的点集，称为开区域，若再加上区域 D 的边界，则称为闭区域．

类似地，可以定义三元函数 $u=f(x,y,z)$ 以及三元以上的函数．

关于多元函数定义域，与一元函数类似，我们作如下约定：在讨论用算式表达的多元函数 $u=f(P)$ 时，就以使这个算式有意义的动点 P 的值所组成的点集为这个多元函数的自然定义域．例如，函数 $z=\ln(x+y)$ 的定义域为 $\{(x,y)\mid x+y>0\}$，如图 5.13 所示．又如函数 $z=\arcsin(x^2+y^2)$ 的定义域为 $\{(x,y)\mid x^2+y^2\leqslant 1\}$，如图 5.14 所示．有实际背景的函数，根据实际背景中变量的实际意义确定．

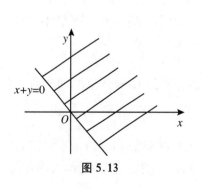

图 5.13

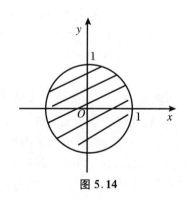

图 5.14

点集 $\{(x,y) \mid \sqrt{(x-x_0)^2+(y-y_0)^2} < \delta\}$ 称为以点 (x_0,y_0) 为中心、δ 为半径的邻域，简称点 (x_0,y_0) 的 δ 邻域，不包含点 (x_0,y_0) 的邻域称为去心邻域.

设函数 $z = f(x,y)$ 的定义域为 D，对于任意取定的点 $P(x,y) \in D$，对应的函数值为 $z = f(x,y)$. 这样，以 x 为横坐标、y 为纵坐标、$z = f(x,y)$ 为竖坐标在空间就确定一点 $M(x,y,z)$. 当 (x,y) 遍取 D 上的一切点时，得到一个空间点集

$$\{(x,y,z) \mid z = f(x,y), (x,y) \in D\},$$

这个点集称为二元函数 $z = f(x,y)$ 的图形. 通常二元函数的图形是一个曲面，如图 5.15 所示.

例如 $z = \sin\sqrt{x^2+y^2}$ 的图形，如图 5.16 所示.

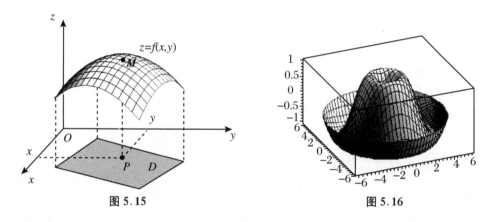

图 5.15　　　　　　　　　图 5.16

例1　已知 $f(x+y, xy) = x^2 + y^2$，求 $f(x,y)$.

解　因为

$$f(x+y, xy) = x^2 + y^2 = (x+y)^2 - 2xy,$$

故 $f(u,v) = u^2 - 2v$，得

$$f(x,y) = x^2 - 2y.$$

5.2.2　等高线

对于二元函数，除了用曲面表示它以外，还可以通过函数的等高线来了解函数的性质. 这种方法在其他学科领域也常被应用. 例如，在地形学中用"等高线"表示地势高低的变化；在经济管理中，用"等高线(等产量线，Iso-Quant)"表示生产要素的组合匹配.

用平面 $z = C$ 去截曲面 $z = f(x,y)$，所得空间曲线 $\Gamma : \begin{cases} z = f(x,y) \\ z = C \end{cases}$ 在 xOy 面上的投影曲线 $L: f(x,y) = C$ 称为函数 $z = f(x,y)$ 的等高线.

例如，函数 $z = 2x^2 + y^2$ 的等高线 $2x^2 + y^2 = C$ 是一族椭圆.

在经济管理中，$f(K,L) = C$ 的经济意义是等产量线，等产量线是表示两种生产要素的不同数量的组合可以带来相等产量的一条曲线，或者表示某一固定数量的产品，可以由所需要的两种生产要素的不同数量的组合生产出来的一条曲线.

实例 1 （C-D 生产函数）设某厂商评估的生产函数为
$$Q = f(K,L) = 100L^{0.6}K^{0.4},$$
试求：(1) 当 $K=1000, L=500$ 时的生产水平是多少？

(2) 当 $K=2000, L=1000$ 时的生产水平是多少？

解 (1) 当 $K=1000, L=500$ 时的生产水平为
$$f(1000,500) = 100 \cdot 1000^{0.6} \cdot 500^{0.4} \approx 75786.$$

(2) 当 $K=2000, L=1000$ 时的生产水平为
$$f(2000,1000) = 100 \cdot 2000^{0.6} \cdot 1000^{0.4} \approx 151572.$$

C-D 生产函数有很多良好的性质：

(1) 齐次性：因为 $f(\lambda K, \lambda L) = A(\lambda L)^\alpha (\lambda K)^\beta = \lambda f(K,L)$，所以 $f(K,L)$ 是一次齐次函数，这一性质正好表明：当劳动增加一倍，资本增加一倍时，产量也增加一倍，称为规模报酬不变。就是说该厂的生产规模扩大时，每单位投入的生产要素的报酬（产量）固定不变.

(2) 系数 A 表示技术水平，这是因为当 α 固定不变时，A 愈大，Q 也愈大，这反映了企业不同的技术水平.

5.2.3 二元函数的极限

我们可以把一元函数的极限与连续平行移植到二元函数.

如果在 $M(x,y) \to M_0(x_0,y_0)$ 的过程中，对应的函数值 $f(x,y)$ 无限接近于一个确定的常数 A，则称 A 是函数 $f(x,y)$ 当 $M(x,y) \to M_0(x_0,y_0)$ 时的极限.

定义 5.2.2 设二元函数 $f(M) = f(x,y)$ 在点 $M_0(x_0,y_0)$ 的去心邻域内有定义。存在常数 A，当点 $M(x,y)$ 以任何方式无限逼近点 $M_0(x_0,y_0)$ 时，函数 $f(x,y)$ 的值都无限逼近常数 A，则称常数 A 为函数 $f(x,y)$ 当点 $M(x,y)$ 无限逼近点 $M_0(x_0,y_0)$ 时的极限，记为
$$\lim_{(x,y) \to (x_0,y_0)} f(x,y) = A,$$
或
$$\lim_{M \to M_0} f(x,y) = A,$$
亦或
$$\lim_{\substack{x \to x_0 \\ y \to y_0}} f(x,y) = A.$$

上述定义的极限也称为二重极限.

这里我们需要注意的是：

(1) 二重极限存在，是指 M 以任何方式趋于 M_0 时，对应的函数值都无限接近于 A；

(2) 如果当 M 以两种不同方式趋于 M_0 时，函数趋于不同的值，则函数的极限不存在.

下面我们讨论函数 $f(x,y) = \begin{cases} \dfrac{xy}{x^2+y^2}, & x^2+y^2 \neq 0 \\ 0, & x^2+y^2 = 0 \end{cases}$ 在点 $(0,0)$ 处有无极限？

虽然当点 $M(x,y)$ 沿 x 轴趋于点 $(0,0)$ 时，有
$$\lim_{(x,y) \to (0,0)} f(x,y) = \lim_{x \to 0} f(x,0) = \lim_{x \to 0} 0 = 0;$$

当点 $M(x,y)$ 沿 y 轴趋于点 $(0,0)$ 时，有

$$\lim_{(x,y)\to(0,0)} f(x,y) = \lim_{y\to 0} f(0,y) = \lim_{y\to 0} 0 = 0.$$

但点 $M(x,y)$ 沿直线 $y=x$ 趋于点 $(0,0)$ 时,有

$$\lim_{\substack{(x,y)\to(0,0)\\y=x}} \frac{xy}{x^2+y^2} = \lim_{x\to 0} \frac{x^2}{x^2+x^2} = \frac{1}{2}.$$

函数以两种不同方式沿 x 轴和 $y=x$ 趋于 $(0,0)$ 时,函数趋于不同的值,因此,函数 $f(x,y)$ 在 $(0,0)$ 处无极限.

多元函数的极限运算法则与一元函数的情况类似.

例 2 求 $\lim\limits_{(x,y)\to(0,2)} \dfrac{\sin(xy)}{x}$.

解 $\lim\limits_{(x,y)\to(0,2)} \dfrac{\sin(xy)}{x} = \lim\limits_{(x,y)\to(0,2)} \dfrac{\sin(xy)}{xy} \cdot y = \lim\limits_{(x,y)\to(0,2)} \dfrac{\sin(xy)}{xy} \cdot \lim\limits_{(x,y)\to(0,2)} y = 1\times 2 = 2.$

5.2.4 多元函数的连续性

定义 5.2.3 设函数 $f(x,y)$ 在点 $M_0(x_0,y_0)$ 的邻域内有定义.若

$$\lim_{(x,y)\to(x_0,y_0)} f(x,y) = f(x_0,y_0),$$

则称 $f(x,y)$ 在点 $M_0(x_0,y_0)$ 处连续.

如果函数 $f(x,y)$ 在 D 的每一点都连续,那么就称函数 $f(x,y)$ 在 D 上连续,或者称 $f(x,y)$ 是 D 上的连续函数.

二元函数的连续性概念可相应地推广到 n 元函数上去.

多元连续函数的和、差、积仍为连续函数;连续函数的商在分母不为零处仍连续;多元连续函数的复合函数也是连续函数.

与一元初等函数类似,多元初等函数是指可用一个式子表示的多元函数,这个式子是由常数及具有不同自变量的一元基本初等函数经过有限次的四则运算和复合运算而得到的.

例如 $\dfrac{x+x^2-y^2}{1+y^2}$,$\sin(x+y)$,$e^{x^2+y^2+z^2}$ 都是多元初等函数.

一切多元初等函数在其定义区域内是连续的.所谓定义区域是指包含在定义域内的区域或闭区域.

例 3 证明 $f(x,y)=\begin{cases} \dfrac{xy}{\sqrt{x^2+y^2}}, & (x,y)\neq(0,0) \\ 0, & (x,y)=(0,0) \end{cases}$ 在全平面连续.

证明 在 $(x,y)\neq(0,0)$ 处,$f(x,y)$ 为初等函数,故连续.

又

$$0 \leqslant \frac{|xy|}{\sqrt{x^2+y^2}} \leqslant \frac{1}{2} \frac{x^2+y^2}{\sqrt{x^2+y^2}} = \frac{\sqrt{x^2+y^2}}{2},$$

故 $\lim\limits_{\substack{x\to 0\\y\to 0}} \dfrac{xy}{\sqrt{x^2+y^2}} = 0 = f(0,0)$,从而函数在全平面连续.

5.2.5 有界闭区域上二元连续函数的性质

性质 5.2.1 (有界性与最大值最小值定理)在有界闭区域 D 上的多元连续函数,必定

在 D 上有界,且能取得它的最大值和最小值.

性质 5.2.2 (介值定理)在有界闭区域 D 上的多元连续函数必取得介于最大值和最小值之间的任何值.

习 题 5.2

A 组

1. 求下列函数(值):

(1) 若 $f(x,y) = x^2 + y^2 - xy\tan\dfrac{x}{y}$,求 $f(tx,ty)$;

(2) 若 $f(x,y) = \dfrac{x^2+y^2}{2xy}$,求 $f(2,-3)$ 和 $f\left(1,\dfrac{y}{x}\right)$;

(3) 若 $f\left(\dfrac{y}{x}\right) = \dfrac{\sqrt{x^2+y^2}}{y}(y>0)$,求 $f(x)$;

(4) 若 $f\left(x+y,\dfrac{y}{x}\right) = x^2 - y^2$,求 $f(x,y)$.

2.(原条材积)我国林区原条材积的计算是由原条的中央直径 D(单位:cm)与材长 L(单位:m)确定的,其计算公式为

$$V(D,L) = \dfrac{\dfrac{\pi}{4}D^2 L}{10000},$$

其中,V 表示材积(单位:m³),D 表示中央直径 D(单位:cm),L 表示材长(单位:m),$\dfrac{1}{10000}$ 表示单位核算系数.试求:

(1) 中央直径为 22 cm,材长为 12 m 的原条材积;

(2) $V(30,12)$.

3.(投资收益)假定投资利率为 6%,按连续计息,则本利和 S 是本金 P 与存期 t(年)的二元函数

$$S = f(P,t) = Pe^{0.06t},$$

试求 $f(2000,20)$,并解释你的答案.

4. 求下列二元函数定义域:

(1) $f(x,y) = \arcsin\dfrac{y}{x}$;

(2) $f(x,y) = \dfrac{\sqrt{4x-y^2}}{\ln(1-x^2-y^2)}$.

5. 求下列函数的等高线:

(1) $z = \sqrt{25-x^2-y^2}, C = 0,1,5$;

(2) $z = 9 - x^2 - y^2, C = 0,2,4$;

(3) $z = 2x^2 + 3y^2, C = 0,1,6$;

(4) $z = \dfrac{1}{x^2+2y^2}, C =$ 任何正数.

6. 求下列二元函数的极限:

(1) $\lim\limits_{\substack{x\to 0\\y\to 0}}\dfrac{x^2y^2}{x^2+y^2}$;

(2) $\lim\limits_{\substack{x\to 0\\y\to 0}}\dfrac{(x^2+y^2)x^2y^2}{1-\cos(x^2+y^2)}$;

(3) $\lim\limits_{\substack{x\to 1\\y\to 0}}\dfrac{\sin(xy)}{y}$;

(4) $\lim\limits_{(x,y)\to(0,0)}\dfrac{\sqrt{xy+1}-1}{xy}$;

(5) $\lim\limits_{\substack{x\to 0\\y\to 0}}\dfrac{x^2+y^2}{\sqrt{1+x^2+y^2}-1}$;

(6) $\lim\limits_{\substack{x\to 0\\y\to 0}}(x+y)\sin\dfrac{1}{x^2+y^2}$.

B 组

1. 求下列二元函数的极限:

(1) $\lim\limits_{\substack{x\to 0\\y\to 0}}\dfrac{1-\cos(x^2+y^2)}{(x^2+y^2)\mathrm{e}^{x^2y^2}}$;

(2) $\lim\limits_{\substack{x\to 0\\y\to 0}}\dfrac{\sin(x^2y)}{x^2+y^2}$;

(3) $\lim\limits_{\substack{x\to 0\\y\to 0}}(x^2+y^2)\sin\dfrac{1}{x^2+y^2}$;

(4) $\lim\limits_{\substack{x\to 0\\y\to 0}}(x^2+y^2)^{x^2y^2}$.

2. 讨论二重极限 $\lim\limits_{\substack{x\to x_0\\y\to y_0}}f(x,y)$ 与累次极限 $\lim\limits_{x\to x_0}\lim\limits_{y\to y_0}f(x,y)$ 及 $\lim\limits_{y\to y_0}\lim\limits_{x\to x_0}f(x,y)$ 的关系.

5.3 多元函数偏导数及应用

在一元函数微分学中,我们引出了边际和弹性的概念来分别表示经济函数在一点的变化率与相对变化率.这些概念也已经推广到多元函数微分学中去,并被赋予了更丰富的经济含义.

5.3.1 偏导数的概念与计算

实例 2 (边际利润)设某厂商生产两种电脑的周成本函数为
$$C(r,s) = 20r^2 + 10rs + 10s^2 + 300000,$$
式中,C 以元计,r 为每周生产 R 型电脑的数目,s 为每周生产 S 型电脑的数目,已知厂商定价为 R 型电脑的价格 $p_1 = 5000$ 元/台,S 型电脑的价格 $p_2 = 8000$ 元/台,每周生产 R 型电脑 50 台,S 型电脑 70 台,试求:

(1) 周成本与边际成本;

(2) 周收益与边际收益;

(3) 周利润与边际利润.

这就是我们下面将要学习的多元函数的偏导数,以二元函数 $z = f(x,y)$ 为例,如果只有自变量 x 变化,而自变量 y 固定(即看作常量),这时它就是 x 的一元函数,这时函数对 x 的导数,就称为二元函数 z 对于 x 的偏导数,即有如下定义:

定义 5.3.1 设函数 $z = f(x,y)$ 在点 (x_0, y_0) 的某一邻域内有定义,当 y 固定在 y_0,而 x 在 x_0 处有增量 Δx 时,相应地,函数有增量 $f(x_0 + \Delta x, y_0) - f(x_0, y_0)$,如果

$$\lim_{\Delta x \to 0} \frac{f(x_0 + \Delta x, y_0) - f(x_0, y_0)}{\Delta x}$$

存在,则称此极限为函数 $z = f(x, y)$ 在点 (x_0, y_0) 处对 x 的偏导数,记作 $\dfrac{\partial z}{\partial x}\bigg|_{\substack{x = x_0 \\ y = y_0}}$, $\dfrac{\partial f}{\partial x}\bigg|_{\substack{x = x_0 \\ y = y_0}}$, $z'_x\bigg|_{\substack{x = x_0 \\ y = y_0}}$ 或 $f'_x(x_0, y_0)$,即

$$f'_x(x_0, y_0) = \lim_{\Delta x \to 0} \frac{f(x_0 + \Delta x, y_0) - f(x_0, y_0)}{\Delta x}.$$

同样地,函数 $z = f(x, y)$ 在点 (x_0, y_0) 处对 y 的偏导数定义为

$$\lim_{\Delta y \to 0} \frac{f(x_0, y_0 + \Delta y) - f(x_0, y_0)}{\Delta y},$$

记作 $\dfrac{\partial z}{\partial y}\bigg|_{\substack{x = x_0 \\ y = y_0}}$, $\dfrac{\partial f}{\partial y}\bigg|_{\substack{x = x_0 \\ y = y_0}}$, $z'_y\bigg|_{\substack{x = x_0 \\ y = y_0}}$ 或 $f'_y(x_0, y_0)$,即

$$f'_y(x_0, y_0) = \lim_{\Delta y \to 0} \frac{f(x_0, y_0 + \Delta y) - f(x_0, y_0)}{\Delta y}.$$

如果函数 $z = f(x, y)$ 在区域 D 内每一点 (x, y) 处对 x 的偏导数都存在,那么这个偏导数也是关于 x, y 的函数,称为函数 $z = f(x, y)$ 对自变量 x 的偏导函数,记作 $\dfrac{\partial z}{\partial x}$, $\dfrac{\partial f}{\partial x}$, z'_x 或 $f'_x(x, y)$,即

$$f'_x(x, y) = \lim_{\Delta x \to 0} \frac{f(x + \Delta x, y) - f(x, y)}{\Delta x}.$$

类似地,可定义函数 $z = f(x, y)$ 对自变量 y 的偏导函数为

$$f'_y(x, y) = \lim_{\Delta y \to 0} \frac{f(x, y + \Delta y) - f(x, y)}{\Delta y},$$

记作 $\dfrac{\partial z}{\partial y}$, $\dfrac{\partial f}{\partial y}$, z'_y 或 $f'_y(x, y)$.

容易看出,函数 $z = f(x, y)$ 在点 (x_0, y_0) 处对 x 的偏导数就是偏导函数 $f'_x(x, y)$ 在点 (x_0, y_0) 处的函数值,函数 $z = f(x, y)$ 在点 (x_0, y_0) 处对 y 的偏导数就是偏导函数 $f'_y(x, y)$ 在点 (x_0, y_0) 处的函数值,因此以后在不至于混淆的地方把偏导函数简称为偏导数.

由此可知,三元函数 $u = f(x, y, z)$ 在点 (x, y, z) 处对 x 的偏导数定义为

$$f'_x(x, y, z) = \lim_{\Delta x \to 0} \frac{f(x + \Delta x, y, z) - f(x, y, z)}{\Delta x}.$$

例 1 求 $z = x^2 + 3xy + y^2$ 在点 $(1, 2)$ 处的偏导数.

解法 1 把 y 看作常量,得 $\dfrac{\partial z}{\partial x} = 2x + 3y$,把 x 看作常量,得 $\dfrac{\partial z}{\partial y} = 3x + 2y$ 将点 $(1, 2)$ 代入上面的结果,就得

$$\dfrac{\partial z}{\partial x}\bigg|_{\substack{x = 1 \\ y = 2}} = 2 \cdot 1 + 3 \cdot 2 = 8, \quad \dfrac{\partial z}{\partial y}\bigg|_{\substack{x = 1 \\ y = 2}} = 3 \cdot 1 + 2 \cdot 2 = 7.$$

解法 2

$$\dfrac{\partial z}{\partial x}\bigg|_{\substack{x = 1 \\ y = 2}} = (x^2 + 6x + 4)'\bigg|_{x = 1} = (2x + 6)\bigg|_{x = 1} = 8,$$

$$\left.\frac{\partial z}{\partial y}\right|_{\substack{x=1\\y=2}} = (1+3y+y^2)'\Big|_{y=2} = (3+2y)\Big|_{y=2} = 7.$$

例2 求 $z = x^2 \sin 2y$ 的偏导数.

解 $\frac{\partial z}{\partial x} = 2x \sin 2y, \frac{\partial z}{\partial y} = 2x^2 \cos 2y.$

实例3 (理想气体状态方程)已知理想气体的状态方程为 $pV = RT$ (R 为常数),求证: $\frac{\partial p}{\partial V} \cdot \frac{\partial V}{\partial T} \cdot \frac{\partial T}{\partial p} = -1.$

证明 因 $p = \frac{RT}{V}$,则 $\frac{\partial p}{\partial V} = -\frac{RT}{V^2}$;同理因 $V = \frac{RT}{p}$,有 $\frac{\partial V}{\partial T} = \frac{R}{p}$;由 $T = \frac{pV}{R}$,知 $\frac{\partial T}{\partial p} = \frac{V}{R}$;故

$$\frac{\partial p}{\partial V} \cdot \frac{\partial V}{\partial T} \cdot \frac{\partial T}{\partial p} = -\frac{RT}{V^2} \cdot \frac{R}{p} \cdot \frac{V}{R} = -\frac{RT}{pV} = -1.$$

这是热力学中的一个重要公式,同时,从这个公式看出,偏导数的记号是一个整体记号,不能看作分子与分母之商,这一点与一元函数的记号 $\frac{dy}{dx}$ 不同.

5.3.2 偏导数的经济应用

我们之前研究过生产一种产品的厂商理论,实际中有生产多种产品的厂商,为了简单起见,假设某厂商只生产两种产品.

1. 边际产量(边际生产力)

设生产函数 $Q = f(K, L)$,如果资本 K 投入保持不变,产量 Q 随投入劳动 L 的变化而变化,则称偏导数 $\frac{\partial Q}{\partial L} = Q'_L$ 就是劳动 L 的边际产量;如果劳动 L 投入保持不变,产量 Q 随投入资本 K 的变化而变化,则称偏导数 $\frac{\partial Q}{\partial K} = Q'_K$ 就是资本 K 的边际产量.

2. 多产品成本

设某厂商生产两种产品,这两种产品的联合成本(总成本) $C = C(x, y)$,式中 x, y 分别表示两种产品的数量,$C'_x(x, y) = \frac{\partial C}{\partial x}$ 与 $C'_y(x, y) = \frac{\partial C}{\partial y}$ 是关于两种产品的边际成本.

边际成本 $C'_x(100, 50) = 500$ 的经济意义是:当产品二的产量保持在 50 个单位不变时,产品一的产量由 100 个单位再多生产 1 个单位产品所增加的成本为 500 元.

3. 多产品收益

若某公司将两种产品的价格分别定为 p_1 与 p_2,并假定公司卖完了所有的产品,则公司的总收益为

$$R(x, y) = p_1 x + p_2 y,$$

式中,x, y 分别表示两种产品的数量,$R'_x(x, y) = \frac{\partial R}{\partial x}$ 与 $R'_y(x, y) = \frac{\partial R}{\partial y}$ 是关于两种产品的边际收益.

边际收益 $R'_x(x,y) = p_1$, $R'_y(x,y) = p_2$ 分别是两种产品的价格.

4. 多产品利润

若公司生产的两种产品的数量分别为 x,y,则公司所创造的利润为
$$L(x,y) = R(x,y) - C(x,y),$$
$L'_x(x,y) = \dfrac{\partial L}{\partial x}$ 与 $L'_y(x,y) = \dfrac{\partial L}{\partial y}$ 是关于两种产品的边际利润.

利用偏导数概念,我们就可以解决实例 2 中提出的问题了.

解 (1) 周成本为
$$C(50,70) = 20(50)^2 + 10 \cdot 50 \cdot 70 + 10(70)^2 + 300000 = 434000(元),$$
边际成本为
$$C'_r(r,s) = 40r + 10s, \quad C'_s(r,s) = 10r + 20s;$$
$$C'_r(50,70) = 2700, \quad C'_s(50,70) = 1900.$$
即在 S 型保持 70 台不变,R 型生产 50 台的基础上,厂商生产下一台 R 型电脑的成本是 2700 元;在 R 型保持 50 台不变,S 型生产 70 台的基础上,厂商生产下一台 S 型电脑的成本是 1900 元.

(2) 周收益为
$$R(50,70) = 5000 \cdot 50 + 8000 \cdot 70 = 810000(元),$$
边际收益为
$$R'_r(50,70) = 5000, \quad R'_s(50,70) = 8000,$$

(3) 周利润为
$$L(x,y) = R(x,y) - C(x,y) = 5000r + 8000s - (20r^2 + 10rs + 10s^2 + 300000),$$
则 $L(50,70) = 376000$;

边际利润为
$$L'_r(r,s) = 5000 - 40r - 10s, \quad L'_s(r,s) = 8000 - 10r - 20s.$$
生产 R 型电脑 50 台,S 型电脑 70 台时,有
$$L'_r(50,70) = 2300, \quad L'_s(50,70) = 6100.$$
即在 S 型保持 70 台不变的情况下,厂商在销售 50 台 R 型电脑的基础上再多卖一台 R 型电脑所得利润为 2300 元.

例 3 设某产品的生产函数
$$Q = 4K^{\frac{3}{4}}L^{\frac{1}{4}},$$
则资本的边际产量为 $Q'_K = 3K^{-\frac{1}{4}}L^{\frac{1}{4}}$,劳动的边际产量为 $Q'_L = K^{\frac{3}{4}}L^{-\frac{3}{4}}$.

5. 交叉弹性

某种品牌的电视机营销人员在开拓市场时,除了关心本品牌电视机的价格取向外,更关心其他品牌同类型电视机的价格情况,以决定自己的营销策略.

即该品牌电视机的销售量 Q_A 是它的价格 P_A 及其他品牌电视机价格 P_B 的函数
$$Q_A = f(P_A, P_B).$$
通过分析其边际 $\dfrac{\partial Q_A}{\partial P_A}$ 及 $\dfrac{\partial Q_A}{\partial P_B}$ 可知,Q_A 随着 P_A 及 P_B 变化而变化的规律. 进一步分析其弹性(Elasticity) $\dfrac{\partial Q_A / \partial P_A}{Q_A / P_A}$ 及 $\dfrac{\partial Q_A / \partial P_B}{Q_A / P_B}$ 可知这种变化的灵敏度. 前者称为 Q_A 对 P_A 的弹

性,记作 $\dfrac{EQ_A}{EP_A} = \dfrac{\partial Q_A}{\partial P_A} \cdot \dfrac{P_A}{Q_A}$;后者称为 Q_A 对 P_B 的弹性,亦称为 Q_A 对 P_B 的交叉弹性,记作 $\dfrac{EQ_A}{EP_B} = \dfrac{\partial Q_A}{\partial P_B} \cdot \dfrac{P_B}{Q_A}$. 这里,我们将主要研究交叉弹性 $\dfrac{\partial Q_A}{\partial P_B} \cdot \dfrac{P_B}{Q_A}$ 及其经济意义.

先看如下两个例子:

例 4 随着养鸡工业化程度的提高,肉鸡价格(用 P_B 表示)会不断下降.现估计明年肉鸡价格将下降 5%,且猪肉需求量(用 Q_A 表示)对肉鸡价格的交叉弹性为 0.85,问明年猪肉的需求量将如何变化?

解 由于鸡肉与猪肉互为替代品,故肉鸡价格的下降将导致猪肉需求量的下降.依题意可知,猪肉需求量对肉鸡价格的交叉弹性为

$$\frac{EQ_A}{EP_B} = \frac{\partial Q_A}{\partial P_B} \cdot \frac{P_B}{Q_A} = 0.85,$$

而肉鸡价格将下降 $\dfrac{\Delta P_B}{P_B} = 5\%$,于是猪肉的需求量将下降

$$\frac{\Delta Q_A}{Q_A} = \frac{EQ_A}{EP_B} \cdot \frac{\Delta P_B}{P_B} = 4.25\%.$$

例 5 某种数码相机的销售量 Q_A,除与它自身的价格 P_A 有关外,还与彩色喷墨打印机的价格 P_B 有关,具体为 $Q_A = 120 + \dfrac{250}{P_A} - 10P_B - P_B^2$,求 $P_A = 50, P_B = 5$ 时:

(1) Q_A 对 P_A 的弹性;

(2) Q_A 对 P_B 的交叉弹性.

解 (1) Q_A 对 P_A 的弹性为

$$\frac{EQ_A}{EP_A} = \frac{\partial Q_A}{\partial P_A} \cdot \frac{P_A}{Q_A} = -\frac{250}{P_A^2} \cdot \frac{P_A}{120 + 250/P_A - 10P_B - P_B^2}$$

$$= -\frac{250}{120 P_A + 250 - P_A(10P_B + P_B^2)}.$$

当 $P_A = 50, P_B = 5$ 时,有

$$\frac{EQ_A}{EP_A} = -\frac{250}{120 \times 50 + 250 - 50(10 \times 5 + 5^2)} = -\frac{1}{10};$$

(2) Q_A 对 P_B 的弹性为

$$\frac{EQ_A}{EP_B} = \frac{\partial Q_A}{\partial P_B} \cdot \frac{P_B}{Q_A} = -(10 + 2P_B) \cdot \frac{P_B}{120 + 250/P_A - 10P_B - P_B^2}.$$

当 $P_A = 50, P_B = 5$ 时,有

$$\frac{EQ_A}{EP_B} = -20 \cdot \frac{5}{120 + 5 - 50 - 25} = -2.$$

由以上两例可知,不同交叉弹性的值,能反映两种商品间的相关性,具体如下:

(1) 当交叉弹性大于零时,两商品互为替代品;

(2) 当交叉弹性小于零时,两商品为互补品;

(3) 当交叉弹性等于零时,两商品为相互独立的商品.

习 题 5.3

A 组

1. 求下列函数的偏导数 $\dfrac{\partial z}{\partial x}, \dfrac{\partial z}{\partial y}$：

   (1) $z = x^3 + 5x^2 y + 2y^2$；
   (2) $z = xe^y$；
   (3) $z = e^x \cos y$；
   (4) $z = \dfrac{\arcsin x}{y}$.

2. 设 $f(x,y) = x + y - \sqrt{x^2 + y^2}$，求 $f'_x(3,4), f'_y(0,5)$.

3. 用两种方法求 $z = \arctan(xy)$ 在 $(0,1)$ 处的一阶偏导数.

4. 设 $z = x^y (x > 0, x \neq 1)$，求证 $\dfrac{x}{y}\dfrac{\partial z}{\partial x} + \dfrac{1}{\ln x}\dfrac{\partial z}{\partial y} = 2z$.

5. (边际成本) 设某产商生产 x 单位产品 A 与 y 单位产品 B 的成本为
$$C(x,y) = 50x + 100y + x^2 + xy + y^2 + 10000,$$
试求 $C'_x(10,20)$ 与 $C'_y(10,20)$，并解释所得结果的经济意义.

6. (边际收益) 设某产商生产 x 单位产品 A 与 y 单位产品 B 的收益为
$$R(x,y) = 50x + 100y - 0.01x^2 - 0.01y^2,$$
试求 $R'_x(10,20)$ 与 $R'_y(10,20)$，并解释所得结果的经济意义.

7. (边际利润) 设某产商生产 x 单位产品 A 与 y 单位产品 B 的利润为
$$P(x,y) = 10x + 20y - x^2 + xy - 0.5y^2 - 10000,$$
试求 $P'_x(10,20)$ 与 $P'_y(10,20)$，并解释所得结果的经济意义.

8. (边际产量) 设某产品的 C-D 生产函数为
$$f(K,L) = 40K^{\frac{2}{3}} L^{\frac{1}{3}},$$
式中 K 表示投入资本，L 表示投入劳动，试求使得资本 K 的边际产量等于劳动 L 的边际产量的点 (K,L).

9. 设生产函数 $Q = AL^\alpha K^\beta$，其中 Q 是产出量，L 是劳动投入量，K 是资本投入量，而 $A, \alpha, \beta > 0$ 是参数，求 $Q = 1$ 时，K 关于 L 的弹性.

10. 某商品的需求函数为 $Q_Y = 120 - 2P_Y + 15P_X$，求当 $P_X = 10, P_Y = 15$ 时商品的交叉弹性.

B 组

1. 求下列函数的偏导数：

   (1) $z = (1 + xy)^y$；
   (2) $u = \arctan(x - y)^z$；
   (3) $z = x^3 - 2y^2 + x\ln(x + y^2)$；
   (4) $z = e^{xy^2}$.

2. 设 $z = \dfrac{y^2}{2x} + \phi(xy)$，其中 $\phi(u)$ 可微，求 z'_x, z'_y.

3. 验证 $z = e^{-\left(\frac{1}{x} + \frac{1}{y}\right)}$，满足 $x^2 \dfrac{\partial z}{\partial x} + y^2 \dfrac{\partial z}{\partial y} = 2z$.

4. 设 $f(x,y) = \begin{cases} 0, & xy \neq 0 \\ 1, & xy = 0 \end{cases}$. 验证 $f(x,y)$ 在 $(0,0)$ 点两个偏导数都存在,但 $f(x,y)$ 在 $(0,0)$ 不连续.

5. X 公司和 Y 公司是机床行业的两个竞争者,这两家公司的主要产品的需求曲线分别为:$P_X = 1000 - 5Q_X$,$P_Y = 1600 - 4Q_Y$,公司 X、Y 现在的销售量分别是 100 个单位和 250 个单位.

(1) X 和 Y 当前的价格弹性是多少?

(2) 假定 Y 降价后,使 Q_Y 增加到 300 个单位,同时导致 X 的销售量 Q_X 下降到 75 个单位,试问 X 公司产品的交叉价格弹性是多少 $\left(\text{弧交叉弹性公式为} \dfrac{Q_{X_2} - Q_{X_1}}{Q_{X_2} + Q_{X_1}} \Big/ \dfrac{P_{Y_2} - P_{Y_1}}{P_{Y_2} + P_{Y_1}}\right)$?

(3) 假定 Y 公司目标是谋求销售收入极大,你认为它降价在经济上是否合理?

5.4 多元复合函数和隐函数的求导法则

多元复合函数的求导法则在多元函数微积分中占有非常重要的地位,下面将一元复合函数的求导法则推广到多元的情形.

5.4.1 多元复合函数的求导法则——链式法则

定理 5.4.1 如果函数 $u = \varphi(t)$,$v = \psi(t)$ 都在点 t 可导,函数 $z = f(u,v)$ 在对应点 (u,v) 具有连续偏导数,则复合函数 $z = f[\varphi(t),\psi(t)]$ 在点 t 可导,且其导数可用下列公式计算:

$$\frac{dz}{dt} = \frac{\partial z}{\partial u} \frac{du}{dt} + \frac{\partial z}{\partial v} \frac{dv}{dt}. \tag{5.4.1}$$

此定理也可称为求导的链式法则,如图 5.17 所示,为函数的链式图. 称 $\dfrac{dz}{dt}$ 为函数 $z = f(u,v)$ 的全导数.

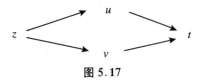

图 5.17

下面讨论中间变量不是一元函数而是多元函数的情形. 设 $z = f(u,v)$,$u = \varphi(x,y)$,$v = \psi(x,y)$ 复合而得复合函数 $z = f[\varphi(x,y),\psi(x,y)]$,如果 $u = \varphi(x,y)$ 及 $v = \psi(x,y)$ 都在点 (x,y) 具有对 x 及对 y 的偏导数,函数 $z = f(u,v)$ 在对应点 (u,v) 具有连续偏导数,则复合函数在点 (x,y) 的两个偏导数存在,且可用下列公式计算:

$$\frac{\partial z}{\partial x} = \frac{\partial z}{\partial u} \frac{\partial u}{\partial x} + \frac{\partial z}{\partial v} \frac{\partial v}{\partial x}, \quad \frac{\partial z}{\partial y} = \frac{\partial z}{\partial u} \frac{\partial u}{\partial y} + \frac{\partial z}{\partial v} \frac{\partial v}{\partial y}. \tag{5.4.2}$$

如图 5.18 所示为函数的链式图.

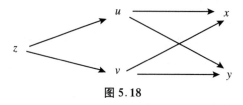

图 5.18

例 1 设 $z = uv + \sin t$，而 $u = e^t, v = \cos t$. 求全导数 $\dfrac{\mathrm{d}z}{\mathrm{d}t}$.

解 $\dfrac{\mathrm{d}z}{\mathrm{d}t} = \dfrac{\partial z}{\partial u}\dfrac{\mathrm{d}u}{\mathrm{d}t} + \dfrac{\partial z}{\partial v}\dfrac{\mathrm{d}v}{\mathrm{d}t} + \dfrac{\partial z}{\partial t} = v e^t - u \sin t + \cos t = e^t(\cos t - \sin t) + \cos t.$

例 2 设 $z = e^u \sin v$，而 $u = xy, v = x + y$. 求 $\dfrac{\partial z}{\partial x}$ 和 $\dfrac{\partial z}{\partial y}$.

解 由题设知

$$\dfrac{\partial z}{\partial x} = \dfrac{\partial z}{\partial u}\dfrac{\partial u}{\partial x} + \dfrac{\partial z}{\partial v}\dfrac{\partial v}{\partial x} = e^u \sin v \cdot y + e^u \cos v \cdot 1$$
$$= e^{xy}[y \sin(x+y) + \cos(x+y)];$$

$$\dfrac{\partial z}{\partial y} = \dfrac{\partial z}{\partial u}\dfrac{\partial u}{\partial y} + \dfrac{\partial z}{\partial v}\dfrac{\partial v}{\partial y} = e^u \sin v \cdot x + e^u \cos v \cdot 1$$
$$= e^{xy}[x \sin(x+y) + \cos(x+y)].$$

5.4.2 二阶偏导数

设函数 $z = f(x,y)$ 在区域 D 内具有偏导数 $\dfrac{\partial z}{\partial x} = f'_x(x,y), \dfrac{\partial z}{\partial y} = f'_y(x,y)$，那么在 D 内 $f'_x(x,y)$、$f'_y(x,y)$ 都是 x, y 的函数. 如果这两个函数的偏导数也存在，则称它们是函数 $z = f(x,y)$ 的二阶偏导数. 按照对变量求导次序的不同有下列 4 个二阶偏导数：

$$\dfrac{\partial}{\partial x}\left(\dfrac{\partial z}{\partial x}\right) = \dfrac{\partial^2 z}{\partial x^2} = f''_{xx}(x,y), \quad \dfrac{\partial}{\partial y}\left(\dfrac{\partial z}{\partial x}\right) = \dfrac{\partial^2 z}{\partial x \partial y} = f''_{xy}(x,y),$$

$$\dfrac{\partial}{\partial x}\left(\dfrac{\partial z}{\partial y}\right) = \dfrac{\partial^2 z}{\partial y \partial x} = f''_{yx}(x,y), \quad \dfrac{\partial}{\partial y}\left(\dfrac{\partial z}{\partial y}\right) = \dfrac{\partial^2 z}{\partial y^2} = f''_{yy}(x,y).$$

其中第二、三个偏导数称为混合偏导数. 同样可得三阶、四阶以及 n 阶偏导数. 二阶及二阶以上的偏导数统称为高阶偏导数.

例 3 设 $z = x^3 y^2 - 3xy^3 - xy + 1$，求 $\dfrac{\partial^2 z}{\partial x^2}, \dfrac{\partial^2 z}{\partial y \partial x}, \dfrac{\partial^2 z}{\partial x \partial y}, \dfrac{\partial^2 z}{\partial y^2}$.

解 由题设知

$$\dfrac{\partial z}{\partial x} = 3x^2 y^2 - 3y^3 - y, \quad \dfrac{\partial z}{\partial y} = 2x^3 y - 9xy^2 - x;$$

则

$$\dfrac{\partial^2 z}{\partial x^2} = 6xy^2,$$

$$\dfrac{\partial^2 z}{\partial y \partial x} = 6x^2 y - 9y^2 - 1,$$

$$\frac{\partial^2 z}{\partial x \partial y} = 6x^2 y - 9y^2 - 1,$$

$$\frac{\partial^2 z}{\partial y^2} = 2x^3 - 18xy.$$

定理 5.4.2 若 $z = f(x, y)$ 的两个混合偏导数 $f''_{xy}(x, y), f''_{yx}(x, y)$ 在点 (x_0, y_0) 的某邻域 $U(x_0, y_0)$ 内存在,且它们在 (x_0, y_0) 连续,则 $f''_{xy}(x_0, y_0) = f''_{yx}(x_0, y_0)$.

例 4 验证函数 $z = \ln \sqrt{x^2 + y^2}$ 满足方程 $\frac{\partial^2 z}{\partial x^2} + \frac{\partial^2 z}{\partial y^2} = 0$.

证明 因为 $z = \ln \sqrt{x^2 + y^2} = \frac{1}{2} \ln(x^2 + y^2)$,所以

$$\frac{\partial z}{\partial x} = \frac{x}{x^2 + y^2}, \quad \frac{\partial z}{\partial y} = \frac{y}{x^2 + y^2},$$

$$\frac{\partial^2 z}{\partial x^2} = \frac{(x^2 + y^2) - x \cdot 2x}{(x^2 + y^2)^2} = \frac{y^2 - x^2}{(x^2 + y^2)^2},$$

$$\frac{\partial^2 z}{\partial y^2} = \frac{(x^2 + y^2) - y \cdot 2y}{(x^2 + y^2)^2} = \frac{x^2 - y^2}{(x^2 + y^2)^2}.$$

因此 $\frac{\partial^2 z}{\partial x^2} + \frac{\partial^2 z}{\partial y^2} = \frac{y^2 - x^2}{(x^2 + y^2)^2} + \frac{x^2 - y^2}{(x^2 + y^2)^2} = 0.$

5.4.3 隐函数求导法则

在一元函数微分学中已经介绍过用复合函数求导法求由方程 $F(x, y) = 0$ 所确定的隐函数的导数 $\frac{\mathrm{d}y}{\mathrm{d}x}$. 现在给出用偏导数来求它的公式.

设函数 $F(x, y)$ 在点 $P(x_0, y_0)$ 的某一邻域内具有连续的偏导数,且 $F(x_0, y_0) = 0$, $F'_y(x_0, y_0) \neq 0$,则方程 $F(x, y) = 0$ 在点 $P(x_0, y_0)$ 的某一邻域内恒能唯一确定一个单值连续且具有连续导数的函数 $y = f(x)$,它满足条件 $y_0 = f(x_0)$,并有 $\frac{\mathrm{d}y}{\mathrm{d}x} = -\frac{F'_x}{F'_y}$.

事实上,因 $F'_y(x_0, y_0) \neq 0$,则由

$$F(x, f(x)) \equiv 0,$$

得

$$\frac{\partial F}{\partial x} + \frac{\partial F}{\partial y} \frac{\mathrm{d}y}{\mathrm{d}x} = 0,$$

故

$$\frac{\mathrm{d}y}{\mathrm{d}x} = -\frac{F'_x}{F'_y}.$$

例 5 已知 $\ln \sqrt{x^2 + y^2} = \arctan \frac{y}{x}$,求 $\frac{\mathrm{d}y}{\mathrm{d}x}$.

解 令 $F(x, y) = \ln \sqrt{x^2 + y^2} - \arctan \frac{y}{x}$,则

$$F'_x(x, y) = \frac{x + y}{x^2 + y^2}, \quad F'_y(x, y) = \frac{y - x}{x^2 + y^2},$$

故 $\dfrac{\mathrm{d}y}{\mathrm{d}x} = -\dfrac{F'_x}{F'_y} = -\dfrac{x+y}{y-x}.$

上述方法可以推广到由三元方程 $F(x,y,z)=0$ 所确定的二元隐函数情形.

若 $F(x,y,z)$ 在包含点 $M_0(x_0,y_0,z_0)$ 的空间区域内具有一阶连续偏导数 $F'_x(x,y,z), F'_y(x,y,z), F'_z(x,y,z)$,且 $F(x_0,y_0,z_0)=0, F'_z(x_0,y_0,z_0)\neq 0$,则在 $M_0(x_0,y_0,z_0)$ 的某邻域内方程 $F(x,y,z)=0$ 可以唯一地确定一个定义在点 $P_0(x_0,y_0)$ 的某邻域内的二元隐函数 $z=z(x,y)$,使得在 $P_0(x_0,y_0)$ 的某邻域内 $F(x,y,f(x,y))\equiv 0$.

由 $F(x,y,z(x,y))\equiv 0$ 两端分别对 x 和 y 求导,应用复合函数求导法则,得

$$F'_x + F'_z \dfrac{\partial z}{\partial x} = 0, \quad F'_y + F'_z \dfrac{\partial z}{\partial y} = 0.$$

因为 $F'_z(x_0,y_0,z_0)\neq 0$,所以

$$\dfrac{\partial z}{\partial x} = -\dfrac{F'_x}{F'_z}, \quad \dfrac{\partial z}{\partial y} = -\dfrac{F'_y}{F'_z}.$$

例 6 设 $x^2+y^2+z^2-4z=0$,求 $\dfrac{\partial z}{\partial x}$.

解法 1 设 $F(x,y,z)=x^2+y^2+z^2-4z$,则 $F'_x=2x, F'_z=2z-4$.应用公式,得

$$\dfrac{\partial z}{\partial x} = \dfrac{x}{2-z}.$$

解法 2 两端分别对 x 求导,有

$$2x + 2z\dfrac{\partial z}{\partial x} - 4\dfrac{\partial z}{\partial x} = 0,$$

从而可得

$$\dfrac{\partial z}{\partial x} = \dfrac{x}{2-z}.$$

例 7 已知 $\dfrac{x}{z}=\phi\left(\dfrac{y}{z}\right)$,其中 ϕ 为可微函数,求 $x\dfrac{\partial z}{\partial x}+y\dfrac{\partial z}{\partial y}$.

解 记 $F(x,y,z)=\dfrac{x}{z}-\phi\left(\dfrac{y}{z}\right)$,则

$$F'_x = \dfrac{1}{z}, \quad F'_y = -\phi'\left(\dfrac{y}{z}\right)\dfrac{1}{z}, \quad F'_z = -\dfrac{x}{z^2}+\phi'\left(\dfrac{y}{z}\right)\dfrac{y}{z^2},$$

$$\dfrac{\partial z}{\partial x} = -\dfrac{F'_x}{F'_z} = -\dfrac{\dfrac{1}{z}}{-\dfrac{x}{z^2}+\phi'\left(\dfrac{y}{z}\right)\dfrac{y}{z^2}} = \dfrac{z}{x-\phi'\left(\dfrac{y}{z}\right)y},$$

$$\dfrac{\partial z}{\partial y} = -\dfrac{F'_y}{F'_z} = -\dfrac{-\phi'\left(\dfrac{y}{z}\right)\dfrac{1}{z}}{-\dfrac{x}{z^2}+\phi'\left(\dfrac{y}{z}\right)\dfrac{y}{z^2}} = -\dfrac{z\phi'\left(\dfrac{y}{z}\right)}{x-\phi'\left(\dfrac{y}{z}\right)y}.$$

则 $x\dfrac{\partial z}{\partial x}+y\dfrac{\partial z}{\partial y}=z.$

例 8 假设方程 $F(Q,K,L)=0$ 隐含地定义了一个生产函数 $Q=f(K,L)$,让我们求出表示与函数 F 相关的边际物质产品 $\dfrac{\partial Q}{\partial K}$ 和 $\dfrac{\partial Q}{\partial L}$ 的方法.

因为边际产品仅为偏导数 $\dfrac{\partial Q}{\partial K}$ 和 $\dfrac{\partial Q}{\partial L}$，我们可应用隐函数法则，并写出

$$\dfrac{\partial Q}{\partial K} = -\dfrac{F'_K}{F'_Q} \quad \text{和} \quad \dfrac{\partial Q}{\partial L} = -\dfrac{F'_L}{F'_Q}.$$

此外，我们还可由方程 $F(Q,K,L)=0$ 确定隐函数 $K=K(Q,L)$，

$$\dfrac{\partial K}{\partial L} = -\dfrac{F'_L}{F'_K}.$$

它的经济含义是：当劳动力 L 发生变化时，为了保持产量不变，资本 K 的变化. 因此，此偏导数所描述的 K 和 L 的变化实质上是一种"补偿"变化，从而使产出 Q 维持在某一特定水平不变，因而这种变化属于沿着等产量曲线上的移动，该等产量曲线以 K 为纵轴，L 为横轴绘制. 实际上，导数 $\dfrac{\partial K}{\partial L}$ 表示等产量线斜率，它在正常情况下为负. 而 $\left|\dfrac{\partial K}{\partial L}\right|$ 是两种投入的边际技术替代率.

前面所讨论的是由一个方程所确定的隐函数情形，但在实际问题中，我们会经常遇到方程组所确定的隐函数组的情形.

5.4.4　关于齐次函数的欧拉定理

如果一个生产函数的每一种投入要素都增加 $\lambda\,(\lambda>1)$，引起产量增加 λ^n 倍，这种函数称为齐次生产函数. 即设 $Q=f(L,K,\cdots)$，若 $f(\lambda L,\lambda K,\cdots)=\lambda^n f(L,K\cdots)$，则称 $Q=f(L,K,\cdots)$ 为 n 次齐次函数.

欧拉定理　设 n 次齐次函数 $f(x,y)$ 的偏导数存在，则

$$xf'_x(x,y)+yf'_y(x,y)=nf(x,y).$$

证明　因为 $f(x,y)$ 是 n 次齐次函数，故 $f(\lambda x,\lambda y)=\lambda^n f(x,y)$，两边对 λ 求导有

$$xf'_1(\lambda x,\lambda y)+yf'_2(\lambda x,\lambda y)=n\lambda^{n-1}f(x,y),$$

令 $\lambda=1$ 得 $xf'_x(x,y)+yf'_y(x,y)=nf(x,y)$.

例 9　已知 $z=x^n f\left(\dfrac{y}{x}\right)$，其中 f 为可微函数，求 $x\dfrac{\partial z}{\partial x}+y\dfrac{\partial z}{\partial y}$.

解　记 $z=F(x,y)$，则 $F(\lambda x,\lambda y)=(\lambda x)^n f\left(\dfrac{\lambda y}{\lambda x}\right)=\lambda^n x^n f\left(\dfrac{y}{x}\right)=\lambda^n F(x,y)$，即 $F(x,y)$ 是 n 次齐次函数，由欧拉定理

$$xF'_x(x,y)+yF'_y(x,y)=nF(x,y),$$

即 $x\dfrac{\partial z}{\partial x}+y\dfrac{\partial z}{\partial y}=nx^n f\left(\dfrac{y}{x}\right)$.

欧拉定理的经济含义：根据欧拉定理，对于库伯-道格拉斯生产函数

$$Q(K,L)=AL^{\alpha}K^{1-\alpha},$$

有

$$K\dfrac{\partial Q}{\partial K}+L\dfrac{\partial Q}{\partial L}=Q(K,L),$$

上式表明：总产量 $Q(K,L)$ 正好等于投入资本 K 与其边际生产力 $\dfrac{\partial Q}{\partial K}$ 的乘积加上另一投入

劳动 L 与其边际生产力 $\dfrac{\partial Q}{\partial L}$ 的乘积,即第一部分是由要素 K(资本)所得的总产量,第二部分是由要素 L(劳动)所得的总产量. 也就是说总产量 $Q(K,L)$ 根据边际生产力被分配给两个要素 K 和 L,因此,欧拉定理在边际生产力分配理论的发展中起到了重要作用.

习 题 5.4

A 组

1. 设 $z=\ln(2v+3u)$,而 $u=3x^2$,$v=\sin x$,求全导数 $\dfrac{\mathrm{d}z}{\mathrm{d}x}$.

2. 设 $z=\dfrac{x^2-y}{x+y}$,$y=2x-3$,用两种方法求全导数 $\dfrac{\mathrm{d}z}{\mathrm{d}x}$.

3. 设 $z=\mathrm{e}^{x-2y}$,而 $x=\sin t$,$y=\varphi(t)$,其中 $\varphi(t)$ 可导,求 $\dfrac{\mathrm{d}z}{\mathrm{d}t}$.

4. 设 $z=u^2v-uv^2$ 而 $u=x\cos y$,$v=x\sin y$,求 $\dfrac{\partial z}{\partial x}$ 和 $\dfrac{\partial z}{\partial y}$.

5. 设 $z=u\ln(1+v)$ 而 $u=2xy$,$v=x^2+y^2$,求 $\dfrac{\partial z}{\partial x}$ 和 $\dfrac{\partial z}{\partial y}$.

6. 求 $z=\mathrm{e}^x\sin(2x+y)$ 的所有二阶偏导数.

7. 已知 $z=f\left(2x,\dfrac{x}{y}\right)$,求 z''_{xx},z''_{yy}.

8. 设 $2\sin(x+2y-3z)=x+2y-3z$,求 $\dfrac{\partial z}{\partial x}+\dfrac{\partial z}{\partial y}$.

9. 设 $\sin(x-3z)=2y+z$,求 $\dfrac{\partial z}{\partial x}$,$\dfrac{\partial z}{\partial y}$.

10. 设 $z^x=y^z$,求 $\dfrac{\partial z}{\partial x}$,$\dfrac{\partial z}{\partial y}$.

11. 设 $\dfrac{x^2}{a^2}+\dfrac{y^2}{b^2}+\dfrac{z^2}{c^2}=1$,求 $\dfrac{\partial z}{\partial x}$,$\dfrac{\partial z}{\partial y}$.

12. 试用齐次函数的欧拉定理检验下列各题:

(1) $z=\dfrac{x+y}{x-y}$,$x\dfrac{\partial z}{\partial x}+y\dfrac{\partial z}{\partial y}=0$;

(2) $w=x^2+yz$,$x\dfrac{\partial w}{\partial x}+y\dfrac{\partial w}{\partial y}+z\dfrac{\partial w}{\partial z}=2w$;

(3) $w=\dfrac{1}{x^2+y^2+z^2}$,$x\dfrac{\partial w}{\partial x}+y\dfrac{\partial w}{\partial y}+z\dfrac{\partial w}{\partial z}=-2w$.

13. (广义 C-D 函数) 设 $Q=AK^\alpha L^\beta$ 其中 $\alpha>0$,$\beta>0$,试证:

(1) Q 是 K,L 的 $\alpha+\beta$ 次齐次函数;

(2) Q 关于资本 K 的弹性为 α,关于劳动 L 的弹性为 β.

B 组

1. 设 f,g 为连续可微函数,$u=f(x,xy)$,$v=g(x+xy)$,求 $\dfrac{\partial u}{\partial x}\cdot\dfrac{\partial v}{\partial x}$.

2. 设 $x^2 + z^2 = y\phi\left(\dfrac{z}{y}\right)$，其中 ϕ 为可微函数，求 $\dfrac{\partial z}{\partial y}$.

3. 设 $u = f(x, y, z)$，又 $y = \phi(x, t), t = \psi(x, z)$，求 $\dfrac{\partial u}{\partial x}$.

4. 设 $z = f(e^x \sin y, x^2 + y^2)$，其中 f 具有二阶连续偏导数，求 $\dfrac{\partial^2 z}{\partial x \partial y}$.

5. 已知 $z = f(x \ln y, x - y)$，求 $z''_{xx}, z''_{xy}, z''_{yy}$.

6. 设 $u = f(x, y, z)$ 有连续的一阶偏导数，函数 $y = y(x), z = z(x)$ 由 $e^{xy} - xy = 2$ 和 $e^x = \displaystyle\int_0^{x-z} \dfrac{\sin t}{t} \mathrm{d}t$ 确定，求 $\dfrac{\mathrm{d}u}{\mathrm{d}x}$.

7. 设 $y = y(x), z = z(x)$ 是由方程 $z = xf(x + y)$ 和 $F(x, y, z) = 0$ 所确定的函数，求 $\dfrac{\mathrm{d}z}{\mathrm{d}x}$.

8. 设 $f\left(\dfrac{z}{x}, \dfrac{y}{z}\right) = 0$ 确定 $z = z(x, y)$，且 f 有连续的一阶偏导数，求 $\dfrac{\partial z}{\partial x}, \dfrac{\partial z}{\partial y}$.

9. 设 $z = f(x + y + z, xyz)$，求 $\dfrac{\partial z}{\partial x}, \dfrac{\partial x}{\partial y}, \dfrac{\partial y}{\partial z}$.

5.5 全 微 分

前面我们介绍了一元函数的边际分析，仿照一元函数的方法，对多元经济函数往往假定其他变量不变，考虑当其中的一个变量发生微小变化时，因变量如何变化，这就是我们前面介绍的偏导数．

现实生活中的很多问题想要得到精确的结果很难，为此我们可以在误差允许的范围内进行近似计算．

实例 4 （总成本变化）某厂生产甲、乙两种产品，当甲的月产量为 x 千克，乙的月产量为 y 千克时，总成本为 $C(x, y) = 4\sqrt{x} + 10\sqrt{xy} + 6\sqrt{y} + 100$ 元，假设现在月产量甲为 900 千克，乙为 400 千克，试求此时当甲的产量增加 1%，乙的产量减少 2%，总成本将如何变化．

这就需要用到我们下面要介绍的全微分．

定义 5.5.1 如果函数 $z = f(x, y)$ 在定义域 D 内的点 (x, y) 处全增量
$$\Delta z = f(x + \Delta x, y + \Delta y) - f(x, y)$$
可表示成
$$\Delta z = A\Delta x + B\Delta y + o(\rho), \quad \rho = \sqrt{(\Delta x)^2 + (\Delta y)^2},$$
其中，A, B 是不依赖于 $\Delta x, \Delta y$ 的常量，则称函数 $f(x, y)$ 在点 (x, y) 可微，$A\Delta x + B\Delta y$ 称为函数在点 (x, y) 的全微分，记作 $\mathrm{d}z = \mathrm{d}f = A\Delta x + B\Delta y$.

若函数在区域 D 内各点都可微，则称此函数在 D 内可微．

若函数 $z = f(x, y)$ 在点 (x, y) 可微，由微分定义
$$\lim_{\substack{\Delta x \to 0 \\ \Delta y \to 0}} \Delta z = \lim_{\rho \to 0} [A\Delta x + B\Delta y + o(\rho)] = 0,$$

得
$$\lim_{\substack{\Delta x \to 0 \\ \Delta y \to 0}} f(x+\Delta x, y+\Delta y) = f(x,y).$$
即函数 $z=f(x,y)$ 在点 (x,y) 连续.

5.5.1 函数可微的必要条件

定理 5.5.1 （必要条件）若函数 $z=f(x,y)$ 在点 (x,y) 可微,则函数在该点偏导数 $\frac{\partial z}{\partial x}, \frac{\partial z}{\partial y}$ 必存在,且有 $\mathrm{d}z = \frac{\partial z}{\partial x}\Delta x + \frac{\partial z}{\partial y}\Delta y$.

证明 因为函数 $z=f(x,y)$ 在点 (x,y) 处可微,则有
$$\Delta z = A\Delta x + B\Delta y + o(\rho)$$
成立.

特别地,当 $\Delta y = 0$ 时,上式也成立,此时 $\rho = |\Delta x|$. 所以
$$f(x+\Delta x, y) - f(x,y) = A\Delta x + o(|\Delta x|),$$
$$\frac{\partial z}{\partial x} = \lim_{\Delta x \to 0} \frac{\Delta z}{\Delta x} = \lim_{\Delta x \to 0} \frac{f(x+\Delta x, y) - f(x,y)}{\Delta x} = A.$$

从而 $\frac{\partial z}{\partial x}$ 存在,且 $A = \frac{\partial z}{\partial x}$.

同理 $\frac{\partial z}{\partial y} = B$,所以
$$\mathrm{d}z = \frac{\partial z}{\partial x}\Delta x + \frac{\partial z}{\partial y}\Delta y.$$

对于一元函数而言,可导必可微,反之可微必可导;但是对于二元函数来说,可微必可导,可微必连续,反之偏导数存在,函数不一定可微分.

事实上,在一元函数中,导数完全能刻画出函数的变化率,但在二元函数中,偏导数 $\frac{\partial z}{\partial x}, \frac{\partial z}{\partial y}$ 仅仅是从无穷多个方向中的两个方向上确定了函数的变化率,特殊情况不能代替一般情况.

二元函数极限存在、连续、可偏导、可微之间的关系如图 5.19 所示.

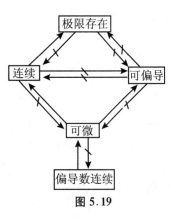

图 5.19

例 1 讨论函数 $f(x,y) = \begin{cases} \dfrac{xy}{\sqrt{x^2+y^2}}, & x^2+y^2 \neq 0 \\ 0, & x^2+y^2 = 0 \end{cases}$ 在点 $(0,0)$ 处的偏导数与全微分.

解 函数在点 $(0,0)$ 处,有
$$f'_x(0,0) = \lim_{\Delta x \to 0} \frac{f(0+\Delta x, 0) - f(0,0)}{\Delta x} = \lim_{\Delta x \to 0} 0 = 0,$$
同理 $f'_y(0,0) = 0$,即两偏导数存在;但是
$$\Delta z - [f'_x(0,0)\Delta x + f'_y(0,0)\Delta y] = \frac{\Delta x \Delta y}{\sqrt{(\Delta x)^2 + (\Delta y)^2}},$$

如果考虑点 $P'(\Delta x,\Delta y)$ 沿直线 $y=kx$ 趋于 $(0,0)$ 时,有

$$\lim_{\substack{\Delta x\to 0\\ \Delta y\to 0}}\frac{\frac{\Delta x\Delta y}{\sqrt{(\Delta x)^2+(\Delta y)^2}}}{\rho}=\lim_{\substack{\Delta x\to 0\\ \Delta y\to 0}}\frac{\Delta x\Delta y}{(\Delta x)^2+(\Delta y)^2}\xlongequal{\Delta y=\Delta x}\lim_{\Delta x\to 0}\frac{(\Delta x)^2}{(\Delta x)^2+(\Delta x)^2}=\frac{1}{2}.$$

这表明,它不能随 $\rho\to 0$ 而趋于 0,因此,当 $\rho\to 0$ 时,$\Delta z-[f'_x(0,0)\Delta x+f'_y(0,0)\Delta y]$ 不是较 ρ 的高阶无穷小,因此函数在点 $(0,0)$ 处全微分不存在,即在点 $(0,0)$ 处是不可微的.

可见函数偏导数存在,则不一定可微分,那么函数满足什么条件才可微分呢?

5.5.2 函数可微的充分条件

定理 5.5.2 (充分条件)设函数 $z=f(x,y)$ 的偏导数 $\frac{\partial z}{\partial x},\frac{\partial z}{\partial y}$ 在点 (x,y) 连续,则函数 $z=f(x,y)$ 在点 (x,y) 处的全微分存在,且 $\mathrm{d}z=\frac{\partial z}{\partial x}\Delta x+\frac{\partial z}{\partial y}\Delta y$.

习惯上将自变量增量 Δx(记为 $\mathrm{d}x$),Δy(记为 $\mathrm{d}y$)称自变量的微分,则

$$\mathrm{d}z=\frac{\partial z}{\partial x}\mathrm{d}x+\frac{\partial z}{\partial y}\mathrm{d}y.$$

例 2 计算函数 $z=\mathrm{e}^{xy}$ 在点 $(2,1)$ 处的全微分.

解 因为

$$\frac{\partial z}{\partial x}=y\mathrm{e}^{xy},\quad \frac{\partial z}{\partial y}=x\mathrm{e}^{xy},\quad \frac{\partial z}{\partial x}\bigg|_{x=2,y=1}=\mathrm{e}^2,\quad \frac{\partial z}{\partial y}\bigg|_{x=2,y=1}=2\mathrm{e}^2,$$

故

$$\mathrm{d}z=\mathrm{e}^2\mathrm{d}x+2\mathrm{e}^2\mathrm{d}y.$$

可以将全微分的概念推广到三元及三元以上的多元函数.

对三元函数 $u=f(x,y,z)$,有全微分

$$\mathrm{d}u=\frac{\partial u}{\partial x}\mathrm{d}x+\frac{\partial u}{\partial y}\mathrm{d}y+\frac{\partial u}{\partial z}\mathrm{d}z.$$

例 3 计算函数 $u=x+\sin\frac{y}{2}+\mathrm{e}^{yz}$ 的全微分.

解 因为

$$\frac{\partial u}{\partial x}=1,\quad \frac{\partial u}{\partial y}=\frac{1}{2}\cos\frac{y}{2}+z\mathrm{e}^{yz},\quad \frac{\partial u}{\partial z}=y\mathrm{e}^{yz},$$

故

$$\mathrm{d}u=\mathrm{d}x+\left(\frac{1}{2}\cos\frac{y}{2}+z\mathrm{e}^{yz}\right)\mathrm{d}y+y\mathrm{e}^{yz}\mathrm{d}z.$$

5.5.3 全微分的应用

当二元函数 $z=f(x,y)$ 在点 $P(x,y)$ 的两个偏导数 $f'_x(x,y),f'_y(x,y)$ 连续,且 $|\Delta x|$,$|\Delta y|$ 都很小时,有 $\Delta z\approx\mathrm{d}z=f'_x(x,y)\Delta x+f'_y(x,y)\Delta y$,也可写成

$$f(x+\Delta x,y+\Delta y)\approx f(x,y)+f'_x(x,y)\Delta x+f'_y(x,y)\Delta y.$$

例 4 计算 $(1.04)^{2.02}$ 的近似值.

解 设函数 $f(x,y) = x^y$. 取 $x = 1, y = 2, \Delta x = 0.04, \Delta y = 0.02$. 则
$$f(1,2) = 1, \quad f'_x(x,y) = yx^{y-1},$$
$$f'_y(x,y) = x^y \ln x, \quad f'_x(1,2) = 2, \quad f'_y(1,2) = 0,$$
由公式得 $(1.04)^{2.02} \approx 1 + 2 \times 0.04 + 0 \times 0.02 = 1.08$.

这样我们就可以解决实例 4 提出的的问题了,此题是求全增量 ΔC,
$$\Delta C = C(x + \Delta x, y + \Delta y) - C(x,y) = C(909, 392) - C(900, 400)$$
$$= 4\sqrt{909} + 10\sqrt{909 \times 392} + 6\sqrt{392} - (4\sqrt{900} + 10\sqrt{900 \times 400} + 6\sqrt{400})$$
$$\approx -31.29,$$

这样计算比较复杂,下面用微分求其近似值.

因为
$$C'_x(x,y) = \frac{2}{\sqrt{x}} + \frac{5y}{\sqrt{xy}}, \quad C'_y(x,y) = \frac{5x}{\sqrt{xy}} + \frac{3}{\sqrt{y}},$$
可取 $x = 900, \Delta x = 900 \cdot 1\% = 9, y = 400, \Delta y = -400 \cdot 2\% = -8$, 则
$$\Delta C \approx dC = C'_x(900,400)\Delta x + C'_y(900,400)\Delta y = -30.6.$$
即总成本减少了 30.6 元.

例如,生产函数 $Q = Q(L,K)$,其中 L 表示劳动投入量,K 表示资本投入量,Q 表示产出量.对生产函数求全微分得
$$dQ = \frac{\partial Q}{\partial L}dL + \frac{\partial Q}{\partial K}dK.$$

在经济中表示:产品的产出增加量 dQ 等于因增加劳动投入量而增加的产量 $\frac{\partial Q}{\partial L}dL$ 与增加资本投入量而增加的产量 $\frac{\partial Q}{\partial K}dK$ 的和.

当 $Q = Q_0$ 时,则 $dQ = 0$,于是 $\frac{\partial Q}{\partial L}dL = -\frac{\partial Q}{\partial K}dK$,即
$$\frac{dK}{dL} = -\frac{\dfrac{\partial Q}{\partial L}}{\dfrac{\partial Q}{\partial K}},$$
称为边际技术替代率或简称边际替代率.表示产出量 Q 在某个水平上保持不变时,增加一个单位的劳动投入量,可以减少多少资本投入量,反映了劳动替代资本的程度.同理可得
$$\frac{dL}{dK} = -\frac{\dfrac{\partial Q}{\partial K}}{\dfrac{\partial Q}{\partial L}}.$$

例 5 库伯-道格拉斯生产函数为
$$Q = AL^\alpha K^\beta \quad (A, \alpha, \beta > 0),$$
求 $\dfrac{\partial Q}{\partial L}, \dfrac{\partial Q}{\partial K}, \dfrac{dK}{dL}, \dfrac{dL}{dK}$.

解 劳动边际生产力为
$$\frac{\partial Q}{\partial L} = A\alpha L^{\alpha-1}K^\beta;$$

资本边际生产力为

$$\frac{\partial Q}{\partial K} = A\beta L^{\alpha} K^{\beta-1};$$

边际替代率为

$$\frac{\mathrm{d}K}{\mathrm{d}L} = -\frac{\dfrac{\partial Q}{\partial L}}{\dfrac{\partial Q}{\partial K}} = -\frac{\alpha K}{\beta L}, \quad \frac{\mathrm{d}L}{\mathrm{d}K} = -\frac{\beta L}{\alpha K}.$$

5.5.4 全微分形式不变性

设函数 $z = f(u,v)$ 具有连续偏导数，则有全微分 $\mathrm{d}z = \dfrac{\partial z}{\partial u}\mathrm{d}u + \dfrac{\partial z}{\partial v}\mathrm{d}v$，如果 u,v 又是 x,y 的函数 $u = \varphi(x,y)$，$v = \psi(x,y)$，且这两个函数也具有连续偏导数，则复合函数 $z = f[\varphi(x,y),\psi(x,y)]$ 的全微分为 $\mathrm{d}z = \dfrac{\partial z}{\partial x}\mathrm{d}x + \dfrac{\partial z}{\partial y}\mathrm{d}y$，其中，$\dfrac{\partial z}{\partial x}$ 及 $\dfrac{\partial z}{\partial y}$ 由公式

$$\frac{\partial z}{\partial x} = \frac{\partial z}{\partial u}\frac{\partial u}{\partial x} + \frac{\partial z}{\partial v}\frac{\partial v}{\partial x}, \quad \frac{\partial z}{\partial y} = \frac{\partial z}{\partial u}\frac{\partial u}{\partial y} + \frac{\partial z}{\partial v}\frac{\partial v}{\partial y}$$

给出，即

$$\mathrm{d}z = \left(\frac{\partial z}{\partial u}\frac{\partial u}{\partial x} + \frac{\partial z}{\partial v}\frac{\partial v}{\partial x}\right)\mathrm{d}x + \left(\frac{\partial z}{\partial u}\frac{\partial u}{\partial y} + \frac{\partial z}{\partial v}\frac{\partial v}{\partial y}\right)\mathrm{d}y$$

$$= \frac{\partial z}{\partial u}\left(\frac{\partial u}{\partial x}\mathrm{d}x + \frac{\partial u}{\partial y}\mathrm{d}y\right) + \frac{\partial z}{\partial v}\left(\frac{\partial v}{\partial x}\mathrm{d}x + \frac{\partial v}{\partial y}\mathrm{d}y\right) = \frac{\partial z}{\partial u}\mathrm{d}u + \frac{\partial z}{\partial v}\mathrm{d}v.$$

由此可见，无论 z 是自变量 u,v 的函数还是中间变量 u,v 的函数，它的全微分形式是一样的. 这个性质叫作全微分形式不变性.

例 6 已知 $\mathrm{e}^{-xy} - 2z + \mathrm{e}^z = 0$，求 $\dfrac{\partial z}{\partial x}$ 和 $\dfrac{\partial z}{\partial y}$.

解 因为 $\mathrm{d}(\mathrm{e}^{-xy} - 2z + \mathrm{e}^z) = 0$，即 $\mathrm{e}^{-xy}\mathrm{d}(-xy) - 2\mathrm{d}z + \mathrm{e}^z\mathrm{d}z = 0$，得

$$(\mathrm{e}^z - 2)\mathrm{d}z = \mathrm{e}^{-xy}(x\mathrm{d}y + y\mathrm{d}x),$$

则

$$\mathrm{d}z = \frac{y\mathrm{e}^{-xy}}{(\mathrm{e}^z - 2)}\mathrm{d}x + \frac{x\mathrm{e}^{-xy}}{(\mathrm{e}^z - 2)}\mathrm{d}y,$$

故

$$\frac{\partial z}{\partial x} = \frac{y\mathrm{e}^{-xy}}{\mathrm{e}^z - 2}, \quad \frac{\partial z}{\partial y} = \frac{x\mathrm{e}^{-xy}}{\mathrm{e}^z - 2}.$$

习 题 5.5

A 组

1. 计算函数 $z = \mathrm{e}^{\sin(xy)}$ 在点 $\left(0, \dfrac{\pi}{3}\right)$ 处的全微分.

2. 计算下列函数的全微分：

(1) $u = \ln(xy + z^2)$；

(2) $z = xy\ln y$；

(3) $z = xye^{xy} + x^3 y^4$；

(4) $u = \dfrac{1}{\sqrt{x^2 + y^2 + z^2}}$.

3. 利用全微分求 $f(x,y) = \ln(x - 3y)$ 在 $(6.9, 2.06)$ 处的近似值.

4. 计算 $1.01^{2.99}$ 的近似值.

5. 计算 $\sqrt{1.97^3 + 1.01^3}$ 的近似值.

6. 有一圆柱体受压后发生形变，半径由 20 cm 增大到 20.05 cm，高度由 100 cm 减少到 99 cm，求此圆柱体体积的近似改变量.

7. (活猪体重)估计活猪的常用计算模型是
$$W(C, L) = \dfrac{C^2 L}{14400},$$

其中，C, L, W 分别为胸围，体长和体重，C, L 的单位是 cm，W 的单位是 kg，$\dfrac{1}{14400}$ 为单位换算系数，计算 $(C, L) = (120, 100)$ 时猪的体重，并计算当 C, L 分别增加 $dC = 1, dL = 1$ 时，重量的近似增加值.

8. 固定替代弹性(CES)生产函数为
$$Q = A(\alpha L^{-\rho} + \beta K^{-\rho})^{-\frac{\mu}{\rho}} \quad (\mu, \alpha, \beta > 0, \rho > -1),$$

求 $\dfrac{\partial Q}{\partial L}, \dfrac{\partial Q}{\partial K}, \dfrac{dK}{dL}, \dfrac{dL}{dK}$.

9. 设 $z = e^u \sin v$，而 $u = xy, v = x + y$，利用全微分形式不变性求 $\dfrac{\partial z}{\partial x}$ 和 $\dfrac{\partial z}{\partial y}$.

B 组

1. 求下列方程所确定函数的全微分：

(1) $f(x + y, y + z, z + x) = 0$，求 dz；

(2) $z = f(xz, z - y)$，求 dz.

2. 设函数 $z = \left(1 + \dfrac{x}{y}\right)^{\frac{x}{y}}$，求 $dz\bigg|_{(1,1)}$.

5.6 多元函数的极值及其应用

在现代生活中，有许多最优化问题属于多元函数的极值和最值问题.同一元函数类似，其最值也与其极值有十分密切的联系，下面以二元函数为例，用多元函数微分法来讨论多元函数的极值和最值.

5.6.1 多元函数的极值

实例 5 (原料采购)某公司在生产中使用 A 和 B 两种原料，已知 A 和 B 两种原料分别使用 x 单位和 y 单位可生产 $U(x, y)$ 单位的产品，这里

$$U(x,y) = 8xy + 32x + 40y - 4x^2 - 6y^2,$$

并且 A 原料每单位的价值为 10 美元，B 原料每单位的价值为 4 美元，产品每单位的售价为 40 美元，求公司的最大利润.

可以看出最大利润与二元函数 $U(x,y) = 8xy + 32x + 40y - 4x^2 - 6y^2$ 的最值有关.

为了解决这个问题，我们先看二元函数的极值.

定义 5.6.1 设函数 $z=f(x,y)$ 在点 (x_0,y_0) 的某个邻域内有定义，对于该邻域内的点，如果都适用于不等式

$$f(x,y) \leqslant f(x_0,y_0),$$

则称函数 $f(x,y)$ 在点 (x_0,y_0) 有极大值 $f(x_0,y_0)$. 如果都适合不等式

$$f(x,y) \geqslant f(x_0,y_0),$$

则称函数 $f(x,y)$ 在点 (x_0,y_0) 有极小值 $f(x_0,y_0)$.

极大值、极小值统称为极值. 使函数取得极值的点称为极值点.

定理 5.6.1 （必要条件）设函数 $z=f(x,y)$ 在点 (x_0,y_0) 具有偏导数，且在点 (x_0,y_0) 处有极值，则它在该点的偏导数为零，即

$$f'_x(x_0,y_0) = 0, \quad f'_y(x_0,y_0) = 0.$$

仿照一元函数，凡是能使 $f'_x(x,y)=0, f'_y(x,y)=0$ 同时成立的点 (x_0,y_0)，称为函数 $z=f(x,y)$ 的驻点，从定理 5.6.1 可知，具有偏导数的函数极值点必定是驻点.

怎样判定一个驻点是否是极值点呢？下面的定理回答了这个问题.

定理 5.6.2 （充分条件）设函数 $z=f(x,y)$ 在点 (x_0,y_0) 的某邻域内连续且有一阶及二阶连续偏导数，又 $f'_x(x_0,y_0)=0, f'_y(x_0,y_0)=0$，令

$$f''_{xx}(x_0,y_0) = A, \quad f''_{xy}(x_0,y_0) = B, \quad f''_{yy}(x_0,y_0) = C,$$

则 $f(x,y)$ 在 (x_0,y_0) 处是否取得极值的条件如下：

(1) $AC-B^2>0$ 时具有极值，且当 $A<0$ 时有极大值，当 $A>0$ 时有极小值；

(2) $AC-B^2<0$ 时没有极值；

(3) $AC-B^2=0$ 时可能有极值，也可能没有极值，还需另作讨论.

注 利用定理我们把具有二阶连续偏导数的函数 $z=f(x,y)$ 的极值的求法叙述如下：

第一步，解方程组

$$f'_x(x,y) = 0, \quad f'_y(x,y) = 0,$$

求得一切实数解，即可以得到一切驻点；

第二步，对于每一个驻点 (x_0,y_0)，求出二阶偏导数的值 A,B 和 C；

第三步，定出 $AC-B^2$ 的符号，按定理 5.6.2 的结论判定 $f(x_0,y_0)$ 是否是极值、是极大值还是极小值.

例 1 求函数 $f(x,y) = x^3 - y^3 + 3x^2 + 3y^2 - 9x$ 的极值.

解 先解方程组

$$\begin{cases} f'_x(x,y) = 3x^2 + 6x - 9 = 0 \\ f'_y(x,y) = -3y^2 + 6y = 0 \end{cases},$$

求得驻点为 $(1,0),(1,2),(-3,0),(-3,2)$.

再求出二阶偏导数

$$f''_{xx}(x,y) = 6x + 6, \quad f''_{xy}(x,y) = 0, \quad f''_{yy}(x,y) = -6y + 6.$$

在点 $(1,0)$ 处，$AC-B^2 = 12 \cdot 6 > 0$，又 $A>0$，所以函数在 $(1,0)$ 处有极小值 $f(1,0) = -5$；

在点 $(1,2)$ 处，$AC - B^2 = 12 \cdot (-6) < 0$，所以 $f(1,2)$ 不是极值；

在点 $(-3,0)$ 处，$AC - B^2 = -12 \cdot 6 < 0$，所以 $f(-3,0)$ 不是极值；

在点 $(-3,2)$ 处，$AC - B^2 = -12 \cdot (-6) > 0$，又 $A < 0$，所以函数在 $(-3,2)$ 处有极大值 $f(-3,2) = 31$.

5.6.2 条件极值，拉格朗日乘数法

实例6 （最佳分配）小王有 200 元钱，他决定用来购买两种急需物品：U 盘和音乐 CD，设他购买 x 个 U 盘、y 盒音乐 CD 达到的效果函数为

$$f(x,y) = \ln x + \ln y.$$

设每个 U 盘 20 元，每盒音乐 CD 10 元，问他如何分配这 200 元以达到最佳效果.

问题的实质是求 $f(x,y) = \ln x + \ln y$ 在条件 $20x + 10y = 200$ 下的极值点.

这是一种需要满足一定条件问题的极值，处理这种问题的方法我们称为拉格朗日乘数法.

要找函数 $z = f(x,y)$ 在附加条件 $\varphi(x,y) = 0$ 下的可能极值点，可以先构成辅助函数

$$F(x,y) = f(x,y) + \lambda\varphi(x,y),$$

其中，λ 为某一常数，这个函数我们称为拉格朗日函数. 求其对 x 与 y 的一阶偏导数，并使之为零，然后与方程联立，有

$$\begin{cases} f'_x(x,y) + \lambda\varphi'_x(x,y) = 0 \\ f'_y(x,y) + \lambda\varphi'_y(x,y) = 0. \\ \varphi(x,y) = 0 \end{cases}$$

由这方程组解出 x,y 及 λ，则其中 x,y 就是函数 $f(x,y)$ 在附加条件下 $\varphi(x,y) = 0$ 的可能极值点的坐标.

这样我们就可以解决前面实例6的最佳分配问题了.

令 $F(x,y) = \ln x + \ln y + \lambda(20x + 10y - 200)$，求其对 x, y 的偏导数，并使之为零，得到

$$\begin{cases} \dfrac{1}{x} + 20\lambda = 0 \\ \dfrac{1}{y} + 10\lambda = 0 \\ 20x + 10y - 200 = 0 \end{cases},$$

解得 $x = 5, y = 10$，这是唯一可能的极值点. 因为由问题本身可知最大值一定存在，所以最大值就在这个可能的极值点处取得. 也就是说，买 U 盘 5 张，音乐 CD 10 盒效果最佳.

这方法还可以推广到自变量多于两个而条件多于一个的情形.

我们可以利用拉格朗日乘数法解决实例5提出的原料采购问题了.

生产 $U(x,y)$ 单位的产品的原料成本为 $10x + 4y$，总收入为 $40U(x,y)$，从而利润函数为

$$L(x,y) = 40U(x,y) - (10x + 4y) = 320xy + 1270x + 1596y - 160x^2 - 240y^2.$$

令 $\begin{cases} \dfrac{\partial L}{\partial x} = 320y + 1270 - 320x = 0 \\ \dfrac{\partial L}{\partial y} = 320x + 1596 - 480y = 0 \end{cases}$，得驻点 $(21.88125, 17.9125)$.

由实际可知，这函数的最大值存在，而驻点唯一，则该驻点必为最大值点. 故 $L(x,y)$ 在

点 $(21.88125, 17.9125)$ 达到最大值,即公司的最大利润为
$$L(21.88125, 17.9125) \approx 28189(美元).$$

5.6.3 多元函数在有界闭区域上的最值

例 2 计算 $z = f(x,y) = x^2 y(4-x-y)$ 在由直线 $x+y=6$ 及 x 轴、y 轴所围成的闭区域 D 上的极值和最值.

解 (1) 先计算 D 内的极值点. 求解
$$\begin{cases} f'_x = xy(8-3x-2y) = 0 \\ f'_y = x^2(4-x-2y) = 0 \end{cases}$$
的 D 内驻点 $P_0(2,1)$. ($(0,y),(4,0)$ 也是驻点,但不在 D 内,而在 D 的边界上.)

计算得
$$A = f''_{xx}(P_0) = -6, \quad B = f''_{xy}(P_0) = -4, \quad C = f''_{yy}(P_0) = -8,$$
$$AC - B^2 = 32 > 0, \quad A < 0,$$
故 $P_0(2,1)$ 为极大值点且对应的极大值为 $f(P_0) = 4$.

(2) 其次,计算边界上的最值.

记 D 的边界为
$$l_1 = \{(x,0) \mid 0 \leqslant x \leqslant 6\},$$
$$l_2 = \{(x,y) \mid x \geqslant 0, y \geqslant 0, x+y=6\},$$
$$l_3 = \{(0,y) \mid 0 \leqslant y \leqslant 6\}.$$
则
$$z|_{l_1} = 0, \quad z|_{l_3} = 0, \quad g(x) = z|_{l_2} = 2x^2(x-6),$$
计算得
$$g(0) = \max_{[0,6]} g(x) = 0, \quad g(4) = \min_{[0,6]} g(x) = -64.$$

(3) 最后,对内部极值和边界值进行比较. 比较内部极值和边界值可知:函数 z 在 D 的内部有极大值 $f(P_0) = 4$,而在整个闭区域 D 上,函数的最大值为 $f(P_0) = 4$,最小值为 $f(4,2) = -64$.

习 题 5.6

A 组

1. 求函数 $f(x,y) = xy(a-x-y)$ 的极值,其中 $a \neq 0$.

2. 证明:函数 $z = f(x,y) = (1+e^y)\cos x - ye^y$ 有无穷多个极大值,但无极小值.

3. 设 $z = z(x,y)$ 是由
$$F(x,y,z) = x^2 - 6xy + 10y^2 - 2yz - z^2 + 18 = 0$$
确定的隐函数,计算函数 $z(x,y)$ 的极值.

4. 求函数 $f(x,y,z) = x^2 + y^2 + z^2$ 在 $ax + by + cz = 1$ 下的最小值.

5. 已知 $u = ax^2 + by^2 + cz^2$，其中 $a > 0, b > 0, c > 0$. 求在条件 $x + y + z = 1$ 下的最小值.

6. 造一个容积为 V 的长方体盒子，如何设计才能使所用材料最少？

7. (谷物培养) 一个农场施用 x 吨的肥料和 y 吨的杀虫剂，可以产出
$$Q = 20x + 50y - 10x^2 - 30y^2$$
蒲式耳(英美制单位，1 蒲式耳 = 36.3744 升)的谷物，计算获得最大产出量的肥料施用量和杀虫剂施用量.

8. (最大产出量) 设企业能够利用 x 个单位的劳动力和 y 个单位的资本，生产
$$Q = 1000(-x^2 - 1.5y^2 + 12x + 9y)$$
个单位的产品，求企业的最大产出量.

9. D_1, D_2 分别为商品 X_1, X_2 的需求量，X_1, X_2 的需求函数分别为
$$D_1 = 8 - p_1 + 2p_2, \quad D_2 = 10 + 2p_1 - 5p_2,$$
总成本函数 $C_T = 3D_1 + 2D_2$，若 p_1, p_2 分别为商品 X_1, X_2 的价格. 试问价格 p_1, p_2 取何值时可使总利润最大？

10. 某工厂生产两种型号的精密机床，其产量分别为 x, y 台，总成本函数为
$$C(x, y) = x^2 + 2y^2 - xy (\text{单位：万元}).$$
根据市场调查，这两种机床的需求量共 8 台. 问应如何安排生产，才能使总成本最小？

11. 某厂生产甲乙两种产品，产量分别为 x, y(千只)，其利润函数为
$$z = -x^2 - 4y^2 + 8x + 24y - 15.$$
如果现有原料 15000 kg(不要求用完)，生产两种产品每千只都要消耗原料 2000 kg.

(1) 求使利润最大时的产量 x, y 和最大利润；

(2) 如果原料降至 12000 kg，求利润最大时的产量和最大利润.

12. 求函数 $z = 2x^2 + y^2 - 8x - 2y + 9$ 在 $D: 2x^2 + y^2 \leqslant 1$ 上的最大值和最小值.

B 组

1. 求函数 $f(x, y, z) = x^4 + y^4 + z^4$ 在条件 $xyz = 1$ 下的极值. 该极值是极大值还是极小值？为什么？

2. 计算 $f(x_1, x_2, \cdots, x_n) = \sum_{i=1}^{n} a_i x_i^2$ 在条件 $x_1 + x_2 + \cdots + x_n = c$ 下的最小值. 其中 $a_i > 0, c > 0, i = 1, 2, \cdots, n$. 并由此说明 $x_1^2 + x_2^2 + \cdots + x_n^2 \geqslant \dfrac{(x_1 + x_2 + \cdots + x_n)^2}{n}$.

3. (最大利润) 某企业在两个分割的市场上出售同一种产品，两个市场的需求函数分别是
$$p_1 = 18 - 2q_1, \quad p_2 = 12 - q_2,$$
p_1 和 p_2 分别表示产品在两个市场的价格(单位：万元/吨)，q_1 和 q_2 分别表示产品在两个市场的销售量(单位：吨)，生产该产品的总成本是 $C = 2q + 5$，其中 $q = q_1 + q_2$.

(1) 如果企业实行价格有差别策略，试确定该产品在两个市场的销量和价格，使企业获利最大.

(2) 如果企业实行价格无差别策略，试确定该产品在两个市场的销量和统一价格，使企业获利最大.

5.7 多元函数微分在经济学中的应用

在经济学研究中许多重要的概念是用导数来描述的,数学上的导数概念对应经济学上的边际概念,利用导数进行经济分析,简称边际分析. 经常用到的边际量有:边际收入(Marginal Revenue)、边际成本(Marginal Cost,简称 MC)、边际产量(Marginal Product,简称 MP)、边际利润(Marginal Profit)等.

5.7.1 边际分析

在经济学上对于函数 $y = f(x)$ 在 x_0 点的边际定义为 $f(x_0 + 1) - f(x_0)$,记作 $Mf(x_0)$. 边际的数值可以用 $f'(x_0)$ 近似的代替,虽然一阶导数的概念和边际的概念不同,但是为了边际计算的简单性,经济学家在计算边际数值时仍然采用一阶导数的数值代替. 可见用导数计算出的数值和边际定义计算出的数值不同,但比较接近边际数值.

对于多元函数 $y = f(x_1, x_2, \cdots, x_n)$ 关于 x_i 的边际的定义为:
$$Mf(x_1, x_2, \cdots, x_n) = f(x_1, x_2, \cdots, x_i + 1, \cdots, x_n) - f(x_1, x_2, \cdots, x_i, \cdots, x_n),$$

边际表示在其他变量均不发生改变的情况下,第 i 个变量增加一个单位引起函数值的变化. 对于多元函数边际数值的计算可以用偏导近似代替. 如当消费者消费 n 种商品时,其效用函数为 $U = U(x_1, x_2, \cdots, x_n)$,如果其中第 i 种商品的消费量发生改变,其边际效用为
$$MU_i(x_1, x_2, \cdots, x_n) = \frac{\partial U(x_1, x_2, \cdots, x_n)}{\partial x_i}.$$

例 1 给定生产函数 $Q = 96 K^{0.3} L^{0.7}$,求边际产量 $\frac{\partial Q}{\partial K}$ 和 $\frac{\partial Q}{\partial L}$.

解 对生产函数两边求偏导,可得
$$\frac{\partial Q}{\partial K} = 28.8 \left(\frac{L}{K}\right)^{0.7};$$
$$\frac{\partial Q}{\partial L} = 62.7 \left(\frac{K}{L}\right)^{0.3}.$$

定义 5.7.1 设两个有关的商品,其价格分别用 p_1, p_2 表示,需求函数分别是两个二元函数 $Q_1 = f(p_1, p_2), Q_2 = \varphi(p_1, p_2)$,由此可得四个一阶偏导数,分别为
$$\frac{\partial Q_1}{\partial p_1}, \quad \frac{\partial Q_1}{\partial p_2}, \quad \frac{\partial Q_2}{\partial p_1}, \quad \frac{\partial Q_2}{\partial p_2},$$

称为边际需求.

一般情况下,$\frac{\partial Q_1}{\partial p_1} < 0$ 且 $\frac{\partial Q_1}{\partial p_2} < 0$ 表明商品价格的增加(减少)将引起本身需求量的下降(增加).

$\frac{\partial Q_1}{\partial p_2} > 0$ 且 $\frac{\partial Q_2}{\partial p_1} > 0$ 表明第一种商品的价格不动、第二种商品的价格上升将引起第一种商品需求量的增加,或第二种商品的价格下降将引起第一种商品需求量的减少;当第二种商

品的价格不动时,就有第一种商品的价格的升或降将引起第二种商品需求量的增或减. 以上这样的两种商品称为相竞争的商品. 例如牛肉和羊肉,营养价值相近的两种不同的蔬菜或食品,以及商品与其代用品之间即为如此关系.

$\frac{\partial Q_1}{\partial p_2}<0$ 且 $\frac{\partial Q_2}{\partial p_1}<0$ 表明第一种商品的价格不动、第二种商品的价格上升将引起第一种商品需求量的下降,或第二种商品的价格下降将引起第一种商品需求量的增加;当第二种商品的价格不动时,就有第一种商品的价格的升或降将引起第二种商品需求量的减或增. 以上这样的两种商品称为相互补充的商品,如录音机与磁带、照相机与胶卷等.

例 2 有两种商品其需求函数分别为 $Q_1=120-0.3p_2^2-2p_1^2$,$Q_2=250-3p_2^2-3p_1^2$,讨论两种商品间是怎样的关系?

解 因为边际需求函数为
$$\frac{\partial Q_1}{\partial p_2}=-0.6p_2<0, \quad \frac{\partial Q_2}{\partial p_1}=-6p_1<0,$$
所以这两种商品是相互补充的.

5.7.2 弹性分析

设函数 $z=f(x,y)$,则称 $\frac{E_z}{E_x}=\frac{\partial z}{\partial x}\cdot\frac{x}{z}$ 为 z 对 x 的弹性,而称 $\frac{E_z}{E_y}=\frac{\partial z}{\partial y}\cdot\frac{y}{z}$ 为 z 对 y 的弹性,又称 $E=\frac{E_z}{E_x}+\frac{E_z}{E_y}$ 为对 z 的弹性.

例 3 求库伯-道格拉斯生产函数
$$Q=AL^\alpha K^\beta \quad (A,\alpha,\beta>0)$$
的生产力弹性.

解 由题设知
$$\frac{E_Q}{E_L}=\frac{L}{Q}\cdot\frac{\partial Q}{\partial L}=\frac{L}{AL^\alpha K^\beta}\cdot A\alpha L^{\alpha-1}K^\beta=\alpha;$$
$$\frac{E_Q}{E_K}=\frac{K}{Q}\cdot\frac{\partial Q}{\partial K}=\frac{K}{AL^\alpha K^\beta}\cdot A\beta L^\alpha K^{\beta-1}=\beta;$$
$$E=\frac{E_Q}{E_L}+\frac{E_Q}{E_K}=\alpha+\beta.$$
其中,α 为劳动密集系数,β 为资本密集系数.

由上面的例子可以看出,产出对劳动的偏弹性随 α 的增大而增大,对资本的偏弹性随 β 的增大而增大.

例 4 某公司有 A、B 两个子公司生产同种产品,其总成本函数为
$$C=Q_A^2+Q_B^2-3Q_AQ_B,$$
其中,Q_A 表示子公司 A 生产的产量,Q_B 表示子公司 B 生产的产量. 当公司生产的产量为 120 时,求公司生产总成本最少时 A、B 两子公司的产量组合.

解法 1 当一个公司用两个子公司生产同种产品时,它必须使两个子公司生产的边际成本相等,才能实现成本最少的产量组合.

子公司 A 生产的边际成本为

$$MC_A = \frac{\partial C}{\partial Q_A} = 2Q_A - 3Q_B,$$

子公司 B 生产的边际成本为

$$MC_B = \frac{\partial C}{\partial Q_B} = 2Q_B - 3Q_A.$$

由 $MC_A = MC_B$ 的原则,有

$$2Q_A - 3Q_B = 2Q_B - 3Q_A, \quad 即 \quad Q_A = Q_B,$$

因为 $Q_A + Q_B = 120$,于是 $Q_A = 120 - Q_A$,解得 $Q_A = 60, Q_B = 60$.

解法 2 (用拉格朗日函数方法)因为目标为在 $Q_A + Q_B = 120$ 的条件下,$C = Q_A^2 + Q_B^2 - 3Q_A Q_B$ 的最小值. 建立拉格朗日函数

$$L = Q_A^2 + Q_B^2 - 3Q_A Q_B + \lambda(Q_A + Q_B - 120),$$

因为

$$\frac{\partial L}{\partial Q_A} = 2Q_A - 3Q_B + \lambda, \quad \frac{\partial L}{\partial Q_B} = 2Q_B - 3Q_A + \lambda, \quad \frac{\partial L}{\partial \lambda} = Q_A + Q_B - 120,$$

解得 $Q_A = 60, Q_B = 60$. 与解法 1 的结果相同.

5.7.3 等产量(Iso-Quant)线

等产量线 $AK^\alpha L^\beta = C$ 的含义是两种生产要素的不同数量的组合可以带来相等产量的一条曲线,或者说是表示某一固定数量的产品,可以用所需要的两种生产要素的不同数量的组合生产出来的一条曲线. 如图 5.20 所示.

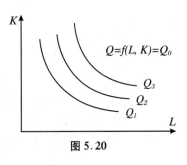

图 5.20

等产量线是一条向右下方倾斜的线,其斜率为负值. 这就表明,在生产者的资源与生产要素价格既定的条件下,为了达到相同的产量,在增加一种生产要素时,必须减少另一种生产要素. 两种生产要素的同时增加,是资源既定时无法实现的;两种生产要素的同时减少,不能保持相等的产量水平.

在同一平面图上,可以有无数条等产量线. 同一条等产量线代表相同的产量,不同的等产量线代表不同的产量水平. 离原点越远的等产量线所代表的产量水平越高,离原点越近的等产量线所代表的产量水平越低.

在同一平面图上,任意两条等产量线不能相交. 因为在交点上两条等产量线代表了相同的产量水平.

等产量线是一条凸向原点的线. 这是由边际技术替代率递减所决定的.

5.7.4 最优化分析

例 5 某企业为生产甲、乙两种型号的产品,投入的固定成本为 10000(万元),设该企业生产甲、乙两种产品的产量分别为 x(件)和 y(件),且固定两种产品的边际成本分别为 $20 + \frac{x}{2}$(万元/件)和 $6 + y$(万元/件).

(1) 求生产甲、乙两种产品的总成本函数 $C(x,y)$(万元).

(2) 当总产量为 50 件时,甲乙两种的产量各为多少时可以使总成本最小?

(3) 求总产量为 50 件时且总成本最小时甲产品的边际成本,并解释其经济意义.

解 (1)
$$C(x,y) = 10000 + \int_0^x \left(20 + \frac{t}{2}\right)\mathrm{d}t + \int_0^y (6+t)\mathrm{d}t$$
$$= 10000 + 20x + \frac{x^2}{4} + 6y + \frac{y^2}{2}.$$

(2) 当 $x + y = 50$ 时,求 $C(x,y)$ 的最小值.

解法 1 因为 $y = 50 - x$,则
$$C(x, 50-x) = 10000 + 20x + \frac{x^2}{4} + 6(50-x) + \frac{(50-x)^2}{2}$$
$$= \frac{3}{4}(x-24)^2 + 11118,$$

当 $x = 24$ 时, $C(x, 50-x)$ 最小,此时 $y = 50 - 24 = 26$,故当 $x = 24, y = 26$ 时总成本最小.

解法 2 令
$$L(x, y, \lambda) = C(x, y) + \lambda(x + y - 50)$$
$$= 10000 + 20x + \frac{x^2}{4} + 6y + \frac{y^2}{2} + \lambda(x + y - 50),$$

由 $\begin{cases} \dfrac{\partial L}{\partial x} = 0 \\ \dfrac{\partial L}{\partial y} = 0 \\ \dfrac{\partial L}{\partial \lambda} = 0 \end{cases}$ 得 $\begin{cases} 20 + \dfrac{x}{2} + \lambda = 0 \\ 6 + y + \lambda = 0 \\ x + y - 50 = 0 \end{cases}$,解得 $x = 24, y = 26$. 由实际问题知最小值存在,且驻点唯一,故当 $x = 24, y = 26$ 时总成本最小.

(3) 当 $x = 24$ 时,甲产品的边际成本为 $20 + \dfrac{24}{2} = 32$(万元/件),其经济意义为:当甲产品的产量为 24 时,每增加生产一件甲产品,甲产品的成本增加 32 万元.

习 题 5.7

A 组

1. 判断函数 $f(x, y, w) = \dfrac{x}{y} + \dfrac{3w}{2x}$ 的齐次性.

2. 判断函数 $f(x, y, w) = 3x^2 + 5yw - 2w^2$ 的齐次性.

3. 设 y 是 t 的函数且 $y = f(t)$,在 t_0 时刻 y 的增长率(Growth Rate)定义为
$$r_y = \left.\frac{\mathrm{d}\ln y}{\mathrm{d}t}\right|_{t=t_0} = \left.\frac{y'}{y}\right|_{t=t_0}.$$

给定两个可导函数 $u = f(t), v = g(t)$,用 $r_{u+v}, r_{u-v}, r_{uv}, r_{u/v}$ 分别表示两个函数和、差、积、

商的增长率,验证:

(1) $r_{uv} = r_u + r_v$;

(2) $r_{u/v} = r_u - r_v$;

(3) $r_{u+v} = \dfrac{u}{u+v} r_u + \dfrac{v}{u+v} r_v$;

(4) $r_{u-v} = \dfrac{u}{u-v} r_u - \dfrac{v}{u-v} r_v$.

4. 若货币需求 M_d 是国民收入 $Y=Y(t)$ 及利息率 $i=i(t)$ 的函数,求证: M_d 增长率可以表示成 r_Y 与 r_i 的加权之和,其中权数分别为 M_d 对 Y 与 i 的弹性.即 $r_{M_d} = E_{M_d Y} r_Y + E_{M_d i} r_i$.

5. 求固定替代弹性(CES)生产函数
$$Q = A(\alpha L^{-\rho} + \beta K^{-\rho})^{-\frac{\mu}{\rho}} \quad (\mu, \alpha, \beta > 0, \rho > -1)$$
的生产力弹性.

6. 有两种商品其需求函数分别为 $Q_1 = 100 + 0.3 p_2^2 - p_1^2$,$Q_2 = 150 - p_2^2 + 3 p_1^2$,讨论两种商品间是怎样的关系?

7. 求需求函数 $Q_A = 1000 p_A^{-\frac{1}{2}} p_B^{\frac{1}{5}}$ 在点 $(p_A, p_B) = (4, 32)$ 上需求的自身价格弹性,交叉价格弹性.并说明商品 A 和 B 是相互竞争还是相互补充的.

8. 某工厂生产的同一种产品分销两个独立市场,其总成本函数为 $C = 120Q + 4$,其中 $Q = Q_1 + Q_2$,两个市场的价格函数分别为 $P_1 = 60 - 3Q_1$,$P_2 = 20 - 2Q_2$,工厂追求最大利润,求投放每个市场的产量及此时产品的价格.

B 组

1. 判断函数 $f(x, y, w) = \dfrac{x^2}{y} + \dfrac{3w^2}{2x}$ 的齐次性.

2. 如果 $f(x_1, x_2, \cdots, x_n)$ 是 r 次齐次函数,试证它的偏导数 $\dfrac{\partial f}{\partial x_1}, \dfrac{\partial f}{\partial x_2}, \cdots, \dfrac{\partial f}{\partial x_n}$ 是 $r-1$ 次齐次函数.

5.8 二重积分的概念与性质

一元函数的定积分是某种形式和式的极限,它在实际问题中有着广泛的应用.但由于其积分范围是数轴上的区间,因而只能用来计算与一元函数及其相应区间有关的量.然而在工程和科技领域中,往往需要计算定义在某一范围上的多元函数的特定形式和式的极限,这就需要把定积分的概念加以推广.在物理、力学、几何和工程技术中,有许多量都是通过上述积分思想把它们化为特定和式的极限.这就是我们将要学习的二重积分.

5.8.1 二重积分的概念

实例 7 (曲顶柱体的体积)设有一立体,它的底是 xOy 坐标面上的闭区域 D,它的侧面

是以 D 的边界曲线为准线而母线平行于 z 轴的柱面,它的顶是曲面 $z=f(x,y)$,这里 $f(x,y)\geq 0$ 且在 D 上连续(图 5.21).这种立体叫作曲顶柱体.试求曲顶柱体的体积 V.

平顶柱体的体积等于底面积与高的乘积,而曲顶柱体的高 $f(x,y)$ 随着点 $(x,y)\in D$ 的不同而变化,因此不能直接用计算平顶柱体体积的公式来计算.所以,我们采取定积分解决问题的思想——"分割、近似、求和、取极限"来求曲顶柱体的体积.

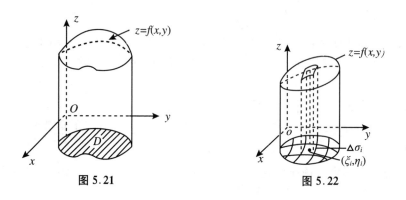

图 5.21　　　　　　　　图 5.22

首先,用任意一组曲线网把 D 分成 n 个小闭区域 $\Delta\sigma_i(i=1,2,\cdots,n)$,并且 $\Delta\sigma_i(i=1,2,\cdots,n)$ 也表示该小区域的面积.分别以这些小闭区域的边界曲线为准线,作母线平行于 z 轴的柱面,这些柱面把原来的曲顶柱体分为 n 个细曲顶柱体(图 5.22).在每个小闭区域 $\Delta\sigma_i$ 上任取一点 (ξ_i,η_i),因 $f(x,y)$ 在 D 上连续,当小闭区域 $\Delta\sigma_i$ 的直径(有界闭区域的直径是指该区域上任意两点之间距离的最大值)很小时,$f(x,y)$ 在 $\Delta\sigma_i$ 上的变化也不大,所以以 $\Delta\sigma_i$ 为底的细曲顶柱体可以近似地看作以 $f(\xi_i,\eta_i)$ 为高而底为 $\Delta\sigma_i$ 的平顶柱体,平顶柱体的体积为

$$f(\xi_i,\eta_i)\Delta\sigma_i \quad (i=1,2,\cdots,n).$$

把这 n 个细平顶柱体体积相加,便得到整个曲顶柱体体积 V 的近似值,即

$$V\approx \sum_{i=1}^{n} f(\xi_i,\eta_i)\Delta\sigma_i.$$

为求得曲顶柱体体积的精确值,将分割加密,取极限.若 $\lim_{\lambda\to 0}\sum_{i=1}^{n}f(\xi_i,\eta_i)\Delta\sigma_i$ 存在,则此极限值定义为曲顶柱体的体积,即

$$V=\lim_{\lambda\to 0}\sum_{i=1}^{n}f(\xi_i,\eta_i)\Delta\sigma_i.$$

其中 $\lambda = \max_{1\leq i\leq n}\{\Delta\sigma_i \text{ 的直径}\}$.

从而曲顶柱体体积 $V = \lim_{\lambda\to 0}\sum_{i=1}^{n}f(\xi_i,\eta_i)\Delta\sigma_i$,记为 $V = \iint_D f(x,y)\mathrm{d}\sigma$.

实例 8　(城市人口)设某城镇区域是一圆形区域 $D: x^2+y^2\leq R^2$,城镇人口密度为
$$f(x,y),$$
试表示出该城镇的总人口 P.

用任意一组曲线网把 D 分成 n 个小闭区域 $\Delta\sigma_1,\Delta\sigma_2,\cdots,\Delta\sigma_n$,并且 $\Delta\sigma_i(i=1,2,\cdots,n)$ 也表示该小区域的面积.在每个小闭区域 $\Delta\sigma_i$ 上任取一点 (ξ_i,η_i),因 $f(x,y)$ 在 D 上连续,当小闭区域 $\Delta\sigma_i$ 的直径很小时,$f(x,y)$ 在 $\Delta\sigma_i$ 上的变化也不大,所以 $\Delta\sigma_i$ 上对应的人口

可以近似地看作人口密度为 $f(\xi_i,\eta_i)$ 的人口均匀分布区域的人口量,其人口量近似值为
$$f(\xi_i,\eta_i)\Delta\sigma_i \quad (i=1,2,\cdots,n).$$

求和得到总人口的近似值为
$$P \approx \sum_{i=1}^{n} f(\xi_i,\eta_i)\Delta\sigma_i.$$

将分割加细,取极限,得到总人口的数量为
$$P = \lim_{\lambda\to 0}\sum_{i=1}^{n} f(\xi_i,\eta_i)\Delta\sigma_i,$$

其中,$\lambda = \max\limits_{1\leqslant i\leqslant n}\{\Delta\sigma_i \text{ 的直径}\}$.

可得城镇的总人口 $P = \iint\limits_{D} f(x,y)\mathrm{d}\sigma$.

以上问题背景截然不同,但它们具有两个共性:

(1) 解决问题的思想相同,即"分割、近似、求和、取极限"的积分思想;

(2) 所求量的结构式相同,都是特定和式的极限.

曲顶柱体体积:$V = \lim\limits_{\lambda\to 0}\sum\limits_{i=1}^{n} f(\xi_i,\eta_i)\Delta\sigma_i$;城镇总人口:$P = \lim\limits_{\lambda\to 0}\sum\limits_{i=1}^{n} f(\xi_i,\eta_i)\Delta\sigma_i$.

在物理、力学、几何和工程技术中,有许多量都是通过上述积分思想把它们化为特定和式的极限.为此,我们从函数的角度出发,不考虑函数所代表的具体意义,抽象出二重积分的定义.

定义 5.8.1 设 $f(x,y)$ 是有界闭区域 D 上的有界函数.将 D 任意分割为 n 个小闭区域
$$\Delta\sigma_1,\Delta\sigma_2,\cdots,\Delta\sigma_n,$$
其中,$\Delta\sigma_i(i=1,2,\cdots,n)$ 既表示第 i 个小闭区域,也表示其面积.在每个 $\Delta\sigma_i$ 上任取一点 (ξ_i,η_i),作乘积 $f(\xi_i,\eta_i)\Delta\sigma_i(i=1,2,\cdots,n)$,并作和式 $\sum\limits_{i=1}^{n} f(\xi_i,\eta_i)\Delta\sigma_i$,记 $\lambda = \max\limits_{1\leqslant i\leqslant n}\{\Delta\sigma_i \text{ 的直径}\}$,如果极限
$$\lim_{\lambda\to 0}\sum_{i=1}^{n} f(\xi_i,\eta_i)\Delta\sigma_i$$
总存在,且其极限值与区域 D 的分法及 (ξ_i,η_i) 在 $\Delta\sigma_i(i=1,2,\cdots,n)$ 上的取法无关,就称此极限值为函数 $f(x,y)$ 在闭区域 D 上的二重积分,记作 $\iint\limits_{D} f(x,y)\mathrm{d}\sigma$,即
$$\iint\limits_{D} f(x,y)\mathrm{d}\sigma = \lim_{\lambda\to 0}\sum_{i=1}^{n} f(\xi_i,\eta_i)\Delta\sigma_i.$$

其中,$f(x,y)$ 称为被积函数,$f(x,y)\mathrm{d}\sigma$ 称为被积表达式,$\mathrm{d}\sigma$ 称为面积元素,x 和 y 称为积分变量,D 称为积分区域,$\sum\limits_{i=1}^{n} f(\xi_i,\eta_i)\Delta\sigma_i$ 称为积分和(也称黎曼和).

二重积分记号 $\iint\limits_{D} f(x,y)\mathrm{d}\sigma$ 中的面积元素 $\mathrm{d}\sigma$ 象征着积分和 $\sum\limits_{i=1}^{n} f(\xi_i,\eta_i)\Delta\sigma_i$ 中的 $\Delta\sigma_i$,由于二重积分与对 D 的分割无关,故当 $f(x,y)$ 在 D 上可积时,在直角坐标系中用平行于坐标轴的直线网来分割 D,那么除了包含 D 的边界点的一些小闭区域外,其余的小闭区域都是矩形闭区域.设矩形闭区域 $\Delta\sigma_i$ 的边长为 Δx_j 和 Δy_k,则 $\Delta\sigma_i = \Delta x_j\Delta y_k$,因此在直角坐标

系中,也把面积元素 $d\sigma$ 记作 $dxdy$,而把二重积分记作 $\iint\limits_{D} f(x,y)dxdy$,其中 $dxdy$ 称为直角坐标系中的面积元素.

二重积分的几何意义:如果 $f(x,y)\geqslant 0$,被积函数 $f(x,y)$ 可解释为曲顶柱体的在点(x,y)处的高,所以二重积分 $\iint\limits_{D} f(x,y)d\sigma$ 的几何意义就是以 D 为底,以 D 的边界曲线为准线而母线平行于 z 轴的柱面为侧面,以 $z=f(x,y)$ 为顶的曲顶柱体的体积;如果 $f(x,y)\leqslant 0$,曲顶柱体就在 xOy 面的下方,那么 $\iint\limits_{D} f(x,y)d\sigma$ 表示以 D 为底,以 D 的边界曲线为准线而母线平行于 z 轴的柱面为侧面,以 $z=f(x,y)$ 为顶的曲顶柱体的体积的相反数.如果 $f(x,y)$ 在 D 的若干部分区域上是正的,而在其他的部分区域上是负的,我们把 xOy 面上方曲顶柱体体积带上正号,xOy 面下方的曲顶柱体体积带上负号,那么 $\iint\limits_{D} f(x,y)d\sigma$ 表示这些部分区域上曲顶柱体体积的代数和.

例1 根据二重积分的几何意义确定二重积分 $\iint\limits_{D} 3\sqrt{x^2+y^2}d\sigma$ 的积分值,其中
$$D: x^2+y^2 \leqslant 9.$$

解 因为 $f(x,y)=3\sqrt{x^2+y^2}$,$D: x^2+y^2\leqslant 9$,则 $\iint\limits_{D} 3\sqrt{x^2+y^2}d\sigma$ 以圆盘 $x^2+y^2\leqslant 9$ 为底,以旋转锥面 $z=3\sqrt{x^2+y^2}$ 为顶的曲顶柱体的体积为圆柱体的体积 V_1 减去锥体的体积 V_2,而 $V_2=\frac{1}{3}$底面积×高,而底是圆盘 $x^2+y^2\leqslant 9$;高是 $\left(\frac{z}{3}\right)^2=9$,即 $z=9$,

$$V_2 = \frac{1}{3}\cdot\pi 3^2\cdot 9 = 27\pi, \quad V = V_1-V_2 = V_2 = \pi 3^2\cdot 9-27\pi = 54\pi.$$

定理 5.8.1 设 $f(x,y)$ 在有界闭区域 D 上连续,则 $f(x,y)$ 在 D 上可积.

5.8.2 二重积分的性质

比较二重积分与定积分的定义,可以看出这两种积分有着相似的过程及和式的极限,因而二重积分有着与定积分相似的性质,现叙述如下,不再证明(下面所涉及的二重积分均假设存在).

性质 5.8.1 (线性性)设 α,β 是常数,则
$$\iint\limits_{D}[\alpha f(x,y)+\beta g(x,y)]d\sigma = \alpha\iint\limits_{D} f(x,y)d\sigma + \beta\iint\limits_{D} g(x,y)d\sigma.$$

性质 5.8.2 (区域可加性)如果有界闭区域 D 被曲线分为两个闭区域 D_1 和 D_2,则
$$\iint\limits_{D} f(x,y)d\sigma = \iint\limits_{D_1} f(x,y)d\sigma + \iint\limits_{D_2} f(x,y)d\sigma.$$

性质 5.8.3 如果在 D 上,$f(x,y)=1$,则
$$D\text{ 的面积} = \iint\limits_{D} 1 d\sigma = \iint\limits_{D} d\sigma.$$

性质 5.8.4 (单调性)如果在 D 上,$f(x,y)\geqslant g(x,y)$,那么
$$\iint\limits_{D} f(x,y)d\sigma \geqslant \iint\limits_{D} g(x,y)d\sigma.$$

注 (1) 如果在 D 上,$f(x,y) \geqslant 0$,那么 $\iint\limits_{D} f(x,y) \mathrm{d}\sigma \geqslant 0$(积分保号性).

(2) 因为 $-|f(x,y)| \leqslant f(x,y) \leqslant |f(x,y)|$,所以
$$\left| \iint\limits_{D} f(x,y) \mathrm{d}\sigma \right| \leqslant \iint\limits_{D} |f(x,y)| \mathrm{d}\sigma.$$

例 2 比较 $\iint\limits_{D}(x+y)^2 \mathrm{d}\sigma$ 与 $\iint\limits_{D}(x+y)^3 \mathrm{d}\sigma$ 的大小,其中
$$D = \{(x,y) \mid (x-2)^2 + (y-1)^2 \leqslant 2\}.$$

解 考虑 $x+y$ 在 D(图 5.23)上的取值.

由于点 $A(1,0)$ 在圆周 $(x-2)^2 + (y-1)^2 = 2$ 上,且过该点的切线方程为 $x+y=1$,所以在 D 上处处有 $x+y \geqslant 1$.故在 D 上有 $(x+y)^2 \leqslant (x+y)^3$,从而有
$$\iint\limits_{D}(x+y)^2 \mathrm{d}\sigma \leqslant \iint\limits_{D}(x+y)^3 \mathrm{d}\sigma.$$

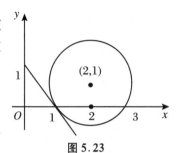

图 5.23

性质 5.8.5 (估值公式)设 M,m 分别为 $f(x,y)$ 在闭区域 D 上的最大值和最小值,σ 是 D 的面积,则有
$$m\sigma \leqslant \iint\limits_{D} f(x,y) \mathrm{d}\sigma \leqslant M\sigma.$$

例 3 估计二重积分 $I = \iint\limits_{D} \dfrac{\mathrm{d}\sigma}{100 + \cos^2 x + \cos^2 y}$ 的值,其中 $D:|x|+|y| \leqslant 10$.

解 因为 D 的面积为 $\sigma = (10\sqrt{2})^2 = 200$,又 $\dfrac{1}{102} \leqslant \dfrac{1}{100+\cos^2 x + \cos^2 y} \leqslant \dfrac{1}{100}$,故由估值公式 $\dfrac{200}{102} \leqslant I \leqslant \dfrac{200}{100}$,即 $1.96 \leqslant I \leqslant 2$.

性质 5.8.6 (积分中值定理)设 $f(x,y)$ 在闭区域 D 上连续,σ 是 D 的面积,则在 D 上至少存在一点 (ξ,η),使得
$$\iint\limits_{D} f(x,y) \mathrm{d}\sigma = f(\xi,\eta)\sigma.$$

注 (1) 中值定理的几何意义是:若 $f(x,y) \geqslant 0$,则以 D 为底,以 D 的边界曲线为准线母线平行于 z 轴的柱面为侧面,以 $z = f(x,y)$ 为曲顶的曲顶柱体的体积等于以 D 为底,以 D 上某一点 (ξ,η) 的函数值 $f(\xi,\eta)$ 为高的平顶柱体的体积.

(2) $f(\xi,\eta) = \dfrac{1}{\sigma} \iint\limits_{D} f(x,y) \mathrm{d}\sigma$ 称为 $f(x,y)$ 在闭区域 D 上的平均值.

习 题 5.8

A 组

1. 设 $f(x,y) \geqslant 0$,试阐述二重积分 $\iint\limits_{D} f(x,y) \mathrm{d}\sigma$ 的几何意义.

2. 用二重积分表示下列立体的体积：

(1) 上半球体 $\{(x,y,z) \mid x^2 + y^2 + z^2 \leqslant R^2, z \geqslant 0\}$；

(2) 椭圆抛物面 $z = 1 - \dfrac{x^2}{a^2} - \dfrac{y^2}{b^2}$ 与平面 xOy 所围成的立体．

3. 根据二重积分的几何意义确定二重积分 $I = \iint\limits_{D} \sqrt{a^2 - (x^2 + y^2)} \,\mathrm{d}\sigma$ 的积分值，其中 $D: x^2 + y^2 \leqslant a^2, \quad x \geqslant 0, y \geqslant 0.$

4. 利用二重积分性质，比较下列各组二重积分的大小：

(1) $\iint\limits_{D} \ln(x+y) \,\mathrm{d}\sigma$ 与 $\iint\limits_{D} [\ln(x+y)]^2 \,\mathrm{d}\sigma$，其中 D 是三角形闭区域，三顶点各为 $(1,0)$，$(1,1)$，$(2,0)$；

(2) $\iint\limits_{D} \ln(x+y+1) \,\mathrm{d}\sigma$ 与 $\iint\limits_{D} \ln(x^2+y^2+1) \,\mathrm{d}\sigma$，其中 D 是矩形区域：$0 \leqslant x \leqslant 1, 0 \leqslant y \leqslant 1$；

(3) $\iint\limits_{D} \sin^2(x+y) \,\mathrm{d}\sigma$ 与 $\iint\limits_{D} (x+y)^2 \,\mathrm{d}\sigma$，其中 D 是任一平面有界闭区域．

5. 试确定积分 $\iint\limits_{|x|+|y| \leqslant 1} \ln(x^2 + y^2) \,\mathrm{d}\sigma$ 的符号并说明理由．

6. 利用二重积分性质，估计下列二重积分的值：

(1) $I = \iint\limits_{D} \sin(x^2 + y^2) \,\mathrm{d}\sigma$，其中 $D = \left\{ (x+y) \,\Big|\, \dfrac{\pi}{4} \leqslant x^2 + y^2 \leqslant \dfrac{3\pi}{4} \right\}$；

(2) $I = \iint\limits_{D} \dfrac{\mathrm{d}\sigma}{\ln(4+x+y)}$，其中 $D = \{(x,y) \mid 0 \leqslant x \leqslant 4, 0 \leqslant y \leqslant 8\}$；

(3) $I = \iint\limits_{D} \mathrm{e}^{(x^2+y^2)} \,\mathrm{d}\sigma$，其中 D 是椭圆闭区域 $\dfrac{x^2}{a^2} + \dfrac{y^2}{b^2} = 1 \,(0 < b < a)$；

(4) $I = \iint\limits_{D} (x+y+1) \,\mathrm{d}\sigma$，$D: 0 \leqslant x \leqslant 1, 0 \leqslant y \leqslant 2.$

B 组

1. 试确定积分 $\iint\limits_{x^2+y^2 \leqslant 4} \sqrt[3]{1 - x^2 - y^2} \,\mathrm{d}\sigma$ 的符号并说明理由．

2. 利用二重积分的性质，估计下列积分的值：

(1) $I = \iint\limits_{D} xy(x+y) \,\mathrm{d}\sigma$，$D: 0 \leqslant x \leqslant 1, 0 \leqslant y \leqslant 1$；

(2) $I = \iint\limits_{D} \sin^2 x \sin^2 y \,\mathrm{d}\sigma$，$D: 0 \leqslant x \leqslant \pi, 0 \leqslant y \leqslant \pi$；

(3) $I = \iint\limits_{D} (x^2 + 4y^2 + 9) \,\mathrm{d}\sigma$，$D: x^2 + y^2 \leqslant 4.$

3. 设 $f(x,y)$ 在区域 $D = \{(x,y) \mid (x-1)^2 + (y-1)^2 \leqslant \rho^2\}$ 上连续，求极限
$$\lim_{\rho \to 0} \dfrac{1}{\pi \rho^2} \iint\limits_{D} f(x,y) \,\mathrm{d}x\mathrm{d}y.$$

5.9 二重积分的计算与应用

在许多经济问题中需要计算二重积分,而直接用定义计算一般的二重积分是相当困难的,下面将介绍二重积分的计算方法.计算的基本途径是将其转化为定积分计算,即化为二次积分(也称为累次积分)来计算.我们分别在直角坐标系和极坐标系中进行讨论.

5.9.1 直角坐标系下二重积分的计算

1. X-型区域与 Y-型区域

为了便于叙述,我们对区域作一些说明:经过闭区域 D 内部任一点作平行于 y 轴的直线,如果所作直线与 D 的边界的交点均不多于两点,那么称区域 D 为 X-型区域,如图 5.24 所示. X-型区域可表示为

$$\varphi_1(x) \leqslant y \leqslant \varphi_2(x), \quad a \leqslant x \leqslant b.$$

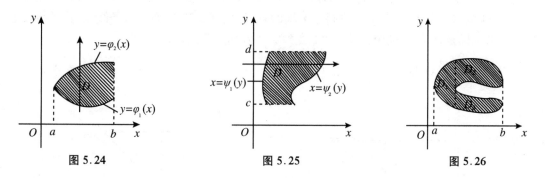

图 5.24　　　　　图 5.25　　　　　图 5.26

经过 D 内部任一点作平行于 x 轴的直线,如果所作直线与 D 的边界的交点均不多于两点,那么称区域 D 为 Y-型区域,如图 5.25 所示. Y-型区域可表示为

$$\psi_1(y) \leqslant x \leqslant \psi_2(y), \quad c \leqslant y \leqslant d.$$

显然图 5.26 中的 D 既不是 X-型区域又不是 Y-型区域,因为存在穿过 D 内部且平行于 x 轴或 y 轴的直线与 D 的边界的交点多于两点.

2. 计算方法

若 D 为 X-型区域,即 $D = \{(x,y) | \varphi_1(x) \leqslant y \leqslant \varphi_2(x), a \leqslant x \leqslant b\}$,则

$$\iint_D f(x,y) \mathrm{d}\sigma = \int_a^b \left[\int_{\varphi_1(x)}^{\varphi_2(x)} f(x,y) \mathrm{d}y \right] \mathrm{d}x. \tag{5.9.1}$$

上式右端的积分称为先对 y 后对 x 的二次积分,它表示先固定 x,对 y 计算从 $\varphi_1(x)$ 到 $\varphi_2(x)$ 的定积分,再将计算结果(只含 x)对 x 计算从 a 到 b 的定积分.为书写方便起见,我们将式(5.9.1)记为

$$\iint_D f(x,y) \mathrm{d}\sigma = \int_a^b \mathrm{d}x \int_{\varphi_1(x)}^{\varphi_2(x)} f(x,y) \mathrm{d}y. \tag{5.9.2}$$

类似地,如果积分区域 D 是 Y-型区域,即

$$D = \{(x,y) \mid \psi_1(y) \leqslant x \leqslant \psi_2(y), c \leqslant y \leqslant d\}.$$

那么

$$\iint_D f(x,y)\mathrm{d}\sigma = \int_c^b \left[\int_{\psi_1(y)}^{\psi_2(y)} f(x,y)\mathrm{d}x\right]\mathrm{d}y = \int_c^d \mathrm{d}y \int_{\psi_1(y)}^{\psi_2(y)} f(x,y)\mathrm{d}x. \quad (5.9.3)$$

这里是把二重积分化为先对 x 后对 y 的二次积分公式. 即表示先固定 y 对 x 计算 $\psi_1(y)$ 到 $\psi_2(y)$ 的定积分, 然后对 y 计算在区间 $[c,d]$ 上的定积分.

如果 D 既不是 X-型区域又不是 Y-型区域时, 如图 5.26 所示, 则应将 D 分成若干个小区域, 使每个小区域是 X-型区域或 Y-型区域, 再利用前面公式 (5.9.2) 或式 (5.9.3) 计算.

例 1 求 $I = \iint_D xy\mathrm{d}\sigma$, 其中 D 是由 $x=1$, $y=x$ 及 $y=2$ 所围成的闭区域.

解法 1 首先画出积分区域 D, D 既是 X-型区域又是 Y-型区域, 若把 D 看成 X-型区域 (图 5.27), D 在 x 轴上的投影区间为 $[1,2]$. 在区间 $[1,2]$ 上任意取一点 x, 过点 x 作平行于 y 轴的直线, 该直线被 D 截得一条线段, 这条线段上的点的横坐标是常量 x, 纵坐标从 $y=x$ 变到 $y=2$. 利用公式 (5.9.2) 得

$$I = \int_1^2 \mathrm{d}x \int_x^2 xy\mathrm{d}y = \int_1^2 \left[x \cdot \frac{y^2}{2}\right]\Big|_x^2 \mathrm{d}x = \int_1^2 \left(2x - \frac{x^3}{2}\right)\mathrm{d}x = \left[x^2 - \frac{x^4}{8}\right]\Big|_1^2 = \frac{9}{8}.$$

解法 2 如图 5.28 所示, 把 D 看成 Y-型区域, D 在 y 轴上的投影区间为 $[1,2]$. 在区间 $[1,2]$ 上任意取一点 y, 过点 y 作平行于 x 轴的直线, 该直线被 D 截得一条线段, 这条线段上的点的纵坐标是常量 y, 横坐标从 $x=1$ 变到 $x=y$. 利用公式 (5.9.3) 得

$$I = \int_1^2 \mathrm{d}y \int_1^y xy\mathrm{d}x = \int_1^2 \left[y \cdot \frac{x^2}{2}\right]\Big|_1^y \mathrm{d}y = \int_1^2 \left(\frac{y^3}{2} - \frac{y}{2}\right)\mathrm{d}y = \left[\frac{y^4}{8} - \frac{y^2}{4}\right]\Big|_1^2 = \frac{9}{8}.$$

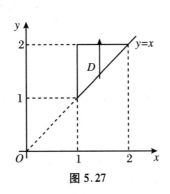

图 5.27

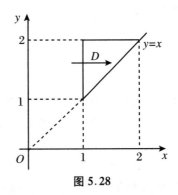

图 5.28

注 直角坐标系下计算二重积分一般按以下步骤进行:

第一步, 画出积分区域 D 的图形, 并求出 D 的边界曲线的交点坐标 (若有的话);

第二步, 选择积分次序. 是先对 x 后对 y 积分还是先对 y 后对 x 积分, 要由 D 和 $f(x,y)$ 所确定. 其原则为: 第一次积分容易, 并能为第二次积分创造条件; 对 D 划分的块数越少越好. 就积分区域而言, 若 D 为 X-型区域, 则可考虑先对 y 后对 x 积分; 若 D 为 Y-型区域, 可考虑先对 x 后对 y 积分;

第三步, 确定积分限. 定限口诀为: 后积先定限 (将 D 投影到后积分的相应坐标轴上, 得出后积分的上、下限为两个常数), 限内划条线 (与先积分相应的坐标轴平行同向); 先交下限写 (先交的写在积分下限), 后交上限写 (后交的写在积分上限);

第四步, 计算二次积分.

实例9 (平均利润)某公司销售 x 个单位商品 A，y 个单位商品 B 的利润为
$$L(x,y) = -(x-200)^2 - (y-100)^2 + 5000,$$
现已知一周内商品 A 的销售数量在 150~200 个单位之间变化，一周内商品 B 的销售数量在 80~100 个单位之间变化. 求销售这两种商品一周的平均利润.

解 由于 x,y 的变化范围 $D = \{(x,y) \mid 150 \leqslant x \leqslant 200, 80 \leqslant y \leqslant 100\}$，所以 D 的面积 $\sigma = 50 \times 20 = 1000$. 销售这两种商品一周的平均利润即 $L(x,y)$ 在 D 上的平均值为

$$\frac{1}{\sigma}\iint_D L(x,y)\mathrm{d}\sigma = \frac{1}{1000}\iint_D [-(x-200)^2 - (y-100)^2 + 5000]\mathrm{d}\sigma$$

$$= \frac{1}{1000}\int_{150}^{200}\mathrm{d}x\int_{80}^{100}[-(x-200)^2 - (y-100)^2 + 5000]\mathrm{d}y$$

$$= \frac{1}{1000}\int_{150}^{200}\left[-(x-200)^2 y - \frac{(y-100)^3}{3} + 5000y\right]\bigg|_{80}^{100}\mathrm{d}x$$

$$= \frac{1}{1000}\int_{150}^{200}\left[-20(x-200)^2 + \frac{292000}{3}\right]\mathrm{d}x$$

$$= \frac{12100}{3} \approx 4033.$$

例2 用两种方法计算 $I = \iint_D xy\mathrm{d}x\mathrm{d}y$，其中 D 为 $y = x$ 与 $y = x^2$ 所围区域.

解法1 把 D 看成 X-型区域. 则 D(图 5.29)用不等式组表示为
$$x^2 \leqslant y \leqslant x, \quad 0 \leqslant x \leqslant 1,$$
所以
$$\iint_D xy\mathrm{d}x\mathrm{d}y = \int_0^1 \mathrm{d}x\int_{x^2}^{x} xy\mathrm{d}y = \int_0^1 x\mathrm{d}x\int_{x^2}^{x} y\mathrm{d}y = \frac{1}{2}\int_0^1 (x^3 - x^5)\mathrm{d}x = \frac{1}{24}.$$

解法2 把 D 看成 Y-型区域，则 D 用不等式组表示为
$$y \leqslant x \leqslant \sqrt{y}, \quad 0 \leqslant y \leqslant 1,$$
所以
$$\iint_D xy\mathrm{d}x\mathrm{d}y = \int_0^1 \mathrm{d}y\int_y^{\sqrt{y}} xy\mathrm{d}x = \int_0^1 \frac{x^2 y}{2}\bigg|_y^{\sqrt{y}}\mathrm{d}y = \int_0^1 \frac{y^2 - y^3}{2}\mathrm{d}y = \frac{1}{24}.$$

例3 计算 $\iint_D \mathrm{e}^{-y^2}\mathrm{d}x\mathrm{d}y$，其中 D 是由直线 $y = 1, y = x, x = 0$ 所围成的区域.

解 如图 5.30 所示，积分区域 D 既是 X-型区域又是 Y-型区域. 若将 D 看成 X-型区域，先对 y 积分，则积分化为 $\iint_D \mathrm{e}^{-y^2}\mathrm{d}x\mathrm{d}y = \int_0^1 \mathrm{d}x\int_x^1 \mathrm{e}^{-y^2}\mathrm{d}y$，由于 e^{-y^2} 的原函数不能用初等

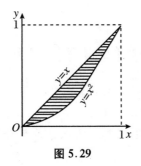

图 5.29

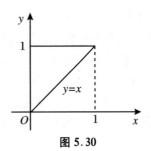

图 5.30

函数表示,故上述积分难以求出.因而将 D 看成 Y-型区域,改变积分次序,则
$$\iint\limits_{D} e^{-y^2} dxdy = \int_0^1 dy \int_0^y e^{-y^2} dx = \int_0^1 y e^{-y^2} dy = \frac{1}{2}\left(1-\frac{1}{e}\right).$$

例 4 改变下列二次积分的积分次序:

(1) $I = \int_0^2 dy \int_{\frac{y}{2}}^{3-y} f(x,y) dx$;

(2) $I = \int_0^1 dy \int_0^{1-\sqrt{1-y^2}} f(x,y) dx + \int_1^2 dy \int_0^{2-y} f(x,y) dx$.

解 (1) 积分区域 $D: \frac{y}{2} \leqslant x \leqslant 3-y, 0 \leqslant y \leqslant 2$. 此不等式组表明 D 为 Y-型区域;由此不等式组画出 D 的图形(图 5.31),D 由两个 X-型区域组成;将 D 分解成 D_1 和 D_2 两个 X-型区域

$$D_1: 0 \leqslant y \leqslant 2x, 0 \leqslant x \leqslant 1; \quad D_2: 0 \leqslant y \leqslant 3-x, 1 \leqslant x \leqslant 3.$$

所以

$$I = \int_0^1 dx \int_0^{2x} f(x,y) dy + \int_1^3 dx \int_0^{3-x} f(x,y) dy.$$

(2) 积分区域 $D = D_1 \bigcup D_2$. 其中

$$D_1: 0 \leqslant x \leqslant 1-\sqrt{1-y^2}, 0 \leqslant y \leqslant 1; \quad D_2: 0 \leqslant x \leqslant 2-y, 1 \leqslant y \leqslant 2.$$

由此不等式组画出 D 的图形(图 5.32),把 D 看成 X-型区域,可表示为

$$D: \sqrt{1-(x-1)^2} \leqslant y \leqslant 2-x, \quad 0 \leqslant x \leqslant 1.$$

所以

$$I = \int_0^1 dx \int_{\sqrt{1-(x-1)^2}}^{2-x} f(x,y) dy.$$

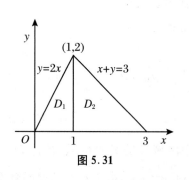

图 5.31

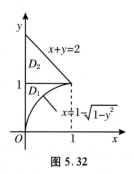

图 5.32

注 (1) 在二次积分计算中,改变积分次序是必须掌握的方法,因为有时按给出的积分次序计算较为复杂,甚至积不出来,这时我们就要考虑另一种积分次序.交换二次积分的积分次序时,一般要按下列步骤进行:

第一步,由所给的二次积分的上、下限列出表示积分区域 D 的不等式组;

第二步,由表示 D 的不等式组画出 D 的图形;

第三步,由 D 的图形将 D 视为另一型区域,写出相应的不等式组;

第四步,由表示 D 的不等式组得出改变了次序的二次积分.

(2) 化二重积分为二次积分时,须注意二次积分中的两个定积分的积分下限必须小于上限.

5.9.2 极坐标下二重积分的计算

在计算二重积分时,常会遇到积分区域是圆形域、扇形域或环形域等,或者被积函数具有 $f(x^2+y^2)$ 或 $f\left(\dfrac{x}{y}\right)$ 等形式,这时,利用极坐标系计算二重积分更为简便.

首先考虑在极坐标系下二重积分的表达式.

如图 5.33 所示,设从极点 O 出发且穿过闭区域 D 内部的射线与 D 的边界的交点个数至多两个.

用以极点为中心的一族同心圆($r=$ 常数)和从极点出发的一族射线($\theta=$ 常数)为曲线网把区域 D 分成若干个小区域.则 $\Delta\sigma$ 是半径分别为 $r,r+\mathrm{d}r$ 的两相邻圆弧与极角分别为 $\theta,\theta+\mathrm{d}\theta$ 的两条相邻射线所围成的小闭区域,这个小区域的面积(我们仍用 $\Delta\sigma$ 来表示)近似等于边长分别为 $r\mathrm{d}\theta,\mathrm{d}r$ 的小矩形的面积.即 $\Delta\sigma\approx r\mathrm{d}r\mathrm{d}\theta$. 由此得到极坐标系中的面

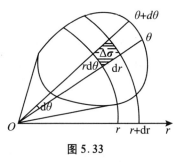

图 5.33

积元素为 $\mathrm{d}\sigma=r\mathrm{d}r\mathrm{d}\theta$. 又由直角坐标与极坐标的关系,我们得到极坐标系下的二重积分的表达式为

$$\iint_D f(x,y)\mathrm{d}\sigma = \iint_D f(r\cos\theta,r\sin\theta)r\mathrm{d}r\mathrm{d}\theta.$$

例 5 计算 $I=\iint_D \arctan\dfrac{y}{x}\mathrm{d}\sigma$,其中 D 是由圆 $x^2+y^2=4, x^2+y^2=1$ 及直线 $y=0, y=x$ 所围成的在第一象限内的闭区域.

解 画出积分区域 D 的图形(图 5.34). 圆 $x^2+y^2=1, x^2+y^2=4$ 在极坐标系下的方程分别为 $r=1, r=2$,从而在极坐标系下,有 $D: 0\leqslant\theta\leqslant\dfrac{\pi}{4}, 1\leqslant r\leqslant 2$. 于是

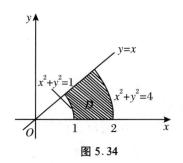

图 5.34

$$\iint_D \arctan\dfrac{y}{x}\mathrm{d}\sigma = \iint_D \theta r\mathrm{d}r\mathrm{d}\theta = \int_0^{\frac{\pi}{4}}\left[\int_1^2 \theta r\mathrm{d}r\right]\mathrm{d}\theta$$

$$= \int_0^{\frac{\pi}{4}}\theta\mathrm{d}\theta\int_1^2 r\mathrm{d}r = \dfrac{\theta^2}{2}\bigg|_0^{\frac{\pi}{4}}\cdot\dfrac{r^2}{2}\bigg|_1^2 = \dfrac{3\pi^2}{64}.$$

例 6 计算 $I=\iint_D \mathrm{e}^{-x^2-y^2}\mathrm{d}x\mathrm{d}y$,其中 D 是由圆心在原点、半径为 a 的圆所围成的闭区域.

解 本题在直角坐标系下无论是把 D 看成 X-型还是 Y-型区域都不能计算出来,因为 e^{-x^2} 的原函数无法用初等函数表示.

在极坐标系下,闭区域 D 可表示为 $0\leqslant r\leqslant a, 0\leqslant\theta\leqslant 2\pi$,所以

$$I = \iint_D \mathrm{e}^{-r^2}r\mathrm{d}r\mathrm{d}\theta = \int_0^{2\pi}\mathrm{d}\theta\int_0^a \mathrm{e}^{-r^2}r\mathrm{d}r = \int_0^{2\pi}\left(-\dfrac{1}{2}\mathrm{e}^{-r^2}\right)\bigg|_0^a \mathrm{d}\theta = \pi(1-\mathrm{e}^{-a^2}).$$

实例 10 (人口平均密度)某城市 2008 年人口分布密度近似为

$$P(x,y) = \dfrac{20}{\sqrt{x^2+y^2+96}}(万人/平方千米),$$

其中(x,y)表示图 5.35 所示某坐标点. 求在离市中心 2 千米范围内人口的平均密度$\overline{P}$.

解 由题意知

$$I = \iint\limits_{D} P(x,y) \mathrm{d}\sigma = \iint\limits_{x^2+y^2 \leqslant 4} \frac{20}{\sqrt{x^2+y^2+96}} \mathrm{d}\sigma = \int_0^{2\pi} \mathrm{d}\theta \int_0^2 \frac{20 r \mathrm{d}r}{\sqrt{r^2+96}}$$

$$= 2\pi \int_0^2 \frac{10 \mathrm{d}(r^2+96)}{\sqrt{r^2+96}} = 40\pi \sqrt{r^2+96} \Big|_0^2 = 40\pi(10-4\sqrt{6}).$$

$$\overline{P} = \frac{I}{\pi \cdot 2^2} = \frac{40\pi(10-4\sqrt{6})}{4\pi} = 10(10-4\sqrt{6}) \approx 2.02(万人/平方千米).$$

实例 11 （双纽线面积）求双纽线 $r^2 = 2a^2\cos 2\theta$ 所围成图形的面积.

解 如图 5.36 所示,根据对称性得所求面积为

$$A = 4\iint\limits_{D} \mathrm{d}\sigma = 4\int_0^{\frac{\pi}{4}} \mathrm{d}\theta \int_0^{a\sqrt{2\cos 2\theta}} r \mathrm{d}r = 2\int_0^{\frac{\pi}{4}} 2a^2\cos 2\theta \mathrm{d}\theta = 2a^2 \sin 2\theta \Big|_0^{\frac{\pi}{4}} = 2a^2.$$

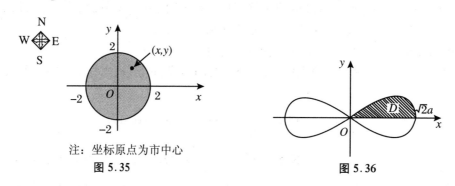

注：坐标原点为市中心

图 5.35

图 5.36

5.9.3 无界区域上的广义二重积分

在数学物理及工程上等其他许多场合,往往要应用广义二重积分,广义二重积分分为无界区域上的二重积分和含瑕点的二重积分,下面我们讨论无界区域上的广义二重积分.

定义 5.9.1 设 D 是 xOy 面上的无界区域, $f(x,y)$ 在 D 上连续且 G 是 D 上的任意一个闭区域,若 G 以任何方式无限扩展且趋于 D 时,均有 $\lim\limits_{G \to D} \iint\limits_{G} f(x,y) \mathrm{d}\sigma = I$,则称此极限值 I 为 $f(x,y)$ 在无界区域 D 上的二重积分,并记为 $\iint\limits_{D} f(x,y) \mathrm{d}\sigma = \lim\limits_{G \to D} \iint\limits_{G} f(x,y) \mathrm{d}\sigma$.

当极限值 I 存在时,则称广义二重积分 $\iint\limits_{D} f(x,y) \mathrm{d}\sigma$ 收敛；否则,称广义二重积分发散.

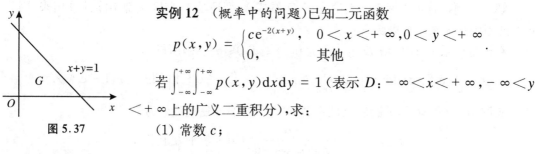

图 5.37

实例 12 （概率中的问题）已知二元函数

$$p(x,y) = \begin{cases} c \mathrm{e}^{-2(x+y)}, & 0 < x < +\infty, 0 < y < +\infty \\ 0, & 其他 \end{cases}.$$

若 $\int_{-\infty}^{+\infty} \int_{-\infty}^{+\infty} p(x,y) \mathrm{d}x \mathrm{d}y = 1$（表示 $D: -\infty < x < +\infty, -\infty < y < +\infty$ 上的广义二重积分）,求：

(1) 常数 c；

(2) $F(x,y) = \int_{-\infty}^{x}\int_{-\infty}^{y} p(u,v)\mathrm{d}u\mathrm{d}v$；

(3) $P(G) = \iint\limits_{G} p(x,y)\mathrm{d}x\mathrm{d}y$，其中 G 如图 5.37 所示.

解 (1) 由题设知

$$1 = \int_{-\infty}^{+\infty}\int_{-\infty}^{+\infty} p(x,y)\mathrm{d}x\mathrm{d}y = \int_{0}^{+\infty}\int_{0}^{+\infty} c\mathrm{e}^{-2(x+y)}\mathrm{d}x\mathrm{d}y$$

$$= c\int_{0}^{+\infty}\mathrm{e}^{-2x}\mathrm{d}x \cdot \int_{0}^{+\infty}\mathrm{e}^{-2y}\mathrm{d}y = c \cdot \frac{1}{2} \cdot \frac{1}{2}.$$

故 $c = 4$.

(2)
$$F(x,y) = \begin{cases} \int_{0}^{x}\int_{0}^{y} 4\mathrm{e}^{-2(u+v)}\mathrm{d}u\mathrm{d}v, & 0 < x < +\infty, 0 < y < +\infty \\ 0, & \text{其他} \end{cases}$$

$$= \begin{cases} (1 - \mathrm{e}^{-2x})(1 - \mathrm{e}^{-2y}), & 0 < x < +\infty, 0 < y < +\infty \\ 0, & \text{其他} \end{cases}.$$

(3) $P(G) = \int_{0}^{1}\mathrm{d}y\int_{0}^{1-y} 4\mathrm{e}^{-2(x+y)}\mathrm{d}x = \int_{0}^{1} 2\mathrm{e}^{-2y}[1 - \mathrm{e}^{-2(1-y)}]\mathrm{d}y = 1 - 3\mathrm{e}^{-2}$.

习 题 5.9

A 组

1. 计算下列二重积分：

(1) $\iint\limits_{D}(x^2 + y^2)\mathrm{d}\sigma$，其中 D 是矩形区域：$|x| \leq 1, |y| \leq 1$；

(2) $\iint\limits_{D}(x^2 + y^2 - x)\mathrm{d}\sigma$，其中 D 由直线 $y = 2, y = x$ 与 $y = 2x$ 围成；

(3) $\iint\limits_{D} xy^2 \mathrm{d}\sigma$，其中 D 由抛物线 $y = x^2$ 和直线 $y = x$ 围成；

(4) $\int_{1}^{2}\mathrm{d}y\int_{\sqrt{y-1}}^{1} \frac{\sin x}{x}\mathrm{d}x$；

(5) $I = \iint\limits_{D} \frac{y}{x^2 + y^2}\mathrm{d}x\mathrm{d}y$，其中 $D: y \leq x \leq y^2, 1 \leq y \leq \sqrt{3}$；

(6) $\iint\limits_{D} \frac{x^2}{y}\mathrm{d}x\mathrm{d}y$，其中 D 是由直线 $y = 2, y = x$ 与曲线 $xy = 1$ 所围成的区域.

2. 积分区域 $D = \{(x,y) | a \leq x \leq b, c \leq y \leq d\}$ 且被积函数为 $f(x) \cdot g(y)$，求证：

$$\iint\limits_{D} f(x) \cdot g(y)\mathrm{d}x\mathrm{d}y = \int_{a}^{b} f(x)\mathrm{d}x\int_{c}^{d} g(y)\mathrm{d}y.$$

3. 改变下列二次积分的积分次序：

(1) $I = \int_{0}^{1}\mathrm{d}y\int_{y}^{\sqrt{y}} f(x,y)\mathrm{d}x$； (2) $I = \int_{0}^{1}\mathrm{d}y\int_{0}^{y} f(x,y)\mathrm{d}x$；

(3) $I = \int_1^e dx \int_0^{\ln x} f(x,y) dy$;   (4) $I = \int_0^a dx \int_x^{\sqrt{2ax-x^2}} f(x,y) dy$;

(5) $I = \int_0^1 dy \int_{-\sqrt{1-y^2}}^{\sqrt{1-y^2}} f(x,y) dx$;

(6) $I = \int_0^1 dx \int_0^{x^2} f(x,y) dy + \int_1^3 dx \int_0^{\frac{3-x}{2}} f(x,y) dy$.

4. 求由平面 $x=0, y=0, x=1, y=1$ 所围成的柱体被平面 $z=0$ 与 $2x+3y+z=6$ 所截得的立体的体积.

5. 用极坐标计算下列各题：

(1) $I = \iint_D e^{x^2+y^2} dx dy$，$D$ 由圆周 $x^2+y^2=4$ 所围成；

(2) $I = \iint_D \sqrt{x^2+y^2} dx dy$，$D = \{(x,y) | a^2 \leqslant x^2+y^2 \leqslant b^2\}$；

(3) $I = \iint_D \arctan \frac{y}{x} dx dy$，$D$ 为 $x^2+y^2=4, x^2+y^2=1, y=x, y=0$ 所围图形的第一象限部分；

(4) $I = \iint_D \sqrt{R^2-x^2-y^2} dx dy$，$D = \{(x,y) | x^2+y^2 \leqslant Rx\}$.

6. 计算下列广义二重积分：

(1) $I = \iint_D x e^{-y} dx dy$，$D = \{(x,y) | y \geqslant x^2, x \geqslant 0\}$；

(2) $I = \iint_{0 \leqslant x \leqslant y} e^{-(x+y)} dx dy$，$D = \{(x,y) | y \geqslant x^2, x \geqslant 0\}$；

7. 用极坐标计算下列广义积分：

(1) $\int_{-\infty}^{+\infty} \int_{-\infty}^{+\infty} e^{-(x^2+y^2)} dx dy$ ；

(2) $\int_{-\infty}^{+\infty} \int_{-\infty}^{+\infty} e^{-(x^2+y^2)} \cos(x^2+y^2) dx dy$ ；

(3) $I = \iint_D \frac{dx dy}{(x^2+y^2)^{\frac{1}{4}}}$，$D = \{(x,y) | x^2+y^2 \leqslant 1\}$.

B 组

1. 求椭圆抛物面 $z = 1 - \frac{x^2}{a^2} - \frac{y^2}{b^2}$ 与平面 xOy 所围成的体积.

2. (Poisson 积分) 计算概率积分 $\int_{-\infty}^{+\infty} e^{-x^2} dx$.

3. 计算 $\iint_D |y-x^2| dx dy$，$D: -1 \leqslant x \leqslant 1, 0 \leqslant y \leqslant 1$.

4. 求 $\iint_D (\sqrt{x^2+y^2}+y) d\sigma$，其中 D 是由圆 $x^2+y^2=4$ 和 $(x+1)^2+y^2=1$ 所围成的平面区域.

本章学习基本要求

（1）理解多元函数的概念,理解二元函数的几何意义.

（2）理解二元函数的极限与连续的概念,了解有界闭区域上二元连续函数的性质.

（3）理解多元函数偏导数与全微分的概念,会求多元复合函数一阶、二阶偏导数,会求全微分,会求多元隐函数的偏导数.

（4）理解多元函数极值和条件极值的概念,掌握多元函数极值存在的必要条件,理解二元函数极值存在的充分条件,会求二元函数的极值,会用拉格朗日乘数法求条件极值,会求简单多元函数的最大值和最小值,并会解决简单的应用问题.

（5）理解二重积分的概念与基本性质,掌握二重积分的计算方法（直角坐标、极坐标）. 理解无界区域上较简单的广义二重积分并会计算.

总复习题 5

A 组

1. 填空题.

(1) $\lim\limits_{\substack{x\to 0 \\ y\to 0}} \dfrac{\sqrt{xy+1}-1}{\sin(xy)} = $ _____ .

(2) 设 $z = \arctan\dfrac{x+y}{1-xy}$,则 $\dfrac{\partial^2 z}{\partial x \partial y} = $ _____ .

(3) 设函数 $z = \arctan\dfrac{y}{x}$,则 $\mathrm{d}z = $ _____ .

(4) 由方程 $xyz + \sqrt{x^2+y^2+z^2} = \sqrt{2}$ 确定的函数 $z = z(x,y)$ 在点 $(1,0,-1)$ 处的全微分 $\mathrm{d}z = $ _____ .

(5) 函数 $f(x,y) = (6x-x^2)(4y-y^2)$ 的极值点有 _____ .

(6) 设 $f(x)$ 为连续函数,$F(t) = \int_1^t \mathrm{d}y \int_y^t f(x)\mathrm{d}x$,则 $F'(2) = $ _____ .

2. 选择题.

(1) 设 $u = \mathrm{e}^{-\frac{x}{y}}$,则 $\dfrac{\partial u}{\partial z} = $ (   ).

A. $-\mathrm{e}^{-\frac{x}{y}}$; B. $-x\mathrm{e}^{-\frac{x}{y}}$; C. $-\dfrac{x}{y^2}\mathrm{e}^{-\frac{x}{y}}$; D. $\dfrac{x}{y^2}\mathrm{e}^{-\frac{x}{y}}$.

(2) 二元函数 $z = f(x,y)$ 在点 (x_0, y_0) 可导（偏导数存在）与可微的关系是 (   ).

A. 可导必可微; B. 可导一定不可微;

C. 可微不一定可导; D. 可微必可导.

(3) 函数 $f(x,y) = \begin{cases} \dfrac{xy}{x^2+y^2}, & (x,y) \neq (0,0) \\ 0, & \text{其他} \end{cases}$ 在 $(0,0)$ 处 (   ).

A. 连续,偏导数存在; B. 连续,偏导数不存在;
C. 不连续,偏导数存在; D. 不连续,偏导数不存在.

(4) 函数 $z = xy$,原点 $(0,0)$ (   ).
A. 不是驻点; B. 是驻点但非极值点;
C. 是驻点且为极大值点; D. 是驻点且为极小值点.

(5) 二重积分 $I = \iint\limits_{1 \leqslant x^2 + y^2 \leqslant 4} \dfrac{\sin(\pi\sqrt{x^2+y^2})}{\sqrt{x^2+y^2}} d\sigma$ 的值(   ).
A. 为正; B. 为负; C. 等于 0; D. 不能确定.

(6) 设 $I_1 = \iint\limits_D \cos\sqrt{x^2+y^2}\, d\sigma$,$I_2 = \iint\limits_D \cos(x^2+y^2)\, d\sigma$,$I_3 = \iint\limits_D \cos(x^2+y^2)^2\, d\sigma$,其中 $D = \{(x,y) \mid x^2+y^2 \leqslant 1\}$,则(   ).
A. $I_3 > I_2 > I_1$; B. $I_1 > I_2 > I_3$;
C. $I_2 > I_1 > I_3$; D. $I_3 > I_1 > I_2$.

3. 设 $f(x,y) = x + (y-1)\arcsin\sqrt{\dfrac{x}{y}}$,求 $f'_x(x,1)$.

4. 设 $f(x,y) = \begin{cases} y\sin\dfrac{1}{x^2+y^2}, & x^2+y^2 \neq 0 \\ 0, & x^2+y^2 = 0 \end{cases}$,考察 $f(x,y)$ 在点 $(0,0)$ 的偏导数.

5. 设 $F(x,y(x),z(x)) = P(x,y(x)) + Q(x,y(x)z(x))$,其中出现的函数都是连续可微的,试计算 $\dfrac{\partial F}{\partial y} - \dfrac{d}{dx}\left(\dfrac{\partial F}{\partial z}\right)$.

6. 设 $z = \ln\sqrt{(x-a)^2 + (y-b)^2}$ (a,b 为常数),证明 $\dfrac{\partial^2 z}{\partial x^2} + \dfrac{\partial^2 z}{\partial y^2} = 0$.

7. 某公司通过报纸和电视两种方式做销售某种商品的广告,根据统计资料销售收入 z(万元)与报纸广告费用 y(万元)及电视广告费用 x(万元)之间的关系有如下经验公式:
$$z = 16x + 22y - (x^2 + 2xy + 2y^2) + 50.$$
若提供广告费为 10 万元,问如何分配电视和报纸的广告费用,可使销售收入为最大.

B 组

1. 设函数 $z = f(2x - y, y\sin x)$,求 $\dfrac{\partial^2 z}{\partial x \partial y}$.

2. 设 $z = f(u,x,y)$,$u = xe^y$,其中 f 具有连续的二阶连续偏导数,求 $\dfrac{\partial^2 z}{\partial x \partial y}$.

3. 由方程 $F\left(x + \dfrac{z}{y}, y + \dfrac{z}{x}\right) = 0$ 所确定,其中 F 为可微函数,求 $x\dfrac{\partial z}{\partial x} + y\dfrac{\partial z}{\partial y}$.

4. 已知函数 $f(u,v)$ 具有连续的二阶偏导数,$f(1,1) = 2$ 是 $f(u,v)$ 的极值,$z = f[(x+y), f(x,y)]$. 求 $\dfrac{\partial^2 z}{\partial x \partial y}\bigg|_{(1,1)}$.

5. (生产要素安排)设生产某种产品必须投入两种要素,x_1,x_2 分别为两种要素的投入量,Q 为产出量;若生产函数为 $Q = 2x_1^\alpha x_2^\beta$,其中 α,β 为正常数,且 $\alpha + \beta = 1$. 假设两种要素的价格分别为 p_1 和 p_2,试问:当产出量为 12 时,两种要素各投入多少可以使得投入总费用最小?

6. 设某商品的需求函数为 $Q = 100 - 5P$,其中价格 $P \in (0,20)$,Q 为需求量.
(1) 求需求量对价格的弹性 E_d ($E_d > 0$);

(2) 推导 $\dfrac{\mathrm{d}R}{\mathrm{d}P}=Q(1-E_\mathrm{d})$(其中 R 为收益),并用弹性 E_d 说明价格在何范围内变化时,降低价格反而使收益增加.

实践·创新

目的要求 掌握利用 MATLAB 绘制空间曲线与曲面图形的方法,会利用 MATLAB 求多元函数的极限、求偏导数等.

1. 绘制空间曲线的图像

例 1 绘制空间曲线 $\begin{cases} x=3t\cos t \\ y=3t\sin t \\ z=5t \end{cases}$ 在 $[0,30]$ 内的图像.

解 输入:

```
t=0:0.01:30;
x=3*t.*cos(t);
y=3*t.*sin(t);
z=5*t;
plot3(x,y,z)
```

该题也可以用 ezplot3 命令编程,此时输入语句:

```
ezplot3('3*t*cos(t)','3*t*sin(t)','5*t',[0,30])
```

则可以绘制图像(图 5.38).

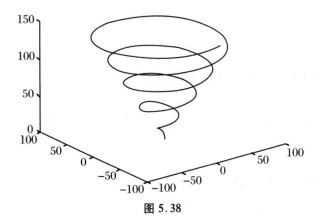

图 5.38

2. 绘制空间曲面的图像

例 2 绘制椭球面 $\dfrac{x^2}{9}+\dfrac{y^2}{16}+\dfrac{z^2}{1}=1$ 的图像.

解 椭球面的参数方程为 $\begin{cases} x=3\sin u\cos v \\ y=4\sin u\sin v \\ z=\cos u \end{cases}$,其中 $0\leqslant v<2\pi, 0\leqslant u\leqslant \pi$(图 5.39).

输入：

```
s=0:0.1:pi;
t=0:0.1:2*pi;
[u,v]=meshgrid(s,t);          % meshgrid 用于产生画三维图形的矩阵数组
x=3*sin(u).*cos(v);
y=4*sin(u).*sin(v);
z=cos(u);
surf(x,y,z)
```

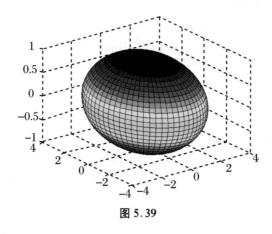

图 5.39

3. 求二元函数的极限

例 3 求二元函数 $\lim\limits_{\substack{x\to 0\\ y\to a}}\dfrac{\sin xy^2}{xy}$ 的极限.

解 输入：

```
syms x y a
limit(limit(sin(x*y^2)/(x*y),x,0),y,a)
```

运行结果：

```
ans =
a
```

4. 求二元函数的一阶偏导数

例 4 求 $z=e^{(xy)}+\ln(x+y)$ 的偏导数.

解 输入：

```
syms x y
z=exp(x*y)+log(x+y)
zx=diff(z,'x')
```

运行结果：

```
zx =
y * exp(x * y) + 1/(x + y)
zy = diff(z, 'y')
```

运行结果：

```
zx =
x * exp(x * y) + 1/(x + y)
```

自主·探究

目的要求　在理论学习和实践创新的基础上，进一步探究多元函数微积分的应用.
（1）探讨多元函数的偏导数在经济分析中的应用.
（2）探讨多元函数的极值在经济分析中的应用.

第6章 无穷级数

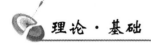
理论·基础

离散经济变量的无限求和问题是经济数学的重要组成部分,它是表示经济函数、研究经济函数性质并进行数值计算的有效工具,本章讨论此类求和问题——无穷级数及其经济应用.

6.1 常数项级数的概念及性质

6.1.1 常数项级数的概念

实例1 (排污问题)为消除湖泊受到的有害物质的污染,通常可采用从上游引入清水不断将有害物质稀释,逐渐从下游排出的办法.若设某湖泊现有有害污染物总量为 Q,在没有新的污染物产生的情况下,一周内可排除污染物残留量的 $\frac{1}{3}$,于是,第 n 周的排污量为 $u_n = \frac{1}{3}\left(\frac{2}{3}\right)^{n-1}Q, n=1,2,\cdots$,前 n 周累计排污量为

$$Q_n = u_1 + u_2 + \cdots + u_n = \frac{1}{3}Q + \frac{1}{3}\cdot\left(\frac{2}{3}\right)Q + \cdots + \frac{1}{3}\left(\frac{2}{3}\right)^{n-1}Q = \frac{1}{3}\frac{1-\left(\frac{2}{3}\right)^n}{1-\frac{2}{3}}Q.$$

随着时间向后无限推移,当 $n\to\infty$ 时,Q_n 将收敛到 Q,即

$$\lim_{n\to\infty}Q_n = \lim_{n\to\infty}\frac{1}{3}\frac{1-\left(\frac{2}{3}\right)^n}{1-\frac{2}{3}}Q = Q,$$

这样,总排污量 Q 可以表示为无穷个数量之和,即

$$Q = \frac{1}{3}Q + \frac{1}{3}\cdot\left(\frac{2}{3}\right)Q + \cdots + \frac{1}{3}\cdot\left(\frac{2}{3}\right)^{n-1}Q + \cdots.$$

实例2 (万世不竭)当我们不间断地进行"一尺之棰,日取其半"时,能否"万世不竭"? 每天截取的长度构成数列 $\frac{1}{2},\frac{1}{4},\frac{1}{8},\cdots,\frac{1}{2^n},\cdots$,而将各项以加号相连,就得到截取的总量为

$$\frac{1}{2}+\frac{1}{4}+\frac{1}{8}+\cdots+\frac{1}{2^n}+\cdots.$$

在上面这些问题中,我们遇到了无限个数相加的问题,那么这"无限个数相加"是否一定有意义?若不一定的话,应该如何来判别?

定义 6.1.1 设数列 $u_1,u_2,\cdots,u_n,\cdots$,称记号 $u_1+u_2+\cdots+u_n+\cdots$ 为常数项无穷级数,简称为级数,记为 $\sum_{n=1}^{\infty}u_n$,其中,$u_1,u_2,\cdots,u_n,\cdots$ 称为级数的项,u_n 称为级数的一般项或通项. 级数的前 n 项和 $u_1+u_2+\cdots+u_n$ 称为级数的部分和,记作 S_n,即 $S_n=u_1+u_2+\cdots+u_n$,称 $\{S_n\}$ 为级数 $\sum_{n=1}^{\infty}u_n$ 的部分和数列.

上述无穷级数的概念只是形式的,我们注意到,在研究排污问题的实例中,无穷个数量相加的"和",是从有限项的部分和 S_n 出发,在讨论其变化趋势的基础上,由 $n\to\infty$ 的极限推出的. 那么,什么叫无穷项相加的和? 是不是所有无穷级数都有一个"和"表示它? 在讨论级数问题时不可避免地要谈到它的"和"的存在性,即级数的收敛性问题. 为此,我们引入级数收敛与发散的概念.

定义 6.1.2 对于给定的级数 $\sum_{n=1}^{\infty}u_n$,如果当 $n\to\infty$ 时,其部分和数列 $\{S_n\}$ 有极限 S,即 $\lim_{n\to\infty}S_n=S$,则称级数 $\sum_{n=1}^{\infty}u_n$ 收敛,并称 S 为级数 $\sum_{n=1}^{\infty}u_n$ 的和,记为

$$S=\sum_{n=1}^{\infty}u_n=u_1+u_2+\cdots+u_n+\cdots.$$

如果当 $n\to\infty$ 时,$\{S_n\}$ 无极限,则称级数 $\sum_{n=1}^{\infty}u_n$ 发散.

如果级数 $\sum_{n=1}^{\infty}u_n$ 收敛于 S,则部分和 $S_n\approx S$,它们之间的差 $r_n=S-S_n=u_{n+1}+u_{n+2}+\cdots$ 称为级数 $\sum_{n=1}^{\infty}u_n$ 的余项,显然有 $\lim_{n\to\infty}r_n=0$,而 $|r_n|$ 是用 S_n 近似代替 S 所产生的绝对误差.

从级数的收敛性定义可知,级数 $\sum_{n=1}^{\infty}u_n$ 与部分和数列 $\{S_n\}$ 同时收敛或同时发散,且在收敛时,$\sum_{n=1}^{\infty}u_n=\lim_{n\to\infty}S_n$,而发散的级数是没有"和"的.

例1 讨论级数 $\frac{1}{1\cdot 2}+\frac{1}{2\cdot 3}+\cdots+\frac{1}{n\cdot(n+1)}+\cdots$ 的收敛性.

解 由 $u_n=\frac{1}{n(n+1)}=\frac{1}{n}-\frac{1}{n+1}$,得

$$\begin{aligned}S_n&=\frac{1}{1\cdot 2}+\frac{1}{2\cdot 3}+\cdots+\frac{1}{n\cdot(n+1)}\\&=\left(1-\frac{1}{2}\right)+\left(\frac{1}{2}-\frac{1}{3}\right)+\cdots+\left(\frac{1}{n}-\frac{1}{n+1}\right)\\&=1-\frac{1}{n+1}.\end{aligned}$$

由于 $\lim_{n\to\infty}S_n=\lim_{n\to\infty}\left(1-\frac{1}{n+1}\right)=1$,所以级数收敛,且其和为 1.

例 2 讨论等比级数(又称几何级数)$a + aq + aq^2 + \cdots + aq^{n-1} + \cdots (a \neq 0, q \neq 0)$ 的收敛性.

解 如果 $q \neq 1$,则部分和为

$$S_n = a + aq + aq^2 + \cdots + aq^{n-1} = \frac{a - aq^n}{1 - q} = \frac{a}{1 - q} - \frac{aq^n}{1 - q}.$$

当 $|q| < 1$ 时,由于 $\lim_{n \to \infty} q^n = 0$,所以 $\lim_{n \to \infty} S_n = \frac{a}{1 - q}$;

当 $|q| > 1$ 时,由于 $\lim_{n \to \infty} q^n = \infty$,所以 $\lim_{n \to \infty} S_n = \infty$,即级数发散;

当 $q = -1$ 时,此时级数为 $a - a + a - a + \cdots$,即其部分和为 $S_n = \begin{cases} 0, & n \text{ 为偶数} \\ a, & n \text{ 为奇数} \end{cases}$,

所以 $\lim_{n \to \infty} S_n$ 不存在,级数发散.

如果 $q = 1$,则 $S_n = na$,由于 $a \neq 0$,此时 $\lim_{n \to \infty} S_n = \infty$,因此级数发散.

根据以上讨论可得:当 $|q| < 1$ 时,等比级数 $\sum_{n=1}^{\infty} aq^n$ 收敛,其和为 $\frac{a}{1 - q}$;当 $|q| \geq 1$ 时,等比级数 $\sum_{n=1}^{\infty} aq^n$ 发散.

利用例 2 的结论就可以解释实例 1 与实例 2 的问题了.

在实例 1 中,总排污量为 $\frac{1}{3}Q + \frac{1}{3} \cdot \left(\frac{2}{3}\right)Q + \cdots + \frac{1}{3} \cdot \left(\frac{2}{3}\right)^{n-1}Q + \cdots = \sum_{n=1}^{\infty} \frac{1}{3} \cdot \left(\frac{2}{3}\right)^{n-1}Q$ 是公比为 $\frac{2}{3}$ 的等比级数,收敛于 $\frac{\frac{1}{3}Q}{1 - \frac{2}{3}} = Q$.

在实例 2 中,截取总量为 $\frac{1}{2} + \frac{1}{4} + \frac{1}{8} + \cdots + \frac{1}{2^n} + \cdots = \sum_{n=1}^{\infty} \frac{1}{2^n}$ 是公比为 $\frac{1}{2}$ 的等比级数,收敛于 $\frac{\frac{1}{2}}{1 - \frac{1}{2}} = 1$,因此"万世不竭"是不可能的.

例 3 讨论级数 $\sum_{n=1}^{\infty} \ln \frac{n+1}{n} = \ln \frac{2}{1} + \ln \frac{3}{2} + \cdots + \ln \frac{n+1}{n} + \cdots$ 的收敛性.

解 由 $u_n = \ln \frac{n+1}{n} = \ln(n+1) - \ln n$,得

$$S_n = \ln 2 - \ln 1 + \ln 3 - \ln 2 + \cdots + \ln(n+1) - \ln n = \ln(n+1).$$

显然,$\lim_{n \to \infty} S_n = \infty$,所以级数发散.

对于无穷级数,只有判定它是收敛时,才能考虑它的和,才能把有理运算的性质应用到无穷级数,否则就会出现错误. 比如,由例 2 可知级数 $\sum_{n=1}^{\infty} 2^{n-1}$ 是发散的,所以没有和,但若不注意这一结果,设其和为 S,则

$$S = 1 + 2 + 2^2 + 2^3 + \cdots = 1 + 2(1 + 2 + 2^2 + \cdots) = 1 + 2S.$$

从而得出 $S = -1$,显然是荒谬的.

6.1.2 收敛级数的性质

性质 6.1.1 如果级数 $\sum_{n=1}^{\infty} u_n$，$\sum_{n=1}^{\infty} v_n$ 分别收敛于 A, B，则对任意的常数 α, β，级数 $\sum_{n=1}^{\infty} (\alpha u_n + \beta v_n)$ 也收敛，且 $\sum_{n=1}^{\infty} (\alpha u_n + \beta v_n) = \alpha A + \beta B$.

证明 设级数 $\sum_{n=1}^{\infty} u_n$，$\sum_{n=1}^{\infty} v_n$ 的部分和分别为 A_n 与 B_n，则级数 $\sum_{n=1}^{\infty} (\alpha u_n + \beta v_n)$ 的部分和为

$$\tau_n = (\alpha u_1 + \beta v_1) + (\alpha u_2 + \beta v_2) + \cdots + (\alpha u_n + \beta v_n)$$
$$= \alpha (u_1 + u_2 + \cdots + u_n) + \beta (v_1 + v_2 + \cdots v_n)$$
$$= \alpha A_n + \beta B_n,$$

于是，$\lim_{n \to \infty} \tau_n = \lim_{n \to \infty} (\alpha A_n + \beta B_n) = \alpha A + \beta B$.

所以级数 $\sum_{n=1}^{\infty} (\alpha u_n + \beta v_n)$ 收敛，且其和为 $\alpha A + \beta B$.

证毕.

推论 1 级数 $\sum_{n=1}^{\infty} u_n$ 与 $\sum_{n=1}^{\infty} k u_n$ $(k \neq 0)$ 具有相同的收敛性.

性质 6.1.2 在级数中去掉、加上或改变有限项，不会改变级数的收敛性.

证明 我们仅证明"改变级数的前面有限项不会改变级数的收敛性"，因为性质中的各种情形都可以归结为这种情况. 设将级数 $\sum_{n=1}^{\infty} u_n$ 的前 N（N 为某个确定的正整数）项 $u_1, u_2, \cdots, u_N$ 改变为 $v_1, v_2, \cdots, v_N$，则改变后的级数为

$$v_1 + v_2 + \cdots + v_N + u_{N+1} + u_{N+2} + \cdots + u_n + \cdots. \tag{6.1.1}$$

设 $c = (v_1 + v_2 + \cdots + v_N) - (u_1 + u_2 + \cdots + u_N)$. 记级数 $\sum_{n=1}^{\infty} u_n$ 与级数(6.1.1)的前 n 项部分和分别为 A_n、B_n，那么当 $n > N$ 时，$B_n = c + A_n$. 由于 c 为常数，所以 $\{A_n\}$、$\{B_n\}$ 具有相同的收敛性，从而级数 $\sum_{n=1}^{\infty} u_n$ 与级数(6.1.1)具有相同的收敛性，即改变级数的有限项，不会改变级数的收敛性.

证毕.

注 若原级数收敛，那么改变级数的有限项可能会改变它的和.

例如，将例 1 中的级数去掉前 2 项，根据性质 6.1.2 可知级数 $\frac{1}{3 \cdot 4} + \frac{1}{4 \cdot 5} + \cdots + \frac{1}{n(n+1)} + \cdots$ 收敛，且其和为 $1 - \frac{1}{1 \cdot 2} - \frac{1}{2 \cdot 3} = \frac{1}{3}$.

性质 6.1.3 如果级数 $\sum_{n=1}^{\infty} u_n$ 收敛，则任意加括号后所得到的新级数仍收敛于原级数的和.

证明 以将级数每两项加括号为例给出证明.

设级数 $\sum_{n=1}^{\infty} u_n$ 的部分和数列为 $\{S_n\}$，由于对其每两项加括号后的级数是 $\sum_{n=1}^{\infty}(u_{2n-1} + u_{2n})$，显然加括号后的级数的部分和 $W_n = S_{2n}$，即 $\{W_n\}$ 是数列 $\{S_n\}$ 的偶数项组成的子数列. 根据数列极限的性质可知：若 $\{S_n\}$ 收敛，则子数列 $\{W_n\}$ 也收敛且极限与数列 $\{S_n\}$ 的极限相同，即若级数 $\sum_{n=1}^{\infty} u_n$ 收敛，那么级数 $\sum_{n=1}^{\infty}(u_{2n-1} + u_{2n})$ 也收敛且两者和相同.

证毕.

推论 1 如果一个级数加括号后所成的级数发散，则原级数也发散.

注 如果加括号后所成的级数收敛，则不能断定加括号前原来的级数也收敛. 例如，级数为

$$(a-a) + (a-a) + \cdots$$

收敛于零，但当 $a \neq 0$ 时，级数 $a - a + a - a + \cdots$ 是发散的.

性质 6.1.4 如果级数 $\sum_{n=1}^{\infty} u_n$ 收敛，那么 $\lim_{n \to \infty} u_n = 0$.

证明 设级数 $\sum_{n=1}^{\infty} u_n$ 的前 n 项部分和为 S_n，且 $\lim_{n \to \infty} S_n = S$，则

$$\lim_{n \to \infty} u_n = \lim_{n \to \infty}(S_n - S_{n-1}) = \lim_{n \to \infty} S_n - \lim_{n \to \infty} S_{n-1} = S - S = 0.$$

证毕.

注 若级数的一般项不趋于零，则级数发散. 例如，$\sum_{n=1}^{\infty} \frac{n}{n+1} = \frac{1}{2} + \frac{2}{3} + \cdots + \frac{n}{n+1} + \cdots$ 的一般项为 $u_n = \frac{n}{n+1}$，$\lim_{n \to \infty} u_n = 1 \neq 0$，因此该级数是发散的.

级数的一般项趋于零只是级数收敛的必要条件.

例 4 证明调和级数 $\sum_{n=1}^{\infty} \frac{1}{n} = 1 + \frac{1}{2} + \cdots + \frac{1}{n} + \cdots$ 是发散的.

证明 对调和级数按下列方式加括号为

$$1 + \frac{1}{2} + \left(\frac{1}{3} + \frac{1}{4}\right) + \left(\frac{1}{5} + \frac{1}{6} + \frac{1}{7} + \frac{1}{8}\right) + \cdots + \left(\frac{1}{2^m + 1} + \frac{1}{2^m + 2} + \cdots + \frac{1}{2^{m+1}}\right) + \cdots$$

即从第三项起，依次按 2 项，2^2 项，$\cdots$，2^m 项，$\cdots$ 加括号，设所得的新级数为 $\sum_{m=1}^{\infty} v_m$，可见这个新级数的每一项均不小于 $\frac{1}{2}$，即

$$v_1 = 1, \quad v_2 = \frac{1}{2}, \quad v_3 = \frac{1}{3} + \frac{1}{4} > \frac{1}{2}, \quad v_4 = \frac{1}{5} + \frac{1}{6} + \frac{1}{7} + \frac{1}{8} > \frac{1}{2}, \quad \cdots.$$

从而当 $m \to \infty$ 时，v_m 不趋于零，由性质 6.1.4 知，$\sum_{m=1}^{\infty} v_m$ 发散，再由性质 6.1.3 的推论 1 知，调和级数发散.

证毕.

习题 6.1

A 组

1. 写出下列级数的前 5 项：

(1) $\sum_{n=1}^{\infty} \dfrac{1+n}{1+n^2}$；

(2) $\sum_{n=1}^{\infty} \dfrac{(-1)^n + 2}{2^n}$；

(3) $\sum_{n=1}^{\infty} \dfrac{n!}{n^n}$；

(4) $\sum_{n=1}^{\infty} \dfrac{2 \cdot 4 \cdots 2n}{3 \cdot 5 \cdots (2n+1)}$.

2. 写出下列级数的一般项：

(1) $1 + \dfrac{1}{3} + \dfrac{1}{5} + \dfrac{1}{7} + \cdots$；

(2) $\dfrac{1}{2} + \dfrac{3}{2 \cdot 4} + \dfrac{5}{2 \cdot 4 \cdot 6} + \dfrac{7}{2 \cdot 4 \cdot 6 \cdot 8} + \cdots$；

(3) $-\dfrac{3}{1} + \dfrac{4}{4} - \dfrac{5}{9} + \dfrac{6}{16} - \dfrac{7}{25} + \dfrac{8}{36} - \cdots$；

(4) $\dfrac{\sqrt{x}}{2} + \dfrac{x}{2 \cdot 4} + \dfrac{x\sqrt{x}}{2 \cdot 4 \cdot 6} + \dfrac{x^2}{2 \cdot 4 \cdot 6 \cdot 8} + \cdots$.

3. 根据级数收敛与发散的定义判定下列级数的收敛性：

(1) $\sum_{n=1}^{\infty} (\sqrt{n+1} - \sqrt{n})$；

(2) $\sum_{n=1}^{\infty} \dfrac{(-1)^n + 3}{3^n}$；

(3) $\sum_{n=2}^{\infty} \dfrac{1}{n^2 - 1}$；

(4) $\sum_{n=1}^{\infty} \dfrac{1}{2n}$.

4. 判断下列级数的收敛性：

(1) $-\dfrac{8}{9} + \dfrac{8^2}{9^2} - \dfrac{8^3}{9^3} + \cdots + (-1)^n \dfrac{8^n}{9^n} + \cdots$；

(2) $\dfrac{1}{3} + \dfrac{1}{\sqrt{3}} + \dfrac{1}{\sqrt[3]{3}} + \cdots + \dfrac{1}{\sqrt[n]{3}} + \cdots$；

(3) $\dfrac{1}{3} + \dfrac{1}{6} + \dfrac{1}{9} + \cdots + \dfrac{1}{3n} + \cdots$；

(4) $\sum_{n=1}^{\infty} \sin nx \ (x \neq k\pi, k = 0, 1, 2, \cdots)$；

(5) $\sum_{n=1}^{\infty} \left(\dfrac{1}{2^n} + \dfrac{2^n}{3^n} \right)$.

5. 已知级数 $\sum_{n=1}^{\infty} u_n$ 的部分和 $S_n = \dfrac{2n}{n+1}$，求 u_n 和 $\sum_{n=1}^{\infty} u_n$.

6. 一慢性病人需长期服药，按照病情，体内药量需维持在 0.2 mg，设体内药物每天有 15% 通过各种渠道排泄掉，问该病人每天的服药量应该为多少？

B 组

1. 求下列级数的和：$\dfrac{1}{2} + \dfrac{1}{3} + \dfrac{1}{2^2} + \dfrac{1}{3^2} + \cdots + \dfrac{1}{2^n} + \dfrac{1}{3^n} + \cdots$.

2. 判断级数 $\sum_{n=1}^{\infty} \dfrac{n^2}{\left(1 + \dfrac{1}{n}\right)^n}$ 的收敛性.

3. 已知级数 $\sum_{n=1}^{\infty}(-1)^{n-1}a_n=2$, $\sum_{n=1}^{\infty}a_{2n-1}=5$, 求 $\sum_{n=1}^{\infty}a_n$.

6.2 正项级数的收敛法

研究级数 $\sum_{n=1}^{\infty}u_n$,主要研究两个问题:级数 $\sum_{n=1}^{\infty}u_n$ 收敛还是发散？如果级数收敛,其和是多少(求和问题)？本节我们将讨论一类特殊的级数——正项级数的收敛方法. 因为正项级数鲜明的个性不仅使自身的收敛性判别变得简明,而且为任意项级数收敛法的建立奠定了基础.

6.2.1 正项级数

定义 6.2.1 若 $u_n \geqslant 0 (n=1,2,3,\cdots)$,则称级数 $\sum_{n=1}^{\infty}u_n$ 为正项级数.

易知正项级数 $\sum_{n=1}^{\infty}u_n$ 的部分和数列 $\{S_n\}$ 是单调递增数列,即
$$S_1 \leqslant S_2 \leqslant \cdots \leqslant S_n \leqslant \cdots,$$
根据数列的单调有界准则可知:$\{S_n\}$ 收敛的充分必要条件是 $\{S_n\}$ 有上界,因此有:

定理 6.2.1 正项级数 $\sum_{n=1}^{\infty}u_n$ 收敛的充要条件是:它的部分和数列 $\{S_n\}$ 有上界.

6.2.2 正项级数的收敛法

1. 比较判别法

判断一个正项级数是否收敛,最常用的方法是用一个已知的收敛级数或发散级数与它进行比较.

定理 6.2.2 (比较判别法)设 $\sum_{n=1}^{\infty}u_n$ 和 $\sum_{n=1}^{\infty}v_n$ 都是正项级数,且 $u_n \leqslant v_n (n=1,2,3\cdots)$.

(1) 当 $\sum_{n=1}^{\infty}v_n$ 收敛时, $\sum_{n=1}^{\infty}u_n$ 也收敛；

(2) 当 $\sum_{n=1}^{\infty}u_n$ 发散时, $\sum_{n=1}^{\infty}v_n$ 也发散.

证明 设级数 $\sum_{n=1}^{\infty}u_n$ 的部分和数列是 $\{S_n\}$,级数 $\sum_{n=1}^{\infty}v_n$ 的部分和数列是 $\{T_n\}$,则有
$$S_n \leqslant T_n \quad (n=1,2,3,\cdots).$$
于是,当 $\{T_n\}$ 有上界时,$\{S_n\}$ 也有上界,而当 $\{S_n\}$ 无上界时,$\{T_n\}$ 必定无上界.

根据定理 6.2.1,即得结论.

证毕.

由级数的性质 6.1.2 可知,定理 6.2.2 中的条件 $u_n \leqslant v_n (n=1,2,3,\cdots)$ 可减弱为 $u_n \leqslant v_n (n=k,k+1,k+2,\cdots)$,即不等式 $u_n \leqslant v_n$ 从级数的某项开始成立即可.

例1 讨论 p-级数 $\sum_{n=1}^{\infty} \frac{1}{n^p}$ 的收敛性,其中 p 是常数.

解 (1) $p<0$ 时,因为 $\lim_{n \to \infty} \frac{1}{n^p} = \lim_{n \to \infty} n^{-p} = \infty \neq 0$,所以 $\sum_{n=1}^{\infty} \frac{1}{n^p}$ 发散;

(2) $p=0$ 时,因为 $\lim_{n \to \infty} \frac{1}{n^p} = \lim_{n \to \infty} 1 \neq 0$,所以 $\sum_{n=1}^{\infty} \frac{1}{n^p}$ 发散;

(3) $0<p \leqslant 1$ 时,由于 $\frac{1}{n} \leqslant \frac{1}{n^p} (n=1,2,3,\cdots)$,根据上节例 4 知,调和级数 $\sum_{n=1}^{\infty} \frac{1}{n}$ 是发散的,所以 $\sum_{n=1}^{\infty} \frac{1}{n^p}$ 发散;

(4) $p>1$ 时,因为当 $n-1 \leqslant x \leqslant n$ 时,有 $\frac{1}{n^p} \leqslant \frac{1}{x^p}$,所以

$$\frac{1}{n^p} = \int_{n-1}^{n} \frac{1}{n^p} dx \leqslant \int_{n-1}^{n} \frac{1}{x^p} dx = \frac{1}{p-1}\left[\frac{1}{(n-1)^{p-1}} - \frac{1}{n^p}\right] \quad (n=2,3,\cdots).$$

考虑级数

$$\sum_{n=2}^{\infty}\left[\frac{1}{(n-1)^{p-1}} - \frac{1}{n^{p-1}}\right], \tag{6.2.1}$$

级数(6.2.1)的部分和为

$$S_n = \left[1 - \frac{1}{2^{p-1}}\right] + \left[\frac{1}{2^{p-1}} - \frac{1}{3^{p-1}}\right] + \cdots + \left[\frac{1}{n^{p-1}} - \frac{1}{(n+1)^{p-1}}\right] = 1 - \frac{1}{(n+1)^{p-1}}.$$

因为

$$\lim_{n \to \infty} S_n = \lim_{n \to \infty}\left[1 - \frac{1}{(n+1)^{p-1}}\right] = 1,$$

故级数(6.2.1)收敛,由比较判别法可知,$\sum_{n=1}^{\infty} \frac{1}{n^p}$ 收敛.

综上,我们得到 p-级数 $\sum_{n=1}^{\infty} \frac{1}{n^p} \begin{cases} p>1, & \text{收敛} \\ p \leqslant 1, & \text{发散} \end{cases}$.

注 利用比较判别法判别级数 $\sum_{n=1}^{\infty} u_n$ 的收敛性的一般步骤是:

第一步,根据通项 u_n 的特点选取已知收敛性的级数 $\sum_{n=1}^{\infty} v_n$;

第二步,确定 u_n 和 v_n 的大小关系:$u_n \geqslant v_n$ 或 $u_n \leqslant v_n$;

第三步,利用比较判别法判定级数 $\sum_{n=1}^{\infty} u_n$ 的收敛性.

例2 判别级数 $\sum_{n=1}^{\infty} \frac{2n+1}{(n+1)^2(n+2)^2}$ 的收敛性.

解 因为

$$\frac{2n+1}{(n+1)^2(n+2)^2} < \frac{2n+2}{(n+1)^4} = \frac{2}{(n+1)^3} < \frac{2}{n^3},$$

而级数 $\sum_{n=1}^{\infty} \frac{2}{n^3}$ 是收敛的,所以,由比较判别法可知,原级数是收敛的.

例3 判别级数 $\sum_{n=1}^{\infty} \dfrac{1}{\sqrt{n(n+1)}}$ 的收敛性.

解 因为
$$\dfrac{1}{\sqrt{n(n+1)}} > \dfrac{1}{n+1},$$
而级数 $\sum_{n=1}^{\infty} \dfrac{1}{n+1}$ 是发散的,所以,由比较判别法可知,原级数是发散的.

在应用比较判别法来判别一个正项级数的收敛性时,总是通过适当放大或缩小这个级数的一般项,找到一个已知收敛性的正项级数(称为比较级数),建立两个级数一般项之间的不等式,从而做出判断.等比级数和 p-级数是常用的比较级数,但有时直接建立这样的不等式相当困难,为应用方便,我们给出比较判别法的极限形式:

定理6.2.3 (比较判别法的极限形式) 设 $\sum_{n=1}^{\infty} u_n$ 和 $\sum_{n=1}^{\infty} v_n$ 都是正项级数,且有
$$\lim_{n\to\infty} \dfrac{u_n}{v_n} = l \quad (\text{或} +\infty).$$
则

(1) 当 $0 < l < +\infty$ 时,级数 $\sum_{n=1}^{\infty} u_n$ 和 $\sum_{n=1}^{\infty} v_n$ 同时收敛或发散;

(2) 当 $l = 0$,且 $\sum_{n=1}^{\infty} v_n$ 收敛时, $\sum_{n=1}^{\infty} u_n$ 收敛;

(3) 当 $l = +\infty$,且 $\sum_{n=1}^{\infty} v_n$ 发散时, $\sum_{n=1}^{\infty} u_n$ 发散.

例4 判别级数 $\sum_{n=1}^{\infty} \ln\left(1 + \dfrac{1}{n^2}\right)$ 的收敛性.

解 因为
$$\lim_{n\to\infty} \ln\left(1 + \dfrac{1}{n^2}\right) \Big/ \dfrac{1}{n^2} = 1,$$
而 $\sum_{n=1}^{\infty} \dfrac{1}{n^2}$ 收敛,所以级数 $\sum_{n=1}^{\infty} \ln\left(1 + \dfrac{1}{n^2}\right)$ 收敛.

例5 判别级数 $\sum_{n=1}^{\infty} \dfrac{1}{1+a^n} (a>0)$ 的收敛性.

解 当 $0 < a < 1$ 时,有
$$\lim_{n\to\infty} \dfrac{1}{1+a^n} = 1 \neq 0,$$
所以级数 $\sum_{n=1}^{\infty} \dfrac{1}{1+a^n}$ 发散.

当 $a = 1$ 时,原级数为 $\sum_{n=1}^{\infty} \dfrac{1}{2}$,显然发散.

当 $a > 1$ 时,有
$$\lim_{n\to\infty} \dfrac{1}{1+a^n} \Big/ \dfrac{1}{a^n} = 1,$$
而等比级数 $\sum_{n=1}^{\infty} \dfrac{1}{a^n}$ 收敛,所以级数 $\sum_{n=1}^{\infty} \dfrac{1}{1+a^n}$ 收敛.

因此级数 $\sum_{n=1}^{\infty} \dfrac{1}{1+a^n}$ 在 $0<a\leqslant 1$ 时,发散;在 $a>1$ 时,收敛.

例 6 判别级数 $\sum_{n=1}^{\infty} \sqrt{n+1}\left(1-\cos\dfrac{\pi}{n}\right)$ 的收敛性.

解 因为

$$1-\cos\dfrac{\pi}{n} \sim \dfrac{1}{2}\left(\dfrac{\pi}{n}\right)^2 (n\to\infty), \quad \lim_{n\to\infty}\sqrt{n+1}\left(1-\cos\dfrac{\pi}{n}\right)\bigg/\dfrac{1}{n^{3/2}} = \dfrac{1}{2}\pi^2.$$

而 $\sum_{n=1}^{\infty} \dfrac{1}{n^{3/2}}$ 收敛,所以级数 $\sum_{n=1}^{\infty} \sqrt{n+1}\left(1-\cos\dfrac{\pi}{n}\right)$ 收敛.

使用比较判别法或其极限形式,需要找到一个已知级数做比较,这有时比较困难.下面介绍两种判别法,可以利用级数自身的特点,来判断级数的收敛性.

2. 比值判别法

定理 6.2.4 (比值判别法或达朗贝尔判别法)设 $\sum_{n=1}^{\infty} u_n$ 是正项级数,且

$$\lim_{n\to\infty} \dfrac{u_{n+1}}{u_n} = \rho \quad (\text{或} +\infty),$$

则

(1) 当 $\rho<1$ 时,级数收敛;

(2) 当 $\rho>1$(包括 $\rho=+\infty$)时,级数发散;

(3) 当 $\rho=1$ 时,级数可能收敛也可能发散,即当 $\rho=1$ 时,不能用此法判别级数的收敛性.

例 7 判别下列级数的收敛性:

(1) $\sum_{n=1}^{\infty} \dfrac{1}{n!}$; (2) $\sum_{n=1}^{\infty} \dfrac{n!}{10^n}$; (3) $\sum_{n=1}^{\infty} \dfrac{|x|^n}{n!}(x\in\mathbf{R})$.

解 (1) $u_n = \dfrac{1}{n!}$,由于

$$\lim_{n\to\infty}\dfrac{u_{n+1}}{u_n} = \lim_{n\to\infty}\dfrac{1}{(n+1)!}\bigg/\dfrac{1}{n!} = 0<1,$$

所以级数 $\sum_{n=1}^{\infty} \dfrac{1}{n!}$ 收敛.

(2) $u_n = \dfrac{n!}{10^n}$,由于

$$\lim_{n\to\infty}\dfrac{u_{n+1}}{u_n} = \lim_{n\to\infty}\dfrac{(n+1)!}{10^{n+1}}\bigg/\dfrac{n!}{10^n} = \lim_{n\to\infty}\dfrac{n+1}{10} = \infty,$$

所以级数 $\sum_{n=1}^{\infty} \dfrac{n!}{10^n}$ 发散.

(3) $u_n = \dfrac{|x|^n}{n!}$,由于

$$\lim_{n\to\infty}\dfrac{u_{n+1}}{u_n} = \lim_{n\to\infty}\dfrac{|x|^{n+1}}{(n+1)!}\bigg/\dfrac{|x|^n}{n!} = 0<1,$$

所以级数 $\sum_{n=1}^{\infty} \dfrac{|x|^n}{n!}$ 收敛.

例 8 判别级数 $\sum_{n=1}^{\infty} \dfrac{n^2}{(2+1/n)^n}$ 的收敛性.

解 由于 $\dfrac{n^2}{(2+1/n)^n} < \dfrac{n^2}{2^n}$，先判别级数 $\sum\limits_{n=1}^{\infty} \dfrac{n^2}{2^n}$ 的收敛性.

因为
$$\lim_{n\to\infty} \frac{u_{n+1}}{u_n} = \lim_{n\to\infty} \frac{(n+1)^2}{2^{n+1}} \cdot \frac{2^n}{n^2} = \lim_{n\to\infty} \frac{1}{2}\left(1+\frac{1}{n}\right)^2 = \frac{1}{2} < 1,$$

根据比值判别法可知，级数 $\sum\limits_{n=1}^{\infty} \dfrac{n^2}{2^n}$ 收敛；再根据比较判别法可知，级数 $\sum\limits_{n=1}^{\infty} \dfrac{n^2}{(2+1/n)^n}$ 收敛.

3. 根值判别法

定理 6.2.5 （根值判别法或柯西判别法）设 $\sum\limits_{n=1}^{\infty} u_n$ 是正项级数，且
$$\lim_{n\to\infty} \sqrt[n]{u_n} = \rho \quad (\text{或}+\infty),$$

则

(1) 当 $\rho < 1$ 时，级数收敛；

(2) 当 $\rho > 1$（包括 $\rho = +\infty$）时，级数发散；

(3) 当 $\rho = 1$ 时，级数可能收敛也可能发散，即当 $\rho = 1$ 时，不能用此法判别级数的收敛性.

例9 判别下列级数收敛性.

(1) $\sum\limits_{n=1}^{\infty} 2^{-n-(-1)^n}$； (2) $\sum\limits_{n=1}^{\infty} \left(1-\dfrac{1}{n}\right)^{n^2}$.

解 (1) 因为
$$\lim_{n\to\infty} \sqrt[n]{u_n} = \lim_{n\to\infty} \sqrt[n]{2^{-n-(-1)^n}} = \lim_{n\to\infty} 2^{-1-\frac{(-1)^n}{n}} = \frac{1}{2} < 1,$$

所以级数 $\sum\limits_{n=1}^{\infty} 2^{-n-(-1)^n}$ 收敛.

(2) 因为
$$\lim_{n\to\infty} \sqrt[n]{u_n} = \lim_{n\to\infty} \sqrt[n]{\left(1-\frac{1}{n}\right)^{n^2}} = \lim_{n\to\infty} \left(1-\frac{1}{n}\right)^n = \frac{1}{\mathrm{e}} < 1,$$

所以级数 $\sum\limits_{n=1}^{\infty} \left(1-\dfrac{1}{n}\right)^{n^2}$ 收敛.

例10 讨论级数 $\sum\limits_{n=1}^{\infty} \left(\dfrac{an}{3n+2}\right)^n$（常数 $a > 0$）的收敛性.

解 因为
$$\lim_{n\to\infty} \sqrt[n]{u_n} = \lim_{n\to\infty} \sqrt[n]{\left(\frac{an}{3n+2}\right)^n} = \frac{a}{3},$$

所以，当 $0 < \dfrac{a}{3} < 1$ 即 $0 < a < 3$ 时，原级数收敛；当 $\dfrac{a}{3} > 1$ 即 $a > 3$ 时，原级数发散；当 $\dfrac{a}{3} = 1$，即 $a = 3$ 时，由于 $\lim\limits_{n\to\infty} u_n = \lim\limits_{n\to\infty} \left(\dfrac{3n}{3n+2}\right)^n = \mathrm{e}^{-\frac{2}{3}} \neq 0$，所以原级数发散.

注 以上介绍的几种判别正项级数收敛性的常用方法，在实际应用中，可以按照下列优先顺序选择使用：

(1) 检查一般项的极限是否为 0，若极限不为 0 或不存在，则级数发散；

(2) 应用比值（或根值）判别法；

(3) 应用比较判别法的极限形式；

(4) 应用比较判别法；

(5) 检查部分和数列是否有界.

习题 6.2

A组

1. 利用比较判别法或其极限形式判断下列级数的收敛性：

(1) $\sum_{n=1}^{\infty} \sin\frac{\pi}{2^n}$；

(2) $\sum_{n=1}^{\infty} \frac{2+(-1)^n}{4^n}$；

(3) $\sum_{n=1}^{\infty} \frac{1}{n\sqrt[n]{n}}$；

(4) $\sum_{n=1}^{\infty} \frac{1}{na+b}(a>0, b>0)$；

(5) $\sum_{n=1}^{\infty} (a^{\frac{1}{n^2}}-1)(a>1)$；

(6) $\sum_{n=1}^{\infty} \tan\frac{\pi}{4n}$；

(7) $\sum_{n=1}^{\infty} \frac{1}{\sqrt{n}} \cdot \sin\frac{1}{\sqrt{n}}$；

(8) $\sum_{n=1}^{\infty} \frac{1}{n^2} \cdot \ln n$.

2. 利用比值判别法判断下列级数的收敛性：

(1) $\sum_{n=1}^{\infty} \frac{n^2}{3^n}$；

(2) $\sum_{n=1}^{\infty} \frac{2^n}{2n-1}$；

(3) $\sum_{n=1}^{\infty} \frac{n^n}{n!}$；

(4) $\sum_{n=1}^{\infty} \frac{4^n}{5^n-3^n}$；

(5) $\sum_{n=1}^{\infty} \frac{a^n}{n^k}(a>0)$；

(6) $1+\frac{5}{2!}+\frac{5^2}{3!}+\frac{5^3}{4!}+\cdots$.

3. 利用根值判别法判断下列级数的收敛性：

(1) $\sum_{n=1}^{\infty} \left(\frac{n}{2n+1}\right)^n$；

(2) $\sum_{n=1}^{\infty} \frac{1}{[\ln(n+1)]^n}$；

(3) $\sum_{n=1}^{\infty} \left(\frac{n}{3n-1}\right)^{2n-1}$；

(4) $\sum_{n=1}^{\infty} \frac{1}{3^n}\left(1+\frac{1}{n}\right)^{n^2}$.

4. 选择适当的判别方法，判断下列级数的收敛性：

(1) $\sum_{n=1}^{\infty} \frac{1}{(2n-1) \cdot 2n}$；

(2) $\sum_{n=1}^{\infty} \frac{3^n}{1+e^n}$；

(3) $\sum_{n=1}^{\infty} \frac{2n \cdot n!}{n^n}$；

(4) $\sum_{n=1}^{\infty} \frac{1}{n^n}$.

B组

1. 在下列各题中，由公式定义的级数 $\sum_{n=1}^{\infty} a_n$，哪些收敛？哪些发散？为什么？

(1) $a_1=2, a_{n+1}=\frac{1+\sin n}{n}a_n$；

(2) $a_1=\frac{1}{3}, a_{n+1}=\frac{3n-1}{2n+5}a_n$；

(3) $a_1=\frac{1}{3}, a_{n+1}=\sqrt{a_n}$.

2. 已知 $\sum_{n=1}^{\infty} \frac{1}{n^2}=\frac{\pi^2}{6}$，求级数 $\sum_{n=1}^{\infty} \frac{1}{(2n-1)^2}$ 的和.

3. 计算 $\lim_{n\to\infty} \frac{5^n \cdot n!}{(2n)^n}$.

6.3 一般常数项级数

一般常数项级数是指级数的各项可以是正数、负数或零,下面先讨论一种特殊的级数——交错级数,然后再讨论一般常数项级数.

6.3.1 交错级数

定义 6.3.1 设 $u_n > 0 (n=1,2,\cdots)$,则称形如 $\sum\limits_{n=1}^{\infty}(-1)^{n-1}u_n = u_1 - u_2 + u_3 - u_4 + \cdots$ 的级数为交错级数.

定理 6.3.1 (莱布尼茨定理)若交错级数 $\sum\limits_{n=1}^{\infty}(-1)^{n-1}u_n$ 满足条件:

(1) $u_n \geqslant u_{n+1}(n=1,2,\cdots)$;

(2) $\lim\limits_{n\to\infty} u_n = 0$,

则级数 $\sum\limits_{n=1}^{\infty}(-1)^{n-1}u_n$ 收敛,并且它的和 $S \leqslant u_1$.

证明 设交错级数 $\sum\limits_{n=1}^{\infty}(-1)^{n-1}u_n$ 的部分和为 S_n,则

$$S_{2n} = (u_1 - u_2) + (u_3 - u_4) + \cdots + (u_{2n-1} - u_{2n}).$$

由条件(1)可知:$S_{2n} \geqslant 0$ 且数列 $\{S_{2n}\}$ 单调递增;又

$$S_{2n} = u_1 - (u_2 - u_3) - (u_4 - u_5) - \cdots - (u_{2n-2} - u_{2n-1}) - u_{2n} \leqslant u_1,$$

即数列 $\{S_{2n}\}$ 是有界的,因此 $\{S_{2n}\}$ 的极限存在.

设 $\lim\limits_{n\to\infty} S_{2n} = S$,由条件(2)可知

$$\lim_{n\to\infty} S_{2n+1} = \lim_{n\to\infty}(S_{2n} + u_{2n+1}) = S.$$

所以 $\lim\limits_{n\to\infty} S_n = S$,从而级数 $\sum\limits_{n=1}^{\infty}(-1)^{n-1}u_n$ 收敛于 S,并且 $S \leqslant u_1$.

证毕.

例 1 判断级数 $\sum\limits_{n=1}^{\infty}(-1)^{n-1}\dfrac{1}{n}$ 的收敛性.

解 $u_n = \dfrac{1}{n}$,满足:(1) $\dfrac{1}{n} > \dfrac{1}{n+1}$;(2) $\lim\limits_{n\to\infty}\dfrac{1}{n} = 0$,所以 $\sum\limits_{n=1}^{\infty}(-1)^{n-1}\dfrac{1}{n}$ 收敛.

例 2 判断级数 $\sum\limits_{n=1}^{\infty}(-1)^{n-1}\dfrac{\ln n}{n}$ 的收敛性.

解 $u_n = \dfrac{\ln n}{n}$,令 $f(x) = \dfrac{\ln x}{x}(x > 3)$,则

$$f'(x) = \dfrac{1 - \ln x}{x^2} < 0 \quad (x > 3),$$

即 $n>3$ 时，$\left\{\dfrac{\ln n}{n}\right\}$ 是递减数列，又由洛必达法则，得

$$\lim_{n\to\infty}\frac{\ln n}{n}=\lim_{x\to+\infty}\frac{\ln x}{x}=\lim_{x\to+\infty}\frac{1}{x}=0.$$

由莱布尼茨判别法可知该级数收敛.

注 判别交错级数 $\sum\limits_{n=1}^{\infty}(-1)^{n-1}f(n)$（其中 $f(n)>0$）的收敛性时，如果数列 $\{f(n)\}$ 单调减少不容易判断，可通过判断当 x 充分大时 $f'(x)$ 的符号，来判断当 n 充分大时数列 $\{f(n)\}$ 是否单调减少；如果直接求极限 $\lim\limits_{n\to\infty}f(n)$ 有困难，可以通过求 $\lim\limits_{x\to+\infty}f(x)$（假定它存在）来求 $\lim\limits_{n\to\infty}f(n)$.

6.3.2 绝对收敛与条件收敛

下面讨论一般常数项级数 $\sum\limits_{n=1}^{\infty}u_n$ 的收敛性，通常先判别对应的正项级数 $\sum\limits_{n=1}^{\infty}|u_n|$ 是否收敛.

定理 6.3.2 若级数 $\sum\limits_{n=1}^{\infty}|u_n|$ 收敛，则级数 $\sum\limits_{n=1}^{\infty}u_n$ 必收敛.

证明 令 $v_n=\dfrac{1}{2}(u_n+|u_n|)(n=1,2,\cdots)$，则 $0\leqslant v_n\leqslant|u_n|$，由于级数 $\sum\limits_{n=1}^{\infty}|u_n|$ 收敛，可知正项级数 $\sum\limits_{n=1}^{\infty}v_n$ 收敛. 由于 $u_n=2v_n-|u_n|$，由收敛级数的性质 6.1.1 可知，级数 $\sum\limits_{n=1}^{\infty}u_n$ 收敛.

证毕.

定义 6.3.2 设 $\sum\limits_{n=1}^{\infty}u_n$ 为一般常数项级数，则

(1) 当 $\sum\limits_{n=1}^{\infty}|u_n|$ 收敛时，称 $\sum\limits_{n=1}^{\infty}u_n$ 绝对收敛；

(2) 当 $\sum\limits_{n=1}^{\infty}|u_n|$ 发散，但 $\sum\limits_{n=1}^{\infty}u_n$ 收敛时，称 $\sum\limits_{n=1}^{\infty}u_n$ 条件收敛.

例 3 判别级数 $\sum\limits_{n=1}^{\infty}(-1)^{n-1}\dfrac{1}{n^p}(p>0)$ 的收敛性，若收敛，说明是绝对收敛还是条件收敛.

解 由 $\sum\limits_{n=1}^{\infty}\left|(-1)^{n-1}\dfrac{1}{n^p}\right|=\sum\limits_{n=1}^{\infty}\dfrac{1}{n^p}$ 可知，当 $p>1$ 时，级数 $\sum\limits_{n=1}^{\infty}(-1)^{n-1}\dfrac{1}{n^p}$ 绝对收敛；当 $0<p\leqslant 1$ 时，由于 $\dfrac{1}{n^p}>\dfrac{1}{(n+1)^p}$ 且 $\lim\limits_{n\to\infty}\dfrac{1}{n^p}=0$，由莱布尼茨判别法可知，$\sum\limits_{n=1}^{\infty}(-1)^{n-1}\dfrac{1}{n^p}$ 收敛，但 $\sum\limits_{n=1}^{\infty}\dfrac{1}{n^p}$ 发散，所以 $\sum\limits_{n=1}^{\infty}(-1)^{n-1}\dfrac{1}{n^p}$ 条件收敛.

例 4 判别级数 $\sum_{n=1}^{\infty} \dfrac{\sin nx}{n^2}$ 的收敛性,若收敛,说明是绝对收敛还是条件收敛.

解 因为 $\left|\dfrac{\sin nx}{n^2}\right| \leqslant \dfrac{1}{n^2}$,而 $\sum_{n=1}^{\infty} \dfrac{1}{n^2}$ 收敛,因此 $\sum_{n=1}^{\infty} \left|\dfrac{\sin nx}{n^2}\right|$ 收敛,所以 $\sum_{n=1}^{\infty} \dfrac{\sin nx}{n^2}$ 绝对收敛.

例 5 判别级数 $\sum_{n=1}^{\infty} (-1)^n \dfrac{n^{n+1}}{(n+1)!}$ 的收敛性,若收敛,说明是绝对收敛还是条件收敛.

解 这是一个交错级数,其一般项为 $u_n = (-1)^n \dfrac{n^{n+1}}{(n+1)!}$,先判断 $\sum_{n=1}^{\infty} |u_n|$ 的收敛性. 由于

$$\lim_{n\to\infty} \dfrac{|u_{n+1}|}{|u_n|} = \lim_{n\to\infty} \dfrac{(n+1)^{n+2}}{(n+2)!} \cdot \dfrac{(n+1)!}{n^{n+1}} = \lim_{n\to\infty} \left(\dfrac{n+1}{n}\right)^n \cdot \dfrac{(n+1)^2}{n(n+2)} = e > 1,$$

所以 $\sum_{n=1}^{\infty} |u_n|$ 发散,因此原级数非绝对收敛.

又因为由 $\lim_{n\to\infty} \dfrac{|u_{n+1}|}{|u_n|} > 1$ 知,当 n 充分大时,有 $|u_{n+1}| > |u_n|$,故 $\lim_{n\to\infty} u_n \neq 0$,所以原级数发散.

注 对于一般常数项级数 $\sum_{n=1}^{\infty} u_n$,如果级数 $\sum_{n=1}^{\infty} |u_n|$ 收敛,则级数 $\sum_{n=1}^{\infty} u_n$ 绝对收敛,但当 $\sum_{n=1}^{\infty} |u_n|$ 发散时,我们只能说级数 $\sum_{n=1}^{\infty} u_n$ 不是绝对收敛,而不能判定级数 $\sum_{n=1}^{\infty} u_n$ 是发散的,但是,若用比值或根值判别法判定级数 $\sum_{n=1}^{\infty} |u_n|$ 发散,则级数 $\sum_{n=1}^{\infty} u_n$ 也发散.

例 6 讨论级数 $\sum_{n=1}^{\infty} \dfrac{x^n}{n}$ 的收敛性.

解 因为

$$\lim_{n\to\infty} \dfrac{|u_{n+1}|}{|u_n|} = \lim_{n\to\infty} \left|\dfrac{x^{n+1}}{n+1} \Big/ \dfrac{x^n}{n}\right| = |x|,$$

所以当 $|x|<1$ 时,级数 $\sum_{n=1}^{\infty} \dfrac{x^n}{n}$ 绝对收敛;当 $|x|>1$,级数 $\sum_{n=1}^{\infty} \dfrac{x^n}{n}$ 发散;当 $x=1$ 时,$\sum_{n=1}^{\infty} \dfrac{x^n}{n} = \sum_{n=1}^{\infty} \dfrac{1}{n}$,发散;当 $x=-1$ 时,$\sum_{n=1}^{\infty} \dfrac{x^n}{n} = \sum_{n=1}^{\infty} \dfrac{(-1)^n}{n}$,条件收敛.

习题 6.3

A 组

1. 判别下列级数的收敛性,若收敛,是条件收敛还是绝对收敛?

(1) $\sum_{n=1}^{\infty} (-1)^n \dfrac{n}{3^{n-1}}$;

(2) $\sum_{n=1}^{\infty} (-1)^n \dfrac{n}{2n+1}$;

(3) $\sum_{n=1}^{\infty} (-1)^n \ln \dfrac{n+1}{n}$;

(4) $\sum_{n=1}^{\infty} \dfrac{\sin nx}{2^n}$;

(5) $\sum_{n=1}^{\infty} (-1)^n \left(1-\cos \dfrac{a}{n}\right)$;

(6) $\sum_{n=1}^{\infty} \dfrac{n\cos n\pi}{1+n^2}$.

2. 判别级数 $\sum_{n=2}^{\infty}(-1)^n \dfrac{\sqrt{n}}{n-1}$ 的收敛性,若收敛,是条件收敛还是绝对收敛?

3. 判别级数 $\sum_{n=1}^{\infty} \dfrac{(-1)^n}{n-\ln n}$ 的收敛性,若收敛,是条件收敛还是绝对收敛?

B组

1. 若级数 $\sum_{n=1}^{\infty} \dfrac{(-1)^n+a}{n}$ 收敛,求 a 的取值.

2. 设已知二发散级数 $\sum_{n=1}^{\infty} u_n$ 及 $\sum_{n=1}^{\infty} v_n$ 各项不为负数,问下列级数的收敛性如何?

(1) $\sum_{n=1}^{\infty} \min(u_n, v_n)$;   (2) $\sum_{n=1}^{\infty} \max(u_n, v_n)$.

6.4 幂 级 数

在前面我们研究了各类常数项级数的收敛性,无穷级数的另一个重要组成部分是函数项级数,事实上,函数项级数有较常数项级数更加丰富的应用.

实例3 (永续年金)设有一知名的民营企业,欲设立一笔助学基金,每年底从利息中拿出10万元,赞助某著名大学家庭贫困而学习成绩优异的学子,该企业委托银行保管这笔基金,双方商定这笔基金的年利率(复利)为2.5%,问该企业设立这笔基金的数目是多少?

在经济学中,这个问题是永续年金问题,所谓年金就是一定时期内每期等额的序列收付款项,而永续年金是指无限期支付的年金,著名的诺贝尔(Nobel)经济学奖也是永续年金.

设基金数目为 Y,每年底的赞助金为 A,基金的年利率为 x,第 n 年赞助金的现值(资金的现在价值)为 $\dfrac{A}{(1+x)^n}(n=1,2,\cdots)$,于是

$$Y = \dfrac{A}{1+x} + \dfrac{A}{(1+x)^2} + \cdots + \dfrac{A}{(1+x)^n} + \cdots$$
$$= A \cdot \sum_{n=1}^{\infty} \dfrac{1}{(1+x)^n}.$$

其中, $\sum_{n=1}^{\infty} \dfrac{1}{(1+x)^n}$ 是等比级数,因为公比 $0 < q = \dfrac{1}{1+x} < 1$,所以它是收敛的;其和为 $\dfrac{1}{1+x} \Big/ \left(1 - \dfrac{1}{1+x}\right) = \dfrac{1}{x}$,这样, $Y = \dfrac{A}{x}$.

在永续年金问题中, $A = 10$ 万元, $x = 2.5\%$, $Y = \dfrac{10}{2.5 \cdot 10^{-3}} = 4000$(万元).

故该企业设立的这笔助学基金的数目为4000万元.

在这里, $\sum_{n=1}^{\infty} \dfrac{1}{(1+x)^n}$ 就是本节要研究的函数项级数.

6.4.1 函数项级数的一般概念

定义 6.4.1 如果 $u_n(x)(n=1,2,\cdots)$ 都是定义在区间 I 上函数,则称

$$\sum_{n=1}^{\infty} u_n(x) = u_1(x) + u_2(x) + \cdots + u_n(x) + \cdots \qquad (6.4.1)$$

为函数项级数;称

$$S_n(x) = u_1(x) + u_2(x) + \cdots + u_n(x) \qquad (6.4.2)$$

为函数项级数(6.4.1)的部分和.

对 $x_0 \in I$,如果常数项级数 $\sum_{n=1}^{\infty} u_n(x_0)$ 收敛,即 $\lim_{n\to\infty} S_n(x_0)$ 存在,则称函数项级数 $\sum_{n=1}^{\infty} u_n(x)$ 在点 x_0 处收敛,x_0 称为函数项级数 $\sum_{n=1}^{\infty} u_n(x)$ 的**收敛点**.如果 $\lim_{n\to\infty} S_n(x_0)$ 不存在,则称函数项级数 $\sum_{n=1}^{\infty} u_n(x)$ 在点 x_0 处发散,x_0 称为函数项级数 $\sum_{n=1}^{\infty} u_n(x)$ 的**发散点**.函数项级数 $\sum_{n=1}^{\infty} u_n(x)$ 全体收敛点的集合称为该函数项级数的**收敛域**,全体发散点的集合称为**发散域**.

设函数项级数 $\sum_{n=1}^{\infty} u_n(x)$ 的收敛域为 D,则对 D 内的每一点 x,$\lim_{n\to\infty} S_n(x)$ 存在,记 $\lim_{n\to\infty} S_n(x) = S(x)$,称 $S(x)$ 为函数项级数 $\sum_{n=1}^{\infty} u_n(x)$ 的和函数,其定义域为 D.即

$$S(x) = \sum_{n=1}^{\infty} u_n(x) = u_1(x) + u_2(x) + \cdots + u_n(x) + \cdots \quad (x \in D).$$

称

$$R_n(x) = S(x) - S_n(x) = u_{n+1}(x) + u_{n+2}(x) + \cdots$$

为函数项级数 $\sum_{n=1}^{\infty} u_n(x)$ 的余项,对于收敛域 D 内每一点 x,有 $\lim_{n\to\infty} R_n(x) = 0$.

例1 几何级数 $\sum_{n=0}^{\infty} x^n = 1 + x + x^2 + \cdots + x^n + \cdots$ 是一个函数项级数,当 $|x|<1$ 时,级数收敛,其和函数为 $\dfrac{1}{1-x}$;当 $|x|\geqslant 1$ 时,级数发散,因此级数的收敛域为 $(-1,1)$,发散域为 $(-\infty,-1] \cup [1,+\infty)$.当 x 在收敛域 $(-1,1)$ 内取值时,有

$$\frac{1}{1-x} = 1 + x + x^2 + \cdots + x^n + \cdots, \quad x \in (-1,1).$$

6.4.2 幂级数及其收敛性

函数项级数中简单且常用的级数是幂级数.

定义 6.4.2 形如

$$\sum_{n=0}^{\infty} a_n(x-x_0)^n = a_0 + a_1(x-x_0) + a_2(x-x_0)^2 + \cdots + a_n(x-x_0)^n + \cdots$$

$$(6.4.3)$$

的级数称为关于 $(x-x_0)$ 的幂级数,其中常数 $a_n(n=0,1,2,\cdots)$ 称为幂级数的系数.特别地,当 $x_0=0$ 时,级数(6.4.3)变为

$$\sum_{n=0}^{\infty} a_n x^n = a_0 + a_1 x + a_2 x^2 + \cdots + a_n x^n + \cdots, \tag{6.4.4}$$

称为关于 x 的幂级数.例如 $\sum_{n=0}^{\infty} x^n$,$\sum_{n=0}^{\infty} \dfrac{x^n}{n}$ 都是关于 x 的幂级数.

因为做代换:$t=x-x_0$,级数(6.4.3)可以化成(6.4.4)的形式,所以下面主要讨论形如(6.4.4)的幂级数.

对于幂级数 $\sum_{n=0}^{\infty} a_n x^n$,考察 $\sum_{n=0}^{\infty} |a_n x^n|$ 的收敛性.

令

$$r(x) = \lim_{n\to\infty} \left| \frac{a_{n+1} x^{n+1}}{a_n x^n} \right| \quad (\text{或} \lim_{n\to\infty} \sqrt[n]{|a_n x^n|})$$

$$= |x| \lim_{n\to\infty} \left| \frac{a_{n+1}}{a_n} \right| \quad (\text{或} \lim_{n\to\infty} |x| \sqrt[n]{|a_n|}),$$

令

$$\rho = \lim_{n\to\infty} \left| \frac{a_{n+1}}{a_n} \right| \quad (\text{或} \lim_{n\to\infty} \sqrt[n]{|a_n|}),$$

则 $r(x)=\rho|x|$.

于是由正项级数的比值(或根值)判别法可得:

(1) 当 $\rho=0$ 时,$r(x)=0<1$,即对任意的 $x\in(-\infty,+\infty)$,幂级数 $\sum_{n=0}^{\infty} a_n x^n$ 绝对收敛;

(2) 当 $\rho=+\infty$ 时,对任意的非零 x,幂级数 $\sum_{n=0}^{\infty} a_n x^n$ 发散,而当 $x=0$ 时,$\sum_{n=0}^{\infty} a_n x^n = a_0$ 收敛,所以,当 $\rho=+\infty$ 时,幂级数 $\sum_{n=0}^{\infty} a_n x^n$ 仅在 $x=0$ 处收敛;

(3) 当 $0<\rho<+\infty$ 时,$r(x)=\rho|x|$,所以:

当 $r(x)=\rho|x|<1$ 时,即当 $|x|<\dfrac{1}{\rho}$ 时,幂级数 $\sum_{n=0}^{\infty} a_n x^n$ 绝对收敛;

当 $r(x)=\rho|x|>1$ 时,即当 $|x|>\dfrac{1}{\rho}$ 时,幂级数 $\sum_{n=0}^{\infty} a_n x^n$ 发散;

当 $r(x)=\rho|x|=1$ 时,即当 $x=\dfrac{1}{\rho}$ 与 $x=-\dfrac{1}{\rho}$ 时,级数 $\sum_{n=0}^{\infty} a_n \left(\dfrac{1}{\rho}\right)^n$ 与 $\sum_{n=0}^{\infty} a_n \left(-\dfrac{1}{\rho}\right)^n$ 可能收敛也可能发散,需要进一步讨论.

由上面的分析可知,幂级数 $\sum_{n=0}^{\infty} a_n x^n$ 的收敛性只能是以下三种情形之一:

(1) 仅在 $x=0$ 处收敛,即当 $\rho=+\infty$ 时;

(2) 在 $(-\infty,+\infty)$ 上绝对收敛,即当 $\rho=0$ 时;

(3) 存在一个正数 $R=\dfrac{1}{\rho}$,即当 $0<\rho<+\infty$ 时,这时有:

当 $|x|<R$ 时,幂级数 $\sum_{n=0}^{\infty} a_n x^n$ 绝对收敛;

当 $|x|>R$ 时,幂级数 $\sum_{n=0}^{\infty} a_n x^n$ 发散;

当 $x = R$ 或 $x = -R$ 时,幂级数 $\sum_{n=0}^{\infty} a_n x^n$ 可能收敛也可能发散.

正数 R 通常称为幂级数 $\sum_{n=0}^{\infty} a_n x^n$ 的**收敛半径**,由幂级数在 $x = \pm R$ 处的收敛性决定它在区间 $(-R,R)$,$(-R,R]$,$[-R,R)$ 或 $[-R,R]$ 上收敛,这个区间称为幂级数 $\sum_{n=0}^{\infty} a_n x^n$ 的**收敛区间**(或**收敛域**).

如果幂级数 $\sum_{n=0}^{\infty} a_n x^n$ 仅在 $x = 0$ 处收敛,规定收敛半径 $R = 0$,此时收敛区间只有一点 $x = 0$;如果幂级数 $\sum_{n=0}^{\infty} a_n x^n$ 在 $(-\infty, +\infty)$ 上收敛,规定收敛半径 $R = +\infty$,此时收敛区间为 $(-\infty, +\infty)$.

综上所述,得到求幂级数 $\sum_{n=0}^{\infty} a_n x^n$ 的收敛半径 R 的定理.

定理 6.4.1 对于幂级数 $\sum_{n=0}^{\infty} a_n x^n$,如果 $\rho = \lim\limits_{n \to \infty} \left| \dfrac{a_{n+1}}{a_n} \right|$(或 $\lim\limits_{n \to \infty} \sqrt[n]{|a_n|}$),则幂级数 $\sum_{n=0}^{\infty} a_n x^n$ 的收敛半径

$$R = \begin{cases} \dfrac{1}{\rho}, & \rho > 0 \\ +\infty, & \rho = 0 \\ 0, & \rho = +\infty \end{cases}.$$

求幂级数 $\sum_{n=0}^{\infty} a_n x^n$ 收敛区间的一般步骤是:首先由定理 6.4.1 求出收敛半径 R,如果 $0 < R < +\infty$,再判别当 $x = \pm R$ 时,$\sum_{n=0}^{\infty} a_n x^n$ 的收敛性,最后写出收敛区间.

例 2 求下列幂级数的收敛区间:

(1) $\sum_{n=1}^{\infty} \dfrac{x^n}{n}$;   (2) $\sum_{n=0}^{\infty} (-nx)^n$;   (3) $\sum_{n=0}^{\infty} \dfrac{x^n}{n!}$.

解 (1) 因为

$$\rho = \lim_{n \to \infty} \left| \dfrac{a_{n+1}}{a_n} \right| = \lim_{n \to \infty} \left| \dfrac{1}{n+1} \bigg/ \dfrac{1}{n} \right| = 1,$$

所以收敛半径为 $R = 1$.

当 $x = 1$ 时,级数为 $\sum_{n=1}^{\infty} \dfrac{1}{n}$,该级数发散;当 $x = -1$ 时,级数为 $\sum_{n=1}^{\infty} \dfrac{(-1)^n}{n}$,该级数收敛.因此,所求的收敛区间为 $[-1, 1)$.

(2) 因为

$$\rho = \lim_{n \to \infty} \sqrt[n]{|a_n|} = \lim_{n \to \infty} \sqrt[n]{|(-n)^n|} = \lim_{n \to \infty} n = +\infty,$$

所以收敛半径 $R = 0$,因此原级数只在 $x = 0$ 处收敛.

(3) 因为
$$\rho = \lim_{n\to\infty}\left|\frac{a_{n+1}}{a_n}\right| = \lim_{n\to\infty}\left|\frac{1}{(n+1)!}\Big/\frac{1}{n!}\right| = 0,$$
所以收敛半径 $R = +\infty$,因此,所求的收敛区间为 $(-\infty, +\infty)$.

例3 求幂级数 $\sum_{n=0}^{\infty}\frac{(x-1)^n}{2^n}$ 的收敛区间.

解 令 $t = x - 1$,则原幂级数化为 $\sum_{n=0}^{\infty}\frac{t^n}{2^n}$,所以
$$\rho = \lim_{n\to\infty}\left|\frac{a_{n+1}}{a_n}\right| = \lim_{n\to\infty}\left|\frac{1}{2^{n+1}}\Big/\frac{1}{2^n}\right| = \frac{1}{2},$$
于是收敛半径 $R = 2$,当 $|t| < 2$ 即 $-1 < x < 3$ 时,原幂级数绝对收敛;当 $x = 3$ 时,原级数变为 $\sum_{n=0}^{\infty} 1$ 发散;当 $x = -1$ 时,原级数变为 $\sum_{n=0}^{\infty}(-1)^n$ 发散,因此原幂级数的收敛区间为 $(-1, 3)$.

例4 求幂级数 $\sum_{n=0}^{\infty}\frac{x^{2n-1}}{2^n}$ 的收敛区间.

解 原幂级数缺少偶数次幂,此时不能用定理6.4.1中的方法求收敛半径,但可以直接利用比值判别法来求,记 $u_n(x) = \frac{x^{2n-1}}{2^n}$,由于
$$\lim_{n\to\infty}\left|\frac{u_{n+1}(x)}{u_n(x)}\right| = \lim_{n\to\infty}\left|\frac{x^{2n+1}}{2^{n+1}}\cdot\frac{2^n}{x^{2n-1}}\right| = \frac{1}{2}|x|^2,$$
所以,当 $\frac{1}{2}|x|^2 < 1$,即 $|x| < \sqrt{2}$ 时,级数绝对收敛;当 $\frac{1}{2}|x|^2 > 1$,即 $|x| > \sqrt{2}$ 时,级数发散;所以收敛半径为 $R = \sqrt{2}$.

当 $x = \sqrt{2}$ 时,级数变为 $\sum_{n=0}^{\infty}\frac{1}{\sqrt{2}}$,该级数发散;当 $x = -\sqrt{2}$ 时,级数变为 $\sum_{n=0}^{\infty}\frac{-1}{\sqrt{2}}$,该级数发散;因此原幂级数的收敛区间为 $(-\sqrt{2}, \sqrt{2})$.

例5 求幂级数 $\sum_{n=0}^{\infty}\frac{x^{2n}}{4^n+1}$ 的收敛区间.

解 原幂级数缺少奇数次幂,直接用比值判别法来求,记 $u_n(x) = \frac{x^{2n}}{4^n+1}$,由于
$$\lim_{n\to\infty}\left|\frac{u_{n+1}(x)}{u_n(x)}\right| = \lim_{n\to\infty}\left|\frac{x^{2(n+1)}}{4^{n+1}+1}\cdot\frac{4^n+1}{x^{2n}}\right| = \frac{1}{4}|x|^2,$$
所以,当 $\frac{1}{4}|x|^2 < 1$,即 $|x| < 2$ 时,级数绝对收敛;当 $\frac{1}{4}|x|^2 > 1$,即 $|x| > 2$ 时,级数发散;所以收敛半径为 $R = 2$.

当 $|x| = 2$ 即 $x = \pm 2$ 时,级数变为 $\sum_{n=0}^{\infty}\frac{4^n}{4^n+1}$,因为 $\lim_{n\to\infty}\frac{4^n}{4^n+1} = 1 \neq 0$,所以该级数发散.因此原幂级数的收敛区间为 $(-2, 2)$.

6.4.3 幂级数的运算

设幂级数 $\sum_{n=0}^{\infty} a_n x^n$ 和 $\sum_{n=0}^{\infty} b_n x^n$ 的收敛半径分别为 R_1, R_2,记 $R = \min\{R_1, R_2\}$.根据

常数项级数的运算性质可知,这两个幂级数可以进行下列代数运算:

(1) 加减法

$$\sum_{n=0}^{\infty} a_n x^n \pm \sum_{n=0}^{\infty} b_n x^n = \sum_{n=0}^{\infty} c_n x^n, \text{其中} c_n = a_n \pm b_n, x \in (-R, R).$$

(2) 乘法

$$\left(\sum_{n=0}^{\infty} a_n x^n\right) \cdot \left(\sum_{n=0}^{\infty} b_n x^n\right) = \sum_{n=0}^{\infty} c_n x^n, \text{其中} c_n = a_0 b_n + a_1 b_{n-1} + \cdots + a_n b_0, x \in (-R, R).$$

例 6 求幂级数 $\sum_{n=1}^{\infty} \left[\frac{(-1)^{n-1}}{n} + \frac{1}{4^n}\right] x^n$ 的收敛区间.

解 对于幂级数 $\sum_{n=1}^{\infty} \frac{(-1)^{n-1}}{n} x^n$,有

$$\rho_1 = \lim_{n \to \infty} \left|\frac{(-1)^n}{n+1} \Big/ \frac{(-1)^{n-1}}{n}\right| = 1,$$

所以其收敛半径 $R_1 = 1$,当 $x = -1$ 时,级数变为 $\sum_{n=0}^{\infty} \left(-\frac{1}{n}\right)$,发散;当 $x = 1$ 时,级数变为 $\sum_{n=0}^{\infty} \frac{(-1)^{n-1}}{n}$,收敛;因此它的收敛区间为 $(-1, 1]$.

对于幂级数 $\sum_{n=1}^{\infty} \frac{x^n}{4^n}$,有

$$\rho_2 = \lim_{n \to \infty} \left|\frac{1}{4^{n+1}} \Big/ \frac{1}{4^n}\right| = \frac{1}{4},$$

所以其收敛半径 $R_2 = 4$,显然当 $x = \pm 4$ 时,该级数发散,因此它的收敛区间为 $(-4, 4)$.

根据幂级数的代数运算性质,原幂级数的收敛区间为 $(-1, 1]$.

我们知道,幂级数 $\sum_{n=0}^{\infty} a_n x^n$ 在其收敛区间内表示一个和函数,下面我们来讨论 $\sum_{n=0}^{\infty} a_n x^n$ 在收敛区间中作为函数的一些性质,主要包括:连续性、可导性和可积性.

定理 6.4.2 设幂级数 $\sum_{n=0}^{\infty} a_n x^n$ 的收敛半径为 R,则

(1) 幂级数的和函数 $S(x)$ 在其收敛区间 I 上连续;

(2) 幂级数的和函数 $S(x)$ 在其收敛区间 I 上可积,并在 I 上有逐项积分公式

$$\int_0^x S(x) \mathrm{d}x = \int_0^x \left(\sum_{n=0}^{\infty} a_n x^n\right) \mathrm{d}x = \sum_{n=0}^{\infty} \int_0^x a_n x^n \mathrm{d}x = \sum_{n=0}^{\infty} \frac{a_n}{n+1} x^{n+1},$$

并且逐项积分后得到的幂级数和原幂级数具有相同的收敛半径;

(3) 幂级数的和函数 $S(x)$ 在 $(-R, R)$ 内可导,并在 $(-R, R)$ 内有逐项求导公式

$$S'(x) = \left(\sum_{n=0}^{\infty} a_n x^n\right)' = \sum_{n=0}^{\infty} (a_n x^n)' = \sum_{n=0}^{\infty} n a_n x^{n-1},$$

并且逐项求导后得到的幂级数和原幂级数具有相同的收敛半径.

反复应用结论(3)可知,幂级数的和函数在 $(-R, R)$ 内具有任意阶导数.

这些运算性质称为幂级数的分析运算性质,它常常用于求幂级数的和函数.等比级数的和函数

$$1 + x + x^2 + \cdots + x^n + \cdots = \frac{1}{1-x}, \quad x \in (-1, 1)$$

是幂级数求和中的一个基本结论,许多级数的求和问题都可以利用幂级数的运算性质转化为等比级数的求和问题来解决.

例 7 求下列幂级数的和函数:

(1) $\sum_{n=1}^{\infty} \frac{(-1)^{n-1}}{n} x^n$;

(2) $\sum_{n=1}^{\infty} n x^n$.

解 (1) 由例 6 可知,$\sum_{n=1}^{\infty} \frac{(-1)^{n-1}}{n} x^n$ 的收敛域为 $(-1,1]$,设其和函数为 $S(x)$,即

$$S(x) = \sum_{n=1}^{\infty} \frac{(-1)^{n-1}}{n} x^n.$$

显然 $S(0) = 0$ 且

$$S'(x) = \left(\sum_{n=1}^{\infty} \frac{(-1)^{n-1}}{n} x^n \right)' = \sum_{n=1}^{\infty} \left(\frac{(-1)^{n-1}}{n} x^n \right)'$$

$$= \sum_{n=1}^{\infty} (-1)^{n-1} x^{n-1} = \frac{1}{1-(-x)} = \frac{1}{1+x}, \quad x \in (-1,1).$$

由积分公式 $\int_0^x S'(x) \mathrm{d}x = S(x) - S(0)$,得

$$S(x) = \int_0^x S'(x) \mathrm{d}x + S(0) = \int_0^x \frac{1}{1+x} \mathrm{d}x = \ln(1+x), \quad x \in (-1,1).$$

又因为原幂级数在 $x = 1$ 处收敛,所以

$$\sum_{n=1}^{\infty} \frac{(-1)^{n-1}}{n} x^n = \ln(1+x), \quad x \in (-1,1].$$

把 $x = 1$ 带入上式,有

$$\ln 2 = 1 - \frac{1}{2} + \frac{1}{3} - \frac{1}{4} + \cdots + \frac{(-1)^{n-1}}{n} + \cdots.$$

(2) 先求 $\sum_{n=1}^{\infty} n x^n$ 的收敛域.

因为

$$\rho = \lim_{n \to \infty} \left| \frac{n+1}{n} \right| = 1,$$

故 $R = 1$.

当 $x = 1$ 时,原幂级数变为 $\sum_{n=1}^{\infty} n$,发散;当 $x = -1$ 时,原幂级数变为 $\sum_{n=1}^{\infty} (-1)^n n$,发散.

因此原幂级数的收敛域为 $(-1,1)$,设其和函数为 $S(x)$,即 $S(x) = \sum_{n=1}^{\infty} n x^n, x \in (-1,1)$. 于是

$$S(x) = \sum_{n=1}^{\infty} n x^n = x \cdot \sum_{n=1}^{\infty} n x^{n-1} = x \cdot \sum_{n=1}^{\infty} (x^n)' = x \cdot \left(\sum_{n=1}^{\infty} x^n \right)'$$

$$= x \cdot \left(\frac{x}{1-x} \right)' = \frac{x}{(1-x)^2}, \quad x \in (-1,1).$$

所以 $\sum_{n=1}^{\infty} n x^n = \frac{x}{(1-x)^2}, x \in (-1,1)$.

例 8 求级数 $\sum\limits_{n=1}^{\infty} \dfrac{n^2}{2^n}$ 的和.

解 考虑级数 $\sum\limits_{n=1}^{\infty} n^2 x^n$，显然它的收敛域为 $(-1,1)$. 设其和函数为 $S(x)$，即

$$S(x) = \sum_{n=1}^{\infty} n^2 x^n, \quad x \in (-1,1).$$

于是

$$S(x) = \sum_{n=1}^{\infty} n(n-1+1) x^n = \sum_{n=1}^{\infty} n(n-1) x^n + \sum_{n=1}^{\infty} n x^n.$$

由例 7 的第(2)问可知，$\sum\limits_{n=1}^{\infty} n x^n = \dfrac{x}{(1-x)^2}, x \in (-1,1)$，因此 $\sum\limits_{n=1}^{\infty} n x^{n-1} = \dfrac{1}{(1-x)^2}, x \in (-1,1)$.

由于

$$\sum_{n=1}^{\infty} n(n-1) x^n = x^2 \cdot \sum_{n=1}^{\infty} n(n-1) x^{n-2} = x^2 \cdot \sum_{n=1}^{\infty} (n x^{n-1})'$$

$$= x^2 \cdot \left(\sum_{n=1}^{\infty} n x^{n-1}\right)' = x^2 \cdot \left[\dfrac{1}{(1-x)^2}\right]'$$

$$= \dfrac{2x^2}{(1-x)^3}, \quad x \in (-1,1).$$

所以 $S(x) = \dfrac{2x^2}{(1-x)^3} + \dfrac{x}{(1-x)^2}, x \in (-1,1)$.

令 $x = \dfrac{1}{2}$，有 $\sum\limits_{n=1}^{\infty} \dfrac{n^2}{2^n} = \dfrac{2 \cdot 8}{4} + \dfrac{4}{2} = 6$.

习 题 6.4

A 组

1. 求下列幂级数的收敛半径和收敛区间：

(1) $\sum\limits_{n=0}^{\infty} \dfrac{n}{n+2} x^n$； (2) $\sum\limits_{n=1}^{\infty} \dfrac{x^n}{n\sqrt{n}3^n}$； (3) $\sum\limits_{n=0}^{\infty} \dfrac{\sqrt{n} x^n}{3^n}$；

(4) $\sum\limits_{n=0}^{\infty} \dfrac{3^n x^n}{n!}$； (5) $\sum\limits_{n=1}^{\infty} \dfrac{x^n}{\sqrt{n^2+3}}$； (6) $\sum\limits_{n=0}^{\infty} \dfrac{(-1)^n x^n}{\sqrt{n^2+3}}$；

(7) $\sum\limits_{n=2}^{\infty} \dfrac{x^n}{\sqrt{n-1}}$； (8) $\sum\limits_{n=1}^{\infty} \dfrac{(x-1)^n}{\sqrt{n}}$； (9) $\sum\limits_{n=1}^{\infty} \sqrt[n]{n}(2x+5)^n$；

(10) $\sum\limits_{n=0}^{\infty} n!(x-4)^n$； (11) $\sum\limits_{n=0}^{\infty} \dfrac{x^{2n+1}}{n!}$； (12) $\sum\limits_{n=1}^{\infty} \dfrac{(4x-5)^{2n+1}}{n\sqrt{n}}$.

2. 求下列幂级数的和函数：

(1) $\sum\limits_{n=0}^{\infty} \dfrac{x^n}{n+1}$； (2) $\sum\limits_{n=1}^{\infty} \dfrac{x^{2n-1}}{2n-1}$.

B组

1. 求幂级数 $\sum_{n=0}^{\infty} (n+1)(x-1)^n$ 的和函数.

2. 求幂级数 $\sum_{n=0}^{\infty} \dfrac{x^n}{n!}$ 的和函数.

3. 求幂级数 $\sum_{n=0}^{\infty} \dfrac{x^{2n+1}}{n!}$ 的和函数,并求数项级数 $\sum_{n=0}^{\infty} \dfrac{2n+1}{n!}$ 的和.

6.5 函数展开成幂级数

我们知道,在幂级数收敛区间内,幂级数的和函数是一个具有任意阶导数的连续函数,但反过来如何呢?给定一个函数 $f(x)$,能否将它表示成幂级数呢?如果能找到一个幂级数,它在某区间内收敛,且其和函数恰好就是 $f(x)$,那么就称函数 $f(x)$ 在该区间内能展开成幂级数.

6.5.1 泰勒(Taylor)公式与泰勒级数

定理 6.5.1 如果函数 $f(x)$ 在含 x_0 的开区间 (a, b) 内有直到 $n+1$ 阶的连续导数,则对该区间内任意的 x, $f(x)$ 可以按 $(x-x_0)$ 的幂展开为

$$f(x) = f(x_0) + f'(x_0)(x - x_0) + \frac{f''(x_0)}{2!}(x - x_0)^2 \\ + \cdots + \frac{f^{(n)}(x_0)}{n!}(x - x_0)^n + R_n(x), \tag{6.5.1}$$

并称它为 $f(x)$ 按 $(x-x_0)$ 的幂展开到 n 阶的泰勒公式,或 $f(x)$ 在 $x = x_0$ 处的 n 阶泰勒公式.其中 $R_n(x) = \dfrac{f^{n+1}(\xi)}{(n+1)!}(x-x_0)^{n+1}$ (ξ 在 x 与 x_0 之间),称为拉格朗日(Lagrange)型余项.

当 $x_0 = 0$ 时,有

$$f(x) = f(0) + f'(0)x + \frac{f''(0)}{2!}x^2 + \cdots + \frac{f^n(0)}{n!}x^n + R_n(x),$$

称为麦克劳林(Maclaurin)公式,其中余项 $R_n(x) = \dfrac{f^{(n+1)}(\xi)}{(n+1)!}x^{n+1}$ (ξ 在 x 与 0 之间),或表示为 $R_n(x) = \dfrac{f^{(n+1)}(\theta x)}{(n+1)!}x^{n+1}$ ($0 < \theta < 1$).

当 $n = 0$ 时,泰勒公式就成为拉格朗日公式: $f(x) = f(x_0) + f'(\xi)(x-x_0)$ (ξ 在 x 与 x_0 之间),可以看出,泰勒公式是拉格朗日公式的推广.

泰勒公式表明,如果函数 $f(x)$ 在含 x_0 的开区间 (a,b) 内任意阶导数都存在,则对任意的正整数 n,式(6.5.1)都成立.进一步,如果 $\lim\limits_{n \to \infty} R_n(x) = 0$,则得到

$$f(x) = \lim_{n \to \infty}\left[f(x_0) + f'(x_0)(x - x_0) + \frac{f''(x_0)}{2!}(x - x_0)^2 + \cdots + \frac{f^{(n)}(x_0)}{n!}(x - x_0)^n\right].$$

由于上式右端方括号内的式子是幂级数 $\sum_{n=0}^{\infty}\frac{f^{(n)}(x_0)}{n!}(x - x_0)^n$ 的前 $(n+1)$ 项组成的部分和,所以函数 $f(x)$ 在含 x_0 的开区间 (a,b) 内可以写成

$$f(x) = \sum_{n=0}^{\infty}\frac{f^{(n)}(x_0)}{n!}(x - x_0)^n. \tag{6.5.2}$$

式(6.5.2)右端的级数称为函数 $f(x)$ 在 $x = x_0$ 处的**泰勒级数**.

定理 6.5.2 设函数 $f(x)$ 在含 x_0 的开区间 (a,b) 内具有任意阶导数,则 $f(x)$ 在开区间 (a,b) 内能展开成泰勒级数式(6.5.2)的充要条件是 $f(x)$ 在泰勒公式中的余项 $R_n(x)$ 满足

$$\lim_{n \to \infty}R_n(x) = 0, \quad x \in (a,b).$$

特别地,当 $x_0 = 0$ 时,公式(6.5.2)就变成

$$f(x) = \sum_{n=0}^{\infty}\frac{f^{(n)}(0)}{n!}x^n, \tag{6.5.3}$$

此式称为麦克劳林级数,或称为关于 x 的幂级数.

6.5.2 函数展开成幂级数的方法

1. 直接法

把函数 $f(x)$ 展开成泰勒级数,可按下列步骤进行:

(1) 计算 $f^{(n)}(x_0), n = 0,1,2,\cdots$;

(2) 写出对应的泰勒级数 $\sum_{n=0}^{\infty}\frac{f^{(n)}(x_0)}{n!}(x - x_0)^n$,并求出其收敛半径 R;

(3) 验证在 $|x - x_0| < R$ 内,$\lim_{n \to \infty}R_n(x) = 0$;

(4) 写出所求函数 $f(x)$ 的泰勒级数及其收敛区间为

$$f(x) = \sum_{n=0}^{\infty}\frac{f^{(n)}(x_0)}{n!}(x - x_0)^n, \quad |x - x_0| < R.$$

例 1 将函数 $f(x) = e^x$ 展开成 x 的幂级数.

解 由于 $f^{(n)}(x) = e^x$,得 $f^{(n)}(0) = 1 (n = 0,1,2,\cdots)$,因此 $f(x)$ 的麦克劳林级数为

$$1 + x + \frac{1}{2!}x^2 + \cdots + \frac{1}{n!}x^n + \cdots.$$

该级数的收敛半径为 $R = +\infty$.

余项 $R_n(x) = \frac{f^{(n+1)}(\theta x)}{(n+1)!}x^{n+1} = \frac{e^{\theta x}}{(n+1)!}x^{n+1}(0 < \theta < 1)$,由于

$$|R_n(x)| = \left|\frac{f^{(n+1)}(\theta x)}{(n+1)!}x^{n+1}\right| = \left|\frac{e^{\theta x}}{(n+1)!}\right||x|^{n+1} < e^{|x|}\cdot\frac{|x|^{n+1}}{(n+1)!},$$

因为 $e^{|x|}$ 有限,而 $\frac{|x|^{n+1}}{(n+1)!}$ 是收敛级数 $\sum_{n=0}^{\infty}\frac{|x|^{n+1}}{(n+1)!}$ 的一般项(6.2节例7第(3)问),所以

$$\lim_{n \to \infty}\frac{|x|^{n+1}}{(n+1)!} = 0.$$

因此 $\lim_{n\to\infty} R_n(x) = 0$，于是

$$e^x = 1 + x + \frac{1}{2!}x^2 + \cdots + \frac{1}{n!}x^n + \cdots, \quad x \in (-\infty, +\infty). \tag{6.5.4}$$

例 2 将函数 $f(x) = \sin x$ 展开成 x 的幂级数.

解 由于 $f^{(n)}(x) = \sin\left(x + \frac{n\pi}{2}\right)(n = 0,1,2,\cdots)$，得

$$f(0) = 0, \quad f'(0) = 1, \quad f''(0) = 0, \quad f'''(0) = -1, \quad \cdots,$$
$$f^{(2n)}(0) = 0, \quad f^{(2n+1)}(0) = (-1)^n \quad (n = 0,1,2,\cdots),$$

因此 $f(x)$ 的麦克劳林级数为

$$x - \frac{1}{3!}x^3 + \frac{1}{5!}x^5 + \cdots + \frac{(-1)^n}{(2n+1)!}x^{2n+1} + \cdots.$$

该级数的收敛半径为 $R = +\infty$.

余项 $R_n(x) = \dfrac{f^{(n+1)}(\theta x)}{(n+1)!}x^{n+1} = \dfrac{\sin\left(\theta x + \dfrac{n+1}{2}\pi\right)}{(n+1)!}x^{n+1}(0 < \theta < 1)$，由于

$$|R_n(x)| = \left|\frac{f^{(n+1)}(\theta x)}{(n+1)!}x^{n+1}\right| = \left|\frac{\sin\left(\theta x + \dfrac{n+1}{2}\pi\right)}{(n+1)!}\right||x|^{n+1} < \frac{|x|^{n+1}}{(n+1)!},$$

因为 $\dfrac{|x|^{n+1}}{(n+1)!}$ 是收敛级数 $\sum\limits_{n=0}^{\infty} \dfrac{|x|^{n+1}}{(n+1)!}$ 的一般项，所以

$$\lim_{n\to\infty} \frac{|x|^{n+1}}{(n+1)!} = 0.$$

因此 $\lim_{n\to\infty} R_n(x) = 0$，于是

$$\sin x = x - \frac{1}{3!}x^3 + \frac{1}{5!}x^5 + \cdots + \frac{(-1)^n}{(2n+1)!}x^{2n+1} + \cdots, \quad x \in (-\infty, +\infty). \tag{6.5.5}$$

2. 间接法

一般情况下，只有少数简单的函数能利用直接法得到它的麦克劳林展开式，更多的函数是利用已知函数的展开式，通过线性运算法则、变量代换、恒等变形、逐项求导或逐项积分等方法间接地求得幂级数展开式. 这种方法称为函数展开成幂级数的间接法.

例 3 将函数 $f(x) = \cos x$ 展开成 x 的幂级数.

解 由于 $\cos x = (\sin x)'$，利用幂级数的运算性质，对展开式(6.5.5)逐项求导得

$$\cos x = 1 - \frac{1}{2!}x^2 + \frac{1}{4!}x^4 + \cdots + \frac{(-1)^n}{(2n)!}x^{2n} + \cdots, \quad x \in (-\infty, +\infty). \tag{6.5.6}$$

例 4 将函数 $f(x) = \ln(1+x)$ 展开成 x 的幂级数.

解 由于 $\ln(1+x) = \int_0^x \dfrac{1}{1+x}\mathrm{d}x$，而

$$\frac{1}{1+x} = 1 - x + x^2 - x^3 + \cdots + (-1)^n x^n + \cdots, \quad x \in (-1,1).$$

上式两端从 0 到 x 逐项积分，得

$$\ln(1+x) = x - \frac{x^2}{2} + \frac{x^3}{3} - \cdots + (-1)^n \frac{x^{n+1}}{n+1} + \cdots, \quad x \in (-1,1]. \tag{6.5.7}$$

上式对 $x = 1$ 也成立，因为式(6.5.7)右端的幂级数当 $x = 1$ 时收敛，且左端的函数 $\ln(1+x)$ 在 $x = 1$ 处有定义且连续.

例5 将直接展开法与间接展开法结合起来使用可得到函数
$$f(x) = (1+x)^\alpha, \quad \alpha \in \mathbf{R}$$
的麦克劳林展开式为

$$(1+x)^\alpha = 1 + \alpha x + \frac{\alpha(\alpha-1)}{2!}x^2 + \cdots$$
$$+ \frac{\alpha(\alpha-1)\cdots(\alpha-n+1)}{n!}x^n + \cdots, \quad x \in (-1,1). \tag{6.5.8}$$

展开式(6.5.8)称为**牛顿二项展开式**.

牛顿二项展开式在端点 $x = \pm 1$ 处是否成立,与 α 的取值有关:

(1) 当 $\alpha \leqslant -1$ 时,成立范围是 $(-1,1)$;

(2) 当 $-1 < \alpha < 0$ 时,成立范围是 $(-1,1]$;

(3) 当 $\alpha > 0$ 时,成立范围是 $[-1,1]$.

例如,对于 $\alpha = \frac{1}{2}, \alpha = -\frac{1}{2}$ 的二项展开式分别为

$$\sqrt{1+x} = 1 + \frac{1}{2}x - \frac{1}{2\cdot 4}x^2 + \frac{1\cdot 3}{2\cdot 4\cdot 6}x^3 + \cdots, \quad x \in [-1,1],$$

$$\frac{1}{\sqrt{1+x}} = 1 - \frac{1}{2}x + \frac{1\cdot 3}{2\cdot 4}x^2 - \frac{1\cdot 3\cdot 5}{2\cdot 4\cdot 6}x^3 + \cdots. \quad x \in (-1,1].$$

例6 将函数 $f(x) = \arctan x$ 展开成 x 的幂级数.

解 由于 $\arctan x = \int_0^x \frac{1}{1+x^2}dx$,而

$$\frac{1}{1+x^2} = 1 - x^2 + x^4 + \cdots + (-1)^n x^{2n} + \cdots = \sum_{n=0}^{\infty}(-1)^n x^{2n}, \quad x \in (-1,1).$$

上式两端从 0 到 x 逐项积分得

$$\arctan x = \int_0^x \frac{1}{1+x^2}dx = \int_0^x \sum_{n=0}^{\infty}(-1)^n x^{2n}dx$$
$$= \sum_{n=0}^{\infty}\int_0^x (-1)^n x^{2n}dx = \sum_{n=0}^{\infty}(-1)^n \frac{x^{2n+1}}{2n+1}, \quad x \in (-1,1) \tag{6.5.9}$$

由于当 $x = 1$ 时,级数 $\sum_{n=0}^{\infty}\frac{(-1)^n}{2n+1}$ 收敛,当 $x = -1$ 时,级数 $\sum_{n=0}^{\infty}\frac{(-1)^{n+1}}{2n+1}$ 也收敛. 且当 $x = \pm 1$ 时,函数 $\arctan x$ 连续,所以式(6.5.9)在 $x = \pm 1$ 处也成立,即

$$\arctan x = \sum_{n=0}^{\infty}(-1)^n \frac{x^{2n+1}}{2n+1} = x - \frac{1}{3}x^3 + \frac{1}{5}x^5 - \cdots$$
$$+ (-1)^n \frac{x^{2n+1}}{2n+1} + \cdots, \quad x \in [-1,1].$$

综合上面的结论,得到下面常用的麦克劳林展开式:

① $\frac{1}{1-x} = 1 + x + x^2 + \cdots + x^n + \cdots = \sum_{n=0}^{\infty} x^n, x \in (-1,1)$;

② $\frac{1}{1+x} = 1 - x + x^2 + \cdots + (-1)^n x^n + \cdots = \sum_{n=0}^{\infty}(-1)^n x^n, x \in (-1,1)$;

③ $e^x = 1 + x + \frac{1}{2!}x^2 + \cdots + \frac{1}{n!}x^n + \cdots = \sum_{n=0}^{\infty}\frac{1}{n!}x^n, x \in (-\infty, +\infty)$;

④ $\sin x = x - \frac{1}{3!}x^3 + \frac{1}{5!}x^5 - \cdots + \frac{(-1)^n}{(2n+1)!}x^{2n+1} + \cdots = \sum_{n=0}^{\infty}\frac{(-1)^n}{(2n+1)!}x^{2n+1}$, $x \in (-\infty, +\infty)$;

⑤ $\cos x = 1 - \frac{1}{2!}x^2 + \frac{1}{4!}x^4 - \cdots + \frac{(-1)^n}{(2n)!}x^{2n} + \cdots = \sum_{n=0}^{\infty}\frac{(-1)^n}{(2n)!}x^{2n}$, $x \in (-\infty, +\infty)$;

⑥ $\ln(1+x) = x - \frac{x^2}{2} + \frac{x^3}{3} - \cdots + (-1)^n \frac{x^{n+1}}{n+1} + \cdots = \sum_{n=0}^{\infty}(-1)^n\frac{x^{n+1}}{n+1}$, $x \in (-1, 1]$;

⑦ $(1+x)^\alpha = 1 + \alpha x + \frac{\alpha(\alpha-1)}{2!}x^2 + \cdots + \frac{\alpha(\alpha-1)\cdots(\alpha-n+1)}{n!}x^n + \cdots$, $x \in (-1, 1)$;

⑧ $\arctan x = x - \frac{1}{3}x^3 + \frac{1}{5}x^5 - \cdots + (-1)^n \frac{x^{2n+1}}{2n+1} + \cdots = \sum_{n=0}^{\infty}(-1)^n\frac{x^{2n+1}}{2n+1}$, $x \in [-1, 1]$.

例 7 将函数 $f(x) = \frac{1}{5-x}$ 展开成 $(x-2)$ 的幂级数.

解 令 $x - 2 = t$, 即 $x = t + 2$, 则

$$f(x) = \frac{1}{5-x} = \frac{1}{3-t} = \frac{1}{3} \cdot \frac{1}{1-\frac{t}{3}} = \frac{1}{3} \cdot \sum_{n=0}^{\infty}\left(\frac{t}{3}\right)^n = \sum_{n=0}^{\infty}\frac{t^n}{3^{n+1}} = \sum_{n=0}^{\infty}\frac{(x-2)^n}{3^{n+1}},$$

其中, $-1 < \frac{t}{3} < 1, -3 < t < 3$, 所以 $-1 < x < 5$, 因此收敛区间是 $(-1, 5)$.

习 题 6.5

A 组

1. 将下列函数展开成 x 的幂级数:

(1) e^{-x}; (2) $\sin 3x$; (3) $\cos \sqrt{x}$; (4) $\frac{e^x + e^{-x}}{2}$.

2. 将函数 $f(x) = \frac{1}{1+x}$ 展开成 $x - 3$ 的幂级数.

B 组

1. 将函数 $f(x) = \frac{1}{x^2 + 4x + 3}$ 展开成 $x - 1$ 的幂级数.

2. 将函数 $f(x) = \frac{1}{(1+x)(1+x^2)(1+x^4)(1+x^8)}$ 展开成 x 的幂级数.

6.6 级数在经济学中的应用

实例 4 (投资费用) 设初期投资为 p, 年利率为 r, t 年重复一次投资. 这样第一次更新费用的现值为 pe^{-rt}, 第二次更新费用的现值为 pe^{-2rt}, 以此类推, 投资费用 D 为下列等比数列之和为

$$D = p + pe^{-rt} + pe^{-2rt} + \cdots + pe^{-nrt} + \cdots = \frac{p}{1-e^{-rt}} = \frac{pe^{rt}}{e^{rt}-1}.$$

建钢桥的费用为 380000 元,每隔 10 年需要油漆一次,每次费用为 40000 元,桥的期望寿命为 40 年;建造一座木桥的费用为 200000 元,每隔 2 年需油漆一次,每次费用为 20000 元,其期望寿命为 15 年,若年利率为 10%,问建造哪一种桥较为经济?

解 由题意知,桥费用包括两部分:建桥费用和油漆费用.

对建钢桥,$p=380000$, $r=0.1$, $t=40$, $r \cdot t = 0.1 \times 40 = 4$,则建钢桥费用为

$$D_1 = p + pe^{-4} + pe^{-2\times 4} + \cdots + pe^{-n\times 4} + \cdots = \frac{p}{1-e^{-4}} = \frac{pe^4}{e^4-1},$$

其中,$e^4 \approx 54.598$,则

$$D_1 = \frac{380000 \times 54.598}{54.598-1} \approx 387090.8(元);$$

油漆钢桥费用为

$$D_2 = \frac{40000 \times e^{0.1\times 10}}{e^{0.1\times 10}-1} \approx 63278.8(元).$$

故建钢桥的总费用的现值为 $D = D_1 + D_2 = 450369.6(元)$

类似地,建木桥的费用为

$$D_3 = \frac{200000 \times e^{0.1\times 15}}{e^{0.1\times 15}-1} \approx \frac{200000 \times 4.482}{4.482-1} \approx 257440(元);$$

油漆木桥费用为

$$D_4 = \frac{20000 \times e^{0.1\times 2}}{e^{0.1\times 2}-1} \approx \frac{20000 \times 1.2214}{1.2214-1} \approx 110243.8(元).$$

故建木桥总费用的现值为 $D = D_3 + D_4 = 367683.8(元)$.

所以建木桥比较经济.

进一步假设价格每年以百分率 i 涨价,年利率为 r,若某种服务或项目的现在费用为 p_0 时,则 t 年后的费用为 $A_t = p_0 e^{it}$,其现值为 $p_t = A_t e^{-rt} = p_0 e^{-(r-i)t}$.

因此在通货膨胀情况下,计算总费用 D 的等比级数为

$$D = p_0 + p_0 e^{-(r-i)t} + p_0 e^{-2(r-i)t} + \cdots + p_0 e^{-n(r-i)t} + \cdots = \frac{p_0}{1-e^{-(r-i)t}} = \frac{p_0 e^{(r-i)t}}{e^{(r-i)t}-1}.$$

实例 5 (乘子效应)设想联邦政府通过一项削减 100 亿美元税收的法案.假设每人花费这笔额外收入的 93%,并把其余的存起来,试估算削减税收对经济活动的总效应.

解 削减税收后人们的收入增加了 0.93×100 亿美元将被用于消费.对某些人来说,这些钱变成了额外的收入,它的 93% 又被用于消费,因此又增加了 $0.93 \times (0.93 \times 100) = 0.93^2 \times 100$ 亿美元的消费.这些钱的接受者又将花费它的 93%,即又增加了 $0.93 \times (0.93^2 \times 100) = 0.93^3 \times 100$ 亿美元的消费,如此下去,削减税收后所产生的新的消费的总和由下列无穷级数给出:

$$0.93 \times 100 + 0.93^2 \times 100 + 0.93^3 \times 100 + \cdots + 0.93^n \times 100 + \cdots.$$

这是一个首项为 0.93×100,公比为 0.93 的等比级数,此级数收敛,其和为

$$\frac{0.93 \times 100}{1-0.93} \approx 1328.6(亿美元).$$

即削减 100 亿美元的税收将产生的附加消费大约为 1328.6 亿美元.

此例描述了乘子效应(the Multiplier Effect),每人将花费 1 美元额外收入的比例被称作"边际消费倾向"(the Marginal Propensity to Consume),记为 MPC,在本例中,MPC = 0.93,正如我们上面讨论的,削减税收后所产生的附加消费总和为

$$\text{附加消费的总和} = \frac{0.93 \times 100}{1-0.93} = \frac{MPC}{1-MPC} \times \text{削减税额},$$

削减税额乘以"乘子"$\frac{MPC}{1-MPC}$就是它的实际效应.

实例 6 (存款问题)某银行打算实行一种新的存款与付款方式,即某人在该银行存入一笔款项,希望在第 n 年末取出 n^2 元($n=1,2,\cdots$),并且永远照此规律提取,问事先需要存入多少本金?

目前国内银行尚无此存款与付款方式,它属于财务管理中不等额现金流量的计算问题.

解 设本金为 A,年利率为 p,按照复利的计算方法,第 1 年末的本利和(本金与应得利息之和)为 $A(1+p)$,第 n 年末的本利和为 $A(1+p)^n$($n=1,2,\cdots$).

因此当 $A(1+p)^n = n^2$ 时,应有 $A = \frac{n^2}{(1+p)^n} = n^2(1+p)^{-n}$,即要想在第 n 年末取出 n^2 元,本金应为 $n^2(1+p)^{-n}$ 元,所以为使第 1 年末提取 1^2 元,应有本金 $1^2(1+p)^{-1}$ 元;为使第 2 年末提取 2^2 元,应有本金 $2^2(1+p)^{-2}$ 元……如此下去,所需本金总和应为 $\sum_{n=1}^{\infty} n^2(1+p)^{-n}$.

由 6.4 节的例 8 可知

$$\sum_{n=1}^{\infty} n^2 x^n = \frac{2x^2}{(1-x)^3} + \frac{x}{(1-x)^2}, \quad x \in (-1,1).$$

在上式中取 $x = \frac{1}{1+p}$,得到所求的本金总和为 $\frac{(1+p)(2+p)}{p^3}$.

所以要想能永远如此提取,至少需事先存入 $\frac{(1+p)(2+p)}{p^3}$ 元.

本章学习基本要求

(1) 理解常数项级数收敛、发散以及收敛级数和的概念,掌握收敛级数的基本性质;掌握等比级数与 p - 级数的收敛性结论;掌握判别正项级数收敛的方法;掌握判别交错级数收敛的方法;掌握级数绝对收敛与条件收敛的概念.

(2) 理解函数项级数的收敛域与和函数的概念;掌握幂级数的收敛半径、收敛区间的求法;会利用幂级数的运算性质求幂级数的和函数.

(3) 掌握将函数展开成幂级数的直接方法和间接方法;记住几个常见函数的麦克劳林展开式.

(4) 了解级数在经济中的一些应用.

总复习题 6

A 组

1. 求级数 $\sum_{n=0}^{\infty} \dfrac{1}{(2n+1)(2n+3)}$ 的和.

2. 判别下列级数的收敛性：

   (1) $\sum_{n=1}^{\infty} \dfrac{n^2 + 2^n}{n^2 \cdot 2^n}$；

   (2) $\sum_{n=1}^{\infty} \dfrac{(n!)^2}{2^{n^2}}$；

   (3) $\sum_{n=1}^{\infty} \dfrac{(n+1)!}{n^{n+1}}$；

   (4) $\sum_{n=1}^{\infty} n \tan \dfrac{\pi}{2^{n+1}}$.

3. 判别下列级数的收敛性，若收敛，是条件收敛还是绝对收敛？

   (1) $\sum_{n=1}^{\infty} (-1)^{n+1} \dfrac{2^{n^2}}{n!}$；

   (2) $\sum_{n=1}^{\infty} (-1)^{n-1} \dfrac{1}{\ln\left(1 + \dfrac{1}{n}\right)}$；

   (3) $\sum_{n=1}^{\infty} (-1)^{n-1} (\sqrt[n]{2} - 1)$.

4. 讨论级数 $\sum_{n=1}^{\infty} \dfrac{\sqrt{n+2} - \sqrt{n-2}}{n^{\alpha}}$ 的收敛性.

5. 求下列幂级数的收敛区间：

   (1) $\sum_{n=1}^{\infty} \dfrac{x^n}{n^p \ln n}$（$p$ 为实数）；

   (2) $\sum_{n=1}^{\infty} \dfrac{(-1)^n}{n \cdot 4^n} x^{2n-1}$.

6. 求下列幂级数的和函数：

   (1) $\sum_{n=0}^{\infty} \dfrac{x^{4n+1}}{4n+1}$；

   (2) $\sum_{n=0}^{\infty} \dfrac{n^2 + 1}{2^n n!} x^n$.

7. 将下列函数展开成 x 的幂级数：

   (1) $f(x) = \dfrac{3x}{2 - x - x^2}$；

   (2) $f(x) = \int_0^x \dfrac{\ln(1+x)}{x} dx$.

8. 将函数 $f(x) = \dfrac{1}{x}$ 展开成 $(x-3)$ 的幂级数，并求 $\sum_{n=0}^{\infty} \dfrac{(-1)^n}{3^{n+1}}$ 的和.

B 组

1. 对于交错级数 $1 - \dfrac{1}{3} + \dfrac{1}{2} - \dfrac{1}{3^3} + \dfrac{1}{2^2} - \dfrac{1}{3^5} + \cdots$，$u_{2n-1} = \dfrac{1}{2^{n-1}}$，$u_{2n} = \dfrac{1}{3^{2n-1}}$，说明不能用莱布尼茨判别法的理由，用其他方法判别其收敛性.

2. 已知级数 $\sum_{n=0}^{\infty} a_n (2x-1)^n$ 在 $x = 2$ 时收敛，讨论 $\sum_{n=0}^{\infty} a_n (2x-1)^n$ 在下列点处的收敛性：

   (1) $x = -1$； (2) $x = 1$； (3) $x = -\dfrac{1}{2}$； (4) $x = 3$.

3. 利用初等函数的幂级数展开式证明：$\sum_{n=0}^{\infty} \dfrac{(-1)^n}{2n+1} = \dfrac{\pi}{4}$.

4. 设 $f(x) = x\ln(1-x^2)$.

(1) 求 $f(x)$ 的麦克劳林级数和收敛域；

(2) 计算 $f^{(101)}(0)$；

(3) 利用逐项积分计算 $\int_0^1 f(x)\mathrm{d}x$.

5. 设有两条抛物线 $y = nx^2 + \dfrac{1}{n}$ 和 $y = (n+1)x^2 + \dfrac{1}{n+1}$，记它们交点的横坐标的绝对值为 a_n. 求：

(1) 这两条抛物线所围面积 S_n；

(2) 求级数 $\sum\limits_{n=1}^{\infty} \dfrac{S_n}{a_n}$ 的和.

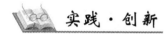

实践·创新

目的要求 掌握利用 MATLAB 求无穷级数的和、把函数展开为幂级数的方法.

1. 当数项级数收敛时，求无穷级数的和

例1 求 $\sum\limits_{n=1}^{\infty} \dfrac{1}{4n^2 + 8n + 3}$ 的和.

解 输入：

```
syms n
s1 = symsum(1/(4*n^2+8*n+3),n,1,inf)
```

得到该级数的和为 $s1 = 1/6$.

2. 将函数展开为幂级数

MATLAB 求一元函数泰勒展开式得命令为 taylor.

例2 求 $\arctan x$ 的 5 阶麦克劳林展开式.

解 输入：

```
syms x
ser3 = taylor(atan(x),x,6)
```

输出为

```
ser3 = x^5/5 - x^3/3 + x
```

这就得到了 $\arctan x$ 的近似多项式 ser3. 通过作图把 $\arctan x$ 和它的近似多项式进行比较.

输入：

```
x = -1.5:0.01:1.5;
y1 = atan(x);
y2 = x - 1/3*x.^3 + 1/5*x.^5;
plot(x,y1,'r--',x,y2,'b')
```

输出如图 6.1 所示,其中虚线为函数 y1 = arctan x,实线为它的近似多项式 y2.

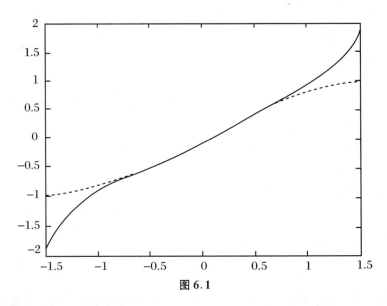

图 6.1

例 3 求函数 $y = \sin x$ 的级数,并考察其泰勒展开式的前几项构成的多项式函数的图形向 $y = \sin x$ 的图形的逼近情况.

解 先用泰勒命令观察函数 $y = \sin x$ 麦克劳林展开式的前几项,若观察前 6 项,相应的 MATLAB 代码为

```
>>clear;syms x;
>>taylor(sin(x),0,1)
>>taylor(sin(x),0,2)
>>taylor(sin(x),0,3)
>>taylor(sin(x),0,4)
>>taylor(sin(x),0,5)
>>taylor(sin(x),0,6)
```

运行结果为

```
>>taylor(sin(x),0,1)
  ans =
0
>>taylor(sin(x),0,2)
  ans =
  x
>> taylor(sin(x),0,3)
  ans =
  x
>> taylor(sin(x),0,4)
ans =
x-1/6*x^3
```

```
>> taylor(sin(x),0,5)
ans =
x-1/6*x^3
>> taylor(sin(x),0,6)
ans =
x-1/6*x^3+1/120*x^5
```

然后在同一坐标系里作出函数 $y=\sin x$ 和其泰勒展开式的前几项构成的多项式函数 $y=x$，$y=x-\dfrac{x^3}{3!}$，$y=x-\dfrac{x^3}{3!}+\dfrac{x^5}{5!}$，$\cdots$ 的图形，观察这些多项式函数的图形向 $y=\sin x$ 的图形逼近的情况. 在区间 $[0,\pi]$ 上作函数与多项式函数 $y=\sin x$ 图形的 MATLAB 代码为

```
>>x=0:0.01:pi;
>>y1=sin(x);y2=x;y3=x-x.^3/6;y4=x-x.^3/6+x.^5/120;
>>plot(x,y1,x,y2,':',x,y3,':',x,y4,':')
```

运行结果如图 6.2 所示，其中实线表示函数 $y=\sin x$ 的图形.

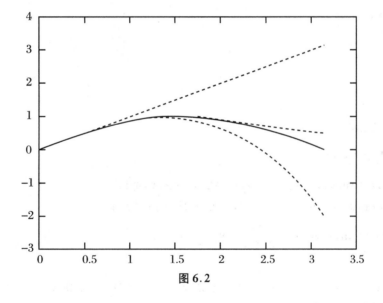

图 6.2

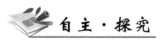

目的要求 在理论学习和实践创新的基础上，进一步探究级数的应用.

(1) 研究 π 的算法(要求不少于 5 种).

(2) 讨论如何利用泰勒级数进行近似计算.

(3) 在 6.6 节实例 6(存款问题)中，如果换一种提款方式，例如，第 n 年末提取 n 元或 n^3 元等等，事先应存入的本金数应该是多少？进一步考虑，是否按照任何提款方式都可以实现？

习题部分参考答案

习题 1.1

A 组

1. (1) $\{x \mid x \neq k\pi, k \in \mathbf{Z}\}$; (2) $\{x \mid x \neq \pm 1\}$.

2. $(-1, 0) \cup (0, 1)$.

3. $y = \begin{cases} 6 - 2x, & x > \dfrac{1}{2} \\ 4 + 2x, & x \leqslant \dfrac{1}{2} \end{cases}$.

4. 无界.

5. 证明略.

6. $f[f(-1)] = 1$.

7. $f(x) = x^2 - 2$.

8. $f(\cos x) = 2\cos^2 x + 2$.

9. (1) $y = u^2, u = \sin v, v = \dfrac{1}{x}$;

    (2) $y = e^u, u = \sin v, v = v_1 v_2 - v_3, v_1 = 2, v_2 = x, v_3 = 1$;

    (3) $y = \arctan u, u = u_1 + u_2, u_1 = e^x, u_2 = \sin v, v = x^2$;

    (4) $y = 2^u, u = \arcsin v, v = \dfrac{v_1}{v_1 + v_2}, v_1 = 1, v_2 = x^2$.

B 组

1. (1) $(-1, 1]$; (2) $\{x \mid x \neq 1, x \neq 2, x \neq 3, x \neq 4\}$; (3) $(-1, 0]$;

    (4) $[-4, -2] \cup [2, 7]$.

2. 0.

3. $f[f(x)] = 10$.

4. $f[g(x)] = \begin{cases} 1, & -1 < x < 0 \\ e^x, & 0 \leqslant x < 1 \end{cases}, g[f(x)] = \begin{cases} e, & \dfrac{1}{e} < x < 1 \\ e^x, & 1 \leqslant x < e \end{cases}$.

5. $y = \begin{cases} \ln x, & 0 < x < 1 \\ x^2 - 1, & x \geqslant 1 \end{cases}$.

6. (1) $2\sqrt{x^2 + y^2} + 3y = 3$; (2) $(x^2 + y^2)^2 = a(x^2 - y^2)$.

7. (1) $\rho^2 = a^2 \sin 2\theta$; (2) $\theta = \arctan \dfrac{1}{3}$.

习题部分参考答案

习题 1.2

A 组

1. (1) 无； (2) 有,0； (3) 无； (4) 无.
2. (1) 6； (2) 10； (3) 4； (4) 2.
3. $\lim\limits_{x\to\frac{3}{2}} f(x) = \frac{3}{2}, \lim\limits_{x\to 0} f(x) = -1, \lim\limits_{x\to 1} f(x) = 2$.
4. 右极限 $f(0+0) = 1$,左极限 $f(0-0) = -1$,极限不存在.
5. 两个极限都不存在.

B 组

1. (1) 错误； (2) 错误.
2. 右极限 $f(0+0) = -1$,左极限 $f(0-0) = 1$,极限不存在.

习题 1.3

A 组

1. (1) 2； (2) 1.
2. (1) 是； (2) 是； (3) 是.
3. 无穷小量：$100x^2, \sqrt[3]{x}, \dfrac{x^2}{x}, x^2 + \dfrac{1}{2}x, 0$；无穷大量：$\dfrac{2}{x}$；既不是无穷小量也不是无穷大量：$\sqrt{x+1}, x^2 + 0.01, \dfrac{1}{x-1}, \dfrac{x-1}{x+1}$.
4. 无穷大量：$100x^2, \sqrt[3]{x}, \sqrt{x+1}, \dfrac{x^2}{x}, x^2 + 0.01, x^2 + \dfrac{1}{2}x$；无穷小量：$\dfrac{2}{x}, 0, \dfrac{1}{x-1}$；既不是无穷小量也不是无穷大量：$\dfrac{x-1}{x+1}$.
5. $x \to 1$ 时, $y = \dfrac{1}{(x-1)^2}$ 是无穷大量, $x \to \infty$ 时, $y = \dfrac{1}{(x-1)^2}$ 是无穷小量.
6. (1) $f(x) = -1 + \dfrac{4x^2 + 2x}{x^2 + 1}$； (2) $f(x) = 2 + \dfrac{x^2 + 2x - 3}{x^2 + 1}$； (3) $f(x) = 3 + \dfrac{2x - 4}{x^2 + 1}$.

B 组

1. 无界,不是 $x \to +\infty$ 时的无穷大.
2. 证明略

习题 1.4

A 组

1. (1) $-\dfrac{3}{4}$； (2) $\dfrac{1}{3}$； (3) 4； (4) ∞； (5) 2； (6) $2x$； (7) 0； (8) 0； (9) ∞； (10) ∞； (11) $-\dfrac{1}{4}$； (12) $\dfrac{3}{2}$.

2. $a=3, b=4$.

B组

(1) $\left(\dfrac{2}{3}\right)^{10}$； (2) 0； (3) -2.

习题 1.5

A组

1. (1) 0； (2) 1； (3) $\dfrac{4}{\pi}$； (4) 1； (5) $\dfrac{5}{3}$； (6) 9； (7) 1.

2. (1) e^3； (2) e^{-2}； (3) e^2； (4) e^2； (5) e^2； (6) e^2； (7) e^{-2}； (8) e； (9) e； (10) e^{-1}.

B组

1. 证明略.

2. (1) 1； (2) 3.

3. 证明略；$\dfrac{1+\sqrt{1+4a}}{2}$.

4. $\sqrt{a}$.

习题 1.6

A组

1. x^2-x^3；1阶；2阶.

2. (1) $\dfrac{3}{2}$； (2) $\begin{cases} 0, & n>m \\ 1, & n=m \\ \infty, & n<m \end{cases}$； (3) 2； (4) 2.

3. (1) 1； (2) 2； (3) 1； (4) 3.

4. (1) 0； (2) 0； (3) 2； (4) $\dfrac{a}{b}$； (5) 1； (6) -1； (7) $\dfrac{1}{2}(b^2-a^2)$； (8) $\dfrac{1}{2}$； (9) -3.

5. $-\dfrac{3}{2}$.

6. $a=1, b=-4$.

B组

1. 证明略.

2. (1) 2； (2) $a\ln a$； (3) -1； (4) $\sqrt{ab}$.

3. $a=\sqrt[3]{3}$；$b=\dfrac{2}{9}\sqrt[3]{3}$.

习题 1.7

A 组

1. (1) 正确；(2) 错；(3) 错；(4) 错.
2. (1) 在定义域 $[0,2]$ 上连续；(2) $x = -1$ 是间断点.
3. (1) $x = 1$ 为第一类间断点之跳跃间断点；

   (2) $x = 1$ 为第一类间断点之可去间断点；$x = 2$ 为第二类间断点之无穷间断点；

   补充定义这个函数：$f(x) = \begin{cases} \dfrac{x^2-1}{x^2-3x+2}, & x \neq 1,2 \\ -2, & x = 1 \end{cases}$；

   (3) $x = 0$ 为第二类间断点之振荡间断点；

   (4) $x = k\pi + \dfrac{\pi}{2}, x = 0$ 为第一类间断点之可去间断点；$x = k\pi$ 为第二类间断点之无穷间

   断点. 其中 $k \in \mathbf{Z}$. 补充定义这个函数 $f(x) = \begin{cases} \dfrac{x}{\tan x}, & x \neq k\pi, k\pi + \dfrac{\pi}{2} \\ 1, & x = 0 \\ 0, & x = k\pi + \dfrac{\pi}{2} \end{cases}$ $(k \in \mathbf{Z})$

4. (1) $x = -2$ 为第二类间断点之无穷间断点；

   (2) $x = 0$ 为第一类间断点之可去间断点；

   (3) $x = 1$ 为第一类间断点之可去间断点.

5. $(-\infty, -3), (-3, 2), (2, +\infty)$；$\lim\limits_{x \to 0} f(x) = \dfrac{1}{2}$, $\lim\limits_{x \to -3} f(x) = -\dfrac{8}{5}$, $\lim\limits_{x \to 2} f(x) = \infty$.

6. -1.

7. (1) $\sqrt{5}$；(2) 0；(3) $\sqrt{2}$；(4) $\mathrm{e}^{-\frac{3}{2}}$.

8. 略.

9. 略.

B 组

1. $x = 1, x = -1$ 为第一类间断点之跳跃间断点.
2. 无论 k 取何值，函数在其定义域内均不连续.
3. $a = 2; b = -1$.
4. 略.

习题 1.8

1. $L(x) = \begin{cases} 30x, & x \leqslant 100 \\ 31x - 0.01x^2, & 100 < x \leqslant 1600. \\ 15x, & x > 1600 \end{cases}$

2. $C(x) = 100 + 3x$ 元, 100 元；700 元, 3.5 元.

3. $R(x)=\begin{cases}1200x, & x\leqslant 1000\\ 1200x-2500, & 1000<x\leqslant 1520\end{cases}.$

4. $Q=40000-1000P; R=(40000-1000P)\cdot P.$

5. $R=-\dfrac{1}{2}q^2+4q.$

6. (1) $L(q)=8q-q^2-7$；（2）9元，2.25元；（3）亏损．

总复习题 1

A 组

1. $\left[-\dfrac{1}{4},\dfrac{1}{2}\right].$

2. (1) $[-1,0]$；（2）$\left[k\pi+\dfrac{\pi}{2},k\pi+\pi\right], k\in \mathbf{Z}.$

3. $\dfrac{x}{\sqrt{1+nx^2}}.$

4. $g[f(x)]=\begin{cases}1+x, & x\leqslant -1\\ -(1+x)^2, & -1<x\leqslant 0.\\ -x^2, & x>0\end{cases}$

5. 不一定，反例：$f(x)=0, g(x)=\dfrac{1}{x-x_0}.$

6. (1) ∞；（2）$\dfrac{1}{2}$；（3）e；（4）1；（5）$2\cos 2.$

7. 函数 $f(x)$ 在 $x=0$ 处不连续．

8. $a=1; b=-1.$

9. 证明略．

10. 证明略．

11. 证明略．

B 组

1. (1) $F(x)=\begin{cases}\sqrt{x}, & 0\leqslant x<1\\ \sqrt{-x}, & -1<x<0\end{cases};$

   (2) $F(x)=\sqrt{x}, x\in(k,k+1),$ 其中 $k\in \mathbf{Z}.$

2. (1) $(abc)^{\frac{1}{3}}$；（2）e^4；（3）125；（4）e^{-1}；（5）$\pi.$

3. $\dfrac{1}{2}.$

4. $\dfrac{1+\sqrt{5}}{2}.$

5. $2A.$

6. $a=0; b=1.$

7. $f(x)$ 与 $g(x)$ 是同阶但不等价无穷小．

8. 略．

习题部分参考答案

习题 2.1

A 组

1. (1) 27； (2) -7； (3) $-\sin x$； (4) 5.

2. 可导，$f'(1) = \dfrac{1}{2}$.

3. 切线方程为 $y = -6x - 9$；法线方程为 $y = \dfrac{1}{6}x + \dfrac{19}{2}$.

4. 切线方程为 $y = \dfrac{\sqrt{3}}{2}x - \dfrac{\sqrt{3}}{12}\pi + \dfrac{1}{2}$；法线方程为 $y = -\dfrac{2\sqrt{3}}{3}x + \dfrac{\sqrt{3}}{9}\pi + \dfrac{1}{2}$.

5. 连续但不可导.

B 组

$y' = \dfrac{1}{x\ln 3}$.

习题 2.2

A 组

1. (1) $y' = e^x - 6\sec^2 x$； (2) $y' = \cos x + 2x - 21x^2$； (3) $y' = 18x\operatorname{arccot}(3x) - 3$；

(4) $y' = \dfrac{1 - \lg x \ln 10}{10x^2 \ln 10}$； (5) $y' = \dfrac{1}{2\sqrt{x}} - \tan x$； (6) $y' = 2x^3 \sin(x^2 + 1)$；

(7) $y' = -2\cos x \sin^2 x + \cos^3 x + \dfrac{1}{x}\cos(\ln x)$；

(8) $y' = 3^x \ln 3 \cot(5x) - 5 \cdot 3^x \csc^2(5x) - \dfrac{\arctan x}{x^2} + \dfrac{1}{x(1+x^2)}$；

(9) $y' = \dfrac{1}{\sqrt{9-x^2}} + e^{\cos x}\sin x$； (10) $y' = \dfrac{x}{a+x^2} + 2\sec^2(2x)$.

2. $\dfrac{dy}{dx} = \dfrac{2y^2\cos x + 2xy}{1 - 2y\sin x}$.

3. $y'|_{x=0} = \dfrac{1}{3}$.

4. 切线方程为 $y = \dfrac{2}{e}x - 1$，法线方程为 $y = -\dfrac{e}{2}x + \dfrac{e^2}{2} + 1$.

5. $y' = x^{\sin x}\left(\cos x \ln x + \dfrac{\sin x}{x}\right)$.

6. $y' = \dfrac{1}{2}\sqrt{\dfrac{(x+1)(x-3)}{(9+x)(6+x)}}\left(\dfrac{1}{x+1} + \dfrac{1}{x-3} - \dfrac{1}{9+x} - \dfrac{1}{6+x}\right)$.

7. (1) $\dfrac{dy}{dx} = \dfrac{b}{a}\tan t$； (2) $\dfrac{dy}{dx} = \dfrac{1}{2t}$.

B 组

1. $y' = \begin{cases} -2x, & |x| < 1 \\ 2x, & |x| > 1 \end{cases}$.

2. $\psi'(2) = -\sqrt{3}$.

3. $\dfrac{3\pi}{4}$.

习题 2.3

A 组

1. (1) $y'' = (2 - x^2)\cos x - 4x\sin x - 49\sin(7x)$;   (2) $y'' = 2\arctan x + \dfrac{2x}{1 + x^2}$;

   (3) $y''' = (e^{3x} - e^x)\sin(e^x) - 3e^{2x}\cos(e^x)$;   (4) $y^{(4)} = 2x^{-3}$.

2. 略.

3. (1) $\dfrac{d^2 y}{dx^2} = \dfrac{-4\sin y}{(2 - \cos y)^3}$;   (2) $\dfrac{d^2 y}{dx^2} = \dfrac{e^x(1 + e^y)^2 - e^y(e^x - 1)^2}{(1 + e^y)^3}$.

4. (1) $f^{(n)}(x) = 3^n e^{3x}$;   (2) $f^{(n)}(x) = (-1)^{n-1} \dfrac{(n-1)!}{(1+x)^n}$.

5. $\dfrac{dW}{dt} > 0; \dfrac{d^2 W}{dt^2} < 0$.

B 组

(1) $f^{(n)}(x) = a^n \cos\left(ax + \dfrac{n}{2}\pi\right)$;   (2) $f^{(n)}(x) = a^n \sin\left(ax + b + \dfrac{n}{2}\pi\right)$;

(3) $f^{(n)}(x) = \dfrac{(-1)^n n!}{x^{n+1}}\left(\ln x - \sum_{k=1}^{n} \dfrac{1}{k}\right)$;

(4) $f^{(n)}(x) = (-1)^n n!\left[\dfrac{1}{(x+1)^{n+1}} - \dfrac{1}{(x+2)^{n+1}}\right]$.

习题 2.4

A 组

1. (1) $dy = 3x^2 dx$;   (2) $dy = \dfrac{1}{x+3} dx$;

   (3) $dy = [\tan(5x) + 5x\sec^2(5x)] dx$;   (4) $dy = \left(3^x \ln 3 + \dfrac{1}{1 + x^2}\right) dx$;

   (5) $dy = \dfrac{(2\sin x - \cos x) e^{2x}}{\sin^2 x} dx$;   (6) $dy = \dfrac{2x}{x^2 + 1} \cos(\ln(x^2 + 1)) dx$.

2. (1) $dy = \left(2x + \dfrac{1}{1 + x^2}\right) dx$;   (2) $dy\big|_{x=1} = \dfrac{5}{2} dx$;   (3) $dy\big|_{x=1, \Delta x = 0.02} = 0.05$.

3. $dy = x^x(1 + \ln x) dx, \dfrac{dy}{dx} = x^x(1 + \ln x)$.

4. 0.875.

5. 9.95.

6. 1.005 cm^3.

B组

1.(1) $dy = \dfrac{y\cos(xy) - e^{x+y}}{e^{x+y} - x\cos(xy)}dx$; (2) $dy = \dfrac{2xy}{3y^3+1}dx$.

2. 略.

习题 2.5

A组

1.(1) 满足，$\xi = \dfrac{\pi}{6}$; (2) 满足，$\xi = \dfrac{1}{2}$.

2. 略.

3. 略.

4.(1) 满足，$\xi = 2$; (2) 满足，$\xi = \dfrac{1}{2}\ln(e-1)$; (3) 不满足.

5. 满足，$\xi = \pm\sqrt{\dfrac{3}{5}}$.

6. 略.

7. 略.

8. 略.

9. 有两个实根，分别在区间 $(1,2),(2,3)$ 内.

B组

略.

习题 2.6

A组

1. (1) 2; (2) $10\sqrt{2}$; (3) -2; (4) 3; (5) 0; (6) $+\infty$; (7) 0; (8) 0.

2.(1) 0; (2) 1; (3) 1; (4) 0; (5) $-\dfrac{1}{2}$; (6) e^7; (7) e^{-6}; (8) $e^{-\frac{1}{3}}$.

3.(1) 不能，原极限 $=2$; (2) 不能，原极限 $=0$.

B组

(1) $\dfrac{1}{2}$; (2) -1; (3) $\dfrac{2}{3}$; (4) $-\dfrac{1}{2}$.

习题 2.7

A组

1. (1) 极小值：$y(3) = -21$；极大值：$y(-1) = 11$；
   (2) 极小值：$y(0) = 0, y(2) = 0$；极大值：$y(1) = 1$；
   (3) 极小值：$y(1) = 1$；无极大值；

(4) 极小值：$y(-1) = -\dfrac{1}{2}$；无极大值.

2. (1) 最小值：$y(-3) = -15$；最大值：$y(-1) = y(2) = 5$；

(2) 最小值：$y(-2) = y\left(-\dfrac{1}{2}\right) = -\dfrac{5}{2}$；最大值：$y(-1) = -2$；

(3) 最小值：$y(-\ln 2) = 1$；最大值：$y(1) = e + \dfrac{1}{4e}$；

(4) 最小值：$y\left(-\dfrac{1}{\sqrt{2}}\right) = -\dfrac{1}{\sqrt{2e}}$；最大值：$y\left(\dfrac{1}{\sqrt{2}}\right) = \dfrac{1}{\sqrt{2e}}$.

3. 当年产量为 300 个单位时，总利润最大，此时总利润为 43000 元.

4. 最优订货批量为 2000 kg.

5. 长为 18 米，宽为 12 米.

B 组

1. 单减区间：$(-5,1) \cup (3,4)$；单增区间：$(1,3) \cup (4,6)$；

极小值：$y(1) = 1$，$y(4) = 4$；极大值：$y(3) = 5$；

最小值：$y(1) = 1$；最大值：$y(-5) = 49$.

2. 极小值：$f(0) = -e^{\frac{\pi}{2}}$；极大值：$f(-1) = -2e^{\frac{\pi}{4}}$.

习题 2.8

A 组

1. (1) 凹区间为 $\left(-\infty, \dfrac{5}{3}\right]$；凸区间为 $\left[\dfrac{5}{3}, +\infty\right)$；拐点为 $\left(\dfrac{5}{3}, \dfrac{250}{27}\right)$；

(2) 凸区间为 $(-\infty, +\infty)$；无拐点；

(3) 凸区间为 $(0,1]$；凹区间为 $[1, +\infty)$；拐点为 $(1,1)$；

(4) 凹区间为 $(0,3]$；凸区间为 $[3, +\infty)$；拐点为 $\left(3, \dfrac{4\sqrt{3}}{3} + 1\right)$；

(5) 凸区间为 $(-\infty, 2]$；凹区间为 $[2, +\infty)$；拐点为 $(2, 2e^{-2})$；

(6) 凸区间为 $(-\infty, -\sqrt{3}] \cup [0, \sqrt{3}]$；凹区间为 $[-\sqrt{3}, 0] \cup [\sqrt{3}, +\infty)$；拐点为 $(0,0)$，$\left(\sqrt{3}, \dfrac{\sqrt{3}}{4}\right)$.

2. 略.

3. (1) 垂直渐近线为 $x = -1$，斜渐近线为 $y = x - 1$，无水平渐近线；

(2) 垂直渐近线为 $x = 0$，无斜渐近线，无水平渐近线；

(3) 斜渐近线为 $y = x - 1$，$y = -x + 1$，无水平渐近线，无垂直渐近线；

(4) 斜渐近线为 $y = \dfrac{x}{3} + \dfrac{\pi}{2}$，$y = \dfrac{x}{3} - \dfrac{\pi}{2}$，无水平渐近线，无垂直渐近线.

4. 略.

5. 略.

B 组

1. 凹区间：$\left(-\infty, \dfrac{6-\sqrt{3}}{3}\right] \cup \left[\dfrac{6+\sqrt{3}}{3}, +\infty\right)$；凸区间：$\left[\dfrac{6-\sqrt{3}}{3}, \dfrac{6+\sqrt{3}}{3}\right]$；拐点：$\left(\dfrac{6-\sqrt{3}}{3}, \dfrac{4}{9}\right)$，$\left(\dfrac{6+\sqrt{3}}{3}, \dfrac{4}{9}\right)$.

2. 斜渐近线为：$y = e^{\pi}(x-2)$，$y = x-2$；无水平渐近线，无垂直渐近线.

习题 2.9

1. (1) 当 12.5 时的平均成本为 12.5，当 $Q = 20$ 时平均成本最小；
   (2) $Q = 10$ 时的边际成本为 5，其经济意义为：当产量为 10 单位时，若再增加（减少）一个单位产品，总成本将近似地增加（减少）5 个单位.

2. 边际收入函数为 $R'(Q) = 20 - \dfrac{2}{5}Q$，$R'(20) = 12$，$R'(50) = 0$，$R'(70) = -8$，所得结果的经济意义：由所得结果可知，当销售量（即需求量）为 20 个单位时，再多销售一个单位产品，总收益约增加 12 个单位；当销售量为 50 个单位时，总收益的变化率为零，这时总收益达到最大值，增加一个单位的销售量，总收益基本不变；当销售量为 70 个单位时，再多销售一个单位产品，反而使总收益约减少 8 个单位.

3. (1) 生产 50 件、100 件、200 件产品时的平均成本分别为 125 元、120 元、125 元，生产 50 件、100 件、200 件产品时的边际成本分别为 110 元、120 元、140 元；
   (2) 平均成本最小时的日产量为 100 件，此时的边际成本为 120 元.

4. 当 $P = 0.8$ 时，$\eta(0.8) = -0.25$，此时 $Q = 320$，这说明在价格 $P = 0.8$ 时，若价格提高（或降低）1% 时，需求量 Q 将由 320 起减少（或增加）0.25%；
   当 $P = 2$ 时，$\eta(2) = -1$，此时 $Q = 200$，这说明在价格 $P = 2$ 时，若价格提高（或降低）1% 时，需求量 Q 将由 200 起减少（或增加）1%；
   当 $P = 3$ 时，$\eta(2) = -3$，此时 $Q = 100$，这说明在价格 $P = 3$ 时，若价格提高（或降低）1% 时，需求量 Q 将由 100 起减少（或增加）3%.

总复习题 2

A 组

1. (1) 2； (2) $\cos a$； (3) $\dfrac{1}{3}$； (4) $\dfrac{1}{2}$； (5) 1； (6) 0； (7) $-\dfrac{3}{5}$； (8) $-\dfrac{\ln 2}{6}$；
   (9) 1； (10) 1； (11) 1； (12) $\ln \sqrt{6}$.

2. $dy = \dfrac{dx}{(1+e^y)\sqrt{1+x^2}}$.

3. (1) $y'' = -\dfrac{1}{x^2}$；
   (2) $y'' = 2\tan x + \left[4x + 2(1+x^2)\tan x\right]\sec^2 x$；
   (3) $y'' = 6x f'(x^3) + 9x^4 f''(x^3)$；
   (4) $y'' = 6x \cos(x^2) - 4x^3 \sin(x^2)$；

(5) $y'' = \dfrac{2y(x+\sin y) - y^2\cos y}{(x+\sin y)^3}$;

(6) $y'' = \dfrac{10x^2 + 10y^2 + 30xy}{(3x+2y)^3}$.

4. 略.

5. 产量为 $\dfrac{1}{\beta}$ 单位时，单位成本最小，最小单位成本为 $\alpha\beta\mathrm{e}$.

6. (1) 1300 千元；　(2) 3.25(千元/台)；　(3) 约 2.119(千元/台)；　(4) 2.125(千元/台).

7. 当价格 P 为 6 千元时，需求弹性 $\eta(9) = -2$，弹性绝对值 $|\eta(9)| = 2 > 1$，表示此时当价格上涨 1% 时，商品的需求量将减少 2%；反之，当价格下降 1% 时，商品的需求量将增加 2%.

B 组

1. 1.

2. $\dfrac{(-1)^{n-1}}{n(n+1)}$.

3. $(-1)^n \dfrac{n!\, 2^n}{3^{n+1}}$.

4. $-\dfrac{1}{6}$.

5. 当 $k < 4$ 时，无交点；当 $k = 4$ 时，有唯一点；当 $k > 4$ 时，有两个交点.

6. 极大值为 $f(-6) = -\dfrac{19}{2}$；凹区间为 $[0, +\infty)$；凸区间为 $(-\infty, -2) \cup (-2, 0]$，拐点为 $(0, 4)$；垂直渐近线为 $x = -2$；斜渐近线为 $y = x$；无水平渐近线. 图略.

习题 3.1

A 组

1. $\dfrac{1}{3}$.

2. (1) $\dfrac{3}{2}$；　(2) $-\dfrac{9}{2}\pi$；　(3) 0.

3. (1) $\int_1^2 x^2\,\mathrm{d}x < \int_1^2 x^3\,\mathrm{d}x$；　(2) $\int_0^1 x\,\mathrm{d}x > \int_0^1 \ln(1+x)\,\mathrm{d}x$；　(3) $\int_0^{\frac{\pi}{2}} \sin x\,\mathrm{d}x < \int_0^{\frac{\pi}{2}} x\,\mathrm{d}x$.

4. (1) $\left[\dfrac{1}{4}, 1\right]$；　(2) $\left[\dfrac{3\pi}{8}, \dfrac{\pi}{2}\right]$；　(3) $[1, \mathrm{e}]$.

B 组

(1) $\int_0^1 \sqrt{1+x}\,\mathrm{d}x$；　(2) $\dfrac{1}{\pi}\int_0^\pi \sin x\,\mathrm{d}x$.

习题 3.2

A 组

1. (1) $\cos x$；　(2) 0；　(3) $\sin(x^2)$；　(4) $-2\mathrm{e}^{-2x}$；　(5) $-\sin x\, 3^{\cos x} - \cos x\, 3^{\sin x}$；

(6) $3x^2 \mathrm{e}^{x^6} - 2x\mathrm{e}^{x^4}$.

2. $y' = \dfrac{-2x^3 \ln(x^4)}{e^y}$.

3. (1) 0; (2) $-\ln 3$; (3) $\dfrac{1}{3}$.

4. (1) $\dfrac{4\sqrt{2}}{3}$; (2) $-\dfrac{\pi}{6}$; (3) $-\ln 2$; (4) $\dfrac{5}{6}$; (5) 2; (6) $\dfrac{17}{6}$.

B 组

1. (1) 0; (2) $\dfrac{1}{p+1}$. 2. (1) 1; (2) 4.

习题 3.3

A 组

1. (1) $e^x - \sin x$; (2) $\sec^2 x$; (3) $2x + C$.

2. (1) $\dfrac{3}{7} x^7 + C$; (2) $\dfrac{4}{7} x^{\frac{7}{4}} + C$; (3) $\dfrac{2^x}{\ln 2} + C$;

   (4) $e^{x+2} + C$; (5) $5\arcsin x + C$; (6) $\dfrac{1}{3}\operatorname{arccot} x + C$;

   (7) $e^t - 2\sqrt{t} + C$; (8) $\dfrac{10^t}{\ln 10} + C$; (9) $x + \dfrac{1}{3} x^3 - \dfrac{1}{2} x^2 + C$;

   (10) $x + 3\arctan x + C$; (11) $-\cos x - 3\sin x + C$; (12) $2(\tan x - \cot x) + C$.

3. $y = x^2 + x + 1$.

B 组

(1) $\sin x + x + C$; (2) $-\dfrac{1}{x} + \operatorname{arccot} x + C$;

(3) $\dfrac{1}{2} x^2 + \arctan x + C$; (4) $9\tan x - \cot x - 4x + C$.

习题 3.4

A 组

1. (1) $-3e^{-\frac{x}{3}} + C$; (2) $\dfrac{1}{2} e^{x^2} + C$; (3) $\dfrac{1}{5} \ln|5x+6| + C$;

   (4) $-2\sqrt{1-x^2} + C$; (5) $\dfrac{1}{7}(e^x+1)^7 + C$; (6) $\dfrac{1}{\sqrt{3}} \arctan(\sqrt{3} x) + C$;

   (7) $\dfrac{1}{2} \ln(x^2+2) + C$; (8) $\dfrac{1}{2}(\arcsin x)^2 + C$; (9) $\ln|\cos x + \sin x| + C$;

   (10) $\ln|1 + \tan x| + C$; (11) $\ln|x \ln x| + C$; (12) $\ln|\sin 2x| + C$.

2. (1) $\dfrac{1}{2}$; (2) $\dfrac{1}{3}$; (3) $4 - 2\sqrt{2}$; (4) -1; (5) $\dfrac{1}{2}$; (6) $\dfrac{2}{3} a^{\frac{3}{2}}$; (7) $\dfrac{4\sqrt{2}-2}{\pi}$; (8) 2.

B 组

(1) $\sin x + \dfrac{1}{5} \sin^5 x - \dfrac{2}{3} \sin^3 x + C$; (2) $\dfrac{1}{2} \arctan(\sin^2 x) + C$;

(3) $\frac{1}{2}\ln(x^2+x+1)+\frac{1}{\sqrt{3}}\arctan\frac{2x+1}{\sqrt{3}}+C$;

(4) $-\frac{4}{3}\sqrt{1-x\sqrt{x}}+C$;

(5) $2(\sqrt{3}-1)$;

(6) $-\frac{1}{8}\ln^2 2$.

习题 3.5

A 组

1. (1) $\frac{2}{3}(x+4)(x-2)^{\frac{1}{2}}+C$;

   (2) $4\sqrt{1+\sqrt{x}}+C$;

   (3) $\sqrt{2x}-\ln|1+\sqrt{2x}|+C$;

   (4) $18\arcsin\frac{x}{6}+\frac{1}{2}x\sqrt{36-x^2}+C$;

   (5) $\sin(\arctan x)+C$;

   (6) $\ln|x+\sqrt{9+x^2}|+C$;

   (7) $\frac{1}{x}-\frac{1}{2x^2}-\ln\left|\frac{x+1}{x}\right|+C$;

   (8) $\frac{1}{5x^5}+\frac{1}{3x^3}+\frac{1}{x}-\frac{1}{2}\ln\left|\frac{x+1}{x-1}\right|+C$.

2. (1) $6+3\ln 2$; (2) $2\left[1-\ln\frac{3}{2}\right]$; (3) $\ln\frac{2+\sqrt{3}}{1+\sqrt{2}}$; (4) $\ln\frac{2+\sqrt{3}}{3}$.

3. (1) 0; (2) $\frac{106}{15}$.

B 组

1. (1) $\frac{x}{x-\ln x}+C$; (2) $-\frac{1}{2}\arcsin\frac{2-x}{\sqrt{2x}}+C$.

2. 略.

3. 略.

习题 3.6

A 组

1. (1) $x\ln x-x+C$;

   (2) $-x\cos x+\sin x+C$;

   (3) $x\arccos x-\sqrt{1-x^2}+C$;

   (4) $3^x\frac{x}{\ln 3}-3^x\left(\frac{1}{\ln 3}\right)^2+C$;

   (5) $\frac{1}{6}x^6\ln x-\frac{1}{36}x^6+C$;

   (6) $-\frac{1}{2}x\cos 2x+\frac{1}{4}\sin 2x+C$;

   (7) $x\left(\ln\sqrt[3]{x}-\frac{1}{3}\right)+C$;

   (8) $\left(x-\frac{1}{2}\right)\arcsin\sqrt{x}+\frac{1}{2}\sqrt{x}\sqrt{1-x}+C$;

   (9) $x^2\sin x+2x\cos x-2\sin x+C$;

   (10) $\frac{1}{2}(\sin x+\cos x)e^x+C$.

2. (1) $\frac{\pi}{4}+\ln\frac{\sqrt{2}}{2}$; (2) 1; (3) $\frac{\pi}{12}+\frac{\sqrt{3}}{2}-1$; (4) $12\ln 3-8$; (5) 2; (6) $\frac{\pi}{8}-\frac{1}{8}\ln 2$;

   (7) π; (8) $\frac{e}{2}(\sin 1-\cos 1)+\frac{1}{2}$.

B组

(1) $\tan x \ln(\cos x) + \tan x - x + C$;

(2) $\begin{cases} I_n = \dfrac{2n-3}{2(n-1)a^2} I_{n-1} + \dfrac{1}{2(n-1)a^2} \cdot \dfrac{x}{(x^2+a^2)^{n-1}}, n \geqslant 2 \\ I_1 = \dfrac{1}{a} \arctan \dfrac{x}{a} + C \end{cases}$;

(3) $6e^{18} - e^3$;   (4) $\dfrac{3\pi^2}{16} - \dfrac{1}{4}$.

习题 3.7

A组

1. 不正确. $x=0$ 为函数 $\dfrac{1}{x^2}$ 在 $[-1,3]$ 上的瑕点,此为瑕积分.

2. 不对. 此为无穷区间上的广义积分,定积分的性质在这里不适用.

3. $k \leqslant 1$ 时,原积分发散; $k > 1$ 时,原积分收敛于 $\dfrac{(\ln 2)^{1-k}}{k-1}$.

4. (1) $\dfrac{\pi}{4}$; (2) $-\dfrac{\pi^2}{8}$; (3) $\dfrac{1}{\lambda^2}$; (4) $\dfrac{\sqrt{5}}{5}\pi$; (5) $\dfrac{8}{3}$; (6) $\dfrac{\pi}{2}$; (7) $\dfrac{3}{2}$.

B组

1. (1) 2; (2) $-\dfrac{\pi}{2} + \ln(7 + 4\sqrt{3})$; (3) π.

2. 证明略;1.

习题 3.8

1. (1) $\dfrac{2}{3} + \pi$; (2) $\dfrac{1}{2} + \ln\dfrac{\sqrt{2}}{2}$; (3) $\dfrac{1}{3}$; (4) $e^2 - 3$; (5) $e-1$.

2. $\dfrac{16}{35}\pi$.

3. $\dfrac{\pi}{5}; \dfrac{\pi}{2}$.

4. $V_x = \dfrac{4}{3}\pi ab^2; V_y = \dfrac{4}{3}\pi a^2 b$.

5. $V = \dfrac{2}{3} R^3 \tan \alpha$.

6. 略.

习题 3.9

1. $C(x) = 0.2x^2 + 2x + 20, L(x) = -0.2x^2 + 16x - 20$,每天生产 40 单位的产品可以获得最大利润.

2. 第一个五年的总产量为 60；第二个五年的总产量为 110.

3. 756 百元.

4. 约 6.69 元, 66900 元.

5. (1) 9987.5； (2) 19850.

6. 20150 元.

7. 196.75 万元.

8. $\dfrac{27}{2}$, 9.

总复习题 3

A 组

1. (1) $\int_1^2 \ln x \, dx > \int_1^2 (\ln x)^2 \, dx$； (2) $\int_0^1 x^2 \, dx > \int_0^1 x^3 \, dx$； (3) $\int_0^1 (1+x) \, dx < \int_0^1 e^x \, dx$.

2. $\left[\dfrac{2}{\sqrt[4]{e}}, 2e^2 \right]$.

3. (1) $-\dfrac{1}{4} x^{-4} + C$；   (2) $\dfrac{x^2}{6} + \dfrac{3}{2} x^{-2} + C$；

(3) $\dfrac{5^{2+x}}{\ln 5} + C$；   (4) $e^x - 2\sqrt{x} + C$；

(5) $-\cos x + 2\sin x + \ln |\cos x| + C$； (6) $10 \tan x + x + C$；

(7) $2\ln|x| + 6e^x + \dfrac{2}{3} x^{\frac{3}{2}} + C$； (8) $\ln|\ln x| + C$；

(9) $\dfrac{(1+x)^{13}}{13} + C$； (10) $-\ln|1 - \sin x| + C$；

(11) $-\dfrac{1}{9}(1 - x^6)^{\frac{3}{2}} + C$； (12) $\dfrac{1}{\cos x} + C$；

(13) $2\tan\sqrt{x} + C$； (14) $-\ln|\cot x| + C$；

(15) $\arcsin \dfrac{x}{\sqrt{3}} + C$； (16) $-\dfrac{1}{x} e^{\frac{1}{x}} + e^{\frac{1}{x}} + C$；

(17) $-2\sqrt{x} \cos\sqrt{x} + 2\sin\sqrt{x} + C$； (18) $x\sin x + \cos x + C$；

(19) $\dfrac{1}{7} x^7 \ln x - \dfrac{1}{49} x^7 + C$； (20) $\dfrac{1}{3} x^3 \arcsin x - \dfrac{1}{9}(1 - x^2)^{\frac{3}{2}} + \dfrac{1}{3}\sqrt{1 - x^2} + C$.

4. (1) 9； (2) $\ln 5$； (3) $1 - \dfrac{\pi}{4}$； (4) $e^{-2} - e^{-3} - \dfrac{1}{6}$； (5) $1 + \dfrac{\pi^2}{8}$； (6) 0；

(7) $\dfrac{e-1}{3}$； (8) $\dfrac{3}{4}$； (9) 1； (10) $2 - 2\ln 2$； (11) $\dfrac{50}{3}$； (12) $\dfrac{\pi}{2}$； (13) $\dfrac{\sqrt{2}}{2}$；

(14) $1 - \dfrac{2}{e}$； (15) $\dfrac{1 - \ln 2}{2}$.

5. (1) $\dfrac{1}{2}$； (2) $\dfrac{1}{10}$.

6. (1) 收敛于 π； (2) 发散.

7. $(2x^2 - 1) e^{x^2} + C$.

8. 略.

9. (1) $\ln 2$； (2) $\dfrac{8}{3}$； (3) $\dfrac{1}{2}$； (4) $\dfrac{10}{3}$； (5) $4\ln 2-\dfrac{3}{2}$； (6) $\dfrac{37}{12}$； (7) $\dfrac{9}{4}$；

(8) $\dfrac{27}{4}$.

10. (1) $\pi(e-2)$； (2) $\dfrac{11}{6}\pi$； (3) $\dfrac{\pi}{3}$； (4) $\pi\left(\dfrac{\pi^2}{4}-2\right)$； (5) $\dfrac{2}{5}\pi$.

11. (1) $V_1=\dfrac{4}{5}\pi(32-a^5), V_2=\pi a^4$； (2) $a=1$ 时, $V_{最大}=\dfrac{129}{5}\pi$.

12. (1) 4 百台； (2) 总利润减少 0.5 万元.

B 组

1. (1) $\dfrac{1}{5}\ln\left|\dfrac{x^5}{1+x^5}\right|+C$； (2) $\dfrac{1}{2}(x\sin(\ln x)-x\cos(\ln x))+C$；

(3) $\dfrac{x}{1+e^{-x}}-\ln(1+e^{-x})+C$； (4) $2+\dfrac{\pi}{2}$；

(5) $4\sqrt{2}$； (6) $\dfrac{7}{3}$.

2. $\dfrac{1}{2}\ln 3$.

习题 4.1

A 组

1. (1) 是,二阶； (2) 不是； (3) 是,一阶； (4) 是,二阶； (5) 不是； (6) 是,三阶.
2. (1) 是； (2) 是.
3. (1) $y-x^3=1$； (2) $x^2-y^2=-25$； (3) $y=\dfrac{1}{2}e^x+\dfrac{1}{2}e^{-x}$； (4) $y=\sin\left(x-\dfrac{\pi}{2}\right)$.
4. 是.

B 组

1. (1) 是； (2) 是； (3) 是； (4) 不是.
2. (1) $y=x^2+C, C$ 为任意常数； (2) $y=x^2+3$； (3) $y=x^2+4$.

习题 4.2

A 组

1. (1) $(x^2+1)(y^2+1)=C$； (2) $\ln y=Cx$； (3) $y^2=\dfrac{Cx^2}{1+x^2}-1$.

2. (1) $\ln\dfrac{y}{x}=Cx+1$； (2) $y=Ce^{\frac{y}{x}}$； (3) $x+2ye^{xy^{-1}}=C$；

(4) $4(y-1)^2+2(y-1)(x+3)-(x+3)^2=C$.

3. (1) $x^2y=4$； (2) $e^y=\dfrac{1}{2}e^{2x}+\dfrac{1}{2}$； (3) $y=e^{\tan\frac{x}{2}}$；

(4) $\ln(y^2+x^2)+\arctan\dfrac{y}{x}=\ln 2+\dfrac{\pi}{4}$; (5) $y^3=y^2-x^2$.

4. $f(x)=\dfrac{2e^x}{3-e^{2x}}$.

5. (1) $y=e^{-x}(x+C)$; (2) $y=2+Ce^{-x^2}$;

   (3) $y=\dfrac{1}{x}(-\cos x+C)$; (4) $y=(x-2)^3+C(x-2)$;

   (5) $y=x^3+x+C(1+x^2)$; (6) $y=\dfrac{1}{12}-\dfrac{1}{11x}+Cx^{-12}$.

6. $y=x(1-4\ln x)$.

7. $y=2(e^x-x-1)$.

B 组

1. (1) $x^{-1}=-y^2+2+Ce^{-\frac{1}{2}y^2}$; (2) $x+\cot\dfrac{x-y}{2}+C=0$; (3) $x\tan\dfrac{x+y}{2}=C$.

2. (1) $\cos y=\dfrac{\sqrt{2}}{2}\cos x$; (2) $e^x+1=2\sqrt{2}\cos y$.

3. (1) $y=-x+\tan(x+C)$; (2) $x=-y+\tan(y+C)$;

   (3) $(x-y)^2+2x=C$; (4) $y=1-\sin x-\dfrac{1}{x+C}$;

   (5) $2x^2y^2\ln|y|-2xy-1=Cx^2y^2$; (6) $y=\dfrac{e^{Cx}}{x}$.

4. (1) $\dfrac{\mathrm{d}x(t)}{\mathrm{d}t}=kx(t)[N-x(t)]$ (k 为常数) ; (2) $x(t)[N-Cx(t)]=Ce^{kNt}$;

   (3) 由微分方程可知,当销售量小于最大需求量一半时,销售速率不断增大;销售量大于最大需求量一般时,销售速率不断减小;销售量为最大量一半左右时,商品最为畅销.

5. $N=2500-2490e^{-0.1t}$.

习题 4.3

A 组

1. (1) 是,不能组成通解,因为 y_1,y_2 线性相关;
   (2) 是,能组成通解,因为 y_1,y_2 线性无关,通解为 $y=(C_1+C_2x)e^{2x}$;
   (3) 是,能组成通解,y_1,y_2 线性无关,通解为 $y=C_1\cos\omega x+C_2\sin\omega x$.

2. (1) $y=C_1e^{2x}+C_2e^{3x}$; (2) $y=C_1e^{2x}+C_2e^{-x}$;

   (3) $y=C_1e^x+C_2xe^x$; (4) $y=C_1+C_2e^{4x}$;

   (5) $y=x=(C_1+C_2t)e^{\frac{5}{2}t}$; (6) $y=C_1\cos x+C_2\sin x$;

   (7) $y=C_1e^{-x}\cos 2x+C_2e^{-x}\sin 2x$;

   (8) $y=C_1e^{-3x}\cos 2x+C_2e^{-3x}\sin 2x$;

   (9) $y=C_1e^{2x}\cos x+C_2e^{2x}\sin x$.

3. (1) $y=4e^x+2e^{3x}$; (2) $y=-5+5e^x+x(2x-4)e^x$.

4. $y=\cos 3x-\dfrac{1}{3}\sin 3x$.

5. 略.

6. $y = C_1\cos x + C_2\sin x + \dfrac{1}{2}e^x$.

7. (1) $y = C_1 e^{3x} + C_2 e^x + \dfrac{1}{3}$;

(2) $y = C_1 e^{-x} + C_2 e^{-4x} - \dfrac{1}{2}x + \dfrac{11}{8}$;

(3) $y = C_1 e^{\frac{1}{2}x} + C_2 e^{-x} + e^x$;

(4) $y = C_1 + C_2 e^{-\frac{5}{2}x} + \dfrac{1}{3}x^3 - \dfrac{3}{5}x^2 + \dfrac{7}{25}x$;

(5) $y = C_1 e^{-x} + C_2 e^{-2x} + e^{-x}\left(\dfrac{3}{2}x^2 - 3x\right)$;

(6) $y = e^{3x}(C_1 + C_2 x) + e^{3x}\left(\dfrac{1}{6}x + \dfrac{1}{2}\right)x^2$;

(7) $y = C_1 \cos 3x + C_2 \sin 3x + \dfrac{2}{3}x\sin 3x$;

(8) $y = C_1 \cos 2x + C_2 \sin 2x + \dfrac{1}{3}x\cos x + \dfrac{2}{9}\sin x$;

(9) $y = e^x(C_1 \cos 2x + C_2 \sin 2x) - \dfrac{1}{4}x e^x \cos 2x$;

(10) $y = C_1 \cos ax + C_2 \sin ax + \dfrac{e^x}{1+a^2}$;

(11) $y = C_1 e^x + C_2 e^{-x} - \dfrac{1}{2} + \dfrac{1}{10}\cos 2x$;

(12) $y = C_1 \cos x + C_2 \sin x + \dfrac{1}{2}e^x + \dfrac{1}{2}x\sin x$.

B组

1. $(x-1)y'' - xy' + y = 0$.

2. $y = C_1 e^x + C_2(2x+1)$.

3. $y = C_1 x + C_2 x\ln|x| + \dfrac{1}{2}x(\ln|x|)^2$.

习题 4.4

1. $p = 20 - 12 e^{-2t}$.

2. $y(1000 - y) = 9000 e^{0.24t}$.

习题 4.5

A组

1. (1) $\Delta y_x = \ln\left(1 + \dfrac{1}{x}\right)$; (2) $\Delta y_x = 2x + 5, \Delta^2 y_x = 2$; (3) $\Delta^2 y_x = a^x(a-1)^2$;

(4) $\Delta^3 y_x = 6$.

2. (1) 三阶； （2) 六阶； （3) 二阶； （4) 一阶.

3. (1) $X_0 = 1, X_1 = 4, X_2 = 7, X_3 = 10, X_4 = 13$；

   (2) $X_0 = 2, X_1 = 4, X_2 = 5, X_3 = 5.5, X_4 = 5.75$；

   (3) $X_0 = 1, X_1 = 2, X_2 = 4 + \sqrt{2}, X_3 = 18 + 8\sqrt{2} + \sqrt{4 + \sqrt{2}}$，

   $X_4 = \left(18 + 8\sqrt{2} + \sqrt{4 + \sqrt{2}}\right) + \left(18 + 8\sqrt{2} + \sqrt{4 + \sqrt{2}}\right)^{\frac{1}{2}}$；

   (4) $X_0 = 1, X_1 = \sin 1, X_2 = \sin\sin 1, X_3 = \sin\sin\sin 1, X_4 = \sin\sin\sin\sin 1$.

4. $C_n = C_{n-1}(1 - X\%) + N$.

5. $X_{n+30} = X_n - 1$.

6. $\begin{cases} B_n = \dfrac{3}{2} B_{n-1} \\ B_1 = 3 \end{cases}$.

B 组

1. 证明略.

2. $\begin{cases} X_{n+1} - 3X_n + 2X_{n-1} = 0 \\ X_0 = 2, X_1 = 5, X_2 = 11 \end{cases}$.

习题 4.6

A 组

1. (1) $y_x = C$； (2) $y_x = C \cdot 2^x$； (3) $y_x = C \cdot \left(-\dfrac{3}{2}\right)^x$； (4) $y_x = C \cdot (-3)^x$.

2. (1) $y_x = C \cdot 5^x - \dfrac{3}{4}$； (2) $y_x = \dfrac{C}{4^x} + 3$； (3) $y_x = \dfrac{C}{2^x} + \dfrac{2}{3}$； (4) $y_x = \dfrac{1}{10} x^{(10)} + C$；

   (5) $y_x = C \cdot 3^x - \dfrac{1}{2}x + \dfrac{1}{4}$； (6) $y_x = C \cdot 2^x - 6x^2 - 12x - 18$.

3. (1) $y_x = 2 + 3x$； (2) $y_x = 2$； (3) $y_x = 2 + 3x$； (4) $y_x = \dfrac{7}{4} \cdot (-1)^x + \dfrac{1}{4} \cdot 3^x$.

B 组

(1) $s_t = -2 - 6t - 6t^2 - t^3 + 2^t \cdot C$； (2) $y_x = 8 - 4x + x^2 + \left(\dfrac{1}{2}\right)^x \cdot C$；

(3) $y_x = \dfrac{1}{2} \cdot (-2)^x + \dfrac{1}{4} \cdot 2^x$； (4) $y_x = C \cdot (-5)^x + \dfrac{1}{3}x - \dfrac{1}{18} + \dfrac{1}{9} \cdot 4^{x-1}$.

习题 4.7

A 组

(1) $y_x = C_1 2^x + C_2 (-1)^x$； (2) $y_x = C_1 3^x + C_2 (-3)^x$； (3) $y_x = C_1 (-4)^x + C_2$；

(4) $y_x = C_1 x \left(-\dfrac{1}{2}\right)^x + C_2 \left(-\dfrac{1}{2}\right)^x$； (5) $y_x = C_1 (\sqrt{2})^x \cos\dfrac{\pi}{4}x + C_2 (\sqrt{2})^x \sin\dfrac{\pi}{4}x$；

(6) $y_x = C_1 2^x \cos\left(\arctan\dfrac{\sqrt{7}}{3}x\right) + C_2 2^x \sin\left(\arctan\dfrac{\sqrt{7}}{3}\right)x$； (7) $y_x = 2x \cdot 4^x$；

(8) $y_x = C_1 3^x + C_2 + x$;　(9) $y_x = 10 \cdot 3^{x-2} - 2x + 9$;　(10) $y_x = \dfrac{7}{2} \cdot 3^x + \dfrac{1}{2}$;

(11) $y_x = C_1 + C_2 \cdot (-3)^x + \dfrac{1}{5} \cdot 2^x$;　(12) $y_x = C_1 + C_2 \cdot (-3)^x + \dfrac{1}{5} \cdot 2^x$;

(13) $y_x = (C_1 + C_2 x) \cdot 2^x + \dfrac{3}{8} x^2 \cdot 2^x$.

B 组

1. $y_x = (\sqrt{3})^x \left(-2\cos\dfrac{\pi x}{6} - 2\sqrt{3}\sin\dfrac{\pi x}{6} \right) + x^2 + 2x + 1 + 2^x$.

2. $y_x = \mu_x + \dfrac{b}{1+a} = A(-a)^x + \dfrac{b}{1+a}$.

3. 可以，$y = C_1 (3x^2 - x) + C_2 (4x^3 - 3x^2) + x$.

习题 4.8

1. 满足不等式 $\left(A_0 - \dfrac{x}{R} \right)(1+R)^n + \dfrac{x}{R} > 0$.

2. $W_t = 1.2 W_{t-1} + 200$.

3. $P_t = C \left(\dfrac{1}{2} \right)^t + \dfrac{3}{4}$.

总复习题 4

A 组

1. (1) 2;　(2) $C\ln|x|$;　(3) $y = \dfrac{1}{3}(x^3 + 1)$;　(4) $y = C_1 \cos t + C_2 \sin t$;

 (5) $\lambda^2 - 4 = 0$;　(6) $Y_n = C_1 e^{\frac{3}{2}n} \cos\dfrac{7}{2}n + C_2 e^{\frac{3}{2}n} \sin\dfrac{7}{2}n$.

2. $y_x = -1 + 2^{x+1}$.

3. (1) $\cos y = C \sin x$;

 (2) $y = \dfrac{1}{3}\ln|y| + C(\ln|y|)^{-2}$;

 (3) $e^{\frac{x^2}{2y^2}} = Cy$;

 (4) $Cx \left(1 - 3\dfrac{y^2}{x^2} \right)^{\frac{1}{3}} = 1$;

 (5) $y = C_1 e^{\frac{3}{2}t} \cos\dfrac{\sqrt{3}}{2}t + C_2 e^{\frac{3}{2}t} \sin\dfrac{\sqrt{3}}{2}t$;

 (6) $y = C_1 + C_2 e^{2x} + (-4x^2 - 16x - 40)e^x$;

 (7) $y = C_1 e^{-x} + C_2 e^{-2x} - \dfrac{1}{4}\cos 2x + \dfrac{1}{4}\sin 2x$;

 (8) $y = C_1 e^{-2x} + C_2 e^{-3x} + \dfrac{1}{2} e^{-x} + \dfrac{1}{5} x e^{-2x}$.

4. (1) $y = \frac{37}{12}5^x - \frac{3}{4}$; (2) $y = \frac{5}{3}(-1)^x + \frac{1}{3} \cdot 2^x$; (3) $y = 3 + 2^x(x-2)$;

(4) $y = \frac{161}{125}(-4)^x + \frac{2}{5}x^2 + \frac{1}{25}x - \frac{36}{125}$; (5) $y = 3\left(\frac{1}{2}\right)^{x+1} + \frac{1}{2}\left(-\frac{7}{2}\right)^x + 4$;

(6) $y = \frac{\sqrt{3}}{6}(4)^x \cos\left(\frac{\pi}{3}x\right)$; (7) $y = 2(\sqrt{2})^x \cos\left(\frac{\pi}{4}x\right)$.

5. $e^{2y} = x^2 - \frac{2}{x} + 2$.

6. $u(x) = \frac{1}{2}x^2 + \frac{1}{6}x^3 + \frac{1}{12}x^4 + \cdots + \frac{1}{101 \times 102}x^{102}$.

7. $y = (x^3 + x + 1)e^x$.

8. (1) $p_{t+1} + 2p_t = 2$; (2) $p_t = \left(p_0 - \frac{2}{3}\right)(-2)^t + \frac{2}{3}$.

9. $s_1 = 1000 + 1000 \times 4\% + 100 = 1140$;

$s_2 = s_1 + s_1 \times 4\% + 100 = 1140 + 1140 \times 4\% + 100 = 1285.6$;

$s_3 = s_2 + s_2 \times 4\% + 100 = 1285.6 + 1285.6 \times 4\% + 100 = 1437$;

$s_4 = s_3 + s_3 \times 4\% + 100 = 1437.024 + 1437.024 \times 4\% + 100 = 1494.50496$.

10. 平均每月需付 751.19 元,总共需付利息 5071.4 元.

11. 5 年后总销售额将是 2005 年的 4 倍.

B 组

1. $(x+2)^2 y' - 2y' = (x+2)y$.

2. $y = C_1 y_1(x) + C_2 y_2(x) + (1 - C_1 - C_2) y_3(x)$.

3. $R = R_0 e^{\frac{-t\ln 2}{1600}}$.

4. 每辆汽车 3 年大修一次,可使每辆汽车的总维修成本最低.

5. $y(1000 - y) = 90000 e^{0.24t}$.

6. $y(x) = -\frac{1}{x+1}$.

习题 5.1

A 组

1. $\sqrt{6}$.

2. $x = 2 \pm \sqrt{23}$.

3. $2x - 6y + 2z - 7 = 0$.

4. $2x + 3y + 5z = 27$.

5. $(x-1)^2 + (y-3)^2 + (z+2)^2 = 14$.

6. 表示以点 $(1, -2, -1)$ 为球心,$\sqrt{6}$ 为半径的球面.

7. (1) $x = 5$ 在平面直角坐标系表示平行于 y 轴的直线,在空间直角坐标系中表示平行于 yOz 面的平面;

(2) $x-y=0$ 在平面直角坐标系表示过原点的直线,在空间直角坐标系中表示母线平行于 z 轴的平面(且 z 轴在平面上);

(3) $x^2+y^2=9$ 在平面直角坐标系表示圆心在 $(0,0)$ 半径为 3 的圆,在空间直角坐标系中表示以 z 轴为中心轴的圆柱面;

(4) $z=x^2$ 在平面直角坐标系表示抛物线,在空间直角坐标系中表示母线平行 y 轴的抛物柱面.

8. 抛物线 $\begin{cases} 3z^2-4x+24=0 \\ y=4 \end{cases}$.

B 组

1. 点 $(0,3)$;yOz 面上的直线 $y=3$.

2. (1) 椭球面(答图1); (2) 单叶双曲面(答图2);

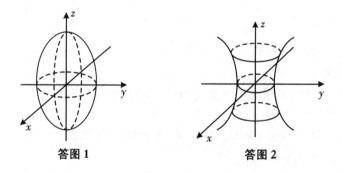

答图 1　　　　答图 2

(3) 旋转抛物面(答图3).

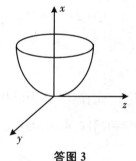

答图 3

3. (1) 双曲线 $\begin{cases} -\dfrac{y^2}{25}+\dfrac{z^2}{4}=\dfrac{5}{9} \\ x=2 \end{cases}$; (2) 椭圆 $\begin{cases} \dfrac{x^2}{9}+\dfrac{z^2}{4}=1 \\ y=0 \end{cases}$;

(3) 两直线 $\begin{cases} \dfrac{x^2}{9}-\dfrac{y^2}{25}=0 \\ z=2 \end{cases}$ $\Rightarrow \begin{cases} \dfrac{x}{3}\pm\dfrac{y}{5}=0 \\ z=2 \end{cases}$.

4. 若 $k<1$,表示椭球面;若 $k=1$,表示椭圆柱面 $8x^2+3y^2=1$;
若 $1<k<4$,表示单叶旋转双曲面;若 $k=4$,表示柱面 $5x^2-3z^2=1$;
若 $4<k<9$,表示双叶旋转双曲面;若 $k=9$,表示空集;若 $k>9$,表示空集.

5. $m>1$ 或 $m<-1$ 时,交线为椭圆;$-1<m<1$ 时,交线为双曲线.

习题 5.2

A 组

1. (1) $t^2 f(x,y)$； (2) $-\dfrac{13}{12}, f(x,y)$； (3) $\sqrt{\dfrac{1}{x^2}+1}$； (4) $\dfrac{x^2(1-y)}{1+y}$.

2. (1) $V(22,12) = \dfrac{\frac{\pi}{4} \cdot 22^2 \cdot 12}{10000} \approx 0.46 \text{ m}^3$； (2) $V(30,12) = \dfrac{\frac{\pi}{4} \cdot 30^2 \cdot 12}{10000} \approx 0.85$.

3. $f(2000,20) = 2000 e^{0.06 \cdot 20} = 2000 e^{1.2} \approx 6640$；含义是将 2000 元本金投资存期 20 年将获得本利和 6640 元.

4. (1) $-1 \leqslant \dfrac{y}{x} \leqslant 1$； (2) $\begin{cases} 4x - y^2 \geqslant 0 \\ 1 - x^2 - y^2 > 0 \end{cases}$ 且 $1-x^2-y^2 \neq 1$，即 $\begin{cases} y^2 \leqslant 4x \\ 0 < x^2 + y^2 < 1 \end{cases}$.

5. (1) $C=0$ 时，等高线为圆周 $x^2+y^2=25$；$C=1$ 时，等高线为圆周 $x^2+y^2=24$；$C=5$ 时，等高线为点 $(0,0)$；

    (2) $C=0$ 时，等高线为圆周 $x^2+y^2=9$；$C=2$ 时，等高线为圆周 $x^2+y^2=7$；$C=4$ 时，等高线为圆周 $x^2+y^2=5$；

    (3) $C=0$ 时，等高线为点 $(0,0)$；$C=1$ 时，等高线为椭圆 $2x^2+3y^2=1$；$C=6$ 时，等高线为椭圆 $2x^2+3y^2=6$；

    (4) $C=$ 任何正数时，等高线为椭圆 $x^2+2y^2=\dfrac{1}{C}$.

6. (1) 0； (2) 0； (3) 1； (4) $\dfrac{1}{2}$； (5) 2； (6) 0.

B 组

1. (1) 0； (2) 0； (3) 0； (4) 1.

2. 如它们都存在，则三者相等. 仅知一个存在，推不出其他两者存在. 如 $f(x,y) = \dfrac{xy}{x^2+y^2}$，显然 $\lim\limits_{\substack{x\to 0 \\ y\to 0}} f(x,y) = 0, \lim\limits_{\substack{x\to 0 \\ y\to 0}} f(x,y) = 0$，但它在 $(0,0)$ 点二重极限不存在.

习题 5.3

A 组

1. (1) $\dfrac{\partial z}{\partial x} = 3x^2 + 10xy, \dfrac{\partial z}{\partial y} = 5x^2 + 4y$； (2) $\dfrac{\partial z}{\partial x} = e^y, \dfrac{\partial z}{\partial y} = xe^y$；

    (3) $\dfrac{\partial z}{\partial x} = e^x \cos y, \dfrac{\partial z}{\partial y} = -e^x \sin y$； (4) $\dfrac{\partial z}{\partial x} = \dfrac{1}{y\sqrt{1-x^2}}, \dfrac{\partial z}{\partial y} = -\dfrac{\arcsin x}{y^2}$.

2. $\dfrac{2}{5}$；0.

3. 解法 1：$\dfrac{\partial z}{\partial x}\Big|_{\substack{x=0 \\ y=1}} = \dfrac{y}{1+(xy)^2}\Big|_{\substack{x=0 \\ y=1}} = 1, \dfrac{\partial z}{\partial y}\Big|_{\substack{x=0 \\ y=1}} = \dfrac{x}{1+(xy)^2}\Big|_{\substack{x=0 \\ y=1}} = 0$；

解法 2：$\dfrac{\partial z}{\partial x}\bigg|_{x=0} = (\arctan x)'|_{x=0} = \dfrac{1}{1+x^2}\bigg|_{x=0} = 1, \dfrac{\partial z}{\partial y}\bigg|_{\substack{x=0\\y=1}} = (\arctan 0)'|_{y=1} = 0.$

4．略．

5．边际成本 $C'_x(10,20) = 90$ 的经济意义是，当产品二的产量保持在 20 个单位不变时，产品一的产量由 10 个单位再多生产 1 个单位产品的成本为 90；

边际成本 $C'_y(10,20) = 150$ 的经济意义是，当产品一的产量保持在 10 个单位不变时，产品二的产量由 20 个单位再多生产 1 个单位产品的成本为 150．

6．$R'_x(10,20) = 49.8$，即在产品 B 保持 20 台不变的情况下，厂商在销售 10 台产品 A 的基础上再多卖一台产品 A 所得收益为 49.8；

$R'_y(10,20) = 99.6$，即在产品 A 保持 10 台不变的情况下，厂商在销售 20 台产品 B 的基础上再多卖一台产品 B 所得收益为 99.6．

7．$P'_x(10,20) = 10$，即在产品 B 保持 20 台不变的情况下，厂商在销售 10 台产品 A 的基础上再多卖一台产品 A 所得利润为 10；

$P'_y(10,20) = 10$，即在产品 A 保持 10 台不变的情况下，厂商在销售 20 台产品 B 的基础上再多卖一台产品 B 所得利润为 10．

8．$2L = K$.

9．$\dfrac{\mathrm{d}K}{\mathrm{d}L} \cdot \dfrac{L}{K} = -\dfrac{\alpha}{\beta}$.

10．0.625.

B 组

1．(1) $\dfrac{\partial z}{\partial x} = y^2(1+xy)^{y-1}, \dfrac{\partial z}{\partial y} = (1+xy)^y\left[\ln(1+xy) + \dfrac{xy}{1+xy}\right]$；

(2) $\dfrac{\partial u}{\partial x} = \dfrac{z(x-y)^{z-1}}{1+(x-y)^{2z}}, \dfrac{\partial u}{\partial y} = \dfrac{-z(x-y)^{z-1}}{1+(x-y)^{2z}}, \dfrac{\partial u}{\partial z} = \dfrac{(x-y)\ln(x-y)}{1+(x-y)^{2z}}$；

(3) $\dfrac{\partial z}{\partial x} = 3x^2 + \ln(x+y^2) + \dfrac{x}{x+y^2}, \dfrac{\partial z}{\partial y} = -4y + \dfrac{2xy}{x+y^2}$；

(4) $\dfrac{\partial z}{\partial x} = y^2 \mathrm{e}^{xy^2}, \dfrac{\partial z}{\partial y} = 2xy\mathrm{e}^{xy^2}$.

2．$z'_x = -\dfrac{y^2}{2x^2} + y\varphi'(xy), z'_y = \dfrac{y}{x} + x\varphi'(xy)$.

3．略．

4．由于 $\dfrac{\partial f}{\partial x}\bigg|_{\substack{x=0\\y=0}} = 0, \dfrac{\partial f}{\partial y}\bigg|_{\substack{x=0\\y=0}} = 0$. 即 $f(x,y)$ 在 $(0,0)$ 点两个偏导数都存在，但 $f(x,y)$ 在 $(0,0)$ 点显然间断．因为 $\lim\limits_{(x,y)\to(0,0)} f(x,y) = 0 \neq f(0,0) = 1$.

5．(1) X 当前的价格弹性是 1，Y 当前的价格弹性是 0.6；　(2) $\dfrac{5}{7}$；

(3) 它降价在经济上不太合理．

习题 5.4

A组

1. $\dfrac{dz}{dx} = \dfrac{18x + 2\cos x}{2\sin x + 9x^2}$.

2. $\dfrac{dz}{dx} = \dfrac{x^2 - 2x - 1}{3(x-1)^2}$.

3. $\dfrac{dz}{dt} = e^{x-2y}[\cos t - 2\varphi'(t)]$.

4. $\dfrac{\partial z}{\partial x} = 3x^2 \cos y \sin y (\cos y - \sin y)$; $\dfrac{\partial z}{\partial y} = x^3(1 - \cos y \sin y)(\cos y - \sin y)$.

5. $\dfrac{\partial z}{\partial x} = \ln(1+v) \cdot 2y + \dfrac{u}{1+v} \cdot 2x$; $\dfrac{\partial z}{\partial y} = \ln(1+v) \cdot 2x + \dfrac{u}{1+v} \cdot 2y$.

6. $\dfrac{\partial^2 z}{\partial x^2} = e^x \sin(2x+y) + 2e^x \cos(2x+y) + 2e^x \cos(2x+y) - 4e^x \sin(2x+y)$;

    $\dfrac{\partial^2 z}{\partial y^2} = -e^x \sin(2x+y)$; $\dfrac{\partial^2 z}{\partial x \partial y} = e^x \cos(2x+y) - 2e^x \sin(2x+y)$;

    $\dfrac{\partial^2 z}{\partial y \partial x} = e^x \cos(2x+y) - 2e^x \sin(2x+y)$.

7. $z''_{xx} = 4f''_{11} + \dfrac{4}{y}f''_{12} + \dfrac{1}{y^2}f''_{22}$; $z''_{yy} = \dfrac{2x}{y^3}f'_2 + \dfrac{x^2}{y^4}f''_{22}$.

8. 1.

9. $\dfrac{\partial z}{\partial x} = \dfrac{\cos(x-3z)}{3\cos(x-3z)+1}$, $\dfrac{\partial z}{\partial y} = -\dfrac{2}{3\cos(x-3z)+1}$.

10. $\dfrac{\partial z}{\partial x} = -\dfrac{z^x \ln z}{xz^{x-1} - y^z \ln y}$, $\dfrac{\partial z}{\partial y} = -\dfrac{zy^{z-1}}{xz^{x-1} - y^z \ln y}$.

11. $\dfrac{\partial z}{\partial x} = -\dfrac{xc^2}{za^2}$, $\dfrac{\partial z}{\partial y} = -\dfrac{yc^2}{zb^2}$.

12. 略.

13. 略.

B组

1. $(1+y)g'(f'_1 + f'_2 y)$.

2. $\dfrac{\partial z}{\partial y} = \dfrac{y\phi\left(\dfrac{z}{y}\right) - z\phi'\left(\dfrac{z}{y}\right)}{2yz - y\phi'\left(\dfrac{z}{y}\right)}$.

3. $f'_x + f'_y \phi'_x + f'_y \phi'_t \psi'_x$.

4. $f''_{11} e^{2x} \sin x \cos x + 2e^x(y\sin y + x\cos y)f''_{12} + 4xy f''_{22} + f'_1 e^x \cos y$.

5. $z''_{xx} = f''_{11} \ln^2 y + 2f''_{12} \ln y + f''_{22}$, $z''_{xy} = \dfrac{x\ln y}{y}f''_{11} + \left(\dfrac{x}{y} - \ln y\right)f''_{12} - f''_{22} + \dfrac{1}{y}f'_1$,

    $z''_{yy} = \dfrac{x^2}{y^2}f''_{11} - \dfrac{2x}{y}f''_{12} + f''_{22} - \dfrac{x}{y^2}f'_1$.

6. $\dfrac{du}{dx} = f_1' + f_2'\left(\dfrac{2}{x(e^{xy}-1)} - \dfrac{y}{x}\right) + f_3'\left(1 - \dfrac{e^x(x-z)}{\sin(x-z)}\right).$

7. $\dfrac{dz}{dx} = \dfrac{f(x+y) + xf'(x+y) - xf'(x+y)\dfrac{F_1'(x,y,z)}{F_2'(x,y,z)}}{1 + xf'(x+y)\dfrac{F_3'(x,y,z)}{F_2'(x,y,z)}}.$

8. $\dfrac{\partial z}{\partial x} = \dfrac{z^3 f_1'}{xz^2 f_1' - x^2 y f_2'},\ \dfrac{\partial z}{\partial y} = -\dfrac{xzf_2'}{z^2 f_1' - xy f_2'}.$

9. 记 $u = x + y + z$, $v = xyz$, 则 $z = f(u,v)$,

$\dfrac{\partial z}{\partial x} = \dfrac{f_u' + yzf_v'}{1 - f_u' - xyf_v'},\quad \dfrac{\partial x}{\partial y} = -\dfrac{f_u' + xzf_v'}{f_u' + yzf_v'},\quad \dfrac{\partial y}{\partial z} = \dfrac{1 - f_u' - xyf_v'}{f_u' + xzf_v'}.$

习题 5.5

A 组

1. $dz = \dfrac{\pi}{3} dx$.

2. (1) $du = \dfrac{ydx + xdy + 2zdz}{xy + z^2}$;　　(2) $dz = y\ln y\, dx + x(\ln y + 1) dy$;

   (3) $dz = (ye^{xy} + xy^2 e^{xy} + 3x^2 y^4) dx + (xe^{xy} + x^2 y e^{xy} + 4x^3 y^3) dy$;

   (4) $du = -\dfrac{xdx + ydy + zdz}{(x^2 + y^2 + z^2)^{\frac{3}{2}}}.$

3. -0.28.

4. 1.03.

5. 2.945.

6. $200\pi\ \text{cm}^3$.

7. $100\ \text{kg}$; 重量的近似增加值为 $2.7\ \text{kg}$.

8. $\dfrac{\partial Q}{\partial L} = \alpha\mu L^{-\rho-1} A(\alpha L^{-\rho} + \beta K^{-\rho})^{-\frac{\mu}{\rho}-1}$; $\dfrac{\partial Q}{\partial K} = \beta\mu K^{-\rho-1} A(\alpha L^{-\rho} + \beta K^{-\rho})^{-\frac{\mu}{\rho}-1}$;

   $\dfrac{dK}{dL} = -\dfrac{\alpha}{\beta}\left(\dfrac{K}{L}\right)^{\rho+1}$; $\dfrac{dL}{dK} = -\dfrac{\beta}{\alpha}\left(\dfrac{L}{K}\right)^{\rho+1}$.

9. $\dfrac{\partial z}{\partial x} = e^{xy}[y\sin(x+y) + \cos(x+y)]$; $\dfrac{\partial z}{\partial y} = e^{xy}[x\sin(x+y) + \cos(x+y)]$.

B 组

1. (1) $dz = -\dfrac{(f_1' + f_3') dx + (f_1' + f_2') dy}{f_2' + f_3'}$;　　(2) $dz = \dfrac{zf_1' dx - f_2' dy}{1 - xf_1' - f_2'}$.

2. $2\left(\ln 2 + \dfrac{1}{2}\right)(dx - dy)$.

习题 5.6

A 组

1. 当 $a > 0$ 时, $A < 0$, $f\left(\dfrac{a}{3}, \dfrac{a}{3}\right)$ 是极大值; 当 $a < 0$ 时, $A > 0$, $f\left(\dfrac{a}{3}, \dfrac{a}{3}\right)$ 是极小值.

2. 略.

3. $p_1(9,3)$, p_1 为极小值点, 极小值为 $z(p_1)=3$; $p_2(-9,-3)$, p_2 为极大值点, 极大值为 $z(p_2)=-3$.

4. $\begin{cases} x=\dfrac{a}{a^2+b^2+c^2} \\ y=\dfrac{b}{a^2+b^2+c^2} \\ z=\dfrac{c}{a^2+b^2+c^2} \end{cases}$ 为最小值点, 最小值为

$$f_{\min}=\left(\frac{a}{a^2+b^2+c^2}\right)^2+\left(\frac{b}{a^2+b^2+c^2}\right)^2+\left(\frac{c}{a^2+b^2+c^2}\right)^2=\frac{1}{a^2+b^2+c^2}.$$

5. $x=\dfrac{bc}{ab+bc+ca}$, $y=\dfrac{ca}{ab+bc+ca}$, $z=\dfrac{ab}{ab+bc+ca}$, 为最小值点, 最小值为

$$u_{\min}=a\left(\frac{bc}{ab+bc+ca}\right)^2+b\left(\frac{ca}{ab+bc+ca}\right)^2+c\left(\frac{ab}{ab+bc+ca}\right)^2=\frac{abc}{ab+bc+ca}.$$

6. 当盒子的长、宽、高相等时, 所用材料最少.

7. 获得最大产出量的肥料施用量和杀虫剂施用量为 10 吨和 $\dfrac{5}{6}$ 吨.

8. $Q_{\max}=49500$.

9. $(p_1,p_2)=\left(\dfrac{63}{2},14\right)$ 是最大值点. 最大利润为 $L=164.25$.

10. $x=5, y=3$ 是函数 $C(x,y)$ 的最小值点. 最小值为 $C(5,3)=28$ (万元).

11. (1) $x=4, y=3, z(4,3)=37$;

   (2) 甲乙两种产品各生产 3.2 和 2.8 千只时利润最大, 且最大值为 36.2 单位.

12. $x=\dfrac{2}{3}$, $y=\dfrac{1}{3}$, 或 $x=-\dfrac{2}{3}$, $y=-\dfrac{1}{3}$, 代入得 $z_{\max}=16$, $z_{\min}=4$.

B 组

1. $(1,1,1),(1,-1,-1),(-1,-1,1),(-1,1,-1)$. 在这些点上, $f(x,y,z)=3$. 四组解均为极小值.

2. f 在 $p_0\left(-\dfrac{\lambda_0}{2a_1},-\dfrac{\lambda_0}{2a_2},\cdots,-\dfrac{\lambda_0}{2a_n}\right)$, $\lambda_0=-\dfrac{2c}{\sum\limits_{i=1}^{n}\dfrac{1}{a_i}}$ 处达到最小值 $f(p_0)=\dfrac{c^2}{\sum\limits_{i=1}^{n}\dfrac{1}{a_i}}$.

3. (1) $q_1=4, q_2=5, p_1=10, p_2=7$, 最大利润 $R(4,5)=52$ 万元;

   (2) $q_1=5, q_2=4, p_1=p_2=8$, 最大利润 $R(5)=49$ 万元.

习题 5.7

A 组

1. 零次齐次函数.

2. 2 次齐次函数.

3. 略.

4. 略.

5. μ.
6. 相互竞争的.
7. 商品 A 和 B 是相互竞争的.
8. 当投放每个市场的产量分别为 8 和 2 时,工厂可获得最大利润.此时产品的价格
$P_1 = (60 - 3Q_1)|_{Q_1=8} = 36, P_2 = (20 - 2Q_1)|_{Q_2=2} = 16$.

B 组

1. 1 次齐次函数.
2. 略.

习题 5.8

A 组

1. 当 $f(x,y) \geqslant 0$ 时,二重积分 $\iint\limits_D f(x,y)\mathrm{d}\sigma$ 表示的是以 xOy 平面上的有界闭区间为底,以曲面 $z = f(x,y)$ 为顶,母线平行于 z 轴,准线为区域 D 的边界的一个曲顶柱体的体积.

2. (1) $\iint\limits_{x^2+y^2 \leqslant R^2} \sqrt{R^2 - (x^2+y^2)}\mathrm{d}\sigma$; (2) $\iint\limits_{\frac{x^2}{a^2}+\frac{y^2}{b^2} \leqslant 1} \left(1 - \frac{x^2}{a^2} - \frac{y^2}{b^2}\right)\mathrm{d}\sigma$.

3. $\frac{1}{6}\pi a^3$.

4. (1) $\iint\limits_D \ln(x+y)\mathrm{d}\sigma > \iint\limits_D [\ln(x+y)]^2 \mathrm{d}\sigma$;

   (2) $\iint\limits_D \ln(x^2+y^2+1)\mathrm{d}\sigma \leqslant \iint\limits_D \ln(x+y+1)\mathrm{d}\sigma$;

   (3) $\iint\limits_D \sin^2(x+y)\mathrm{d}\sigma \leqslant \iint\limits_D (x+y)^2 \mathrm{d}\sigma$.

5. $\iint\limits_{|x|+|y| \leqslant 1} \ln(x^2+y^2)\mathrm{d}\sigma < 0$.

6. (1) $\frac{\sqrt{2}\pi^2}{4} \leqslant \iint\limits_D \sin(x^2+y^2)\mathrm{d}\sigma \leqslant \frac{\pi^2}{2}$; (2) $\frac{8}{\ln 2} \leqslant \iint\limits_D \frac{\mathrm{d}\sigma}{\ln(4+x+y)} \leqslant \frac{16}{\ln 2}$;

   (3) $ab\pi \leqslant \iint\limits_D \mathrm{e}^{(x^2+y^2)}\mathrm{d}\sigma \leqslant ab\pi \mathrm{e}^{a^2}$; (4) $2 \leqslant I \leqslant 8$.

B 组

1. $I = \iint\limits_{x^2+y^2 \leqslant 4} \sqrt[3]{1-x^2-y^2}\mathrm{d}\sigma \leqslant 0$.
2. (1) $0 \leqslant I \leqslant 2$; (2) $0 \leqslant I \leqslant \pi^2$; (3) $36\pi \leqslant I \leqslant 100\pi$.
3. $f(1,1)$.

习题 5.9

A 组

1. (1) $\frac{8}{3}$; (2) $\frac{13}{6}$; (3) $\frac{1}{40}$; (4) $\sin 1 - \cos 1$; (5) $\frac{\sqrt{3}\pi}{12} - \frac{1}{2}\ln 2$; (6) $\frac{49}{72}$.

2. 略.

3. (1) $I = \int_0^1 dx \int_{x^2}^{x} f(x,y)dy$;　　(2) $I = \int_0^1 dx \int_x^1 f(x,y)dy$;

   (3) $I = \int_0^1 dy \int_{e^y}^{e} f(x,y)dx$;　　(4) $I = \int_0^a dy \int_{a-\sqrt{a^2-y^2}}^{y} f(x,y)dx$;

   (5) $I = \int_{-1}^1 dx \int_0^{\sqrt{1-x^2}} f(x,y)dy$;　　(6) $I = \int_0^1 dy \int_{\sqrt{y}}^{3-2y} f(x,y)dx$.

4. $\dfrac{7}{2}$.

5. (1) $\pi(e^4-1)$;　(2) $\dfrac{2\pi}{3}(b^3-a^3)$;　(3) $\dfrac{3}{64}\pi^2$;　(4) $\dfrac{R^3}{3}\left(\pi-\dfrac{4}{3}\right)$.

6. (1) $\dfrac{1}{2}$;　(2) $\dfrac{1}{2}$.

7. (1) π;　(2) $\dfrac{\pi}{2}$;　(3) $\dfrac{4}{3}\pi$.

B 组

1. $\dfrac{\pi}{2}ab$.

2. $\sqrt{\pi}$.

3. $\dfrac{11}{15}$.

4. $\dfrac{16}{9}(3\pi-2)$.

总复习题 5

A 组

1. (1) $\dfrac{1}{2}$;　(2) 0;　(3) $\dfrac{-ydx+xdy}{x^2+y^2}$;　(4) $\dfrac{-ydx+xdy}{x^2+y^2}$;　(5) $(3,2)$;　(6) $f(2)$.

2. (1) C;　(2) D;　(3) C;　(4) B;　(5) B;　(6) A.

3. 1.

4. $f'_x(0,0) = 0$, $f'_y(0,0)$ 不存在.

5. $p'_y - Q'_x + (z-y'_x)Q'_y$.

6. 略.

7. 用 7 万元做电视广告费,用 3 万元做报纸广告费时,销售收入为最大.

B 组

1. $-2f''_{11} + (2\sin x - y\cos x)f''_{12} + y\cos x \sin x f''_{22} + \cos x f'_2$.

2. $xe^{2y}f''_{11} + e^y f''_{13} + xe^y f''_{21} + f''_{23} + e^y f'_1$.

3. $-xy+z$.

4. $f''_{11}(2,2) + f'_2(2,2)f''_{12}(1,1)$.

5. $x_1 = 6\left(\dfrac{p_2\alpha}{p_1\beta}\right)^\beta, x_2 = 6\left(\dfrac{p_1\beta}{p_2\alpha}\right)^\alpha$ 时投入总费用最小.

6.(1) $\dfrac{P}{20-P}$； (2) 当 $10<P<20$ 时,降低价格反而使收益增加.

习题 6.1

A 组

1. (1) $1, \dfrac{3}{5}, \dfrac{2}{5}, \dfrac{5}{17}, \dfrac{3}{13}$； (2) $\dfrac{1}{2}, \dfrac{3}{4}, \dfrac{1}{8}, \dfrac{3}{16}, \dfrac{1}{32}$； (3) $1, \dfrac{1}{2}, \dfrac{2}{9}, \dfrac{3}{32}, \dfrac{24}{625}$；

   (4) $\dfrac{2}{3}, \dfrac{8}{15}, \dfrac{16}{35}, \dfrac{128}{315}, \dfrac{256}{693}$.

2. (1) $\dfrac{1}{2n-1}$； (2) $\dfrac{2n-1}{(2n)!!}$； (3) $(-1)^n \dfrac{n+2}{n^2}$； (4) $\dfrac{x^{\frac{n}{2}}}{(2n)!!}$.

3. (1) 发散； (2) 收敛； (3) 收敛； (4) 发散.

4. (1) 收敛； (2) 发散； (3) 发散； (4) 发散； (5) 收敛.

5. $u_n = \dfrac{2}{n(n+1)}, \sum\limits_{n=1}^{\infty} u_n = 2$.

6. 0.03 mg.

B 组

1. $\dfrac{3}{2}$

2. 发散

3. 8.

习题 6.2

A 组

1. (1) 收敛； (2) 收敛； (3) 发散； (4) 发散； (5) 收敛； (6) 发散； (7) 发散； (8) 收敛.

2. (1) 收敛； (2) 发散； (3) 收敛； (4) 收敛； (5) 当 $0<a<1$ 时,收敛;当 $a>1$ 时,发散;当 $a=1$ 时且 $k \leqslant 1$ 时,发散;当 $a=1$ 时且当 $k>1$ 时,收敛； (6) 收敛.

3. (1) 收敛； (2) 收敛； (3) 收敛； (4) 收敛.

4. (1) 收敛； (2) 收敛； (3) 收敛； (4) 收敛.

B 组

1. (1) 收敛； (2) 发散； (3) 发散.

2. $\dfrac{\pi^2}{8}$

3. 0.

习题 6.3

A 组

1. (1) 绝对收敛； (2) 发散 ； (3) 条件收敛； (4) 绝对收敛； (5) 绝对收敛；

(6) 条件收敛.
2. 条件收敛.
3. 条件收敛.

B组

1. 0.
2. (1) 可能收敛也可能发散；(2) 一定发散.

习题 6.4

A组

1. (1) $R=1,(-1,1)$；　　　(2) $R=3,[-3,3]$；　　　(3) $R=3,(-3,3)$；
   (4) $R=+\infty,(-\infty,\infty)$；(5) $R=1,[-1,1)$；　　　(6) $R=1,(-1,1]$；
   (7) $R=1,[-1,1)$；　　　(8) $R=1,[0,2)$；　　　(9) $R=\dfrac{1}{2},(-3,-2)$；
   (10) $R=0,x=4$；　　　(11) $R=+\infty,(-\infty,\infty)$；(12) $R=\dfrac{1}{4},\left[1,\dfrac{3}{2}\right]$.

2. (1) $S(x)=\begin{cases}-\dfrac{1}{x}\ln(1-x),&-1\leqslant x<0\text{ 或 }0<x<1\\ 1,&x=0\end{cases}$；

   (2) $S(x)=\dfrac{1}{2}\ln\dfrac{1+x}{1-x},x\in(-1,1)$.

B组

1. $\dfrac{1}{(2-x)^2},x\in(0,2)$.
2. $e^x,x\in(-\infty,+\infty)$.
3. $xe^{x^2},x\in(-\infty,+\infty);3e$.

习题 6.5

A组

1. (1) $\displaystyle\sum_{n=0}^{\infty}\dfrac{(-1)^n}{n!}x^n,\ x\in(-\infty,+\infty)$；　(2) $\displaystyle\sum_{n=0}^{\infty}\dfrac{(-1)^n 3^{2n+1}}{(2n+1)!}x^{2n+1},\ x\in(-\infty,+\infty)$；
   (3) $\displaystyle\sum_{n=0}^{\infty}\dfrac{(-1)^n}{(2n)!}x^n,\ x\in[0,+\infty)$；　(4) $\displaystyle\sum_{n=0}^{\infty}\dfrac{x^{2n}}{(2n)!},\ x\in(-\infty,+\infty)$.

2. $\displaystyle\sum_{n=0}^{\infty}\dfrac{(-1)^n}{4^{n+1}}(x-3)^n,-1<x<7$.

B组

1. $\displaystyle\sum_{n=0}^{\infty}(-1)^n\left(\dfrac{1}{2^{n+2}}-\dfrac{1}{2^{2n+3}}\right)(x-1)^n,\ -1<x<3$.
2. $1-x+x^{16}-x^{17}+x^{32}-x^{33}+\cdots,\ -1<x<1$.

总复习题 6

A 组

1. 1.

2. (1) 收敛； (2) 发散； (3) 收敛； (4) 收敛.

3. (1) 发散； (2) 发散； (3) 条件收敛.

4. $\alpha > \frac{1}{2}$ 时收敛；$\alpha \leqslant \frac{1}{2}$ 时发散.

5. (1) 当 $p > 1$ 时，$[-1,1]$；当 $0 \leqslant p \leqslant 1$ 时，$[-1,1)$；当 $p < 0$ 时，$(-1,1)$； (2) $[-2,2]$.

6. (1) $\frac{1}{2}\arctan x + \frac{1}{4}\ln\frac{1+x}{1-x}(|x|<1)$； (2) $\left(\frac{x^2}{4} + \frac{x}{2} + 1\right)e^{\frac{x}{2}}(-\infty < x < +\infty)$.

7. (1) $\sum_{n=0}^{\infty}\left[1 + \frac{(-1)^{n+1}}{2^n}\right]x^n(|x|<1)$； (2) $\sum_{n=1}^{\infty}(-1)^{n-1}\frac{x^n}{n^2}(-1 < x \leqslant 1)$；

8. $\sum_{n=0}^{\infty}\frac{(-1)^n}{3^{n+1}}(x-3)^n, 0 < x < 6; \frac{1}{4}$.

B 组

1. 因为 $u_{2n} > u_{2n-1}$，序列不满足单调递减的条件，因此不能用莱布尼茨判别法.

   因为 $\sum_{n=1}^{\infty}|(-1)^{n-1}u_n| = \sum_{n=1}^{\infty}u_n = \sum_{n=1}^{\infty}\left(\frac{1}{2^{n-1}} + \frac{1}{3^{2n-1}}\right)$，由于 $\sum_{n=1}^{\infty}\frac{1}{2^{n-1}}$ 与 $\sum_{n=1}^{\infty}\frac{1}{3^{2n-1}}$ 都收敛，所以原级数绝对收敛，因此原级数收敛.

2. (1) 无法确定； (2) 绝对收敛； (3) 绝对收敛； (4) 无法确定.

3. 由于 $\arctan x = \sum_{n=0}^{\infty}(-1)^n\frac{x^{2n+1}}{2n+1}$，令 $x=1$ 即得 $\sum_{n=0}^{\infty}\frac{(-1)^n}{2n+1} = \frac{\pi}{4}$.

4. (1) $-\sum_{n=1}^{\infty}\frac{x^{2n+1}}{n}, -1 < x < 1$； (2) $-\frac{101!}{50}$； (3) $-\frac{1}{2}$.

5. (1) $S_n = \frac{4}{3n(n+1)\sqrt{n(n+1)}}$； (2) $\frac{4}{3}$.

附　　录

1. MATLAB 软件基本介绍

附图 1

MATLAB(矩阵实验室)是 MATrix LABoratory 的缩写,是一款由美国 the Math Works 公司出品的商业数学软件(附图 1). MATLAB 是一种用于算法开发、数据可视化、数据分析以及数值计算的高级技术计算语言. 除了矩阵运算、绘制函数/数据图像等常用功能外,MATLAB 还可以用来创建用户界面及与调用其他语言(包括 C,C++ 和 FORTRAN)编写的程序.

MATLAB、Mathematica 和 Maple 并称为三大数学软件. 在数学类科技应用软件中,它在数值计算方面首屈一指. MATLAB 可以进行矩阵运算、绘制函数和数据、实现算法、创建用户界面、连接其他编程语言的程序等,主要应用于工程计算、控制设计、信号处理与通信、图像处理、信号检测、金融建模设计与分析等领域.

MATLAB 的基本数据单位是矩阵,它的指令表达式与数学、工程中常用的形式十分相似,故用 MATLAB 来解算问题要比用 C,FORTRAN 等语言完成相同的事情简捷得多,并且 MATLAB 也吸收了像 Maple 等软件的优点,使 MATLAB 成为一个强大的数学软件. 在新的版本中也加入了对 C,FORTRAN,C++,JAVA 的支持.

2. MATLAB 使用简介(外观)

本教材以 MATLAB 7.0(R2012a) 为例,介绍其基本操作过程. 其外观如附图 2 所示.

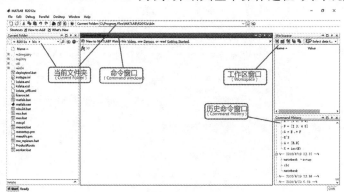

附图 2

- **当前文件夹**：访问你的文件.
- **命令窗口**：输入命令,显示提示符(〉〉).
- **工作区窗口**：创建或导入的数据文件.

点击选择 Desktop/Desktop Layout/All Tabbed 可将各个小视窗改为"活页夹"的形式(附图 3).

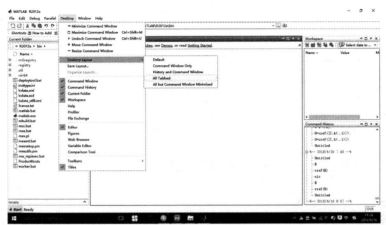

附图 3

如附图 4 所示,可以看出其共有 6 个小视窗.

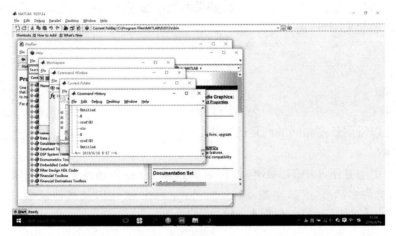

附图 4

若要回到预设的桌面配置,可选择 Desktop/Desktop Layout/Default.

3. MATLAB 使用简介(基本运算)

3.1 向量

让我们通过创建简单的东西开始我们的学习,比如一个向量.将运算式直接打入提示号"〉〉"之后,并按下 Enter 键即可."%"号后面的文字用于注释,并不参与运算.在"[ ]"之间输入向量的每个元素(元素之间用空格分隔),让它相当于一个变量.例如,创建矢量 a,在 MATLAB 中输入以下命令窗口：

```
a = [1 2 3 4]
```

MATLAB 应该返回以下值：

```
a =
     1     2     3     4
```

假设您希望创建一个向量，该向量的元素介于 0 和 20 之间，并且是公差为 2 的等差数列这种方法经常被用来创建一个时间向量：

```
T = [0:2:20]
t =
     0   2   4   6   8   10   12   14   16   18   20
```

使用向量跟创建它们一样容易. 首先，假设您想让向量 a 中的每个元素加 2. 那么应该使用如下公式：

```
b = a + 2
b =
     3     4     5     6
```

现在假设，您想添加两个向量在一起. 如果两个向量是相同的长度，计算非常容易，只需要将两个向量加起来即可，用如下公式：

```
c = a + b
c =
     4     6     8     10
```

同理也可以得到长度相同的向量的减法公式.

3.2 函数

为使计算更加方便，MATLAB 包括许多标准函数. 每个函数的代码完成特定的任务. MATLAB 包含许多标准方程，比如 sin, cos, log, exp, sqrt 以及其他函数. 一些常用的常数像 π, i 或 j(-1 的平方根) 也包含在 MATLAB 中.

```
sin(pi/4)
ans =
    0.7071
```

要想得到不同函数的使用方法，只需要在 MATLAB 的 command 窗口里面输入"help [function name]"（中括号里面只需要输入自己想使用的函数名称）即可.

MATLAB 甚至允许您编写自己的函数与函数命令.

3.3 绘图

在 MATLAB 中绘图也是非常容易的，假设你想创建一个以时间为函数的正弦函数图像. 首先创建一个时间向量（每条语句后面的分号告诉 MATLAB 我们不需要看到所有的运算结果），然后在每一个时间点计算正弦值，在 plot 函数后面的指令（title, xlabel, ylabel）是用来给得到的图像(附图 5)添加注释的.

```
t = 0:0.25:7;
y = sin(t);
plot(t,y)
title('Sine Wave as a Function of Time')
xlabel('Time(secs)')
ylabel('Amplitude')
```

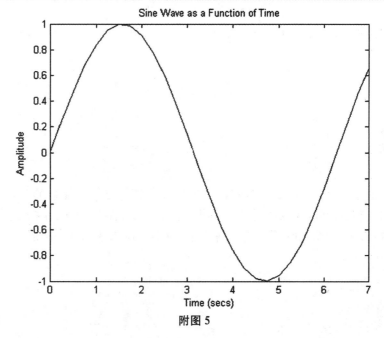

附图 5

这个绘图结果包含大约一个周期的正弦图像,基本的绘图指令在 MATLAB 中是很简单的,当然 plot 指令还包括很多附加功能.在此建议您访问 plot 的相关页面来了解更多的相关信息.

3.4 矩阵

在 MATLAB 中输入矩阵的方式跟输入向量的方式是相同的,只不过每一行向量左后用分号(;)或是回车(Enter)来区分:

```
B = [1 2 3;4 5 6 ;7 8 10]
B = [1   2   3
     4   5   6
     7   8   10]
B =
     1   2   3
     4   5   6
     7   8   10
```

创建一个矩阵的另一种方法就是使用函数,如"ones","zeros"或者"rand". 例如,创建一个5行1列的零向量:

```
z = zeros(5,1)
z =
    0
    0
    0
    0
    0
```

在 MATLAB 中,矩阵的计算有很多种形式,例如,你可以利用" ' "来计算一个矩阵的转置矩阵:

```
C = B'
C =
    1    4    7
    2    5    8
    3    6   10
```

应该注意的是,如果 C 是复数矩阵," ' "号实际计算得出的是复数的共轭转置,在这种情况下要想得到转置矩阵,应该使用." "(如果矩阵不是复数矩阵那么这两个指令是相同的).

现在你也可以将两个矩阵 B 和 C 相乘,需要注意矩阵乘法的秩序问题.

```
D = B * C
D = C * B
D =
    14    32    53
    32    77   128
    53   128   213
D =
    66    78    97
    78    93   116
    97   116   145
```

矩阵计算还有另外一种方式,可以利用". *"运算来计算两个矩阵的相对应元素的乘积(矩阵的秩必须保持一致).

```
E = [1 2; 3 4]
F = [2 3; 4 5]
G = E .* F
E =
    1    2
    3    4
```

```
F =
    2    3
    4    5
G =
    2    6
   12   20
```

如果有一个方阵,比如说矩阵 E,你可以根据需要求矩阵的幂,只需要给予相应的指数即可.

```
E^3
ans =
   37   54
   81  118
```

如果只是想求各个元素的立方,只需要每一个元素的立方依次求得即可.

```
E^3
ans =
    1    8
   27   64
```

你也可以求得一个矩阵的逆矩阵:

```
X = inv(E)
X =
   -2.0000    1.0000
    1.5000   -0.5000
```

或者是矩阵的特征值:

```
eig(E)
ans =
   -0.3723
    5.3723
```

甚至还有用来求得矩阵特征多项式系数的函数. poly 函数可以得到一个包含特征多项式系数的向量:

```
p = poly(E)
p =
    1.0000   -5.0000   -2.0000
```

需要注意矩阵的特征值跟特征多项式的根是一样的.

```
roots(p)
    5.3723
   -0.3723
```

将两个矩阵组合为一个大的矩阵，我们可以调用"[ ]"来操作. 使用逗号连接叫作水平连接，它每个数组必须有相同数量的行；使用逗号连接叫作垂直连接，它每个数组必须有相同数量的列.

```
A = [B,B]
A =
    1    2    3    1    2    3
    4    5    6    4    5    6
    7    8   10    7    8   10
A = [B;B]
A =
    1    2    3
    4    5    6
    7    8   10
    1    2    3
    4    5    6
    7    8   10
```

3.5 输出

MATLAB 中输出指令非常简单，只需要遵循下面所列的步骤即可.

在 Windows 系统的电脑里面输出图像，只需要在 plot 或是 m 文件的窗口下选择 File 菜单中的 Print，然后点击 Return 即可.

3.6 在 MATLAB 中使用 m 文件

在 windows 里面运行 MATLAB 跟在 Macintosh 里面运行非常相像，然而，你需要知道你的 m 文件要保存在剪切板里面，因此，你必须要确保你储存的格式是 filename.m.

3.7 在 MATLAB 中使用帮助指令

你可以直接在 MATLAB 里面输入指令，也可以把你所有需要的指令写在一个 m 文件里面，然后再运行文件. 如果你把所有的 m 文件都放入启动 MATLAB 的目录里面，那么 MATLAB 就能一直找到它们.

MATLAB 具有相当不错的联机帮助，输入：

```
help(commandname)
```

要想得到给定指令的更多信息，你需要知道你要搜索的指令的名称，本教程中使用的所有指令都在罗列在指令清单里面，这个页面的链接可以在本页面的右上角找到.

在教程的最后还有一些注意事项.

任何时候只要你输入一个特定变量的名称就会得到它的值.

```
B
B =
    1    2    3    4
    5    6    7    8
    9   10   11   12
```

你也可以在一行里面写多个语句,只要你用分号或是逗号将不同的语句隔开.

另外,你可能已经注意到,只要你不给变量分配一个特定的操作或结果,MATLAB 会把它存储在一个名为 ans 的临时变量里面.它代表 MATLAB 运算后的答案(Answer),并显示其数值于荧幕上.

3.8 MATLAB 的常用函数

常用函数如附图 6 所示.

函数	名称	函数	名称
sin(x)	正弦函数	asin(x)	反正弦函数
cos(x)	余弦函数	acos(x)	反余弦函数
tan(x)	正切函数	atan(x)	反正切函数
abs(x)	绝对值	max(x)	最大值
min(x)	最小值	sum(x)	元素的总和
sprt(x)	开平方	exp(x)	以 e 为底的指数
log(x)	自然对数	$\log_{10}(x)$	以 10 为底的对数
sign(x)	符号函数	fix(x)	取整

附图 6

3.9 关系和逻辑运算

关系和逻辑运算如附图 7 所示.

关系操作符	说明
<	小于
<=	小于或等于
>	大于
>=	大于或等于
==	等于
~=	不等于

逻辑操作符	说明
&	与
|	或
~	非

```
>>A = 1 : 9,B = 9-A
A =
   1   2   3   4   5   6   7   8   9
B =
   8   7   6   5   4   3   2   1   0
>>tf = A>4
tf =
   0   0   0   0   1   1   1   1   1
>>tf = (A = = B)
tf =
   0   0   0   0   0   0   0   0   0
>>tf = A>4
tf =
   0   0   0   0   1   1   1   1   1
>>tf = ~(A>4)
tf =
   1   1   1   1   0   0   0   0   0
>>tf = (A>2)&(A>6)
tf =
   0   0   1   1   1   0   0   0   0
```

附图 7

4 MATLAB 使用简介(嵌入到 Word 中)

在 MATLAB 中,Notebook 的功能在于:能在 Word 环境中"随心所欲地享用"MATLAB 的浩瀚科技资源,为用户营造融文字处理、科学计算、工程设计于一体的完美工作环境. MATLAB Notebook 制作的 M-book 文档不仅拥有 Word 的全部文字处理功能,而且具备 MATLAB 无与伦比的数学解算能力和灵活自如的计算结果可视化能力. 本次配置以 MATLAB R2012a 与 Office 2010 为例.

(1) 启动 MATLAB 软件,然后在 MATLAB 的命令窗口输入指令:notebook-setup,如附图 8 所示.

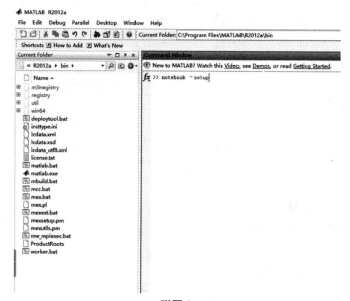

附图 8

(2) 当指令窗中出现如附图 9 所示信息,就表示配置成功.

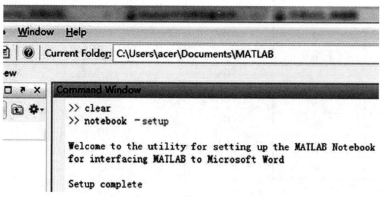

附图 9

(3) 同时电脑上弹出如附图 10 所示 Word 窗口.

附图 10

(4) 在 Word 中输入指令：

A = [-1 2 2; 2 -1 -2; 2 -2 -2];
[V,E] = eig(A)

然后选中指令并在菜单栏中选中"Notebook-Evaluate Cell"命令或者选用快捷键"Ctrl + Enter",就直接在 Word 中出现运行结果. 如附图 11、附图 12 所示.

附图 11

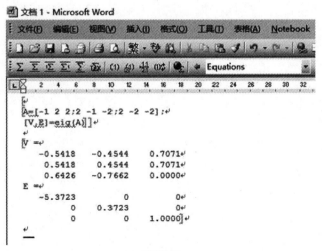

附图 12

(5) M-book 文档的创建.

如果已经在 Word 中安装了 Notebook 插件,则下一次在不打开 MATLAB 软件的前提下同样可以在 Word 中使用 MATLAB 命令,方法如下.在 Word 窗口下选择:文件/新建/我的模版(或"本机上的模板"),创建新的 M-book 文档,如附图 13 所示.接下去的操作就和之前是一样的了.

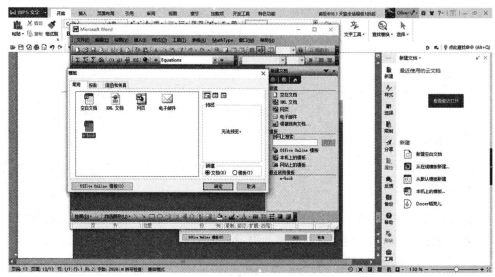

附图 13

参 考 文 献

[1] 陈秀,张霞.高等数学(上、下册)[M].北京:高等教育出版社,2011.
[2] 陈文灯,杜之韩.微积分(上、下册)[M].北京:高等教育出版社,2006.
[3] 龚成通.大学数学应用题精讲[M].上海:华东理工大学出版社,2006.
[4] 萧树铁,扈志明.微积分(上、下册)[M].修订版.北京:清华大学出版社,2008.
[5] 费伟劲.高等数学:微积分[M].上海:立信会计出版社,2010.
[6] 孟广武,张晓岚.高等数学(经管类,上、下册)[M].2版.上海:同济大学出版社,2010.
[7] 冯翠莲,刘书田.微积分学习辅导与解题方法[M].北京:高等教育出版社,2003.
[8] 《微积分》编写组.微积分[M].北京:北京邮电大学出版社,2009.
[9] 吕志远.经济数学:微积分[M].北京:中国商业出版社,1997.
[10] 李心灿.高等数学应用205例[M].北京:高等教育出版社,1997.
[11] 毛纲源.考研数学(数学三)常考题型及其解题方法技巧归纳[M].武汉:华中科技大学出版社,2004.
[12] 谭国律.文科高等数学[M].北京:北京航空航天大学出版社,2009.
[13] 张彪.大学文科数学[M].哈尔滨:哈尔滨工业大学出版社,2009.
[14] 王彭德,亢红道,刘俊主.大学数学[M].北京:北京师范大学出版社,2010.
[15] 干晓蓉,邱达三.大学数学复习指南[M].北京:机械工业出版社,2010.
[16] 韩云瑞,扈志明.微积分教程(上、下册)[M].北京:清华大学出版社,1999.
[17] 金路,徐惠平.高等数学同步辅导与复习提高(上、下册)[M].上海:复旦大学出版社,2010.
[18] 西北工业大学高等数学教研室.高等数学学习辅导:问题、解法、常见错误剖析[M].北京:科学出版社,2007.
[19] 陈启浩.大学生数学竞赛辅导高等数学精题精讲精练(本科,非数学类)[M].北京:机械工业出版社,2011.
[20] 艾冬梅.MATLAB与数学实验[M].2版.北京:机械工业出版社,2014.
[21] 赵树嫄.微积分[M].3版.北京:中国人民大学出版社,2012.
[22] 吴赣昌.微积分[M].3版.北京:中国人民大学出版社,2011.
[23] 邱学绍.微积分及其应用[M].北京:机械工业出版社,2008.
[24] 王雪标,王拉娣,聂高辉.微积分[M].北京:高等教育出版社,2006.
[25] 俞诗秋,欧阳露莎.微积分学习辅导与习题全解[M].武汉:华中理工大学出版社,2010.
[26] 谢季坚,邓小炎.大学数学:微积分及其在生命科学、经济管理中的应用[M].4版.北京:高等教育出版社,2014.
[27] 张天德,李勇.微积分习题精选精解[M].济南:山东科学技术出版社,2010.

［28］ 张德丰. MATLAB数学实验与建模[M]. 2版. 北京:清华大学出版社,2014.
［29］ 华中科技大学微积分课题组. 微积分学同步辅导[M]. 武汉:华中科技大学出版社,2009.
［30］ 张振良,唐生强. 微积分与线性代数[M]. 重庆:重庆大学出版社,1998.
［31］ 张耀梓,郑仲三. 经济数学基础（Ⅰ）[M]. 天津:天津大学出版社,1993.